播音主持艺术丛书

丛书主编
杜晓红

出镜记者
现场报道实战指南

CHUJING JIZHE XIANCHANG BAODAO
SHIZHAN ZHINAN

詹晨林◎著

ZHEJIANG UNIVERSITY PRESS
浙江大学出版社

前　　言

自从 20 世纪初现,出镜记者现场报道便展现出独特的魅力,涌现出一大批知名出镜记者,成为电视机构出奇制胜的杀手锏。近年来,随着全国媒体融合深度推进,出镜记者现场报道更是从电视屏幕延伸到移动端,新形态不断涌现,人才需求急速扩大。

面对行业的快速发展,出镜记者现场报道的相关教材建设却显得相对滞后。这种尴尬的处境与出镜记者现场报道在学科上的交叉性直接相关。从研究对象来看,"出镜记者"究竟应当归属新闻学,还是播音主持艺术学？从培养体系来说,出镜记者的培养应该在播音主持专业还是新闻专业？从内容架构来看,现场报道无疑属于新闻业务范畴,但其表达特色——记者出镜,却是典型的媒介类人际传播。语言是文明的重要载体。出镜记者准确、优美的表达,潜移默化地传递中华文明的光彩。如此,看似一个具体的业务问题,正是当前推进中国自主的新闻传播学知识体系建设面临问题的一个缩影。

习近平总书记在党的二十大报告中为新时代中国特色新闻舆论宣传工作擘画蓝图,也为新闻与文化传播高等教育事业发展指明了方向。作为融合新闻传播与语言艺术传播的综合传播形态,出镜记者需要在一次次具体业务实践中回应、落实习近平总书记针对新闻与文化传播提出的重大国家战略:"加强全媒体传播体系建设,塑造主流舆论新格局。""增强中华文明传播力影响力。坚守中华文化立场,提炼展示中华文明的精神标识和文化精髓,加快构建中国话语和中国叙事体系,讲好中国故事、传播好中国声音,展现可信、可爱、可敬的中国形象。"专业化的高等教育,更要在其中起到铸魂育人的基础性作用。

为了及时、全面、准确地落实党的二十大精神,在教学科研一体化的进程中响应国家重大战略、回答实践重大问题、面向学科重大前沿,加快构建中国自主的新闻传播学知识体系,本书以习近平新时代中国特色社会主义思想为指导,在新闻传播理论方面重视学科前沿问题,突出新兴交叉研究;案例方面强化全面建设社会主义现代化国家新征程路途上的实践与突破;在有声语言艺术方面突出中华优秀传统文化的传承与弘扬;在新型业务形态方面强化数字新闻实践、网络传播、社交传播等方面的建设与创新,以期为新时代中国特色新闻传播人才、有声语言表达艺术专业人才的培养奠定基础。

在复杂多元的新媒介环境里,高等教育的"立德铸魂"需要"以学赋能",用扎实、深入而细致的业务指导,帮助专业学子和一线从业者们提升本领,实现初心。作为一本实战手册,本书最大的特点就是可操作性。近年来,不少实践性较强的国外经典教材陆续引入国内,但中西方国情不同,政治体制、媒体制度不同,英语有声语言表达与汉语有声语言表达也有着不同的特点与规律,因此只能借鉴,无法贯通。本书从中国国情出发,以出镜记者现场报道的操作流程为脉络,从前期选题、中期结构、后期表达,再到许多出镜记者都关心的语言与非语言表达、形象打造相关技巧,都进行了详实的解说,并附上视频二维码,便于读者直观理解、巩固提高。

在撰写与出版过程中,本书得到学界与业界同仁的多方关注与支持。浙江传媒学院播音主持艺术学院给予作者关心支持,中央广播电视总台记者蒋林、张鸥、鄢蔓、康锐、任秋宇、杨军威、王梦、贾林等诸位同仁提供了大量报道案例以及报道经验,浙江传媒学院崔欢、姚天颖、都昕竹、史秋博、翟俊宇等同学协助整理了大量案例,蒋育秀老师、梁怡迪同学帮助完成了示意图绘制部分,在此表示衷心感谢。

作　者

2023 年 6 月

目　　录

第一章 现场报道与出镜记者概论

近二十年来,伴随着新闻行业高速发展,"现场报道"这一报道形态在各类视听媒体机构得到广泛应用,一大批优秀的出镜记者随之脱颖而出。然而,现场报道一定要出镜吗?出镜报道又一定就是现场报道吗?

让我们来看两个典型场景。

图 1-1 来自于中央电视台钱塘观潮直播特别节目。每年农历八月十八,在浙江杭州湾都会形成壮观的钱塘江潮水,被称为世界三大涌潮之一。当汹涌的钱塘江大潮呼啸而来,记者却没有出镜,而是将画面全都留给了正在发生的新闻事件,以同步解说的方式进行报道。没有记者出镜,这是现场报道吗?

图 1-1 没有记者出镜的现场报道①

---

① 《连续两天拍到十字交叉潮》,2017 年 10 月 7 日中央电视台新闻频道《新闻 30 分》栏目播出。

图 1-2 为一档直播连线报道,中央电视台驻欧洲记者与北京演播室主持人进行连线,介绍英国著名物理学家霍金去世的消息。记者并非身处新闻现场,而是在欧洲分台演播室进行报道。这样在两个演播室之间进行的直播连线,是现场报道吗?

图 1-2　没有现场的出镜报道①

通过这两个案例我们发现,现场报道和出镜记者并不一定总是捆绑在一起,而是两个相对独立的概念。因此,让我们先从基础概念入手,分别了解现场报道和出镜记者。

第一节　现场报道概论

一、现场报道的基本概念

（一）什么是现场?

在《现代汉语词典》中,现场有两个意义:①发生案件、事故或自然灾害的场所以及该场所在发生案件、事故或自然灾害时的状况。②直接进行生产、演

---

　① 《英国著名物理学家霍金去世》,2018 年 3 月 14 日中央电视台新闻频道《新闻直播间》栏目播出。

出、比赛、试验等的场所。①

将"现场"植入新闻报道的语境,它的意义有更明确的指向。

新闻报道中的现场指新闻事件发生的具体时空。

在大多数新闻报道中,记者距离新闻事件发生的时间、地点越近,报道的新闻性、感染力就越强。尽可能接近核心现场,是记者进行报道的首要任务。例如当自然灾害发生时,记者总会千方百计进入灾区,到达受灾最严重的地区。然而,受各方面因素影响,"核心现场"和"报道现场"之间常常存在一定时空上的差异。

从时间上来说,突发事件、动态新闻总是新闻事件发生在前,记者赶到现场在后;非突发事件则相反,新闻还未发生,提前得到消息的记者可能已经到达核心现场,对将要发生的事件提前展开报道。因此,呈现在报道中的现场很可能在事件发生的时间轴上前后摆荡。

从空间上来说,出镜记者可能出于各种原因无法到达事件核心地点,但仍处于相对接近的区域范围。2003 年,伊拉克局势紧张,战争一触即发。由于伊拉克政府对外国记者的报道地点进行了严格限制,中央电视台记者水均益只能选择以巴格达清真寺为背景的一个宾馆的天台作为现场报道地点。

现场是一个相对的概念。一起新闻事件往往不是孤立的个体事件,常常会有许多个相关现场,以"核心现场"为起点,以距离"核心现场"的时空间隔为依据,可以产生不同级别、不同层次的"报道现场",并由此产生多样化的报道层次。以伊拉克战争报道为例。当战争爆发时,记者如果身处战事前线,能够清晰目睹战争过程,那么就处于核心现场;巴格达清真寺虽然距离核心现场有一段距离,但仍然受到战争的直接影响,能够获取相关信息,属于"第二现场""边缘现场";如果记者只是在伊拉克边境某处一个具有中东地理特征,但缺少事件信息的空间,那么这最多只能算是"象征现场"。

作为一个时空概念,"现场"的外延并不是无限的。当记者所选择的"现场"与新闻事件发生的时空不再有直接关联,如一处虚化的背景,一处看不出地点的演播室内景,"现场"的时空概念便就此终结。

(二)什么是现场报道?

对于现场报道的定义,国内主要观点有:

"现场报道是电视记者在新闻事件现场、面对摄像机(观众),以采访者、目击者和参与者身份做出图像的报道。现场报道的典型形式是记者在新闻事件现场,面向观众,在镜头前对事件作简要的介绍;随着报道,画面转入事件现场

---

① 中国社会科学院语言研究所词典编辑室.现代汉语词典[M].7 版.北京:商务印书馆,2018:1423.

的真实场景;最后,又回到记者对事件的简要归纳或评述。此外,还常常穿插记者在现场向新闻事件的当事人、目击者以及有关人士的采访。在现场报道中,记者的活动贯穿于整个过程。"①

"现场报道是电视报道者置身于新闻现场,面对摄像机,以采访者、目击者和参与者的身份向观众描述新闻现场、叙述新闻事实、点评新闻事件,并同时伴以图像报道的一种报道形式。"②

梳理经典定义,我们可以看出,"电视记者面对摄像机出镜"是电视时代定义现场报道的重要标志。然而,媒体融合时代,现场报道并不局限于某种特定媒介形态,通过电视、广播、网络都可以展开;自然也不必拘泥于某种特定形态,例如"记者一定要出镜"。作为一种报道形态,现场报道的基本要素包括:

(1)记者身处新闻现场,并围绕新闻现场展开新闻报道。

(2)报道以音视频的形态呈现。

(3)记者通常以第一叙事人的身份出现在报道中。

当记者展开"现场报道"时,"现场"不再只是单独的时空概念,在报道行为中,它延伸出了第二重意义。此时,现场,既是"新闻事件发生的具体时空",也是"正在变动的当下情景",③是正在发生的新闻事件的具体状况。

综上,本书认为:

现场报道,即"来自新闻现场的报道",是记者身处新闻现场,以第一叙事人的身份对新闻事件进行的音视频报道。

二、现场报道的表现形态

(一)直播报道

现场直播报道,即通过直播技术,将事件发生、发展的全过程同步展现在用户面前,其最大的特点在于"直击现场、即时传真",并将新闻传播时效性理念由"今天新闻今天报",即"TNT"(Today News Today),提速到了"现在新闻现在报",即"NNN"(Now News Now)。

现场直播报道对技术系统的要求较高,需要具备光缆、SNG卫星车或网络设施等基础硬件;在选题内容上,现场直播报道要求新闻具备较高的现场感、过程感,事件发生发展的时空相对集中;在选题时效上,现场直播报道要求新闻具备较强的时效性,事件正在发生或距离时间很短,让观众第一时间了解信息、同步见证。

---

① 叶子.电视新闻:与事件同步[M].北京:北京师范大学出版社,2007:136-138.

② 宋晓阳.出镜记者现场报道[M].北京:中国广播电视出版社,2008:30.

③ 崔林.电视新闻语言:模式、符号、叙事[M].北京:中国广播电视出版社,2009:98.

基于以上要求,现场直播报道在突发事件报道中作用突出;在非突发事件报道中,一些极具现场感、过程感、仪式感的事件,也非常适合以现场直播报道的方式展现。

为了弥补现场直播在时空上的局限,记者可以根据内容需要,事先拍摄好短片,在直播过程中随时插入。这种在直播中插播的短片,被称为"package",港台地区媒体习惯称之为"罐头"。因为它像罐头一样,提前制作完成,到需要的时候直接拿出来,即开即用。有的媒体单位沿用"VCR"(Video Cassette Recorder,即盒式磁带录像机)的传统称呼,将其称为 V 片,把在直播中插入短片称为"插 V"。

直播中插入短片的形态没有一定之规,有时候是一个完整的新闻短片,有时候只是一组几十秒的画面,可以根据报道需要自行决定。它最大的功能便是帮助出镜记者实现不同时空的自由穿梭,拓展直播内容,为直播整体叙事创造条件。

(二)录播报道

录播报道,即记者在新闻现场以录音录像的形式进行采访报道,然后经过后期制作,合成输出为一条完整的新闻报道,通过审核之后在栏目中播出。

采用录播形态的现场报道有四种情况。一是新闻事件的发生发展需要较长的时间才能形成较为清晰的轮廓,直播需要的时间太长,容易导致信息点不集中。二是新闻事件的发生发展涉及多个空间范畴,无法一次性组织呈现。三是新闻事件的信息量较大,抽象性、逻辑性较强,需要进一步展开充分说明。四是没有适合直接呈现的新闻现场,也大可不必"为直播而直播"。

此外,在新闻报道实践中,出于成本、设备条件等原因,绝大多数新闻现场报道依然采用录播的形态。

三、现场报道的价值所在

(一)强化时效性

在尽可能短的时间内获知信息,有利于人们在瞬息万变的世界中及时应变,求得更大的生存空间。这是人类在漫长的历史发展进程中,形成的规律性经验。而现场报道,尤其是现场直播报道,是目前效率最高、速度最快的新闻传递方式之一。

借助先进的技术手段,只要记者能够到达现场,就能跨越空间限制,第一时间向观众展示新闻事件现场、介绍事件最新进展,乃至同步直播事件进程。因此,当发生重大新闻事件时,现场报道,尤其是直播报道便成为各大电视新闻机构首选的报道方式。

1980 年,美国有线电视新闻网 CNN(Cable News Network)成立。CNN 将自己定位为全天候 24 小时新闻直播频道,并在全球新闻事件高发地点大量派驻记者,布局报道系统。一旦发生突发事件,CNN 记者便能够在最短时间内到达现场展开现场直播报道。1986 年美国"挑战者号"航天飞机升空失事爆炸,CNN 是唯一一家对此进行现场直播的电视媒体。1991 年 1 月 16 日海湾战争爆发,CNN 用连续 17 小时不间断的直播报道,成为世界的焦点。此后,CNN 一跃成为世界电视新闻行业的巨头。

在不具备直播条件的情况下,录播型的现场报道同样具有相对优势。记者捏合了写稿、配音、拍摄环节,大大缩减了后期剪辑制作时间,大幅度提高创作效率,让新闻更快地呈现在观众面前。

2008 年汶川地震发生后,大量山体垮塌、滑坡,通往重灾区北川、汶川等地的道路中断,车辆无法进入。当时,电视媒体的卫星直播传送设备体积大、数量少,难以进入灾区。为了尽快报道灾情,许多记者只能徒步进入重灾区,拍摄完成之后,再托人将录像带送到绵阳、成都等具备传输条件的地方。偏偏灾区普遍停水断电,这意味着设备电量一旦耗尽,记者将无计可施。为了加快报道速度,提高报道效率,现场报道成为首选。

案例 1-1①

【记者出镜】

凌晨 0 点 15 分,许多预备役的官兵是已经连续 24 个小时在抢救。我们了解到这两架吊车是今天晚上 9 点钟的时候运到现场的。有了这两架吊车加入,营救工作开展得非常迅速。也就是说早一秒抢救,早一秒钟多一个生还者的希望。刚刚 13 岁的小女孩郭晶晶是幸运的,而现在大家都在为这个小男孩的生命共同努力着。

【救援现场画面】一男生被侧压在建筑废墟中,营救人员在紧张施救,现场应急发电车发出轰鸣声。

【同期声】救援人员

往上面拉,上面拉,抬下抬下,过来过来。

【记者出镜】

差 10 分钟到凌晨 1 点,我们看到抬出来了一具尸体,一具男童的尸体。在另一边我们看到,刚才在书报亭被父亲抱着的男孩,也被顺利地救出。

【同期声】救援人员

担架担架,赶快赶快。

【记者出镜】

又一个小孩被抬出来,我们看到许多家长都蜂拥而至,想去看清楚到底是

---

① 《青川县木鱼初中伤亡惨重》,2008 年 5 月 14 日中央电视台、四川电视台播出。

不是自己的孩子。

【同期声】救援人员

娃娃加油哈,那边抬高点,那边那边

【同期声】医务人员

双下肢骨折,双下肢有脱水的情况……

这则录播型现场报道同样体现出现场报道在时效性方面的优势。全片没有一句配音,记者只需要将出镜报道、现场同期声进行简单组合,即可快速成片。

(二)营造现场感

通过现场报道,观众不仅能够获得来自新闻现场的信息,还能够跟随镜头,直接感受到来自新闻现场的气息,产生"身临其境"的感受。这种"客观现场在记者和观众心里引起的主观感受"就是现场感。

"现场感"的传递并不局限于视频,优秀的广播现场报道同样能够给听众带来身临其境的感受。1938 年,美国哥伦比亚广播公司(Columbia Broadcasting System,即 CBS)创办了广播新闻节目《现在请听(*Hear It Now*)》。1940 年 9 月,在这档节目中,记者爱德华·默罗(Edward R. Murrow)在战时伦敦发回了著名的广播现场报道《这里是伦敦(*This Is London*)》:

案例 1-2

"这里是伦敦。我现在站在屋顶上,俯瞰着伦敦全城。我想大概不出一分钟,在我们周围附近,就会听见炮声了。探照灯现在就是向着这一边移动。你就会听到两颗炸弹的爆炸声。听,炸弹响了!过一会儿,这一带又会飞来一些弹片。弹片来了,愈来愈近了。飞机还是飞得很高。刚才我们也能听到一些爆炸——又响了,那是在我们上空爆炸的。早些时候,我们似乎听到许多炸弹落下来,落在附近几条街上。现在在我们头顶,就是高射炮弹的爆炸声。可是附近的炮又似乎没有开火。探照灯现在几乎射向我们头顶上空了。你们马上又要听到两声爆炸,而且是在更近的地方。听,又响了! 声音是那样的冷酷无情!"[①]

默罗来自战争现场的声音深深打动了美国听众,让美国人开始意识到,战争并非离他们如此遥远,危险可能近在眼前。此后一段时间,来自爱德华·默罗和 CBS 的系列广播现场报道有效地影响了当时美国人对待战争的态度,甚至直接影响了美国后续战争政策。

美国符号学家苏珊·朗格认为:"每一门艺术都有自己特定的基本幻象,

---

① 转引自[美]威廉·曼彻斯特.光荣与梦想:1932—1972 年美国社会实录[M].北京:商务印书馆,1978:729.

这种基本幻象便是每一门艺术的本质特征。"①每一种艺术形态,都在以自己的方式在人们的头脑中构建一种基本幻象。广播依靠声音,而电视则以声音和画面同步传送,"更像现实本身,是以现在体验现在的幻象"②,给观众带来更为真实、直观的体验。2003年伊拉克战争爆发,在全球观众的眼皮底下,落在伊拉克领土上的炸弹升腾起爆炸后的烟雾;2011年"3·11"日本大地震,NHK全程直播了海啸吞噬城市的劫难场景。在这些巨大的灾难面前,万千观众在电视机前惊叫、捂嘴、发呆甚至不敢多看。即便现场只留下残留痕迹,借由出镜记者的指引,观众仍然可以近乎真实地看到、听到、感受到现场的一切,还原出事件发生时的惊心动魄。通过现场报道,媒体把新闻事件带入观众的日常生活,模糊了媒体构建出的"现场"场景与真实生活场景之间的界限。

(三)催生参与感

亚里士多德很早就观察到,我们是社会性动物。我们渴望彼此之间建立关联,渴望归属感。③观众在观看、收听现场报道时,强烈的现场感将新闻事件与观众自身生活的原生态合二为一,让观众感觉到自己就身处在历史之中,在观看中寻找到个体生命与社会真实的连接,并见证、参与历史的发展。

在我国现场报道发展史上,2008年是具有历史标志性的一年。雨雪冰冻灾害、汶川地震、北京奥运会,无一不牵动着亿万国人的心跳。这其中,大量现场报道起到了无可替代的作用。例如汶川地震发生后,中央电视台、四川电视台以及多家电视机构打破常规,中断正常节目播出,24小时播出大型特别直播节目。记者冒着极大的风险,跟随救援部队进入地震灾区核心,发回大量惊心动魄的救援现场报道。这些打破时空限制的现场报道在直播特别节目中滚动播出,营造出强烈的真实感、参与感。亿万观众为救援进展牵肠挂肚,为遇难者的悲惨遭遇难过流泪。因为现场带来的强烈冲击,观众更容易产生共情,认为自己是新闻事件的一部分,新闻事件中人们的困境就是自身的困境。这种认知强烈到一定程度之后,自然引发人们的现实行为。人们捐款捐物,还有不少人自发前往灾区竭尽所能提供帮助。

伴随着科技发展,今天,现场报道引发的参与感还在不断加强。例如在通过网络平台播出的现场直播报道中,观众能够和记者进行即时问答,真实参与到报道之中。此时,参与感不仅只是观众自我内心的体验,还进一步唤起参与行为。未来,通过更为先进的技术手段,现场报道或将给观众带来更加强烈的参与感。

---

① [美]苏珊·朗格.艺术问题[M].滕守尧,等译.北京:中国社会科学出版社,1983:77.
② 苗棣.解构电视——苗棣自选集[M].北京:北京广播学院出版社,2004:14.
③ [美]戴维·迈尔斯.社会心理学导论[M].侯玉波,乐国安,张智勇,译.北京:中国工信出版集团,2016:7.

第二节　出镜记者概论

一、出镜记者的概念

（一）诞生与发展

1936 年 11 月,英国广播公司(BBC)正式开始定时播放节目。但直到第二次世界大战之后,世界电视行业才真正开始大踏步发展,其中主要成就大多来自美国。1958 年,美国电视台发展到 538 家,电视机社会拥有量 4500 万台,占当时世界电视台和电视机数字的 2/3。1965 年 4 月 2 日,世界上第一颗商业同步通信卫星"晨鸟"(国际卫星 1 号)升空,6 月开始了固定的欧美间电视节目转播。此为卫星电视普及的起点。1967 年,美国实现电视节目全部彩色。[①] 电视业绽放出自身独特的魅力。正是在这一时期,出镜记者开始引起人们的注意。

1963 年 11 月 22 日,美国第 35 任总统肯尼迪在参加竞选活动的路上被刺杀。当时,电视刚刚具备从达拉斯进行直播的能力,美国三大电视网迅速中断正常节目开始直播这一重大突发事件。

其实,三大电视网并不是最快得到消息的媒体,合众国际社记者梅里曼·史密斯才是第一个发出消息的记者。当时,他坐在"集体采访"汽车的前排靠近电话机的位置。枪击事件发生后,他在高速路上拨通了合众国际社达拉斯分社的电话。14 分钟后,合众国际社第一个发出消息:"今天在达拉斯商业区,有人向肯尼迪总统的汽车开了三枪。"为了独家,梅里曼抓住无线电话死活不放。美联社的杰克·贝尔用劲推着他的后背,大吼道:"史密斯,把电话给我。"但是,梅里曼直到汽车开到帕克兰医院,才把电话扔给贝尔。可拼命的梅里曼并没有换来报道的热度,与之形成鲜明对比的是电视。肯尼迪总统遇刺案的电视新闻报道,使电视第一次超越报纸、杂志、广播等当时的传统媒体,牢牢抓住了社会关注的目光。

抓住人们视线的,就是哥伦比亚广播公司(CBS)派驻达拉斯的年轻记者丹·拉瑟。

遇刺之后,肯尼迪总统是生是死? 医院成了事件最核心的新闻现场。此时,丹·拉瑟第一时间赶到收治重伤总统的帕兰科医院,在医院门口和演播室主持人沃尔特·克朗凯特展开了全天候的直播报道,不断更新事件最新进展。

---

① 陈力丹.世界新闻传播史[M].3 版.上海:上海交通大学出版社,2016:191.

肯尼迪总统去世的消息,正是通过他的报道先于各大通信社传递给外界。此后,从达拉斯到华盛顿,从肯尼迪到副总统林登·约翰逊就职,丹·拉瑟以及各大电视机构冷静、全面的报道,给了全美国一种安全感。人们后来甚至评论说,11 月 22 日到 25 日是电视史上最好的日子。①

电视新闻历史上一次又一次的实践证明,每一次产生巨大影响力的新闻报道都与核心现场密切相关,而出镜记者总是伴随着新闻现场,第一时间出现在人们眼前。进入 21 世纪后,直播技术普及,几乎世界上所有的重大突发事件都被现场直播,出镜记者成为几乎所有重大新闻事件的亲历者、见证者、报道者,这进一步强化了出镜记者的特殊地位。

不同于西方国家由记者走向出镜记者的发展道路,在我国,出镜记者最早脱胎于播音员群体。20 世纪 70 年代末期,我国电视屏幕上开始出现播音员在新闻现场出镜报道新闻的样式,并一直持续至今。《新闻联播》前播音员邢质斌就曾作为国家领导人出访活动的随团记者,发回这样类型的现场报道。虽然仍采用演播室播音的“播读”语态,但毫无疑问,此时播音员的身份已经转变为出镜记者。1980 年 7 月 12 日,一个具有时新性、政治性的专题栏目《观察与思考》在中央电视台诞生,栏目首播内容是《北京居民为什么吃菜难》。播音员出身的庞啸完全以记者身份采访居民,作了评述,开创了中国记者出镜采访的先例,甚至被称为“我国第一次真正意义上的记者出镜报道”②。

20 世纪 90 年代,以中央电视台新闻评论部为龙头的中国电视新闻改革,极大地推动了我国出镜报道,尤其是调查性出镜报道的发展。不同于从播音员“转行”出镜记者,这一阶段涌现出一大批脱胎于“记者”的优秀出镜报道者,如白岩松、敬一丹、王志、柴静、董倩、杨春、李小萌等。人们越来越清晰地意识到,现场报道是衡量电视新闻机构报道能力的核心指标之一,而出镜记者就是电视新闻机构报道能力的重要代言人。

(二)出镜记者的概念界定

所谓出镜报道,在英文中通常被称作 On-camera Report,译作中文即电视记者面对电视镜头(电视观众)所进行的报道。关于出镜记者的定义,目前国内主要有以下几种观点:

“出镜记者是指在电视采访中出现在镜头里的记者和主持人。”③

“出镜记者是指在新闻现场,在镜头中从事信息传达、人物采访、事件评论

---

① 详见迈克尔·埃默里,埃德温·埃默里,南希·L.罗伯茨.美国新闻史:大众传播媒介解释史[M].9 版.展江,译.北京:中国人民大学出版社,2009:413-415.

② 高贵武,等.出镜报道与新闻主持[M].北京:中国传媒大学出版社,2012:15.

③ 朱羽君,雷蔚真.电视采访学[M].北京:中国人民大学出版社,1999:33.

的电视记者和新闻节目主持人(新闻主播)的总称。"①

"在镜头前以记者身份进行新闻采访报道、事件评析的新闻工作者。"②

从以上概念可以总结出,出镜记者有以下一些基本要素:

首先,必须出现在镜头里。

其次,身份为新闻工作者。

第三,其工作内容包括新闻采访、报道与评论。

需要强调的是,不管出镜人更为大众熟知的身份是什么,当他以出镜记者的身份出现时,第一职责应当是记者。这里需要着重区分主持人和出镜记者的概念,二者虽然有一些相同之处,但在工作职责上却有着根本区别。

新闻记者,即"reporter",是指经常在编辑部外进行新闻采访活动,以新闻报道为主要任务的人员,首要职责就是"采写新闻报道",③收集、发布、传递信息。而主持人的职业角色和播音员相同,是广播电视媒体中直接面向受众以有声语言、体态语言进行传播的专业工作者。④ 主持人的存在是以节目为载体的,其职能包括串联衔接的衔接职能,铺陈来龙去脉的叙事职能,沟通观点和情感的沟通职能,以及驾驭整体节目进程的掌控功能。⑤

区别二者概念我们发现,记者是新闻报道实践活动的主体,对新闻报道的采制过程和最终呈现负责。而主持人则以节目为载体,工作职责更侧重于通过有声语言和体态语言,对既有内容进行加工,实现对节目进程的掌控。二者在工作中的基本任务、工作职能、工作重点都有很大不同。尽管有时出镜记者会在一定程度上涵盖主持人功能,但基于"新闻报道"的形态,出镜记者更倾向于记者职能,而非主持人职能。因此本书认为:

出镜记者即在镜头前从事新闻采访、报道、评论工作的新闻记者。

二、出镜报道的传播特征

(一)以类人际传播为表征

人际传播是在两人或两人以上之间面对面的或凭借简单媒介如电话、书信等非大众传播媒介进行的信息交换活动。⑥ 它是个人与个人之间的信息传播活动,也是由两个个体系统相互连接组成的新的信息传播系统。⑦

---

① 宋晓阳.出镜记者现场报道指南[M].北京:中国广播电视出版社,2008:29.

② 张超.出镜报道[M].北京:中国人民大学出版社,2017:3.

③ 蓝鸿文.新闻采访学[M].北京:中国人民大学出版社,2011:39.

④ 吴郁.当代广播电视播音主持[M].上海:复旦大学出版社,2006:4.

⑤ 吴郁.当代广播电视播音主持[M].上海:复旦大学出版社,2006:83.

⑥ 胡正荣,段鹏,张磊.传播学总论[M].2 版.北京:清华大学出版社,2008:95.

⑦ 郭庆光.传播学教程[M].2 版.北京:中国人民大学出版社,2011:71.

借助电视、网络等电子媒介,出镜报道产生了类似于人际传播的传播特点。

"观众朋友们,我现在所处的位置是在⋯⋯",当出镜记者对着镜头说话的时候,模拟的就是与观众面对面进行人际交流的过程。随着电视直播的逐渐普及,出镜记者的开头语变成了:"好的,某某(主持人姓名)。我现在是在⋯⋯为大家带来直播报道。现场的情况⋯⋯"在这一传播过程中,出镜记者首先与演播室主持人直接对谈,然后再与观众进行交流。在以手机、平板电脑为终端设备的移动新闻直播中,出镜记者更是能够借助即时评论、弹幕等方式,与观众进行实时双向交流。

人际传播的手段多、渠道广、方法灵活、信息量大。传播学奠基人施拉姆认为:"在面对面交流的情况下,有可能刺激所有的感官并使得交流的对方同这种全身心的交流相呼应","面对面的交流,在其他条件相同的情况下,应该能够传达出更多也更全面的信息。"①如果我们把"媒体"理解为任何能够传递信息的手段和渠道,那么可以说"人际传播,是真正意义上的多媒体传播"。②当出镜记者与主持人、观众面对面进行交流时,不仅通过语言传递信息,记者的形象、气质、表情、眼神、动作,说话的音量、音色、语气、语调、语速都在时刻不停地传递着信息。而且,这种信息的传递是全方位的,不仅传递出新闻信息本身,还通过出镜记者的反应,传递出普通人对于这一事件可能产生的情绪波动,如紧张、恐惧、兴奋、激动、快乐等。

尽管大部分情况下,面对摄像机,出镜记者只能假设、模拟与观众的互动,但借助这种类似于人际传播的交流模式,出镜记者现场报道实现了人本化传播,大大提高了新闻传播的效率。

(二)以大众传播为本质

大众传播,"就是专业化的媒介组织运用先进的传播技术和产业化手段,以社会上一般大众为对象而进行的大规模的信息生产和传播活动"③。大众传播的基本特点是传播机构的制度化、组织化;传播方式的系统化、规模化;传播手段的现代化、影响的社会化;传播人员的职业化、专业化;收受者的大众化和不确定化,等等。④

广播电视等专业新闻传播机构生产的新闻产品都属于大众传播的范畴,出镜报道也不例外。因此,在借鉴人际交流的方式传播信息的同时,出镜记者

① 施拉姆,等.传播学概论[M].2版.北京:新华出版社,1984:123.
② 郭庆光.传播学教程[M].2版.北京:中国人民大学出版社,2011:74.
③ 郭庆光.传播学教程(第二版)[M].2版.北京:中国人民大学出版社,2011:99.
④ 杨保军.新闻理论教程(第三版)[M].3版.北京:中国人民大学出版社,2014:33-34.

还要对这些信息按照大众传播的需要进行筛选、截取和加工,同时把感性的成分升华到理性的高度,使之成为能够满足受众需要的大众传播层面的新闻产品,而不是街头巷尾、茶余饭后的谈资。①

正因为大众传播的本质属性,不管是主持人与记者之间的对话,还是出镜记者和观众的交流,都只是一种传播手段。通过这样的方式,作为大众传播的电视很好地利用了人际传播的元素,但人际传播显然不是其目的,它最终是为了改善大众传播的效果。②

三、出镜记者的思维特征

(一)视听语言思维

电视新闻是以现代电子技术为传播手段,以声音、画面为传播符号,对新近或正在发生、发现的事实的报道。③ 在这一定义中,"声音、画面为传播符号",界定出了以电视新闻为代表的视频新闻与报纸、广播新闻最大的不同。

人们往往凭借最后的呈现认为,出镜记者只是出头露脸的工作而已,而实际上,在小型报道中,出镜记者往往是报道团队的第一负责人,承担指挥、协调团队工作的任务。随着拍摄、传送设备越来越小型化,在不少大型媒体机构,出镜记者甚至需要单兵作战,自己携带全套拍摄、传送设备,独立完成包括拍摄、直播、剪辑在内的全部报道工作。可以说,出镜记者现场报道的普及,不是降低了记者的要求,而是对记者的综合报道能力提出了更高的期许。出镜记者不仅仅是"在镜头前说话的人",更是集选题发掘、采访、写作、编辑、出镜、调度为一体的视频新闻报道者。基于这一工作职责,出镜记者需要充分掌握视听语言,以视听语言的思维引领报道创作。

视听语言的基本元素即为声音、画面,二者共同形成一个立体信息场将观众包围。出镜记者"口语表达"的部分,仅仅是视听语言中"声音"的一部分。因此,出镜记者在构思报道时,应以视觉、听觉的立体思维跃迁来建立报道逻辑,建构报道框架,形成报道叙事,给观众带来身临其境的感受。正如美国经典电视教材《电视现场新闻创作与报道》所说:一个现场报道的记者是一位职业的视觉讲述者,不仅仅是摄像师或记者。要进行视觉讲述或是职业报道,最起码需要掌握两种讲述方式:一种是图像;一种是用声音,包括人们说的话。记者需要懂得文字、图像和声音的魔力,并把这些结合起来去感染灵魂和激发

---

① 张龙.论记者型主持人的角色行为——以 CCTV《新闻调查》栏目主持人为例[J].现代传播,2008:12.

② 崔林.电视新闻直播报道——现场的叙事[M].北京:中国传媒大学出版社,2012:47.

③ 杨伟光.电视新闻分类与界定[M].北京:中国广播电视出版社,1994:3.

想象。①

（二）批判性思维

当我们决定做一件事情的时候，其实已经经历了一个思维过程，包括形成意见、做出判断、做出决定、形成结论。同时，还存在着另一种思维——批判性思维：它批判前一种思维，让前述思考过程接受理性评估。可以说，批判性思维是对思维展开的思维，我们进行批判性思维是为了考量我们自己（或者他人）的思维是否符合逻辑、是否符合好的标准。②

出镜记者时常面对多种多样的突发状况，需要当机立断，快速处理。具备批判性思维，能够不被周围变化裹挟，不盲目地人云亦云，真正实现独立思考，做出明智的决定，得出正确的结论。

批判，不等于"反对"，批判的关键在于"判断的有理有据"和"判断的独立性"。③ 出镜记者批判性思维的基础就是自身的新闻专业素养，对于新闻价值、自身职业角色、职业使命的坚定认知，有明确的专业判断标准；"独立性"的基础则来自于新闻记者的职业操守，始终站在独立于事实的第三方视角，以审视与反省的底色，铺设批判式思考路径。

延伸阅读

批判性思维（详细版）④

普遍性的批判性思维具有一些可以学习的重要技能，率先掌握这些技能就能使你脱颖而出。这些技能为：

学生是否善于：

□判断信息是否恰当

□区分理性的断言和情感的断言

□区别事实和观点

□识别证据的不足

□洞察他人论证的陷阱和漏洞

① ［美］弗雷德·舒克，约翰·拉森，约翰·德·塔尔西奥.电视现场制作与报道［M］.5版.雷蔚真，主译.北京：中国人民大学出版社，2013：1.

② ［美］布鲁克·诺埃尔·摩尔，理查德·帕克.批判性思维［M］.朱素梅，译.北京：机械工业出版社，2015：2.

③ 周云.主持人即兴口语表达［M］.北京：中国传媒大学出版社，2016：112.

④ ［美］布鲁克·诺埃尔·摩尔，理查德·帕克.批判性思维［M］.朱素梅，译.北京：机械工业出版社，2015：4.

　□独立分析数据或信息

　□识别论证的逻辑错误

　□发现数据、信息与其来源之间的联系

　□处理矛盾、不充分的、模糊的信息

　□基于数据而不是观点建立令人信服的论证

　□选择支持力强的数据

　□避免言过其实的结论

　□识别证据的漏洞并建议收集其他信息

　□知道问题往往没有明确答案或唯一解决方法

　□提出替代方案并在决策时予以考虑

　□采取行动时考虑所有利益相关的主体

　□清楚地表达论证及其语境

　□精准地运用证据为论证辩护

　□符合逻辑且言辞一致地组织论证

　□展开论证时避免无关因素

　□有序地呈现增强说服力的证据

(三)口语化思维

镜头前良好的有声语言表达能力是出镜记者制胜的关键。口语表达的过程是一个从思维（内部语言）通过快速选词造句，直接转换为口头语言的过程。[①] 还原一些优秀出镜记者的口语表达我们会发现，当它们转换成文字的时候，看着难免显得有些冗余琐碎，但想要进一步删减，却很难保留口语那种灵活跳脱的生命力。原因就在于：口语不仅是一种表达方式，还是一种思维模式。

美国传播学者沃尔特·翁认为，基于口语——尤其是原生性口语媒介——的思维与表达的特征，与基于文字、印刷术以及电子技术的思维与表达的特征有很大不同。原生性口语，即在没有文字的时代人们所使用的原始口语。那时，人类还没有发明文字，信息传播只能靠口口相传。沃尔特·翁总结了原生性口语媒介环境下九种口语思维的特征，其中有不少仍值得借鉴。如为了确保说出来的思想得以保存和再现，人们不得不采用有助于记忆的、还得有利于快速地利用口语加以再现的模式思考问题。[②] 比如使用大量的套语（类似于"勇敢的骑士""美丽的公主"）、习惯用语，以有助于增强话语的节奏

[①] 童肇勤.即兴口语表达[M].杭州:浙江大学出版社,2017:7.

[②] 丁松虎.口语文化、书面文化与电子文化——沃尔特·翁媒介思想研究[M].上海:上海人民出版社,2017:15.

感,从而增强记忆。"口语模式的思维越复杂,灵巧使用的固定表达法(即套语)越发成为其明显标志。"①此外,相对书面语,口语思维更习惯以平面化的逻辑结构方式来思考并组织语言,较少有抽象的立体化的逻辑架构。在内容选择上,口语思维更倾向于选择富有对抗色彩的内容,戏剧性更为丰富,也总是与活生生的人生世界贴得更近,保持最低限度的抽象性,等等。

经历了数千年文字表达的洗淘,加上大众传播的语境限定,出镜记者口语表达无疑更加严谨、正式,和原始口语有一定差别。但是,口语思维的基本模式并没有发生根本性的改变。思维决定语言,出镜记者需要掌握口语思维的特点,通过大量训练,实现口语思维到口语表达的高效转换,提高报道质量。

(四)创造性思维

所谓创造性思维,就是指具有创造性的思维活动,它是人类创造力和创造性的集中反映和突出体现。② 创造性思维体现在创作中,是从思路、方法到结果都具有原始性的创新,是对前人的超越与升华。

采制新闻报道是新闻记者的主要工作,这是一项具有创造性的活动,需要记者调动主观能动性,从无到有地制作出一则新闻报道。新闻以"新"立足,报道不但要"内容新""角度新",还要不断追求"形式新"。因此,出镜记者需要具备一定的创造性思维。

从创造性思维的结果与相关学科的已有认知成果的关系,可以把创造性思维分为两大类——派生型创造性思维和叛逆型创造性思维。前者主要指发散思维、聚敛思维、类比思维等在原有的基础上不断衍生、扩展、变形的思维方式。例如在语言方面化用经典,延伸拓展。叛逆型创造性思维则具有很强的反常性,是对已有思维的超越,是对思维定势的突破,从而表现出与传统思维或常规思维完全不同的特点。③ 例如在视听语言的整体调度、呈现上新颖别致,少用甚至不用过于程式化、符号化的手段;语言表达方面少用陈词滥调,不断用新颖的语言刺激观众的耳朵,想到别人想不到的角度,说别人没有说过的话。

创造性不是从天而降的神迹。美国学者加德纳认为,如果不能掌握至少一门学科和艺术门类或手艺,就不可能具有创造力。④ 获得创造性思维,需要以一套成熟的专业性知识、技能为依托,同时充分调动人的主观能动性,在日复一日的练习与积累中实现新的突破。

---

① 沃尔特·翁.口语文化与书面文化:语词的技术话[M].何道宽,译.北京:北京大学出版社,2008:6.

② 孔庆新,孔宪毅.试论创造性思维的定义、特点、分类、规律[J].科学技术与辩证法,2008(2).

③ 孔庆新,孔宪毅.试论创造性思维的定义、特点、分类、规律[J].科学技术与辩证法,2008(2).

④ 新华网.美学者:新世纪人类需要具备五种思维能力,[EB/OB].http://news.163.com/09/0504/15/58FU2N0G000120GU.html.

第三节　出镜记者与现场报道的关系

一、出镜报道、现场报道与直播报道

在理清了现场报道和出镜记者的基本概念之后,我们回到本章最开头的问题。出镜报道、现场报道以及直播报道是一组在实践中经常出现混淆的概念,很多人以为,只要有记者出镜,就是现场报道;或者只要是现场报道,就一定会有记者出镜;而时不时出现的固定场景直播连线更是让人们感到迷惑。实际上,这三个概念之间互有交集,但并不完全重合(如图 1-3)。

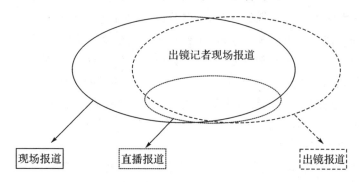

图 1-3　现场报道、出镜报道与直播报道关系图

(一)现场报道与出镜报道

现场报道是以"现场"为核心要素的新闻报道。根据报道的需要,记者可以在报道的过程中出镜,也可以不出镜、只出声,把画面全部让给更具有现场感、新闻性的实况画面。

出镜报道以出镜记者直接面对镜头为主要形态特征,这就意味着出镜记者可以在现场,也可以不在现场。当然,出于整体传播效果考虑,在现场的出镜报道往往因为具备更高信息量而受到观众欢迎。

(二)现场报道与直播报道

直播报道,是以"直播"这一播出形态作为界定标准进行区分的报道样态。只要是直播状态的报道,不管记者是否出镜,是否身处现场,都是直播报道。

大多数情况下,直播报道都以现场报道的内容样式呈现,甚至可以舍弃记者出镜,在直播中完全呈现现场。尤其是当事件正在发生时,忠实的记录比喧宾夺主的出镜更有价值。

（三）出镜报道与直播报道

一般情况下，直播报道以出镜记者现场报道的形式呈现信息。不过，在一些特殊情况下，也可以放弃现场，以出镜记者为优先。例如事态紧急必须尽快了解情况时，无现场或者仅仅身处象征性现场的记者连线是常用的报道方式；有时出镜记者担任了一部分评论员的功能，意见本身就是信息。这都会成为影响直播报道内容安排的因素。

总体来说，出镜报道、现场报道、直播报道三者互相之间存在高度重合，但又是各自不同的概念。在新闻播出中，编辑部会综合记者报道条件、播出需要等多方面因素，进行整体调配，最大程度地实现新闻信息的有效传播。

二、现场报道是出镜记者的主战场

清华大学李希光教授等认为，所谓价值，就是比较你所获得的与你所付出的，获得的越多、付出的越少，价值也就越高。从受众角度看，新闻价值就是媒体获得受众的注意力和信任的状况与受众媒介使用便捷程度和价格水平的比。[1] 受众会评估自己付出的注意力是否获得了相应的价值回报。

因此，记者在选择出镜报道形态的时候，必须首先问一问自己：出镜报道是否有必要？你的出镜报道是否值得受众付出注意力？

答案的关键就是"现场"。

首先，新闻现场提供了丰富的视听信息，具有更高的新闻价值。其次，进入核心现场，记者自身的报道活动贯穿新闻发生的全过程，给观众带来"正在进行时"的同步感。此时，再以现场为依托，出镜记者充分调动自身的感官进行感知、体验，并通过有声语言和体态语进行类人际传播，形成有效信息量的几何倍数增长，放大传播效果。特别是当现场信息不具有自明性、现场信息还没有开掘出来、现场信息不能被摄像机直接记录时，现场记者的作用就更加凸显出来了。[2] 此时，出镜记者不但能够向受众说明画面中能够看到的信息，还能够提供画面中看不到的信息，如某个细节背后的故事、意义等。记者作为专业采集信息、记录信息的新闻工作者的专业价值在这时得到充分显现。

三、出镜记者是现场报道的叙事者

新闻报道是一种叙事行为。叙事学家认为，一个完整的叙事文本由两个部分组成："一个是故事，内容或一连串事件（行为、事件）加上我们可以称之为

---

① 李希光，孙静惟，王晶.新闻采访写作教程[M].北京：清华大学出版社，2011：31.

② 周小普，王辰瑶.论电视新闻现场直播报道的三条件与四要素[C].论传媒改革与发展——中国传媒发展高层论坛论文集，北京：新华出版社，2003：251-252.

存在的东西(人物、环境);另一个则是话语,即表达,是内容可以传达的手段。简单地说,故事就是叙事描述什么,话语则是如何去描述。"①

在新闻报道中,记者就是那个"讲故事的人",出镜记者就是现场报道公开的叙事者,是现场报道的叙事主体。

在一般性的新闻报道中,叙事者可被感知的程度很小,受众在阅听过程中几乎感觉不到叙事者的存在,难以觉察到叙述声音掌控着现场报道新闻叙事的整体进程。② 当叙事者以公开身份直接介入叙事,现场报道就与其他的新闻报道呈现出了一种不同的样貌。

第一,叙事主体和事件之间的客观距离被拉近了。出镜记者可以以"导游叙事人"的身份,既介绍事实,又对事实进行解释、说明,介绍前因后果,如同一位导游员,让读者能在新闻事实的迷宫之内自由出入。③

第二,促进不同群体之间的交流。出镜记者是新闻传播过程中多个群体交流的核心,既面向受众、主持人,也面向采访对象。最终通过出镜记者的叙述,体现媒体机构对于事件的选择、认定、价值评价,实现受众与事件当事人、媒体机构之间的交流。

第三,以"元叙事"的方式补充呈现事实。

所谓元叙事,指的是记叙文种叙事者在叙述他人及其有关事实的同时,还叙述、介绍叙事者自己对本记叙文的集材、构思、结构等活动或叙事原理。新闻报道的元叙事,是报道者在报道中不仅报道他人,还报道自己对新闻报道如何进行规划、处理。换句话说,元叙事指的是叙事人在叙事作品中对自己如何采写这些幕后工作进行介绍,它报道的是报道者本人的新闻报道工作。④ 采用"元叙事"的报道手法,能够表现探寻新闻事实的过程,还可以将看似不相关,实则存在内在逻辑联系的事实用记者的行为串联起来,形成叙事逻辑。

总体来说,出镜记者与现场报道之间存在着非常密切的联系。因为有了出镜记者,现场报道的传播效果能够被充分放大;因为现场报道,出镜记者才有用武之地,找到施展空间。

本章小结

在这一章,我们重点梳理了现场报道与出镜记者的基本概念、特征以及它们之间看似"剪不断,理还乱"的关系。

① [英]奥利弗·博伊德-巴德特,克里斯·纽博尔德.媒介研究的进路[M].汪凯,刘晓红,译。北京:新华出版社,2004:590.
② 方毅华.新闻叙事导论[M].北京:中国广播电视出版社,2014:127。
③ 欧阳明.新闻报道叙事原理研究[M].武汉:华中科技大学出版社,2016:151.
④ 欧阳明.新闻报道叙事原理研究[M].武汉:华中科技大学出版社,2016:154.

现场报道,即"来自新闻现场的报道",是记者身处新闻现场,以第一叙事人的身份对新闻事件进行的音视频报道。根据技术特征,现场报道的表现形态可以分为直播报道、录像报道两种类型。

出镜记者即在镜头前从事新闻采访、报道、评论工作的新闻记者。和主持人不同,出镜记者作为新闻记者的一种工作样态,其首要职责是采制新闻报道,而非承担串联整体节目的"主持"功能。

出镜报道富有类人际传播特点,但其本质属性仍为大众传播。身为出镜记者,必须以视听语言创作的整体思维为前提,将自己锻造成集记者的批判性思维、主持人的口语表达思维、艺术家的创造性思维三者于一身的高级复合型新闻人才。

从传播实践来看,出镜记者与现场报道可以说是一对最佳拍档。现场报道是出镜记者的主战场,而出镜记者是现场报道的叙事者,二者结合能够激发出很强的传播力。正因为如此,在今天的视听新闻传播领域,出镜记者现场报道的水平成为检验一家媒体机构报道能力的重要指标。

思考题

1. 什么是新闻现场?

2. 出镜记者的概念是什么?如果报道过程中记者没有出镜,只是从旁解说,那么他还是出镜记者吗?为什么?

3. 有人认为,出镜记者是新闻现场的主持人,你同意吗?为什么?

4. 出镜记者的思维特征是什么?

5. 阐述出镜记者、现场报道、直播报道三者的关系。

练习题

1. 以一次新闻事件为案例,寻找事件的核心现场,并从核心现场开始向外扩展,找出相关现场、边缘现场、象征现场,直到现场概念消失,以此描绘出不同圈层的现场概念。

2. 寻找三个优秀的出镜记者现场报道,注意观察记者如何综合使用视听语言来展现现场。

3. 关注一位你喜爱的出镜记者,你为什么喜欢这位出镜记者?他的哪一次报道让你印象深刻?

4. 针对同一事件,观察分析现场报道和连线报道的不同侧重点。

5. 结合实际案例,论述出镜报道中如何体现记者的创造性。

第二章　直播:出镜记者现场报道巅峰之战

在 1953 年之前,除了少数用电影胶片拍摄的节目,电视节目中 80％的内容都是直播的。原因很简单,当时录像技术尚未发明,电影胶片造价太高,录播无法实现,只能直播。限于当时的技术条件和少得可怜的制作经验,初始阶段的直播漏洞百出。例如直播的情景剧中演员忘记了台词,"尸体"从地上爬起来走出窗外;一位舞台工作人员跨出窗外——在剧中,这扇窗户位于 25 层的高楼上。[①] 尽管错误不断,但恰恰因为这不完美的"直播",电视自诞生起就拥有了自己独特的传播特点:即时传真——你所看到的,就是正在发生的。

直播到底是什么? 它仅仅是一种技术手段,还是一种表达方式? 它是否有自己独立的语言与生命? 它与出镜记者现场报道之间又有着什么样的连接? 本章,我们将走进直播。

第一节　现场直播报道概论

一、现场直播报道的概念

电视现场直播报道的源头,来自实况转播技术的广泛应用。实况转播,即通过实时传输技术,将正在发生的事件原样传递给观众。在世界电视发展史上,实况转播重大事件是早期电视直播的重要内容,其中又以体育竞赛、仪式、典礼最为突出。例如,1936 年 8 月 1 日至 16 日,第 11 届奥运会在德国柏林举行,德国国家实验电视台出动了 3 部摄影机和 2 部转播车进行现场直播,并设立了 28 个电视接收站来供人们观看。[②] 1937 年 5 月 12 日,英国国王乔治六世举行加冕典礼。英国广播公司(BBC)接了同轴电缆到亚历山大宫和海德公园,实况转播了加冕盛况。

---

① 郭镇之.电视传播史[M].北京:北京师范大学出版社,2000:211
② 黎炯宗.电视现场实况转播[M].北京:中国广播电视出版社,2012:2.

时至今日,直播与电视新闻结合,已经发展成为"以新闻现场的多机位拍摄、现场编辑与卫星传播直接相连的实时报道系统,呈现出以现场新闻即时传送为主体,综合背景资料介绍,演播室串联、评述,记者现场采访等多现场切换交流的综合状态"①。作为集实况转播、新闻报道、新闻评论、观众互动参与为一体的"可参与的媒体现实"②,现代新闻直播活动呈现出内容与形式的高度复合性。

狭义的现场直播报道是现代新闻直播活动重要的组成部分,但并不等于新闻直播活动。作为按表现手法细分的一种现代新闻报道文体,现场直播报道是记者利用直播技术,对新闻现场进行实时报道的一种文本体裁,它是"经过传播者编码化、符号化的精神产物"③,具有相对稳定的文本样式。

现场直播报道,即以出镜(声)记者为直面观众的报道者,围绕某个新闻事件,以新闻现场为关注核心进行信息采集,并利用技术手段打破时空限制,声画同步、即时传递新闻信息的报道行为。

把握现场直播报道的基本概念,主要抓三个关键词:新闻现场、实时报道、记者传播。

新闻现场:现场直播报道的对象是正在发生,或者已经发生仍有新闻价值的新闻现场。

实时报道:通过光缆、卫星、网络等技术系统,记者得以突破时空限制,实现新闻报道与新闻事件发生发展的即时同步。即,你所见到的,就是正在发生的。

记者传播:现场直播报道的报道者是出镜(声)记者,他以第一人称出现在新闻报道中,直面观众进行信息传播活动。这是区分现场直播报道和实况转播的重要标志。

经历了数十年发展,电视新闻现场直播已经发展出一套相对成熟的专业体系。因此,在下文中,我们以电视新闻现场直播报道为典型代表形态,阐释现场直播报道的特性及规律。

二、现场直播报道的优势

(一)同步直击新闻事件

反映世界的最新变动是新闻最主要的功能。事件发生离公开报道的时间

---

① 石长顺.当代电视实务教程[M].上海:复旦大学出版社,2008:269.
② 朱羽君,殷乐.电视新闻直播的现代品格[J].现代传播,2003(5).
③ 杨保军.新闻理论教程[M].北京:中国人民大学出版社,2014:75.

越短,新闻价值就越高。① 因此,新闻记者总是在与时间赛跑,争分夺秒抢占先机。然而,通常情况下新闻事件从发生到报道总是存在一定时距。为了保证新闻报道的品质,记者需要时间进行采访、核实,经过编写、校审,通过编辑以及上级领导审核之后才能公之于众。即便全流程开足马力,也无法避免事件信息从发生到接收的时间距离。

这一困局在现场直播报道被打破。直播技术将新闻事件与报道之间的时差缩小为零,现场正在发生什么,观众看到的就是什么。尤其是当发生大型突发事件时,现场直播报道是人们了解事件信息最快速、便捷的途径。

2001 年 9 月 11 日早上 8 点 46 分,纽约发生恐怖袭击事件。5 分钟内,CNN、BBC、NBC 等各大世界主流电视机构都已经打开直播窗口,将镜头对准了正燃起滚滚浓烟的世贸大楼,并目睹了第二架飞机撞上世贸大楼的瞬间。

图 2-1 CNN 对"9·11"事件进行直播报道

华语媒体同样对这一事件展开直播报道。事发约 20 分钟后,即北京时间 21 时 10 分,《时事直通车》栏目发出了凤凰卫视关于"9·11"的第一条消息:"美国纽约世贸大楼被袭起火"。当晚 21 时 40 分开始,凤凰卫视的 4 个频道一起对"9·11"事件进行了持续 36 小时的直播报道。主播陈晓楠甚至没有来

---

① 李良荣.新闻学概论[M].上海:复旦大学出版社,2001:263.

图 2-2　凤凰卫视对"9·11"事件进行直播报道

得及化妆,就直接冲进了直播间,上节目说的第一句话便是:"对不起,我没有化妆。"之后便源源不断地引入美国福克斯(FOX 新闻台)的信号,展开同步翻译和报道汇集。凤凰卫视的记者也在现场不断发回直播报道。事发时,凤凰卫视负责纽约财经报道的记者庞哲正在世贸大楼附近进行例行采访,袭击事件发生后,她冒着生命危险,不顾安保人员的劝阻潜回办公室电话报信,之后一边择路逃生,一边不断地做电话连线,直到世贸南楼倒塌。凭借着对"9·11"事件快速、及时的直播报道,凤凰卫视在华语媒体界快速崛起。

(二)强化报道现场感

直播报道总是与事件同步推进,观众得以与记者一起,共同经历事件发生的过程,产生如同身处现场的强烈感受。

2003 年 9 月 3 日,俄罗斯发生别斯兰人质事件,300 多名中学师生被恐怖分子绑架。华语电视媒体中,凤凰卫视是唯一一家在现场展开直播报道的媒体,驻俄罗斯记者卢宇光在直播中亲历了俄罗斯军方与恐怖分子的战斗时刻。

案例 2-1[①]

记者:现在部队又运动上去了。我们等一会儿,现在看到的是什么情况?我们看到恐怖分子已经向我们这边冲过来,突围的部队已经打伤了很多人。

(画面剧烈抖动)

---

① 《俄罗斯别斯兰人质事件特别报道》,2003 年 9 月 3 日凤凰卫视播出。

记者：我们现在正在跑。现在恐怖分子突围冲出来了。

（枪响）

主持人：宇光请你小心。

记者：现在冲出来好多人，打伤了好几个，都躺在我们周围的地上。

主持人：那现在你能判断现在冲出来的是人质还是武装分子？

记者：根本看不出来到底是谁。我现在趴在地上。现在打伤了好多人，天啊！

时隔多年以后，再次回看当时的直播报道，仍然觉得惊心动魄。这种零时距的直播报道，让观众仿佛身处事发现场，见证历史在眼前爆炸。强烈的现场感、真实感，不断冲击着人们的感官，形成强烈的"在场"效应，引起观众更为强烈的自危意识和共情心理。

以美国"9·11"恐怖袭击事件为例，当第一架飞机撞进双子座大楼后，几乎所有美国电视台都以突发事件直播的方式切入了各个角度拍摄的大楼画面，由记者或主持人进行同步解说。但是，谁都没有想到还有第二架飞机会突然撞入大楼。几乎所有美国电视台都直播了第二架飞机撞入大楼的瞬间，记者和亿万观众一起在惊呼中目睹了这一悲剧。强烈的现场感，让惊恐、悲伤、愤怒的情绪迅速放大、蔓延，美国公众遭受了几乎是史无前例的、异常深刻的心理冲击，直接影响了美国乃至全球的政治走向。

（三）有效引导舆论走向

有组织的直播行为不同于日常新闻报道，它总是作为一种特别报道的形态存在于各大新闻事件中，打断日常按部就班的信息流，以一种"你必须现在马上了解"的姿态，不容置疑地提醒公众该事件的重要性，强力占据观众的注意力，进而通过报道内容引导舆论走向。

2008年5月12日14时28分，汶川大地震发生，CCTV-新闻频道在22分钟后发出字幕消息，接着播出口播新闻；15时20分，中断正常节目，推出直播特别节目《抗震救灾 众志成城》。至当月24日，央视在灾区前线调用了42辆转播车，其中仅两辆为自备。全国各级电视台共计播出1397小时的抗震救灾直播节目，各频道播发的新闻总共超过24000余条次，共有10.15亿观众收看。这些数字同时创造了中国电视新闻节目直播和收视之最。①

这一阶段，抗震救灾成为全国人民共同关注的焦点，来自全国各地的救援力量、有效建议得以高效凝聚，直接推动了抗震救灾的进程，鼓舞全国人民团结一心、奋力前进。在这一事件中，大量现场直播报道凝聚为一种媒体力量，

---

① 周小普，马淇．电视联盟：中国电视业未来竞争的战略选择[J]．电视研究，2009(6)．

图 2-3　2008 年中央电视台《抗震救灾 众志成城》特别节目

通过引导媒介议程,积极而负责任地引导社会舆论,影响公共议程。

2000 年 7 月 22 日下午,台湾嘉义县八掌溪突发洪水,正在溪畔进行堤防工程的 4 名工人还来不及上岸就被困于急流之中。虽然救援人员赶到现场,但最终因水流湍急而无法实施救援。4 名工人苦撑了 3 个多小时,最终还是被洪水冲走而身亡。台湾当地媒体对这一事件进行直播报道,民众亲眼看到 4 名工人葬身洪流的身影,而此时当局的救援单位还在互相推诿责任。[①] 当局的不作为被暴露在直播报道中,引发民众愤怒,舆论一篇声讨,结果使"行政院"副院长以下一批高官丢官才得以平息民愤。

(四)参与建构媒介事件

美国传播学者丹尼尔·戴扬和伊莱休·卡茨认为,那些令国人乃至世人屏吸驻足的电视直播的历史性事件,已经不单纯是一次电视直播节目,而是一种媒介事件,它构成对惯常的干扰,干扰着正常播出乃至生活的流动。"正常的播出被终止并被抢占,我们收到一系列使日常生活变得特殊起来的特别声明和前奏的引导,然后待事件结束时,我们又被引导回原来的状态。"[②]在中国电视直播史上,香港回归、澳门回归、神舟系列飞船发射升空、奥运火炬传递、阅兵仪式等等,数以千万计的观众停下手里的日常生活工作,将观看电视直播

[①] 王壮辉.电视新闻现场直播的特性及诸元素分析[J].新闻界,2005(1).

[②] [美]丹尼尔·戴扬,伊莱休·卡茨.历史的现场直播:媒介事件[M].麻争旗,译.北京:北京广播学院出版社,2000:5.

变成了一种参与历史的节日仪式。

现场直播报道是大型直播活动的核心组成部分，当大型直播活动从单纯的媒介行为走向媒介事件，现场直播报道当仁不让地成为建构事件的主角。

第一，现场直播报道具有很强的仪式感。它以"现在进行时"的姿态，阻隔日常生活的影响，抓取人们的注意力。

第二，现场直播报道通过一整套严密的技术和内容系统，将时空高度凝结在一个相对固定的场景之中。观众通过收看节目，融入场景，加入到新闻事件中来。

第三，一些本身不具备仪式组织形态的事件也能够通过直播现场报道而呈现出强烈的仪式感，成为一种媒介事件。

2000 年元旦到来之际，中央电视台推出连续 24 小时不间断的《相逢两千年》大型直播特别节目，联合英国、美国的电视机构，将全世界地标性地点的新千年第一缕阳光通过直播的形式展现在电视屏幕上。在这个直播特别节目中，世界各地的新千年第一缕阳光以《时空驿站》的板块形式贯穿始终，每一次阳光初现都成为直播中的一个重要仪式性环节。

日升日落原本只是自然界再平常不过的自然现象，但在这一刻，不同地区的朝阳被集中到小小的屏幕上。通过直播报道，亿万观众亲眼见证新千年就此打开，一种有别于日常的仪式感油然而生。

这样的直播报道无疑具有强烈的策划色彩，是创作者基于传播目的的需要，利用电视直播和仪式感之间的密切互动创造出的媒介事件，以传递某种精神价值、核心意义，最终"建构并维系一个有秩序的、有意义的、能够用来支配和容纳人类行为的文化世界"①，用以形塑或强化人们对现有世界意义的认同。

三、现场直播报道的缺陷

每一种报道形式都有自己的优势和劣势，现场直播报道也有自己的痛点。

(一)"浅薄"的直播

新闻工作本就容易限于表面事实。恩格斯曾在 1889 年 12 月 9 日写给康拉德·施密特的信中说："新闻事业使人浮光掠影，因为时间不足，就会习惯于匆忙解决那些自己都知道还没有完全掌握的问题。"同步传递的时效性优势，让直播报道占有先天优势，但同时也更容易陷入"浅薄"的陷阱。

"快"意味着直播报道中信息的准确性受到挑战。在匆忙的情况下，为了赶时效，一些未经证实的消息可能被轻易放送出来，记者也不知道这些消息是

---

① 陈力丹.传播是信息的传递，还是一种仪式——关于"传递观"与"仪式观"的讨论[J].国际新闻界,2008(8).

否准确,只能冠以"疑似""可能""有媒体报道称"等模糊的词汇来摘脱责任。这一现象在具有很强不确定性的突发事件中尤为明显。2014 年 3 月 8 日,搭载着 227 名乘客、12 名机组人员的马来西亚航空公司 MH370 航班神秘失联。事件本身的不确定性让各家媒体直播记者都难以在报道中第一时间直接给出有关事件核心的确切消息,但是又"必须说点什么",只能转向对其他媒体,甚至是大量自媒体、社交网络信息的转载。在这种逻辑下生产出来的报道不仅不能有效地回应人们的不确定性,反而会因为大量的信息泡沫进一步强化这种不确定。① 另一方面,直播中的信息往往是碎片化的,有什么就先说什么,缺少对事实全貌的描绘。实际上,完整的事实往往需要一定时间才能展露出全貌。碎片化的传播方式可能引发"管中窥豹"式的片面和局限。尽管这些问题通常会在后续报道中进行更正、补充,然而新闻的热度转瞬即逝,第一时间的信息通常具有更强的传播力。当错误的、片面的印象已经在受众头脑中形成,冷却之后的更正又能有多少人能看见呢?

"快"也可能损失新闻的质感。有一些新闻选题更适合"慢"下来的表达方式,如人物特写、观察综述、调查评论类的新闻报道,需要跨越多个不同时空,集合多个信息源,综合整理之后精心编排,呈现更具逻辑性的理性梳理,更具感染力的怦然心动。然而出于对直播的盲目迷恋,一些大型媒体往往容易陷入"唯直播"的误区。尤其在突发事件报道中,仿佛只有直播,才能够体现突发事件报道的专业性。结果,不间断的直播连线快速消耗记者的新闻资源,由于没有时间了解更多信息、思考组织报道,不少现场直播报道越做越水,报道的质感荡然无存;有的则迫使记者将一些更适合深入报道的选题匆忙纳入直播报道,白白浪费了一块"好料"。

(二)"无聊"的直播

什么样的报道真正值得直播?

直播意味着了解信息的紧迫性,有一种"你必须马上知道"的意味。但如今的屏幕上,有的直播选题鸡毛蒜皮,不值得观众必须以"即刻呈现"的方式最快速度了解;有的明明三言两语可以说清楚,非得来一场两三分钟的直播凑形式,结果内容乏味,现场平淡;有的为了把直播凑到固定栏目的播出时段,明明事件已经结束,记者也只好停在原地,一直等到直播节目开始,在原地做一个站桩式的连线,算是交差了事。还有的现场直播报道为了凸显"主题",硬把直播做成一场"表演秀",片面追求宏大效果,却忽略了观众与报道内容之间的具体关联,空洞无味。

---

① 王辰瑶,汪子钰,苑明.内爆:不确定时代新闻生产的逻辑——从马航客机失联报道谈起[J].新闻记者,2014(5).

在美国新闻界，同样存在类似的情况。记者只是出现在一个虚化的城市场景、地标建筑物、甚至是另一个演播室里介绍之前采访刚刚了解到的信息。这种出镜方式在美国被称为"黑洞"直播报道（"Black Hole" Live Shots），常常认为是不必要的直播秀，一直受到诟病。这样为直播而直播的报道，不仅报道本身显得"无聊"，还在日复一日地损耗直播形态带来的关注度，透支"直播"形态在观众收视心理中的强注意力。

现场直播报道只是视频新闻报道中的一种报道方式，是否启动直播不应该根据固定的时间段来决定，也不应该因为"需要有直播形态"而直播，而应由事件本身的情况来判断直播是否为呈现事件信息的最好呈现方式。

现场直播报道不是万能的，了解直播的局限、认识到目前直播报道的缺陷，可以帮助我们更好地认识直播，了解直播，找准它在新闻报道方式中的正确位置，更好地利用这种形态达到新闻传播的目的。

第二节　现场直播报道的特点

一、现场直播报道的技术特点

（一）技术是现场直播报道的决定性前提

直播是一种建立在通信技术基础上的艺术。如果把现场直播报道比作一个无穷数"1000000……"，那么技术系统就是开头的那个"1"。有了"1"，直播报道才有存在的可能。在科技快速发展的今天，每一次技术革新，都会给现场直播报道带来变化。因此，要了解直播、掌握直播，首先必须对技术系统有充分认知。

技术部门所搭建的转播系统是直播成功的基本条件。转播系统是由多个系统组成的一个庞大体系，包括视频系统、微波系统、音频系统、通信系统、动力系统、卫星传送系统等。"视频系统的建立，可以使观众在直播进行中看到清晰的画面。音频系统的建立，能使观众在直播中听到现场逼真的音响、效果以及播音员的解说声音等。"[①]除此之外，通信系统、微波系统、卫星传送系统等，为直播中的各类信号的制作与传送提供了根本保障。针对不同体量的现场直播报道，转播系统的规模会有所不同。大到国庆阅兵大典的直播，小到一场新闻单边报道连线，都离不开技术部门的很多工种一起合作，来搭建适当的转播传送系统。

---

① 沈忧.中国电视新闻现场直播——导演手记[M].北京：中国广播电视出版社，2004：34-35.

电视新闻行业有一句话:"得传送者得天下。"在直播技术系统中,传送是核心环节。试想一下,如果卫星车的信号被刮跑了,直播信号自然中断;如果用网络直播,而当地没有稳定的网络信号,一切报道都免谈。屏幕呈现是观众评判的唯一依据。当因为各种技术原因导致画面无法顺利送达,再好的现场、再优秀的出镜记者也无济于事,只有眼睁睁看着一条好新闻、一个好报道砸在手里。

此外,一些看似不起眼的技术小问题也可能导致直播失败。比如出镜记者的手持话筒没电了,无线话筒和调音台之间的信号传输不畅;接口接触不良;画面偏色;航拍"罐头"画面无法及时调出……都需要报道者提高警惕。在每次直播报道前对所有环节进行细致检查,是保证直播报道顺利完成的重要前提!

技术,是决定直播报道能否顺利实现的基础,也是不断推动现场直播报道创新发展的重要力量。举例来说,航拍一直以来被认为是一种高端技术手段,在人们印象之中,只有在中央电视台、凤凰卫视以及一些发达地区省级媒体的报道中才会看到精彩的直升机航拍画面。但近些年来,智能拍摄设备发展迅猛,航拍成本大幅降低,各类小型无人机航拍设备快速普及,甚至业余视频制作爱好者们也可以轻松使用。航拍技术的智能化、小型化极大地丰富了直播中航拍画面的使用,使得现场直播报道的画面元素更加丰富,叙事方法更加多元。

技术的发展不断推动着表达方式的改进。但归根结底,技术始终是为内容服务的。技术力量能被发挥到什么程度,产生什么样的传播效果,最终还取决于创作者们的奇思妙想。

小知识:直播技术术语

1. 黑场

在节目进行中,由于信号突然中断,导致原本播出的正常画面瞬间变为黑屏。有时黑场是瞬时的,能够在很短时间内迅速恢复;如果连续出现瞬时黑场,说明信号极不稳定,需要尽快将信号切回演播室。

2. 雨衰

卫星信号是一种电磁波,雨水会使电磁波衰减,从而影响卫星信号质量,称作"雨衰"。

3. 中继

指通过一个信号发射器,对完全相同的两类信号网络进行中转互连,通过对数据信号的重新发送或者转发,来扩大传输的距离。

（二）常见新闻直播传送系统介绍

1. 电视转播系统

电视转播系统是目前电视新闻机构在外场制作电视节目信号时最常用的制作系统,俗称电视转播车。转播车是一种车载小型"电视台",它可以远离固定的电视制作中心,进行现场录像、现场编辑工作,并能即时向电视中心传送所录制的节目,进行现场转播。20世纪30年代后期,法国生产了第一辆电视转播车。经过几十年的发展,已被世界各国普遍采用。转播车是各种电视制作设备高度集成化的产品,涵盖了节目制作的前期所有设备类型。有了它,电视制作人员可以在转播现场进行电视节目信号的采集、制作并通过卫星、网络及光缆传输回电视台本部。伴随着广播电视技术的发展,一个电视台或制作公司是否拥有并运营技术先进、设备齐全、制作能力强的转播车,已经成为评判他们技术和制作能力的一个重要考量因素。

与在电视台内固定的演播室相比,转播车作为外场节目制作载体,有不受场地限制、可以满足各类节目制作团队的复杂制作需求等优点,目前已经成为体育、新闻、娱乐等各种大中小型活动转播必不可少的工具。

图 2-4　4K 超高清转播车

2. 卫星传送系统

卫星传送系统 SNG(Satellite News Gathering)是"卫星新闻采集"在业内的通用简称,是目前电视新闻机构在传送电视节目信号时使用最为普遍的直播传送系统。该系统以人造卫星为信号传输平台,直播点通过信号传送设备(如卫星直播车),把音视频数据信号发射给卫星,再通过卫星传送给地面上的信号接收系统(如卫星地球接收站)。它既可以实时转播,也可以同步收录,经过编辑后再另行播出,具有覆盖范围广、通信距离远、响应速度快、信号质量高的特点,是目前新闻直播最重要的传送方式。

和大型转播车相比,SNG 系统保留了音视频信号高质量传输、多个信号源同步切换等现场直播报道需要的核心功能,同时有效地减小系统尺寸、降低系统造价、减小使用空间。通过加装小型可移动卫星地球站,一辆小型箱式汽车或越野车就可以改装成为 SNG 移动直播车。

图 2-5 SNG 直播车

进入 21 世纪以来,伴随着民生新闻和突发事件报道的快速兴起,我国电视行业大量引入 SNG 系统。目前,各个省市级电视机构乃至大量县级台都配备了 SNG 系统,多种多样的民生新闻直播节目在全国遍地开花。

SNG 系统也有一定的局限性。首先,SNG 系统借助车辆实现移动,因此极度依赖道路通行保障。在城市道路基本畅通的情况下,SNG 系统可以通行无阻,但是当遇到大型自然灾害类突发事件如地震、泥石流、洪水、滑坡等,道路中断后车辆无法通行,SNG 直播车便无法进入核心现场,只能望洋兴叹。其次,当出现台风、暴雨等剧烈天气,或是日蚀等改变地球磁场的天文现象时,卫星信号也会受到很大影响。另外,直播车需要停放在较为空旷的场地上,如果周围环绕高楼或者大山,信号可能被遮挡,也会影响信号传送。

3. 微波

微波通信(Microwave Communication),是使用波长在 0.1mm 至 1m 之间的电磁波——微波进行的通信。该波长段电磁波所对应的频率范围是 300 MHz(0.3 GHz)～300 GHz。与同轴电缆通信、光纤通信和卫星通信等现代通信网传输方式不同的是,微波通信是直接使用微波作为介质进行的通信,不需要固体介质。微波设备主要用于中短距离信号传输,具有使用灵活、适应性强的特点。

在现场直播报道中,最常见的就是在各类摄像机上加挂微波发射装置,将拍摄到的音视频画面通过微波信号传输给转播车或者卫星车,再通过卫星发射回电视台。由于微波信号过强会对人体健康造成影响,所以微波设备更适合短距离点对点传送。在大型突发事件报道中,装配微波设备的摄像机能够摆脱数据传输线的束缚,单兵进入交通受阻的核心现场展开报道。配合小型卫星直播车使用,既能快速抵达现场,又能保证拍摄质量和系统调度,仍然具有很强的实用性。

4. 移动通信技术

近年来,移动网络成为现场直播报道新的传输渠道。借助日渐成熟的移动通信技术,记者可以抛开笨重设备的束缚,直接用个人手机将报道传输给千里之外的机构总部,同步呈现在电脑、手机客户端和电视大屏上。这极大降低了传送成本,为报道带来更多便利,也为直播常态化、移动化创造更多可能性。

和成熟的卫星技术相比,移动通信技术仍在发展之中,尚存在一些瓶颈:一是移动网络的速度和稳定度仍然无法完全满足视频直播的流量需求;二是移动网络系统目前处于完全开放式的公共民用状态,在某个基站辐射、影响到的区域内,能够使用的单位时间流量总数是固定的。因此,当出现突发事件时,瞬间使用人数暴增,就会出现卡顿、线路堵车的情况。对技术稳定性要求极高的现场直播报道来说,这些都可能严重影响报道的整体效果。

目前,第五代移动通信技术(5G)已经开始投入民用,5G 网络的主要优势在于,数据传输速率远远高于以前的蜂窝网络,最高可达 10Gbit/s,理论上可以达到 4G 技术的 100 倍,能够有效满足当前人们对数据流量的需求和高速度网络速率的要求,并且在覆盖能力、安全防护能力等方面也将获得显著提升。另一个优点是较低的网络延迟(更快的响应时间)。5G 的网络延迟低于 1ms,而 4G 为 30~70ms。凭借一系列技术突破,移动通信技术的瓶颈很可能就此打破,给直播领域乃至媒体行业带来革命性影响。

5. 海事卫星

海事卫星通信系统主要由同步通信卫星、移动终端(包括海用、陆用和空用终端)、海岸地球站以及协调控制站等构成。移动终端常常以海事卫星电话的形态出现,外形类似老式大哥大(如图 2-6)。

一套完整的海事卫星直播系统,除了海事卫星终端设备以外,还应包括一台视音频编解码工作站以及摄像机、话筒等前期视音频摄录设备。视音频编解码工作站提供现场视音频信号的实时编解码,工作站与海事卫星终端天线

图 2-6　海事卫星电话

相连接,通过卫星讯道实时传送现场视音频信号。①

　　海事卫星通信系统最大的特点就是信号覆盖范围非常广。即便在一些传统意义上的信号盲区,如海拔 7000 米以上的山峰、通信中断的灾区、南北两极、海洋中心等等,海事卫星都能够实现信号连接,帮助记者完成直播报道。同时和大型卫星设备相比,海事卫星系统终端要轻便得多,只有一个公文包大小,重量不过 3～5 公斤,非常便于携带。出镜记者只要手持海事卫星电话,就能直接拨打(如图 2-7)。

　　尺有所短,寸有所长,海事卫星通信系统拥有无处不在的抵达能力,但同时也存在一个最大的劣势,就是传输速度有限,画面损失较大。通过海事卫星传送的画面经常出现马赛克、横纹等现象,影响传播效果。此外,海事卫星通信费用昂贵,一般媒体机构配备数量有限,仅限于紧急情况使用。

　　就新闻报道而言,时效性是第一位的,即便是存在缺陷的画面,也远远胜过没有画面。特别是在应对突发事件以及克服恶劣天气条件时,海事卫星在节目直播中大有用武之地。2008 年汶川大地震发生后的 36 小时内,由于电力中断,普通无线、有线通信处于瘫痪状态,此时只有海事卫星所构建的新闻直播平台及时有效传递新闻,为后方决策、组织当地救助以及正面引导观众发

---

① 司志超,宁凯峰,张洁.海事卫星直播系统在直播节目中的应用[J].广播与电视技术,2007(12).

图 2-7　记者手持海事卫星电话在灾区进行直播报道

挥了巨大作用。[①]

（三）以技术为基础选择报道形态

现场直播报道建立在技术系统的不断进步基础上，每当技术系统出现重大革命，新闻报道方式也会随之发生变化。逐渐轻型化的直播设备、层出不穷的特种拍摄装置，这些技术的发展极大地拓展了记者报道的空间范围，提高了报道的时效性，创造出更多样的报道可能性。相应的，出镜记者在设计报道时，也应充分考虑技术特点，将技术设备的功能效率发挥到最大。

以直播技术的核心系统——传送系统为例，每一种传送方式都有自己的强项和弱点。海事卫星信号到达率高，能够在其他信号都杳无踪影的时候仍然保证一定程度的信号传输。但是，海事卫星信号传送速度低，不够支撑移动画面以及多机位拍摄传送，只要镜头一摇，画面很容易出现抽帧、模糊的现象。那么，记者在设计直播内容时就要考虑以固定画面为主，尽可能在一个画面里更多地容纳信息。相比较而言，SNG 卫星车不但行动较为灵活，还可以接入多个信号源，实现多机位实时切换，以及"罐头"画面的随时插入，记者在设计报道形态时就可以更加丰富。例如设计插入"罐头"画面，或者接入一些非媒体专用的直播信号，像公安、武警常用的"动中通"车载系统、各地交通摄像头、监控视频等，丰富报道画面信息。

① 殷林，赵玉民，从伟.海事卫星突发新闻视频直播传输平台[A].中国新闻技术工作者联合会五届二次理事会暨学术年会论文集（下篇）[C].2010:306.

直播中的拍摄技术更是五花八门、层出不穷,除了普遍使用的手持摄像机,还包括无人机航拍、直升机航拍、GoPro 微型摄像头、全景摄影、逐格摄影、虚拟现实、现实增强技术、索道摄像系统等等,不断提升直播报道的影像表达能力。

对于现场直播报道来说,技术既是镣铐,也是舞台。充分利用好技术特点,让直播发挥更大的传播力,是出镜记者应具备的重要能力。

二、现场直播报道的叙事特点

(一)时间一贯性

现场直播报道是建立在线性时间上的艺术,它与事件发生、受众接收同步展开,三者一起顺着时间的奔涌向前行进,在叙事上具有时间一贯性的特点。

首先,在录播的新闻报道中,创作者可以完全打乱时空顺序,使用蒙太奇手法对视听语言进行重新编码,将大量属于不同时空的内容编辑在一起,创造全新的表意时空。但是在现场直播报道中,线性时间是一以贯之的,记者必须在此时此刻的时间流淌中一次性组织报道。

其次,在"事件发生、报道行为、受众接收"三位一体的关系中,报道行为是事件与观众的连接点,必须同时照顾到事件发展的时间"顺"序,以及观众对于"事件正在发生,我同步收看"的接受心理。因此,现场直播报道上大多以顺叙为主,偶尔插入倒叙。

第三,新闻现场直播报道的内容必须以当下为主,简洁扼要,直截了当,不然就失去了直播最重要的价值——有什么特别重要的,观众非得要马上同步了解呢?

时间流的束缚并不意味着记者被彻底拴死,而是给出镜记者提出了更高的要求:高效组织报道内容,在一次性的时间流中追求表达形式的多样化,打造报道的时间节奏。

1. 按时间顺序组织直播

以新闻事件的时间线作为直播的核心主线,以事件中的重要时间节点作为报道点,按照事件发展的时间顺序组织直播报道,往往可以有效提取事件中最精彩、紧张的部分,放大极具新闻价值的宝贵瞬间。

案例 2-2

2012 年 8 月,因为面临被丹江口水库淹没的危险,文物保护部门对湖北武当山遇真宫进行原地顶升保护,总投资达到 1.8 亿元。项目中要把重达4500 吨的山门和 1200 吨的东宫门原地抬升。整个工程需要半年时间,全程直播自然不可能,但又要尽可能展现工程全貌。为此,央视直播团队将整个事件分成若干阶段,分阶段、分节点进行直播报道:

8月15日9:00:武当山遇真宫东宫门顶升正式启动。

8月15日10:00:12根倒装在宫门下的千斤顶在电脑精确控制下,以每分钟3毫米的速度将1000多吨的东宫门顶起。在顶升到20厘米时,东宫门成功与地面分离。

8月15日16:00:50厘米的垫块已经平稳地放到了千斤顶的底下,东宫门成功顶升起50厘米。

8月16日16:00:东宫门顶升继续,再次长高50厘米,门已经顶升到1米,首轮顶升结束。

8月17日16:00:东宫门开始支撑柱浇铸,山门展开顶升前的准备,确保底部托盘坚固的510根钢筋被一一拉伸到位,文物专家对山门进行顶升前最后一次文物查验。

在这一轮直播报道中,记者选择了以东宫门顶升第一阶段为事件时间范围,将启动、分离、顶升50厘米、顶升达1米同时首轮结束、支撑柱浇筑这五个重要事件节点作为报道节点。这种选择正是基于直播报道中"话语时间和接受时间明显的一致",将事件时间、报道时间和观众接收时间合并,三位一体,这样一来,三个空间都进入了同一个时间流,打通彼此的空间界限,产生了直播报道独特的张力。

2. 局部时间再造

直播叙事整体以顺叙为主,同时可以加入倒叙、插叙,进行局部时间再造,调节叙事节奏。加入"罐头"画面,是局部再造的常用手法。

大多数情况下,新闻事件的发生发展需要一定时间长度,虽然记者只有限定的报道时间,但通过插入"罐头"画面,记者可以将之前拍摄到的相关画面作为素材引入,打破时间限制。比如进行台风直播报道时,记者将不同时间段的风浪进行对比,可以看出台风逐渐逼近带来的影响,呈现"同一地点不同时间"的对比印证。

此外,由于电视直播对于播出技术、精准播出时间的要求较高,但事件发生的重要节点却不一定能够与直播窗口匹配,因此记者常常先记录下现场情况,然后在直播中以插入"罐头"的方式呈现。

2017年2月5日,浙江省天台县一足浴店发生大火,导致18人死亡,18人受伤。2月6日上午,当地政府召开新闻发布会,就火灾相关情况进行通报。新闻发布会结束之后,央视记者马上进行现场直播报道,介绍发布会内容。直播过程中,记者将发布会上地方官员发布关键信息的同期声作为"罐头"插入,进行权威发布。这样一来,报道的整体时间线仍为"顺叙",但并非完全根据发布会流程进行报道,而是根据报道需要,通过对信息点的选择和"罐头"的使用,形成了一套新的"逻辑顺序"。

（二）空间局限性

与录播节目上天入地、海阔天空的空间自由相比,直播报道的空间局限性较大。一旦直播设备定在某个点上,报道就只能围绕这个报道点展开,各个摄像机都不能离开信号发射点太远。

为了突破空间的局限,技术人员不断创新技术设备,比如引入航拍信号、使用现实增强技术、架构多层级导播切换、研发更为轻便的随身直播包……都是在技术上试图突破直播报道的空间局限。

在叙事手法上,出镜记者也在不断摸索着直播报道如何在现有的技术条件下突破空间限制,创新叙事空间结构。此时,"罐头"视频就发挥出巨大作用。例如一些无法在直播中直接拍摄、插入的画面,就可以提前拍摄画面,剪辑成"罐头"在直播过程中插入。如全景式航拍画面、距离较远的场景特写等;也可以是带有一定情节的画面内容,帮助记者在直播中更好地讲述故事与细节。

以2015年"8·12"天津港大爆炸报道为例。事故发生后,由于核心现场爆炸物化学成分未知,各路救援力量要想进入现场都必须经过严格的防化保护措施,记者也一样,必须戴着厚重的防毒面具,无法即时收录说话的声音。因此,不少出镜记者都采取了直播插"罐头"的方式。先跟随救援官兵进入现场拍摄画面、进行采访,将他们在爆炸现场进行搜寻、清理的过程剪辑成一两分钟的短片。等记者返回安全区域展开直播报道时,就将之前拍摄的内容作为"罐头"插入使用,结合画面描述现场、发表评论。这样处理既照顾到了时效性、现场感,又确保了直播效果。

需要提醒的是,不管是什么原因插入"罐头",记者都需要以合适的方式告诉观众现在看到的是什么时候拍摄的画面。这既是对时空的交代,也是给导播的明确指令。特别是一段直播中插入两段以上"罐头",或者临时出现了播出顺序调换的时候,要明确地给导播提示。如"我们请导播播出半个小时前刚刚通过航拍拍摄的画面","因为我们的镜头无法实时拍摄到这么远的画面,所以我们提前对那里进行了拍摄,大家可以看到……"等。但要注意,为了避免表演嫌疑,在可能的情况下,应用更为隐性的表达代替明确的调度语言,如直接说"您现在看到的,就是半小时前刚刚拍摄到的画面……"。

此外,由于"罐头"通常与直播现场有一定时空上的差异,因此记者需要多注意可能产生的信息变化。如果现场信息已经发生了变化,却还用已经过时的"罐头",就会自相矛盾。在一次台风报道中,某记者进入受灾村镇进行直播报道,声称身边的道路是进出该乡镇唯一的道路,由于民用车辆和救援车辆都挤在一起,使得道路出现比较严重的拥堵。此时,导播插入了记者在进入乡镇时拍摄的车辆密集拥堵的画面。可是当此时直播镜头切回到实时现场时，记者背后的道路空空荡荡，几乎没有任何车辆，更谈不上拥堵，而记者还在呼吁车主们在救援期间尽可能绕行，为救援让出生命通道。直播画面和"罐头"画面产生的信息矛盾，难免让人感到困惑。

（三）内容集中性

出于现场信息和直播技术的双重限定，出镜记者在做现场直播报道时需要将内容尽可能集中在相对集中的时空范围内，因此一次现场直播报道能够容纳的信息量是有限的，内容往往高度集中，甚至只关注事件发展过程中的一个关键节点、一个关键问题，通过高度聚焦实现信息的定点突破。

在实践中，经常可以看到一些出镜记者不顾新闻现场的客观条件，希望在一次报道里把事件的前因后果一次性全部说完。急迫的心情可以理解，然而从传播效果的角度来说，往往事与愿违。大量和现场关联不高的背景信息、关联信息不但会拖慢报道节奏，让报道看起来格外冗长，还容易冲散报道主题，出现焦点模糊的问题。

直播报道经常以滚动播出的方式，即多次连线，每次 3～5 分钟，滚动更新最新消息。尤其是对于 24 小时播出的新闻频道来说，频道播出本身就是一条奔腾的信息河流，一次直播报道即为其中的一朵浪花。浪花不断翻腾，直播报道不断进行，持续更新信息。因此在组织报道时，与其贪大求全，不如精心筛选信息，力求通过有限的行为和镜头调度，在一个报道点上突出一组焦点信息，然后通过不同的新闻现场，带动不同报道内容，形成富有持续性的直播报道播出节奏。

三、现场直播报道的语态特点

语态是一种语言观念，是表达和叙述方式，承载了传播观念和语言方式。在传播的历史中，语态的变化相对较慢，它往往隐藏在技术变化和节目播出形态变化的背后。随着传播形态的变化，语态是最后一个出现变化的点。当语态出现明显变化，也就意味着一次较为深刻的传播变革已经完成。

当我们今天来看几十年前的广播电视新闻报道，会惊讶于短短几十年时间里新闻传播方式产生的巨变，新闻语态从单纯的"讲话"逐渐蜕变为"谈话""对话"。而现场直播报道正是新闻语态从单向的"讲话""谈话"走向双向互动"对话"的关键一环。

电视新闻脱胎于电影中的新闻纪录片，早期播音员用的是朗诵式的播报方式；电视新闻文稿以书面化的大长句为主，缺少口语化的生动表达，以一种居高临下姿态"我说你听"，属于典型的"讲话"语态。这样的现象，既是受中国传统文化的影响，也是当时社会氛围、政治重心、审美习惯的一种写照。

20世纪90年代以来,以《焦点访谈》《东方时空》《实话实说》为代表的一系列电视节目改革了电视新闻的传播语态,放弃了过去播音员朗诵式的播报,大量启用记者出身的新闻主持人,用一种谈话式的播报方式向观众娓娓道来。此后,凤凰卫视主持人"说新闻"的样式以及各地民生新闻的兴起,进一步推动"谈话"语态逐渐形成。

当现场直播报道进入电视新闻的日常,电视语态又从"谈话式"向"对话式"转变。

对话,首先在出镜记者和观众之间展开。在现场直播报道中,出镜记者以更为具体的"人"的形象出现,面对面地向观众介绍现场情况。此时,"对话"是一种内在的语态,借助拟人际交流的方式存在。同时,"对话"在出镜记者和主持人之间真实展开。一场现场直播报道的开头,总会由主持人先介绍出镜记者的身份、姓名、位置、报道背景,之后向记者提出问题:"你那里的情况怎么样了""赶紧来给我们介绍一下现在最新了解到的消息。"此时,出镜记者总会回应主持人:"好的,某某(主持人姓名)。我现在了解到最新消息是……"在直播过程中,主持人还会针对报道的进度、内容,向出镜记者提出新的问题,或者做出内容上的反馈。在主持人和出镜记者对话的过程中,观众似乎没有出现,但实际上出镜记者是代替观众直观感知新闻现场,主持人是替观众提问,一问一答之间,观众已经被卷入到了这场对话之中。如此一来,新闻直播报道形成了类人际传播和人际传播的双重传播模式,并得以借助"对话",放大人际传播效应。

融媒体时代,"对话"语态进一步被放大。和单纯的电视直播相比,融合直播报道打通了不同传播介质之间的壁垒,将电视大屏和手机小屏互联互通,观众能够实时发表评论、参与报道。这种报道方式改变过去以"报道者"为中心的状态,转而以观众关注的焦点为焦点,以观众的信息需求为核心,构建起更加真实的"对话"语态。

四、现场直播报道的流程特点

(一)精心选择报道地点

报道地点往往是出镜记者向观众交代的第一个信息,是记者"我在现场"的标识。合适的现场直播报道出镜地点,应当具备鲜活生动的新闻现场,能够在尽可能集中的时空范围内,容纳更为丰富的新闻信息,帮助记者以视觉方式展现报道内容。

同时,出镜记者还必须考虑自己的行动路线,尽可能选择便于场景转换的报道地点。出于报道需要,一次现场直播报道可能会更换2~3次场景,衔接起不同的报道信息点。行动路线是否顺畅、能否快速完成转场,都是出镜记者需要考虑的问题。最终目标是出镜记者不需要"乾坤大挪移"，就能在有限的活动范围里充分利用现场环境中的信息，给观众带来"和记者一起看现场"的心理参与感。

（二）现场搭建技术系统

出镜记者选定报道出镜地点、拟定报道方案后，技术团队马上开始搭建直播技术系统，包括各个摄像机位和导播之间的信号连接、导播和演播室之间的信号连接、各工种之间的通信连接等。试通声音和画面信号之后，现场导播会反复和编辑室负责与前方沟通的直播编辑以及各拍摄机位通话，确保技术系统运转良好。

在搭建技术系统的过程中，导播会和摄像沟通具体细节，包括安排拍摄机位设置、确认机位对应的信号源、明确呼叫信号等。

一般来说，跟拍出镜记者的摄像为主机位，称为"一号机"；架设在现场高处，能够拍摄到全景的机位为"二号机"；灵活拍摄，抓取细节的机动机位为"三号机"。

同时，出镜记者需要和导播、摄像沟通本次直播报道的画面逻辑、行进路线等，让画面表达和出镜记者语言表达形成合力，共同完成报道。

（三）拟定标题，提前预演

通常来说，一次现场直播报道可以分成若干个信息点，少则2～3个，多则8～10个，直播标题就是帮助观众提取报道信息点的有效方法。通常来说，一个标题对应一个信息点，可以是记者提前拟定好交给演播室编辑，也可以是演播室编辑根据报道内容实时更新。例如2009年的山西王家岭煤矿事故特别直播报道中，中央电视台新闻频道打开频道窗口，连续数小时直播救援进展。随着井下被困矿工一个个被抬出矿井口，屏幕上的直播标题不断刷新："第×× 名被困矿工获救。"通过标题文字提醒，反复强化最新信息。

一切准备工作完成后，在有条件的情况下，出镜记者最好和演播室沟通，对直播报道进行一次预演。尤其对于新人来说，利用预演的机会提前和技术团队完成磨合，能够一定程度上减轻紧张心理。

（四）直播报道，一次成型

"5、4、3、2、1"，当主机位摄像打出手势，记者耳机里传来演播室主持人的声音，意味着直播报道正式开始。接下来，记者报道的所有内容都必须在既定的直播时间里一次性完成，不管出现什么突发情况，出镜记者都没有重新开始、再来一遍的机会。

为了规避不必要的风险，现场直播报道开始和结束的时候通常会有一些惯例，需要记者严格遵守。

直播开始前，演播室导播会给记者明确的倒数计时信号，摄像师也会给出手势。不过,意外随时可能发生。有时候因为出现交接失误,记者甚至不知道自己已经被切入直播,还在现场插科打诨,造成播出事故。因此,只要接近直播开始前5～10分钟,记者就应该站在镜头前,调整进入直播状态,做好随时切入的准备。即便没有接到明确指令,但只要耳机里传来演播室主持人的提问,或者摄像机的开机指示灯亮起,就意味着直播已经开始,可以直接开始报道。结束时,如果没有收到明确的结束指令,出镜记者就必须一直保持在直播状态中,将主控权交给演播室来处理可能出现的突发状况。

直播中的变数也是报道的一部分,技术故障、忘词说错、现场突变,都是直播报道需要承担的风险。而正因为这种变数,现场直播报道才具有它活跃灵动的生命力。

第三节　直播:不确定的魅力

一、未知:现场直播报道的生命力

许多记者都有自己的出镜口头语,比如:"今天的这场直播我要先给大家看一个……""在今天直播正式开始之前……""在这场直播的最后,我还要给大家看一个……"看起来似乎都没错,出镜记者对报道全局了然于胸,把一切安排得明明白白。但好像哪儿有点不对劲?

这些口头语的共同之处在于,通过不断强化出镜记者对报道的话语权,放大记者的全知视角。

全知视角,被叙事学者罗兰·巴特称为"用居高的视点,即上帝的视点传发故事"[①]。用这种视角表达的出镜记者就像上帝一样,对要报道的新闻事件无所不知。可是,如果事件尚在进行中时,谁也无法确切知道下一步会发生什么,和事件同步展开的直播报道,自然也不可能全知全能。叙述时过度使用全知视角,会让直播失去未知感,更倾向于成为一场事先既定好的"表演",也就失去了这一形态特有的魅力。

2000年,中国电视第一个直播栏目《直播中国》诞生。主持人敬一丹在第一期节目中说:"这是《直播中国》的第一期节目,我们在平遥问你早上好。现在天已经亮了,我想,在我们国家的东北,天早就大亮了;而在西部呢,天可能才蒙蒙亮。其实我们相隔千里,但是感受却是同步的,这就是直播。那么在我看到的时候呢,您同时也看到了;在我听到的时候呢,您同时也听到了。要是

---

① ［法］贝尔纳·瓦莱特.小说:文学分析的现代方法与技巧［M］.陈艳,译.天津:天津人民出版社,2003:104.

可能的话啊，我真想把这种抚摸的感觉，也传递给你。"一年多时间里，《直播中国》在周末的早上八点档打造"人文地理直播"，主持人带着观众走过全国各地，看四处的人文地理风景。然而，这个节目存在的时间并不长，制作者很快发现了这档节目最大的问题：缺少未知。人文地理风景既定存在，其变化相对较慢，难有真实、动态的新闻现场。如果要让现场"动起来"，只能提前组织安排，人为生造"动态"。这样的直播，与其说是新闻报道，不如说更接近于一场精心编练的舞台表演。

《直播中国》是在中国电视直播史上的第一个固定栏目。创作者们用自己的努力探索，揭示了现场直播报道的生命线——未知。只有充满未知的现场报道，才真正具有直播独特的传播价值。

未知，意味着现场随时可能出现变化。它是悬挂在出镜记者头上的达摩克利斯之剑，提醒出镜记者时刻保持警惕，做好应对准备。封堵不是办法，只有勇敢地认识它，拥抱它，才能立于不败之地。

1997 年中央电视台推出迎接香港回归 72 小时特别直播。当时，建台近 40 年的中央电视台几乎没有任何大型活动直播的经验，就像一个还没有学会游泳就被扔进大海的水手。面对如此重要、具有极强政治性的任务，为了确保执行过程中的万无一失，团队事先确立了在时间总量上以专题片为主要内容的方案，并根据中央政府、英国政府、特区及港英政府给出的各项活动预案做了详尽的直播台本。在这个台本中，包括每一位记者在现场要说的词、主持人在演播室要说的话。一切看起来都是确定的，演播室的时间是确定的，专题片和所有活动的时间也是确定的，一切都只需要按照台本往下进行就可以。但是，任何一项活动只要还没有进行完毕，就存在不确定的因素。

1997 年 6 月 30 日上午 6：00 直播开始，晚上 20：00 就出现了第一次无序和失控。按计划，越过管理线的驻港先头部队应前行 100 多米后在香港一侧的落马洲口岸办理入关手续。有关部门给出的时间是 15 分钟，现场记者白岩松的报道就是按这个时间准备的。但没有想到入关的手续一办就是 40 多分钟。白岩松准备的报道早已说完，而恰恰就在这时演播室与白岩松失去了通信联系。演播室能听到白岩松的报道声，而他却听不见演播室的呼叫。好在白岩松悟性高，只要前面的摄像机对着他，他就不停说话，保证这场直播报道没有彻底失控。[①]

总结这次意外，关键就在台本。记者、摄像、主持人高度依赖台本，把希望寄托于接下来发生的事实和我所计划的一模一样。然而，这就像一个危险的赌注。在新闻事件中，涉及的方面越多，变动的可能性越大。即便没有发生大

---

① 孙玉胜.十年——从改变电视的语态开始[M].北京:生活·读书·新知三联书店,2003:243-244.

的变化,现场也可能会出现许多意想不到的新的细节。事后白岩松这样总结道:"无论你怎样精心准备,一切要以直播时你真正的所见所闻和那一刻具体问题的处理为最后结果。这样一个大型事件,你作为新闻人也无法完全预知事情进展的细节和内容。所以形象地说,在跑这次百米之前,我们的训练都是和百米相关的,比如长跑练耐力,铅球练力量,跳高练对助跑的计算等,但真正的百米我们并没跑过,因此直播的发令枪一响,我们才真正地离开起跑线,努力跑向终点。"①

现场直播报道必然充满"未知",也只有"未知",才赋予它强大的吸引力。作为报道者,出镜记者必须放下恐惧,提前做好准备,勇敢地冲进新闻的洪流,大胆直面未知,才能抓到现场直播报道的核心价值。

二、悬念:现场直播报道的推动力

《现代汉语词典》这样解释"悬念":欣赏戏剧、电影或其他文艺作品时,对故事发展和人物命运的关切心情。同时,悬念还有"挂念"的意思。② 在电视节目收视中,悬念意味着观众揣着一颗心挂念着节目中讲述的故事走向、人物命运,急切想要知道后续乃至欲罢不能,其直接表现为收视黏性。

悬念是推动现场直播报道叙事不断向前发展的重要力量。现场直播报道是对新闻事件的同步直播报道,不管事件的当事人、出镜记者在事前做了多么周密的安排,只要事件仍在进行之中,就存在发生未知变化的可能。因为未知,所以有悬念。事件最终会如何发展? 报道能否顺利进行? 成为推动报道整体叙事的主动力。

2016 年 11 月,河北保定县一男童掉落 40 米深的废弃机井,50 多名救援人员展开持续 107 小时的紧急救援,多家媒体持续跟进,不断展开现场直播报道,有的甚至彻夜直播报道救援进展。

把时间倒推至 1987 年 10 月 14 日,美国德克萨斯州南部,一个 18 个月大的小女孩杰西卡掉入后院井中。此后,一场长达 58 小时的营救,被包括 CNN 在内的美国多家电视台同步直播,轰动了整个美国。孩子能否得救,成为当时所有美国人心里悬着的一根针。里根总统甚至在讲话中提到:"在这个时候,每一个美国人都是杰西卡的教父、教母。"

时隔近三十年,远隔重洋的两组突发事件报道却有着惊人的相似之处。从报道内容逻辑来说,"孩子能否获救"是它们共同的核心悬念,带动整体直播

---

① 白岩松.痛并快乐着[M].武汉:长江文艺出版社,2018:98.

② 中国社会科学院语言研究所词典编辑室.现代汉语词典[M].7 版.北京:商务印书馆,2018:1484.

报道叙事不断向前推进。实际上，几乎在所有的突发事件报道中，人们第一时间关注的焦点都与生命救援相关，"被困人员能否及时获救"几乎成为这一类报道共同的核心悬念。

悬念，就意味着有各种可能性。这两起事故中，河北坠井男童虽然获救，但遗憾的是最终伤重不治，而美国的杰西卡成功获救，她健康活泼地长大，读书、工作，成为两个孩子的母亲。无论什么原因，这些事件的结果是任何人都无法预料的。而这，恰恰就是悬念的魅力。

除了引领整体报道，悬念还可以镶嵌在事件发展和记者报道的过程之中，成为一种具体结构方式，一种可以被学习的叙事技法。记者可以将报道过程拆分为若干个关键节点，在每一个节点上"卖关子"，"用悬念构成节目的关键点，随着悬念的出现、发展和结束，节目也完成了自身的起承转合"[①]。同样以突发事件救援报道为例，围绕"救人"这一核心悬念，报道可以划分为若干个过程阶段，每个阶段都有一个小悬念。如现场救援使用了什么办法？遇到了什么困难？取得了什么阶段性进展？这是一种以事件本身的发展阶段为依据进行划分的悬念结构。除此之外，还可以用人物命运的转折点带动悬念，或者抽象逻辑为基础，用逻辑矛盾点作为悬念，等等。具体方法可见悬念结构法章节。

三、应变：现场直播报道的保障力

未知，给直播带来的不仅是精彩的呈现，还可能是失控的风险。所谓失控是指直播者对正在播出的节目资源失去有效的组织。观众有时看到的可能是长时间没有声音的画面，甚至干脆就没有有效画面；有时看到的是记者的语无伦次，不能实现有效报道，甚至与导演失去联系。失控的播出就像放羊一样，只能走到哪儿播到哪儿。[②]

应变，意味着不打无准备之仗。对出镜记者而言，应当做到策划在前、做足功课，提前准备大量内容、资料，确保在遇到突发情况时，能够有充足的原料来支撑自己灵活应变。张泉灵曾多次对神舟号系列飞船升空进行现场直播报道，每一次报道之前她都会做大量的功课，甚至放弃写稿时间，尽可能与更多的专家交流、阅读更多的资料。她说："当我确信我可以随时给你讲几个小时神六飞行情况的时候，我怎么可能让十来分钟的现场报道冷场呢？"[③]

各类技术故障也是出镜记者经常需要面对的应变场景。2013 年 8 月，央

① 叶子.现代电视新闻学[M].北京:中国广播电视出版社,2005:309.

② 孙玉胜.十年——从改变电视的语态开始[M].北京:生活·读书·新知三联书店,2003:248.

③ 张泉灵.直播中的现场记者[J].电视研究,2006(1).

视驻日记者收到鹿儿岛火山喷发的消息,紧急赶往现场展开现场直播报道。没想到直播过程中出现了意外。

详情扫描二维码:火山脚下的直播连线(漫画)①

火山脚下的直播连线

在这个案例中,出镜记者遇到了耳机故障,无法和演播室进行对话。因为不知如何应对,匆忙之中出现失误。其实,这样的技术问题在直播中颇为常见,最简单的办法就是缓缓取下耳机,同时保持直播状态直到摄像师给出明确手势,确认直播结束。注意,取耳机的动作一定要足够明显,这意味着告诉主持人:设备出现故障,我无法听见你说话的声音,不要再向我提问。

应对直播风险,还需要前后方共同合力,在结构上予以支持。目前大多数电视新闻栏目采取的是演播室直播,即只有演播室部分是直播的,在播出前就有一个完整的节目串联单,这个串联单就是节目的台本。通过这样的方法,每一期节目的固定时长都是可以精确控制的,编辑只要经过事先计算,就能让节目从主持人开场的问候到播完最后一个画面都严丝合缝,其代表性节目就是《新闻联播》。演播室直播的模式提供了一种可能性。在日常播出的状态下,完整的节目串联单保证了节目质量的总体稳定,每个板块都能向前平稳推进,前后衔接有序,不至于手忙脚乱。当急稿突然赶到时,栏目组只需要调整一部分内容,就可以保证消息的及时播出。一旦发生重大突发新闻,演播室也可以中断原有串联单计划,直接开启特别报道,不断滚动播出。

可以说,演播室直播样态起到了基础性的平台作用,既给现场直播报道提供播出的可能性,又给正常播出增加了稳定性,一旦现场出现意外情况,演播室可以及时介入处理,居中调控,帮助记者圆场。

在运行较为复杂的大型直播报道时,为了让报道团队在面对这些未知时多一些底气,尽可能减少因为报道技术层面带来的不确定风险,在正式直播之前,前方报道和后方播出系统经常会在一起进行"打合",认真核对所有的操作细节,建立一个实际操作中的规则约定。其中包括可能出现的突发情况处理等,等于一次"纸上演练"。经过双方打合的方案就相当于直播中的"宪法",前

---

① 张剑.火山下的直播连线. https://mp. weixin. qq. com/s/vWB0VKSqfh_pOf1U5_uRhg.

后方各个环节必须共同遵守。① 在日常直播报道中,前方记者团队和后方编辑团队也会就直播内容、板块、重点、形式、时长要求,甚至切入口等具体问题进行讨论,互相磨合,打合出一场既大致有数又富有弹性空间的直播报道。

作为一种独特的报道形态,直播报道会跟随事件的进展,在报道过程中生发出新的生命力来。如同栽种一棵花苗,前期策划阶段报道者要准备好花盆、泥土、种子、肥料,但当直播真正开始之后,它就如同小苗发芽生长,会自然产生属于自己的生命。报道者需要在它生长的过程中随时调整,既符合它自身的生长规律,又不违背大的方向。在这个过程中该如何综合把控,考验的是记者以及一个新闻机构的综合实力。

本章小结

现场直播报道是以出镜(声)记者为直面观众的报道者,围绕某个新闻事件,以新闻现场为关注核心进行信息采集,并利用技术手段打破时空限制,实现声画同步、即时传递新闻信息的报道行为。

和录播报道相比,现场直播报道有自身突出的优势,如同步报道新闻事件,有效引导议程设置,参与建构媒介事件。同时,直播不是万能的,它也存在一定先天的缺陷,更容易陷入浅薄、无聊的陷阱。对此,我们应当有清醒的认知,根据报道的实际需要合理安排。

从技术特点上来看,现场直播报道的存在以技术系统为前提,尤其是传送系统,任何一个技术上的失误都可能引发直播失控。因此,出镜记者必须了解直播各个技术环节的基本原理,以便在工作中更好地根据实际情况设计报道方案。从叙事特点上来看,现场直播报道以线性时间为主线,注重连贯性;在空间上具有局限性,多集中在较为固定的空间范围内,因此内容上也更为集中。从语态特点上来看,与录播新闻报道相比,直播记者需要在主持人的引导下介绍新闻信息。这一方式使得记者和主持人以真实人际交流方式展开"对话",因此,出镜记者的语态较录播报道主持人更多了一份"人味儿"。在报道流程上,记者需要在报道开始前精心选定出镜地点,现场搭建技术系统,最终实现报道"一遍过"。

从直播技巧来说,现场直播报道最忌的就是"表演态""假直播",保留未知、营造悬念是符合直播发展规律的基本结构方法。但是,没有任何准备的直播也可能随时滑入失控的危险。因此,从演播室到出镜记者都应策划在前,充分打合,当未知到来时才能随机应变,不失底气。

---

① 孙玉胜.十年——从改变电视的语态开始[M].北京:生活·读书·新知三联书店,2003:249.

思考题

1. 现场直播报道和录播现场报道有什么异同？

2. 出镜记者是否有必要了解技术系统？为什么？

3. 你认为将来移动网络是否会全面替代卫星系统，实现网络直播全覆盖？

4. 现场直播报道的长处和短板各是什么？

5. 现场直播报道的语态有什么特点？

练习题

1. 寻找适合现场直播报道的五个选题，并说明为什么这些选题适合直播。

2. 寻找不适合现场直播报道，却可以做录播型现场报道的五个选题，并说明原因。

3. 寻找技术影响直播报道表达的具体案例并做分析。

4. 4～5人一组，分头寻找你认为最能体现未知与悬念的新闻现场直播报道，将其进行拆解，分析这一报道核心悬念是什么，以及出镜记者如何围绕核心悬念展开直播叙述。讨论完成后，在课上进行展示。

5. 围绕上述案例对直播策划进行沙盘推演，还原出什么是提前策划准备好的，什么可能是现场临时发生的，报道团队又是如何应对的。

第三章　出镜记者现场报道的前期阶段

　　出镜记者现场报道是新闻报道的一种细分类型。要做好现场报道，必须遵循新闻报道创作的共同规律，同时根据其特点，有针对性地改造创作方法，凸显形态特色。

　　从整体创作流程出发，出镜记者现场报道的创作一般可以分成取材、结构、表达三个阶段。本章，我们先来了解"取材"。取材是一个综合性的前期工作，包括了前期准备、信息采集、信息提炼三个环节，帮助记者在报道时"手里有料，心里不慌"。

第一节　出镜记者现场报道的准备

一、广义准备，日积月累

（一）积累丰富的知识储备

1. 通识储备，吸纳百科

　　新闻记者的知识储备首先来自文学、历史、哲学、社会学、心理学、艺术学等人文社科类学科，但又绝不局限于此，还应该包括自然科学的基本知识，如天文地理知识、医学科学常识、最新科技动态等。

　　事物是普遍联系的，今天世界所发生的一切，都是宏观与微观、历史与当下多方面作用力的结果。通过大量阅读，吸纳来自各个学科的知识，能够帮助出镜记者了解社会运行的基本规律，把握散碎事物之间的联系，看到更悠远的深处。正如台湾著名作家龙应台1999年在台湾大学的演讲中说道："文学让你看见水里白杨树的倒影，哲学使你从思想的迷宫里认识星星，从而有了走出迷宫的可能，历史让你知道，没有一个现象是孤立存在的。"

　　储备通识不等于眉毛胡子一把抓，做"杂家"也有一个基础框架。出镜记者的通识储备可以从纵向与横向两个维度进行架构。

　　首先，了解历史，尤其是近代史，能够从时间的纵向维度帮助记者理解当下和过去、历史和未来的关系,把握社会发展总体走向。每个人都活在历史的延长线上,一个社会也是如此。优秀的记者是敏锐的社会观察者,能够跨越时间的阻隔,穿透飞速变化的社会表象,观察社会变动,纵览发展趋势,真正做到"不畏浮云遮望眼,自缘身在最高层"。

其次,来自多学科的横向知识储备,能够帮助记者以不同方式发掘信息,以不同视角观察事件,激发独特的创作思路。中央电视台经典新闻调查类节目《新闻调查》播出已有二十多年,但在 1996 年正式开播之前,样片因为种种原因未能播出,栏目眼看要难产甚至停办。制片人夏骏临危受命,对北京贫困学生组成的宏志班进行心理学、社会学、教育学各个层面的分析调查,这才有了《新闻调查》播出的第一期节目《宏志班》,由此开启了中国电视深度调查节目的先河。

进入信息时代,人们对世界的认知模式发生了很大改变,信息技术广泛进入新闻报道领域。美国知名新闻记者、学者菲利普·迈耶认为,在信息时代,记者是信息的过滤器、组织者和传译者,是数据库的管理者、数据的处理者以及数据的分析者。因此,不妨将一些社会科学研究方法——例如抽样、计算机分析和统计推断等应用于非常实际的新闻采集中,创作出科研人员和新闻采编人员都很欣赏的"精确新闻报道"①。这既能作用于新闻信息的采集方式、评估方法,也可以有效丰富新闻表达方式。比如近些年出现的"数说"系列报道,就是记者充分利用"大数据"技术,从新闻数据中梳理出有效信息点,再将虚拟现实技术与现场报道相结合的创新报道形式。例如春节期间中央电视台推出的《数说过年》节目,创作团队通过对淘宝年货购买的大数据调研,梳理出大江南北过年的年货习俗,然后以出镜记者现场报道的形式,带领观众了解人们过年的消费变化。

综合知识的储备不是一朝一夕能够完成的,短则数年入门,长则终身耕作不休。

在乌镇举办的第二届世界互联网大会上,白岩松在"岩松观察"中连续直播专访了七位互联网、金融界的精英人物,包括亚洲投资银行行长金立群,企业家柳传志、杨元庆等人,每一位都是在自身领域极具影响力的权威人士。但是,由于嘉宾的行程很满,编导多方联系,仍然无法确定每个人能够接受采访的时间,常常是嘉宾一到场,戴上话筒就开机直播。尽管录制如此匆忙,效果却出奇地好。谈话中智慧的交锋火光四射,每一位嘉宾都乘兴而来,兴尽而返。如此匆忙的时间,如此高规格的嘉宾访谈,白岩松是如何准备的呢? 当参

---

① [美]菲利普·迈耶.精确新闻报道:记者应掌握的社会科学研究方法[M].4 版.肖明,译.北京:中国人民大学出版社,2015:1-3.

与报道的记者好奇地向白岩松提问时,他的回答却是:没准备。

短短的"没准备"三个字,实际上却是之前几十年满满的准备。在这些准备中,白岩松认为,广泛阅读起到了决定性的作用:"我的人生走到今天,是成千上万本书的共同作用。……它帮你打开世界,带你走出自己狭窄的空间。它与你的情绪产生共鸣,陪伴你度过一段时光,让你品味出无用为大用的乐趣。它带你面对内心,面对任性,面对生命。它还可以提供智慧、抚慰和解决之道,在你行走艰难时,为无门之处开门,让无光之处有光。"[①]

延伸阅读

白岩松的"书单"[②]

2012 年起,白岩松每年从北大、清华、人大、中国传媒大学四所高校研究生中招录"东西联大"学生,在教学中,他每个月都会给学生推荐三本书,下一节课的教学内容之一就是评点学生们交的读书报告。以下是白岩松推荐过的部分书籍。

1.《寻找·苏慧廉:传教士和近代中国》,作者:沈迦。

2.《巨流河》,作者:齐邦媛。

3.《苏联的最后一天:莫斯科,1991 年 12 月 25 日》,作者:康纳·奥克莱利。

4.《中国 1945:中国革命与美国的抉择》,作者:理查德·伯恩斯坦。

5.《北鸢》,作者:葛亮。

6.《邓小平时代》,作者:傅高义。

7.《我是落花生的女儿》,作者:许燕吉。

8.《总统是靠不住的:近距离看美国之二》,作者:林达。

9.《访美记:新闻专业主义理念下的观察与写作》,作者:胡舒立。

10.《零年:1945 现代世界诞生的时刻》,作者:伊恩·布鲁玛。

11.《繁花》,作者:金宇澄。

12.《孤岛访谈录》,作者:黄集伟。

13.《八十年代访谈录》,作者:查建英。

14.《皮囊》,作者:蔡崇达。

15.《这些人,那些事》,作者:吴念真。

---

① 白岩松.白说[M].武汉:长江文艺出版社,2015:72.
② 刘楠.寻找白岩松——讲述新闻人自己的故事[M].北京:中信出版集团,2019:407-408.

16.《乡关何处》,作者:野夫。

17.《一个乡村里的中国》,作者:熊培云。

18.《万里无云》,作者:李锐。

19.《朦胧诗选》,作者:杨克、陈亮(编选)。

20.《城市季风:北京和上海的文化精神》,作者:杨东平。

21.《闪开,让我歌唱八十年代》,作者:张立宪。

22.《中国现代思想史论》,作者:李泽厚。

2. 专项领域,精准突破

绝大多数记者都有自己特定的报道领域,从地域分"跑片记者",负责对某一区域内的新闻事件进行报道;从内容领域分"跑线记者",如经济、环保、医药、法律、公安等。这两种操作方式都需要记者在特定范围内成为"准专家",借助长时间的积累,占据报道优势。

作为从事本地报道的记者,需要尽可能地了解你所处的地域在历史、文化、经济上的特点。比如了解城市行政分区、功能分区、整体规划;了解本地企业主营哪些业务,有哪些优势,又存在哪些隐患;了解哪些地块是集中居民居住区,居住的都是些什么年龄、阶层、工作类型、家庭模式的居民;了解本地有些什么独特的民俗,等等。一个合格的本地记者,能够对自己所处的报道区域如数家珍,而这是需要学习的。

比如平时有空的时候,不妨乘坐城市公共交通工具,或者骑自行车了解这一地区。路上如果饿了,与其吃标准化快餐,不如尝尝地方特色小吃。在一些有特色的街区,多走走看看,和当地人聊一聊他们的生活。参加一些本地知名人士举办的公开活动,如沙龙、茶会等。熟悉本地网络论坛。只要你想,有很多办法能令你在短时间内和当地人交上朋友,熟悉当地情况。

对于地方记者来说,学习地区方言是一门必修课,哪怕不能熟练表达,也一定要能够听懂,帮助记者和本地人迅速拉近距离,产生一种"自己人"的感觉,帮助双方更好地沟通。特别是在一些方言表达比较强势的区域,如四川、浙江、广东、福建等地,听不懂方言甚至会让采访举步维艰。

中央电视台出镜记者蒋林曾说,作为四川人,他在四川本地采访时经常说四川话,特别是采访上了点岁数的本地大爷大妈们,不为别的,就为了聊天时候的亲热劲儿。要是少了方言作为中介,就总觉得缺了些什么,不是那个味儿。这恐怕就是语言带来的"自己人"效应。

这些方式转移到"跑线记者"身上,一样可以复制。要尽可能多了解你这个领域中的常识,努力进入这个圈子,了解这个领域的专业知识、组织机构、人际网络、思维方式等等。

记者的采访和报道活动都基于人际交流。在五百多年前纸媒形成的最初阶段，消息灵通人士往往是特定阶层、圈子社交活动中的"自己人"。如创立第一份现代科学刊物《哲学学报》的奥尔登堡，本身是英国皇家学会的秘书。时至今日，在警界、医学界、体育界、科学界等众多领域，都有默认的语言方式、表达习惯以及作为既定背景存在的传统、典故、旧事等。身为一个"圈内人""知情者"，记者需要对这些"内部语言"了如指掌。若是"一无所知"，就成了"圈外人"，想在短时间内获取对方的信任就很难了，甚至可能被采访对象直接请回去先"入门"再来采访。

（二）积累丰富的人脉资源

有学者援引斯大林的话，认为新闻记者实质上是一种社会活动家，以个人身份开展社会活动。[①] 为了尽可能多地获得信息，记者需要和各行各业的人广交朋友，积累丰富的人脉资源。1935年，26岁的《大公报》记者范长江穿越战火纷飞的中国西北，历时10个月写出了震撼大江南北的《中国西北角》。在这本旅行体报道集中，范长江的信息来源从政府的部长、军队的司令，到土司、活佛、喇嘛、纤夫、水手等，各个阶层无所不包。怀抱热情广交朋友，今天的新闻记者依然如此。

1. 线人

线人，在新闻报道中，通常被视为"提供新闻线索的人"。他们有的是主动为新闻媒体追踪、提供新闻线索，有的则是应记者之请帮助了解信息。借助线人的帮助，便可以更快得到消息，甚至得到一般人无法得到的消息。

如今，人们对新闻舆论的重视程度越来越高，大多数机关事业单位、厂矿企业都有专门对接媒体的公共关系部门，由此产生了一批职业的公共关系从业者。通常情况下，他们是媒体获取信息最为正式的途径，也是记者直接的联系人。建立起良好的信任关系之后，他们能帮助你更快到达事发现场，帮助摄像记者到离现场更近的地方，甚至帮你在救灾指挥部旁协调出一个能停放直播卫星车的最佳位置。然而，这些人员多受职位限制，有许多无能为力的时候。因此，专业记者不能完全依靠宣传联系人，需要尽可能结识报道领域各个关键岗位上的不同人员。

在报道线人提供的信息时，记者需要注意暴露线人身份是否可能给对方带来麻烦甚至危险。如果有可能，必须做一定模糊性处理，或者在表述上绕开信息源，保护线索提供人。

网络时代似乎人人都可以是新闻线人，记者只要刷刷微博微信，就能获取大量信息。但这些网络信息鱼龙混杂，真伪难辨，一定要多方查证，以防万一。

---

① 艾丰.新闻采访方法论[M].北京：人民日报出版社，2010：20-22.

2. 智库

智库即专家资源。包括各大高校、科研院所的学者,也包括各行各业经验丰富的专家。

在新闻现场,留给出镜记者了解信息的时间往往很短,却要求记者能够对复杂事件进行专业化的观察分析。此时,就可以借用智库的力量。

2013 年 8 月 12 日,天津港瑞海公司危险化学品仓库发生特别重大火灾爆炸事故。事故发生一周后,距离核心区 6 公里左右的河道出现大量死鱼,网络传言四起,认为是爆炸现场所流出的污染物导致的,一时间人心惶惶。

中央电视台记者钱江在现场报道时,充分借助专家的力量,提前了解到这种鱼名叫斑鲦,是一种海鱼,也时常出现在接近入海口的淡水河流中。渔业专家认为,除了污染,导致斑鲦大量死亡的原因,还有好几种可能,比如之前连续下雨导致水体中含氧量大幅下降、海水和淡水的交替导致海水鱼不适应、大量鱼聚集可能引发缺氧等,并且之前也曾经出现过大量斑鲦在海域周围死亡的案例。

有了专业知识上的支持,报道就有了底气。尽管当时环保部门的检测结果还没有全部出来,但记者通过从专家学者这里得到的权威解释,结合现场的观察报道,有效缓解了观众的信息焦虑。

许多记者都会有自己的专家库,你可以在自己的工作电脑里建立一个表格,每次接触一位专家,就将他的个人信息、研究方向、表达能力等主要信息分门别类整理好,以便随时查用。同时,不要忘了和他们维持良好的关系,报道播出后及时向他们反馈信息,包括播出时间、播出效果,赞扬他们所起到的重大作用,在合适的时候不要忘记为他们争取一定数量的稿酬。哪怕数量不多,也表示了你对知识的尊重。

这些后续工作听起来很繁琐,却是对专家表达尊重的最佳方式。人总是希望自己的付出能有所回报,给予他们足够的尊重,下一次他们才会愿意继续为你提供帮助。

二、狭义准备,精准策划

(一)明确报道思想

报道思想通常是指新闻报道的目的,包括体现和达到这一目的的范围、内容、方法等。它是编辑部根据党和政府在一定时期内有关的宣传报道方针、政策、策略而规定的新闻报道所要达到的目的,以及要达到目的的方式方法的大体框架。[①]

---

① 刘海贵,尹德刚.新闻采访写作新编[M].上海:复旦大学出版社,1997:97.

报道思想是方向性的指引,它并不规定每一条报道具体的报道目的,却在宏观上指导着、制约着报道走向。从思想根源上来说,出发点始终是新闻工作者对自身属性的认知。在我国,党的新闻事业的性质是党的喉舌,必须坚持党性原则,服从党的领导,宣传党的主张,与中央在政治上保持一致。

今天的中国,经济总量持续高速增长,社会变化剧烈,矛盾不断凸显,这些都是客观事实,也是难以回避的发展规律。尤其是当前,我国正处于社会利益深刻调整期、经济社会急剧转型期、改革攻坚期和社会矛盾凸显期,这个时期人口、资源、环境、效率和公平等社会矛盾和问题往往最为突出。[①] 同时,随着移动网络、社交平台不断兴起,舆论环境趋于复杂。问题很多,麻烦不少,面对复杂的社会现实,新闻工作者应该时刻把握住党的新闻舆论工作的性质作用、职责使命、方针原则,以对国家、社会的未来负责任的态度把握报道方向,在正确的报道思想引领之下展开工作。

2015 年 11 月 23 日,中共中央政治局审议通过《关于打赢脱贫攻坚战的决定》,一场脱贫攻坚战全面打响。

四川省凉山彝族自治州昭觉县阿土勒尔村,被称为"悬崖村",72 户人家居住在与地面垂直 800 米的陡峭悬崖顶部。这个村子里的孩子去山下学校读书,要由家长陪护一路攀爬悬崖才能到。2016 年 5 月,这个村子引起了媒体广泛关注。主流媒体报道不能只停留在展示苦难和猎奇。中央电视台四川记者站报道团队有意识地调整关注点,不仅展现困境,更要站在纪录中国共产党脱贫攻坚伟大征程的战略高度,发现问题、记录努力。《悬崖村扶贫纪事》播出之后,记者更是基于对脱贫攻坚这一国家行动的高度关注,对悬崖村展开长期跟拍,相继拍摄完成了第二部和第三部。2017 年,悬崖村 2556 级钢梯全部建成,彻底取代了藤梯,成为进村入户的安全通道。2020 年 5 月,84 户贫困户告别世代居住的悬崖,搬进县城的安置点,开启了全新的生活。2021 年,悬崖村继续发展旅游业、种养,向乡村振兴迈进。这一切变化,都在记者的镜头下真实发生着。通过不间断的记录与展示,让国人知道了脱贫攻坚有多么艰辛与不易,让世界了解了中国共产党为全人类减贫作出了多么大的贡献。

延伸视频:中国新闻传播大讲堂
践行"四力"与时代同行——悬崖村脱贫攻坚五年采访纪事

① 魏礼群.牢牢把握社会主义初级阶段这个最大国情[J].求是,2013(19).

(二)做好报道策划

1. 提前准备,策划先行

在报道思想指引之下,出镜记者可以对现场报道进行拍摄策划,特别是做一些重要的非突发事件报道时,可以提前到现场踩点勘察,设计报道思路、辨析报道重点、列出拍摄计划,对主要内容、重点关注人物、视觉焦点、报道路径、机位设置、特殊效果等和报道团队进行讨论、打合,梳理报道全过程,做好充分准备,掌握临场应变的主动权。

在突发事件报道中,策划一样无处不在。2003 年以来,随着我国突发事件应急体系逐步建立,新闻媒体也逐渐建立起相对成熟的突发事件报道应急预案,不但分门别类地总结出不同类型突发事件的报道手册,指导具体拍摄,还从报道整体的排兵布阵到资源统筹、后勤支援,都进行了完善的策划准备。

2. 拟定方向,随时调整

很多时候,记者根本来不及写出一个策划文本,就已经和新闻事件迎面相逢。即便做了充分准备,拟定了详细的策划案,当新闻事件真正发生时,记者往往会发现事实和最初的计划有很大出入,甚至完全不同。

那么,这是否意味着策划没有用呢?

曾任中央电视台评论部副主任的陈虻就电视新闻节目创作进行过深入研究,在《东方时空》《生活空间》《社会记录》等著名栏目的大量实践基础上,提出了一套质量标准和技术系统,可以解答这个问题。

他认为,如果编导和摄像什么都不交流,上来开机就拍,这是盲目拍摄。如果编导告诉摄像,你必须把这个拍下来,除了这个别的都可以不要,这叫主题先行。而两人之间交流到什么程度,问题还是出在对选题的把握上。到底这个片子要表达什么?这是一个最基本的问题。

陈虻就此提出了一种创作方法:在开拍之前决定关注方面,在拍摄中发现价值,在剪接时表达主题,在观众收看时产生结论。

在这个创作方法中,首先解决的问题就是如何确定你所关注的方面。他认为,在开拍之前,记者需要反复问自己为什么要拍这部片子,并对这个答案进行不断的审视和反省。

在分析一个选题时找到了关注的方面,也就是说找到了你要拍这个题材的理由,你再继续问自己,我要用什么样的场景、什么样的人物、什么样的情节、什么样的结构,能把我为什么拍的理由表达与呈现出来。

比如一个 13 岁少年跳楼自杀的新闻,可以看孩子跳楼和父母教育的关系,这是一个关注的方面;要看看这个孩子的跳楼和现在的教育体制有没有关系,这又是一个方面;你通过分析,认为需要关注打电子游戏与孩子死亡的关系,那么这就是你关注的方面,接下来记者就要沿着这个方向深入地问,不断地设置问题,不断地设置各种可能性和各种假设去问,逐步形成对这个问题的判断。经过很多天的采访,积累大量素材,对问题的判断逐渐清晰,这时候再做判断就不叫主题先行了,这叫媒体立场。[①]

从陈虻对创作过程的分析,我们可以获得许多参考和借鉴。在报道前期,选择报道方向、拟定报道策划不能靠拍脑门的凭空假想,而应在占有了大量背景资料的前提下展开,具备相当的事实基础。在报道的过程中,记者会沿着既定方向的指引,有针对性地寻找报道重点。如果采访中发现确实存在冲突的地方,那么就必须根据事实对思路进行调整,修正报道策划,甚至产生新的报道主题。

新闻报道的首要前提就是必须符合新闻事实。辩证地看待新闻策划与新闻报道的关系,利用好报道规律,能够帮助出镜记者更高效快捷地在新闻现场展开优质报道活动。

小知识

在采访出发之前,务必做好实务性的准备工作,包括但不局限于:

(1)安排好前往新闻现场的交通方式,尽可能以最快速度抵达。比如如何转机用时最短,如何高铁和开车相结合,如果要在当地租车、借车,一定要提前安排。

(2)检查设备。根据拍摄需要,你可能要带摄像机、微型摄像头、话筒、手机、耳机、充电宝、采访本、笔、移动网卡、三脚架、自拍杆、航拍器等。记得确定你的硬件设备是充满电的、不欠费的,能够以最佳性能状态使用。良好的习惯是在每次采访结束后将设备全部清理一遍,以便下一次报道待用。

(3)携带需要准备的图文材料和提纲。

(4)出发前告知采访联系人,并约定会面的确切时间地点。如果无法按时到达,一定要提前告知。

(5)完成着装、发型等出镜仪表准备。

(6)带上保温杯和高能量食品,一小包饼干和巧克力能在赶不上吃饭时拯救你的胃。

---

① 徐泓.不要因为走得太远而忘记为什么出发——陈虻,我们听你讲[M].北京:中国人民大学出版社,2013:145-151.

第二节　出镜记者现场报道的信息采集

与所有的新闻报道一样,出镜记者获知新闻线索,明确报道思想之后,就要进行信息的搜集和筛选。简单来说就是两个问题:你需要知道什么? 谁能够给你提供?

记者采集新闻信息的基本路径有两种:一是在新闻现场目睹,即观察;二是从别人处了解,即采访。

一、观察

(一)观察的作用

1. 了解新闻事实

俗话说,"耳听为虚,眼见为实"。所谓观察,是指仔细察看某种客观事物或现象,它是一种有目的、有计划的直觉行动,是人对现实感性认识的一种主动形式,它主要是通过人的眼睛来观测和察看。[①] 在新闻报道中,身临其境地到新闻事件实地进行观察探访,是记者了解新闻事实、获取有效的新闻信息的重要方法。

观察,不是只用眼睛,还需要调动自己的所有感官。柴静在担任《时空连线》主持人时,第一次去新疆地震现场采访,出发前时任制片人的陈虻送她一句话:"去,用你的皮肤感觉新闻。"当记者进入新闻现场,就如同被抛进了湍急的河流,需要打开自己,从视觉、听觉、嗅觉、触觉全方位地感知四面八方涌来的信息,获得对事物全面的感性印象,并将这种感觉升华为对事物整体"质"的认识。

2. 获取真情实感

"触景生情""感同身受",现场报道中,出镜记者的这些感受真实地来自于对新闻现场的观察和感知,并从中提炼出生动、真实的报道素材。具有真情实感的报道往往能够感染观众,产生共鸣。

一次,北京电视台记者王业和摄像师跟随东直门交通枢纽检测工人一起下到地下工作空间,那里空间狭小、酷热、线缆密布,又是重点保障区段,必须由人工巡查维护。王业和摄像师还没下井,就感到一股热浪从井下冲上来。下到井里才发现,井下温度超过 40 摄氏度,空间只够容纳王业、摄像师还有带班工长陈师傅三个人,而且还无法错身,只能顺序摸着前进。在采访中,由于高温高湿,摄像机镜头上很快凝结一层雾水,只能说几秒钟话,用纸巾擦一下

---

① 闫肖岩.论观察艺术在新闻采访中的运用[J].中国报业.2012(05).

镜头,勉强让镜头清楚一些。[1] 王业感慨地说:"在这样的环境里走过、看过,才会对普通劳动者油然而生一种敬佩和亲切之情,而他们的工作,很少有人有机会了解。我们作为新闻工作者的职责之一,就是要让更多的人了解到,我们的身边有这么多普通劳动者,他们身上有最美好、最朴素,也最闪光的底色。"[2]

(二)观察的内容

1. 观察现场环境

出镜记者身处现场,首先需要观察的就是现场空间环境,包括地理方位信息、狭义空间感受等。记者的观察不是无目的的散视,而是有目的的聚焦,甚至可以通过观察还原事件发生的路径、过程,产生逻辑推理,同时感受现场气氛,形成直观感受。

案例 3-1

《外滩发生群众踩踏事故 35 人遇难》,2015 年 1 月 1 日中央电视台《新闻三十分》栏目播出

2014 年 12 月 31 日,上海市黄浦区外滩陈毅广场东南角通往黄浦江观景平台的人行通道阶梯处底部有人失衡跌倒,继而引发连续踩踏事件。第二天中午,央视记者刘庆生来到事发现场进行直播报道。他首先对事发地点的环境进行详细介绍。[3]

画面	记者出镜
记者被一人群游客围住,倒退着往后走,指向后方台阶	
	今天你看我身边熙熙攘攘的人群全部都是游客。这个地方,陈毅广场可以说是上海市非常非常有名的旅游景点,而昨天发生踩踏的台阶就在这个地方背后的台阶。

---

① 沈正赋.观察采访在新闻报道中的价值与意义——基于我国新闻战线开展的"走转改"活动[J].新闻界,2012(20).

② 王业.发现劳动者的底色[N].人民日报,2012-01-14(7).

③ 《外滩发生群众踩踏事故 35 人遇难》,2015 年 1 月 1 日中央电视台《新闻三十分》栏目播出。

续表

画面	记者出镜
外滩广场上密密麻麻的人群 	大家可以看,现在是中午12点,正是饭点儿的时候,大家可以看看现在的人有多少,这个人比昨天晚上要少了许多。
双视窗:报道当时人流画面与事发时同一地点人流画面对比 	所有的人都会这样拥挤在一块儿,都是大量的旅游者,大量的年轻人到这个地方来。昨天就存在这样一个情况,三层的台阶,有的人要上,有的人要下,小小的一个通道于是出现了踩踏。
记者走到另一个位置,指向一个十字路口 	最早的踩踏发生之后,引起了这一片区域的混乱,紧接着又在这个地方发生了新的踩踏。这儿是一个什么样的地方呢?大家可以看:
十字路口,绿灯亮起,大量行人双向交汇过马路 	门口一条外滩的马路,所有的人进入外滩,都得通过两座高楼之间的小马路进来。大家可以看看,在这个过马路的地方,等红灯的人有多少。现在正在过马路,大家可以看,现在过马路是一个什么情景,就是这样两股人流在街道上对冲。

续表

画面	记者出镜
双视窗:报道当时过马路人流画面与事发时同一地点人流画面对比 	为了防范这样的情况,现场是有警察来执勤的,在人行道的两边,手牵着手,形成一个人体的通道,让大家通过。即使这样,人流太密,还是在这里发生了踩踏事故。

　　这一段报道,是典型的观察式报道。记者以了解踩踏事故发生的过程为目标,从地理环境、人流量、人流走向等信息点出发,观察现场环境,由此推断出前一天晚上事故发生时的场景。

　　从这个案例我们可以看出,出镜记者的观察,是带着目的的观察。在观察过程中,记者逐渐了解新闻事件,产生直观感受与体会,再将它以同样直观的方式传递给观众。

　　2. 观察事件细节

　　细节是报道中的点睛之笔,许多优秀细节的捕捉都来自于出镜记者在现场的观察。出色的记者能够发现事件发生后留下的细小痕迹,能够观察到别人看不见的东西,从人的眼神、表情、动作、姿势以及环境气氛中发现不同之处,从而以小见大,推进报道。

　　美国学者 Nancy Reardon 认为,在报道一起车祸时,记者不仅要去采集事故车残骸的画面,还要靠得更近,看得更仔细一些。例如车辆遗留的轮胎痕迹是不是证明其曾经采取了紧急刹车? 拍下这些痕迹。之后,可以根据你观察到的轮胎痕迹,对现场警察进一步提问。警察可能会说:"对,正如你看到的,这辆车超速行驶。"这个答案使得你的报道更加出色,一切都源于你细致的观察和发现。当然,你也获得了故事的鲜活画面。[①]

　　在我国的出镜记者现场报道中,来自于观察的细节也随处可见。2016 年 6 月 23 日,江苏盐城遭遇了特大暴雨、冰雹、龙卷风,救灾工作随即展开。江

　　① 　Nancy Reardon,Tom Flynn. 镜头前如何报道、主持、采访[M]. 成倍,张东岳,译. 北京:人民邮电出版社,2016:66.

苏电视台记者谢学敏在一场探访救灾物资点的现场直播报道中,充分展开现场观察,发现许多有趣的细节。①

案例 3-2

画面	记者出镜
大院里堆放的矿泉水	在这边大院里所堆放的就是矿泉水,这样的矿泉水堆放得有多高,堆放了有七层之高。
镜头跟着记者往院子里的房间走	我们再往里面走一下,会看到我身后有一间房屋。这间房屋不仅是堆放救灾物资的仓库,同时救灾物资来了之后这里会进行一个现场的登记发放。
一筐鸡蛋放在门口的柱子边,记者拿起一个,往柱子上使劲儿磕了一下,鸡蛋没有碎	送来的物资有很多,但是有一些非常明显的特征,我们来看这里是一筐鸡蛋,大家要知道这个鸡蛋是熟的,敲破之后就可以直接吃,因为现在这里做饭什么的特别不方便,所以这样的成品是非常好。
镜头转向门口的另一边,拍摄一袋馕饼特写	包括在这里我们看到馕饼也是,可以直接吃的。
镜头跟着记者往屋里走,拍摄一箱自热米饭,以及箱子上的标签特写	我们再往里面走可以看到,有很多刚才送来物资的人正在进行登记。我们再往里面走一下看,这里我们还看到了有一箱子,这一箱产品在灾区来说是非常的实用,这是一个自热的米饭,是可以现场马上食用的。我们看到上面还非常贴心地贴了一个标志,写的是:"阜宁盐都心连心",就说明是从周边的盐都刚刚送过来的。

在这段现场报道中,记者以"了解救灾物资储备"为目的,在现场展开细节观察。七层高的矿泉水、熟鸡蛋、馕饼、自热米饭、爱心标签,这些细节都围绕着"救灾物资丰富而妥帖"展开,通过记者的眼睛,敏锐观察、快速提炼、融入报道,反映出一方有难、八方支援的爱心汇聚。

3. 观察人物样态

新闻是关于人的故事,观察人物、感受人物是记者观察的重要部分。正所谓"察言观色",人物的喜怒哀乐、外貌情绪往往传递出大量丰富的信息,读懂这些信息,能够指导记者快速反应,选择合适的采访对象,发现正确的采访方向。中央电视台记者张萍在"走转改"活动期间到北京儿童医院进行蹲点采

---

① 《阜宁:物资发放有条不紊》,2016年6月25日江苏卫视《江苏新时空》栏目播出。

访。一天深夜,记者经过医院的走廊,一回头的瞬间看到了一个趴在妈妈肩上的孩子,正蔫蔫地望着自己。一个不起眼的眼神碰撞,记者读到了那"蔫蔫的"眼神很可能意味着一场大病。从母子二人的衣着来看,他们应该来自于农村家庭。对于一个普通农村家庭来说,这必然意味着坎坷的求医之路。就这样,河北农村 3 岁白血病患儿马子硕的求医路,被记者用"样本追踪"的方法全程记录,从患者视角出发,用一根线串起了医生、医院、医改中遇到的种种难题。①

（三）观察的技巧

1. 以空间顺序组织观察

出镜记者现场报道高度依赖视觉信息表达,因此记者的现场观察可以根据空间方位、视点的变化来进行,为视觉表达建立空间顺序。

案例 3-3②

《武警及救援队持续搜救》,2016 年 5 月 9 日中央电视台《新闻直播间》播出

2016 年 5 月 8 日,福建泰宁发生一起泥石流灾害,造成多名人员被埋失联。记者蒋林到达现场后发回了这样一段报道:

我们现在所站的这个位置就是这次发生山体滑坡最为集中的区域,在我身旁很多大型机械正在作业。而往远处看,一公里以外的地方就应该是兴建于上个世纪七十年代末的池潭水电站大坝。虽然它距离我的距离最多只有一公里远,但是我们可以看到现在山谷里弥漫着巨大的水汽,而且天空当中又开始降雨了。

瞬息万变的天气也给今天的搜寻与抢险工作造成了层层阻碍。在我今天下午赶到现场的途中,大约在一点半左右,整个天空中降起了突如其来的大暴雨。这个雨水的雨量可能让现场的很多人都觉得猝不及防。而在我们这一次的抢险过程当中,其实就是保证所有的救援抢险人员他们不会遭遇到二次地质灾害。所以我们来看现场的一个细节。

顺着我的手指,往更高处大约三十米的上层平台来看,有一个穿着橘黄色

---

① 张萍.讲实话、讲真话、讲家常话[J].新闻战线,2012(2).

② 《武警及救援队持续搜救》,2016 年 5 月 9 日中央电视台新闻频道《新闻直播间》播出。

衣服的消防队员,他的脸是面向山谷的方向。到了这里我们发现,不论是武警水电还是武警交通部队,他们的作业人员在现场挖机进行操作的过程当中,一定在现场的多个平台都会有很多这样的观测员,他们面向山体滑坡的起始点,实际上所有的监控就是为了防止这样的天气会对现场带来进一步的影响。

朝我身后远一点的地方可以看到,强降雨后形成的山溪,虽然现在水流还是比较清澈,但是我们看到,水流仍是非常汹涌。这也就告诉我们山谷当中短时间的强降雨都有可能会给现场带来新一轮变量。

这是一场直播中的一个相对完整的段落,根据这段报道,我们可以还原出记者观察的过程。

(1)前往现场的路上。

(2)河边的救援现场。

(3)暴雨过后的山坡上。

(4)距离现场大约一公里处的大坝。

(5)高处平台上的消防队员。

观察是有顺序、有目的的。在这段报道中,记者以现场的空间方位为顺序,从近到远、从低到高进行观察,从中发现信息,也发现信息之间的连接和疑问,为下一步采访做准备。

2. 从人物特征入手观察

(1)人物的生理特征

包括年龄、性别、身高、体重、发型、伤口、是否戴眼镜、头发颜色、妆面、面部皱纹、痣、唇部干燥程度、纹身等样貌特点。人的生理特征一部分是天生的,一部分是后天生活给人留下的痕迹,结合起来分析,可以获得大量的信息。

如一位年轻的姑娘丝毫不修饰自己,不修眉、不化妆,这或许就代表着内心对于外貌不重视,或没有能力重视。一位六十多岁的老年男子,依然保持着健硕的身材,肌肉线条明晰可见,说明这是一个高度自律、坚持锻炼的人。一位年轻小伙子,头发却白了一半,很可能在他的人生经历中有过什么突发性的重大事件。

(2)人物的衣着特征

服装是人们自我形象塑造的重要方式,从一个人的衣着可以推断出人的基本职业、性格特征。

行政、公务人员一般穿着较为正式,基层干部春秋天多身着浅色衬衫配深色夹克衫,配西装裤,着便鞋。颜色简单、款式保守、比较低调。

高端商业人士一般穿着较为精致,追求正式中有一定创意与质感,因此多在服饰细节上有所体现,如面料、领扣、袖扣、领带、腰带等,衬衣熨烫平整。富裕的个体户有的追求奢华,穿着较为浮夸,好穿鲜亮色;不少乡镇企业家却不太讲究穿着,较为随意。

艺术行业人士一般穿着求新求异,或走极简风格,凸显自身艺术气质。

此外,记者还需学会识别各种制服及其对应的等级标识。如解放军、武警部队各兵种的制服样式、军衔肩章;警察制服及警衔标识;飞行员制服及机长标识;医生手术服与门诊服的区别、代表的意义;等等。这将对记者在现场准确判断采访对象身份起到决定性作用。

在一般规律之外,如果出现意外情况,往往意味着可能有不一样的故事发生,可以作为一个线索进一步观察判断。如在汶川大地震十周年的纪念广场,前来悼念的人大多身着黑衣、胸前戴着白花,但在人群之中却有一个中年男子衣着特别。他拉着一个灰扑扑的旧行李箱,一身灰旧,还套着一件十年前的救灾 T 恤。原本橘黄色的 T 恤已经发白褪色,但背后"众志成城、抗震救灾"的字样依然清晰可见。再看他的脸上,面庞黝黑,神色疲倦凝重。可以想见,这必然是一个有故事的人,带着深深的怀念,风尘仆仆赶来参与悼念。这个看似格格不入的人,被中央电视台记者蒋林捕捉到,记录下他悼念的全过程,在现场直播报道中作为一个重点情节讲述。而这个来自观察得到的"意外",始于对着装异常的敏感,背后却是对人心的敏锐感知。

(3)人物的神态特征

身处新闻现场,人物的神态代表了他的心理状态,是激动、兴奋、喜悦,还是无助、恐惧、愤怒、悲伤,情绪与态度都在一个人的神态之中。由此可以推断这个人物在新闻事件中的身份与状态,帮助记者判断该人物是否符合采访条件。

如一次交通事故现场,一个惊慌失措的人站在事故现场旁边,很可能就是事故的一方当事人;一个表情激动、不断感慨的人,很可能就是事故的目击者;一个淡定从容、眼露好奇的人,可能是在事故发生之后才围观的路人。情绪过于激动的人,则不适合接受采访。学会观察人的神态,能够大大提高记者的采访效率。甚至在随机街访中,记者也能够通过观察路人的神态是平和、喜悦还是紧张、焦虑,来判断是否会接受采访。

(4)人物的动作特征

身处新闻现场,人物不同的动作表现出不用的身份,也传递出不同的信息。上文福建泰宁泥石流灾害报道中,"穿着橘黄色衣服的消防队员,他的脸是面向山谷的方向",便是由对于人物动作特征的观察获得线索,引申出救援方案的细节。一个工作场所里,所有人都穿着厚实的外套,一个人却直冒汗,开始脱衣服,那么或许他正处在关键岗位上,或者他的心理状态因为某种原因产生波动。

动作特征还有助于记者判断采访对象的身份、彼此之间的关系。在一群官员中，谁是领头人，完全可以从"谁给谁打伞""谁站最中间"这样的动作细节反映出来。一个团队中，谁先说话谁后说话、谁给谁让话头、谁给谁补台，都能够判断出谁是真正的团队核心。

延伸阅读

《直播中的现场记者》片段[①]

神六发射升空的时候，飞行控制大厅里的人紧张吗？从他们的表情中我可以看到"专注"，我很难判断他们是否紧张。但是，我看到了现场的摄像机没有"注意"到的事情，大厅里的温度计在短时间里上升了接近2℃。同样多的人，为什么突然温度升高？而且事先我知道大厅里的空调设备是保持在恒温状态下的。这时专家告诉我：紧张会导致血液循环加快，温度上升。果然，飞船发射成功后，温度计上的温度又回落了。

还有，核心指挥人员嘴唇上的泡。我曾经和他们聊过，理解他们的压力和辛苦，还知道他们之前让心理医生传授了解压呼吸法。这些内容构成了飞船发射后一个段落的现场报道。

胡锦涛总书记分别和连战、宋楚瑜会面的直播节目中，双方从握手到谈话的画面全部有公用信号，我的现场报道以一个两次都在现场的记者身份，比较了连战和宋楚瑜在同样程序里的不同表现。连战是一个原本谨言慎行的人，走上红地毯的时候却显得相当急切，步速比平时偏快，谈吐洒脱。宋楚瑜平时开朗，走上红地毯时却明显放慢步速，以显示稳重。这样重要的场合里，人物的一言一行都经过专门的精心设计，因此它在传达信息。观众看到了这些，但是需要有人做分析和强调，这也是现场记者的作用。

二、采访

采访是有特定对象、特定目的的谈话活动。采访的基本任务就是要迅速地了解到典型的、有新闻价值的、真实的事实。[②] 在现场报道中，记者采访可以以同期声的形态用在报道中，也可以仅作为了解信息的手段，之后再以出镜报道或者配音的形式进行传递。

---

① 张泉灵.直播中的现场记者[J].电视研究,2006(1).
② 艾丰.新闻采访方法论[M].北京:人民日报出版社,2010:17.

（一）确保信源可靠

真实是新闻最基本的要求，因此记者采访首先必须确定信源的可靠，能够提供真实、确切的消息。

一般来说，核心信息源来自于事件的亲历者、目击者，相对核心信息源则包含了知情人、权威人士等。

在信源的具体选择上，可以从横向和纵向两个方面进行考量。

从纵向来说，现代社会往往分工具体，不属于岗位分管的事情，采访对象是不知道的。勉强回答，不但达不到采访效果，还可能因为提供了错误的信息而导致新闻失实。因此，要掌握核心信息，就必须采访到正确的核心信息源。

以上一段文中提到的泥石流滑坡灾情报道为例，要了解救援情况，最可靠的信源当然是现场救援人员。但是，救援体系包括了很多不同的层级、工种，每个部分可以提供的信息各有不同，同时互有交叉。比如现场总指挥能够从救援行动的整体高度进行宏观介绍，包括救援进展、救援难度、救援力量分配、未来预期等，还可表达救援的决心和信心，传递党和国家对群众生命安全的关切与重视。技术总工程师则更适合从技术层面对目前救援难度和救援策略进行解释。如果落实到具体救援点上，那么一个救援小分队的负责人会比总指挥了解更多的细节，帮助记者完成对现场的视觉展示。总而言之，谁是最合适的采访对象，取决于记者想了解什么样的信息。记者需要学会根据自己需要的信息内容判断采访对象的可信度。

从横向来说，信源宜多样化。尤其是涉及新闻关键信息，必须反复确认。除了尽可能采用权威信源（如官方主要负责人等）之外，行业通行的做法是用横向的方法，同时寻找两到三个以上的独立信源，横向交叉核实，避免出现误差。所谓独立信源，指这些信源之间互相没有利益关联，不属于同一系统，各自独立。

比如一则救援民航包机赶赴地震灾区的新闻，包机起飞时间毫无疑问是关键信息。然而情况瞬息万变，定好的起飞时间随时可能发生变化。安全起见，最好是从执行包机的航空公司、接洽包机的抗震救灾指挥部、机场管理方、搭乘飞机的救援人员等多个信息源进行了解，交叉印证，获得确切消息。

（二）掌握采访技能

采访是人际沟通的一种形式，它不仅仅是提问的技巧，还涉及人际交往规律、心理活动规律。应该说，采访技能是一种复杂的能力。

与一般性新闻采访相比，出镜记者现场报道的采访受现场环境、报道需要的限制，采访时间短、信息密度高。同时，采访内容还往往需要作为音视频素材直接使用。这些都对出镜记者采访技能提出更高的要求。

1. 目的明确，提问简洁

新闻现场稍纵即逝，记者需要尽快了解新闻事实，获取准确信息。因此在现场报道中，记者采访通常以获取事实性信息为主，目标明确，提问简洁、直接，快速切入。

采访内容上，首先可以从新闻五要素入手。新闻五要素是指：发生新闻的主角（谁）、发生的事情（什么）、发生的时间、发生的地点、发生的原因。用英语来表示就是 Who（谁）、What（什么）、When（时间）、Where（地点）、Why（原因），都以 W 开头，所以新闻五要素又简称为五个 W。再加以 How（如何发生），形成"5W＋1H"的新闻基本要素。

新闻五要素构成了新闻事件的基本信息。然而，单纯的信息堆砌无法满足用户需求，一波三折的情节、丝丝扣人的细节比一堆干巴巴的基础信息要生动得多。因此，记者必须重视现场发生的故事，了解情节，并挖掘相关细节。这就要求记者在提问设计上少一些概念性的似是而非，多将事件发展过程拆分成当事人、事件主体的具体行为、动作，复原主人公当时当地的所思所想，可能的行为路线，甚至从多个角度寻找行为的依据，思考行为背后的原因。

提问方式上，问题应当简洁明了，尽量用简单句、口语化，不要用又长又复杂的复合句，也不要在问题中加入过多的陈述，否则可能引起对方理解上的困惑："对不起，你的问题到底是什么？"

简洁，还包括不要一次提两个问题，这样容易模糊焦点，让对方不知该回答哪一个问题，或者避重就轻，一笔带过。对相对复杂的问题，可以将其拆分成几个小逻辑层次，一个个回合步步推进。比如一则针对私营钢铁企业违规排放、无人监管的报道，如果记者问当地发改局官员："当地钢铁产能有多少？可能会对当地环境产生什么影响？"这样一次提出两个问题，对方必然会就产能说产能，直接忽视第二个问题。

让我们换一个方法，把这个大问题拆分成一组小问题，一个一个问：

当地钢铁产能多少？其中通过环评，并且通过日常监管的私营厂家有多少？没有通过的话主要污染指标超标多少？为什么有的企业没有纳入监管？等等。

当问题形成具有闭合链条的逻辑推进，事实真相才会浮出水面。

简洁不等于简单化。简洁的问题清晰明确，指向性强，问题过于简单化则会让人觉得记者缺少常识。比如在一次对受灾避难点的报道中，有记者看着受灾群众抱着刚刚领到的被子往外走，明明画面里都能拍出来，记者却迎上去就问："老乡，你这是领到什么了？"实在是贻笑大方。

2. 注意倾听，快速反应

采访是人际交流的一种特殊形式，需要两个人之间产生双向交流。而倾听,是双向交流的前提。

从倾听的过程来说,首先作为一项生理活动,"听"是在某一种频率和声音的刺激下,空气震动撞击内耳耳膜,传导至神经系统,形成听力感知。听到声音之后,记者又产生一系列心理过程,其中包括了三个阶段。

首先,准确理解对方的字面意思,把语义差降到最低,即"听到";

其次,提取分析对方意思中的信息点,进行短时记忆,即"听懂";

第三,判断和辨别话语的价值和走向,迅速找到接续点和提问点,积极、快速地进行回应,实现顺畅有效的沟通,即"接话"。

图 3-1 "听"的繁体字

中国汉字的繁体字写法中,"听"结合了耳、目、心,可见倾听是一项全方位的观察活动。从采访对象的眼神、表情、姿态、动作,以及说话的声音状态、节奏、音量、音调,都可以感受到对方的心理状态,从而进一步做出反应。这种回应不是简单的表示赞同或否认,而是从对方的言谈中发现新的信息,进一步追问、碰撞,用即兴提问撬动未知的可能。这种即兴采访往往最容易迸发出精彩的瞬间。

著名访谈节目主持人崔永元说:"我把只问自己准备的问题称为物理采访或机械采访,把只准备一个问题的采访叫化学采访。我先抛出试剂,受访者一接招两个人就开始化合了;然后就利用这种'化合反应'不断地提出新的问题,这才是好的采访。"①在采访中,回应需要及时,跟上"化学反应"的节奏。

案例 3-4

2010 年 7 月 3 日在中央电视台新闻频道播出的《新闻调查——决堤之后》是一次对于江西抚州抚河决堤灾情的整体梳理式报道,出镜记者杨春在救

---

① 崔永元.心态与技巧[J].电视研究,2005(11).

援的冲锋舟上采访参与救援的南京军区某集团军官兵,了解决堤时的救援情况。截取片断如下。

　　记者:当时的场面我想像虽然比较紧张比较危险,但是还是有序地在进行。

　　战士易辉:对,我们组织救援的时候,通常是按照三舟一组。

　　记者:为什么一定要给它三舟编成一个组?

　　易辉:三舟编成一个组是便于互相能够照应、支援。

　　记者:像这样的操机手最多要往返多少次?

　　军长杨茂明:这一个战士这一次就是 48 个小时,除了吃饭以外,每天只能休息两至三个小时,往返大概在五六十次以上。

　　记者:战士们受得了吗?

　　杨茂明:撑过来的,就是靠着一种精神,靠着一种责任,没一个战士叫苦。所以我觉得我们的战士特别可爱。

　　采访是一种真实的人际交流,接话的水平就代表了倾听的水平。在这个段落中,记者对官兵们的采访从一个开放式的陈述开始,之后一直以官兵们提供的信息为基础,往前推进。追问之下,军长讲出了许多实实在在的细节:战士们一次往返就是 48 小时,除了吃饭,每天只休息两到三个小时。这样扎实的细节让人一下子对战士们升腾起敬意,但记者没有到此为止,而是抓住这个信息,继续追问:那战士们受得了吗?

　　这一句提问中有两层意思,一层意思是对战士的关心,是记者在了解到战士们工作强度之高后由己及人,产生的一种下意识的反应;此外还暗含着更深层寓意:这样的工作强度绝对是常人难以忍受的,是什么让这些年轻的战士们能够不顾劳累,一直坚持下来呢? 这个问题没有明确提出来,却包含在了记者的提问中,激发了采访对象的感触,主动、自然地将战士们舍己为人、勇于奉献的精神提点出来,成为这一段采访的落点。整个过程一气呵成,又充满了信息的流动感。

　　另外,回应的过程也是控制采访的过程。作为采访行为的发起人,记者必须牢牢把握住采访的主控权。需要打断时,不妨在对方的回答中找个气口,直接切入:"我明白您所说的……但是现在可能更想知道……不知道您是否了解……"如果委婉的提醒反复受阻,记者也可以果断打断,把受访者的回答拉回到问题主线上来。

　　3. 变化方式,把握节奏

　　从语言角度来说,采访提问可以分为"开放式"和"闭合式"两种。

　　所谓开放式提问,就是问题提得比较概括、抽象,范围限制不很严格,给对方以充分的自由发挥的余地。

例如：

你对今天的发布会怎么看？

你现在的感受怎么样？

你了解到的事件经过是什么样的？

怎么才能达到这种效果呢？

……

开放式提问常用的提问词包括"什么""怎么""如何""怎样"等，需要对方做出比较详尽、完整的回答。著名记者艾丰在《新闻采访方法论》一书中，归纳了开放式提问的特点：

(1)给对方以更多的自由；

(2)双方联结比较松散；

(3)气氛较为轻松自如；

(4)比较难以挖掘深入；

(5)记者提这种方式问题较为省力；(可以不需要认真思索，几乎对任何对象——哪怕对他毫无了解都可以这样提问，而且只消简单提问后，对方就需要长篇大论说上一气，给记者以"喘息"时间)

(6)但是采访对象要认真负责进行回答的话就比较困难。(对于不认真的人，越是抽象的问题越是好回答，而对于认真的人则刚好相反)①

闭合式提问则指问题提得比较具体单纯，范围限制严格，给对方自由发挥的余地很小，对方一般要给出较为直接的回答。简单来说，就是问什么，答什么。

在措词上，闭合式提问经常使用"是不是""对不对""要不要""有没有"等词，回答也是"是"与"否"的简单答案。在采访中，闭合式提问经常起到澄清事实、获取重点、缩小讨论范围的作用。

艾丰同样归纳了闭合式提问的特点：

(1)留给对方的自由余地较小；

(2)双方联结比较紧密、具体；

(3)问题具体、范围严格，可能因记者选择不当而丢掉更好的提问点；

(4)若选择得当，极利于深入情况和获得对某个问题的明确回答；

(5)记者提闭合式问题需要花费较多精力；(问题要提得具体而又不是鸡毛蒜皮，即所谓要"小中见大"，记者不花大力气熟悉情况，反复思考，精心选择，是办不到的)

---

① 艾丰.新闻采访方法论[M].北京:人民日报出版社,2010:239.

(6)采访对象在回答这些问题时较为方便。(这里提"方便",而未说"容易",因为有些闭合式问题相当尖锐,回答好并不容易。但问题具体、集中,总比抽象、分散回答起来方便得多)[①]

其实,开放式提问和闭合式提问都只是相对的概念。再开放的问题,也有一个限定范围,否则对方将无法作答。而闭合式的问题,也可以通过限定词的不同排列组合,形成不同的闭合程度。

案例 3-5

一次,笔者的学生采访一起城市道路坍塌事故,当她赶到现场时,施工人员正在对塌陷的大坑进行清理,重新填埋。

这位同学问施工负责人:"现在在地面下的情况是怎么样的?"

这是一个高度开放的问题,"地下情况"是问题中唯一的限定词。然而,"地下情况"的概念过于宽泛,包括了路面、管道的破损情况、修复情况、原有结构等,致使采访对象很难做出有效回答。

我们换一个相对闭合的问法,多加一些限定词。

"地下原有的结构是什么样的?"

"哪些地方受到破坏?"

"现在在用什么方法进行地下修复?"

同样使用开放性提问的方法,但当我们换一个限定词,"地下原有结构""破坏的地方""地下修复方法",问题的闭合度就高了很多,方向限定更为清晰,但仍然给采访对象留下了回答空间。

"修复遇到什么困难?"

"现在在用什么方法解决?"

"什么时候能完成修复?"

接下来这三个问题,虽然用的都是代表开放式提问的关键词"什么",但是围绕"修复"这个限定范围,再附加了"困难""解决方法""完成时间"三个限定词,进一步缩小回答范围,提问的闭合度进一步提高。

"今天晚上可以恢复通车吗?"

最后这个设计,将闭合度提升到了最高等级,对方只能回答"可以"或者"不可以"。

从这个案例我们可以看出,开放和闭合都是相对概念。纯粹的开放式提问松散、随意,但会因为范围太广让对方无从说起;纯粹的闭合式提问则容易制造紧张、具有压迫性的采访氛围。在现场采访中,绝对程度很高的开放式和

---

① 艾丰.新闻采访方法论[M].北京:人民日报出版社,2010:240.

闭合式提问都很少会用到,更多的情况下二者是综合使用的。出镜记者通过不断调试提问的松紧度,获得具体、详细的信息,同时形成采访的节奏感。

4. 搜集资料,核对事实

出镜记者除了在新闻现场进行观察、采访之外,还可以通过广泛搜集资料来拓展报道在空间、时间上的边界,进一步丰富报道细节,深化报道主题。

在各种资料中,最宝贵的莫过于事件发生时的现场视频,可是许多突发事件来得完全没有准备,当记者赶到事发现场的时候,事件发生的瞬间往往已经过去。

所幸,如今视频拍摄广泛普及,监控视频、手机拍摄视频、行车记录仪视频以及一些单位通信员拍摄的视频,都可能成为记录事件现场的宝贵视频资料。记者可以有意识地多方搜集,补充现场画面,甚至会成为报道中的亮点。

2016年7月,湖北荆门暴雨过后发生严重洪涝灾害,央视新闻记者赶到受灾严重的屈家岭进行直播。从参与抢险的消防部队那里,记者获取了一段珍贵的视频。在视频中,一位72岁的老大娘被洪水围困,紧抱着一棵树干等待救援。消防官兵赶紧将老大娘救下。获救后老大娘告诉官兵,在洪水来临时,自己是被老伴儿用衣服等杂物捆在树上才没被冲走的,可老伴儿却因体力不支被洪水冲到了下游。之后,大娘的儿子和官兵们一直在河面上搜寻大爷的下落。这次营救的全过程都被消防部队的宣传干事拍摄下来。记者将这段珍贵的现场画面插入到直播中,配合画面生动讲述,感动了千万观众。

需要注意的是,社交网络上的信息真伪难辨,时常有人为了博取关注,或者出于其他不可告人的想法,采取移花接木、张冠李戴等手法,发布虚假视频。因此,记者需要特别注意甄别,通过多种渠道辨别其真实性。

除了音视频资料,记者还可以有意识地寻找一些文本资料,如路线示意图、账本、捐赠物品登记册、发放登记册等,获取更为准确的信息。

在现场报道中,出镜记者赌上自己和媒体机构的信誉,亲口将信息告诉观众,因此对于关键事实的准确性需要反复核实、确认。特别是一些数字、术语、概念等,必须自己先理清、搞懂,然后记录下来,并留下信息源的联系方式,以备后期查验。

三、观察与采访的关系

观察和采访并不是割裂的,它们往往融为一体,记者总是一边观察、一边采访。二者互相补充、互为推动,引导记者不断向前探寻真相。特别是一些过程性、展示性的现场报道,由于条件限制,出镜记者常常只有一次进入现场的机会,需要一边从观察中获取基本信息,抓取表面特征,一边通过采访完善信息,二者咬合滚动,向前推进,构成一次现场报道的主体内容。

2015 年 12 月 25 日,山东平邑石膏县发生一起石膏矿坍塌事故,4 人升井,25 人被埋井下,救援工作随即紧急展开。央视记者黄剑在获得许可后跟随救援人员一起下井,探访生命通道掘进情况。这是一个典型的过程性报道,可以试着分析一下,在这个报道中,哪些信息是记者通过现场观察了解的?哪些是记者通过现场采访获得的?哪些又是记者通过之前的背景采访了解到的?从中还原记者获取信息的路径。

案例 3-6①(文本有删减)

《记者下井探访救援通道掘进情况》,2015 年 12 月 29 日中央电视台
《新闻直播间》栏目播出

【导语】略

【配音】

乘坐矿笼,记者和救援人员一起进入了地下 90 米的地方。

【记者出镜】

我们看到这个救援人员都是带着木头和铁丝往里走,那么带着这些东西进去的目的是为了起到对塌陷巷道有一个支护的作用。万一巷道有石头塌下来呢,用木头来做支护。

【配音】

刚开始进入巷道时,路还比较平坦,也比较宽敞。

【记者出镜】

现在我们就从这个斜坡的地方下去,我们现在看到这个路比刚刚进巷道的路要难走很多。不仅是斜坡向下,而且这个路比较陡峭。

【配音】

越往里走,井下的情况越来越复杂。不时能看到一些巷道被坍塌的石块堵塞。

【同期声】救援人员

你像这些东西都得小心一点,走的时候看着点。掉下来的时候随时可能

---

① 《记者下井探访救援通道掘进情况》,2015 年 12 月 29 日中央电视台新闻频道《新闻直播间》栏目播出。

伤着人。

记者:这上边还随时会掉东西下来?

救援人员:随时。

记者:这些都是后来掉下来的吧?你们进来以后掉下来的吧?

救援人员:对。

【配音】

救援人员告诉我们,他们目前就是要在这种复杂的环境下把坍塌的大石块清理到巷道两侧,从中间开辟出通道,营救被困人员。

【同期声】

记者:从这往上是个什么位置?

救援人员:上面已经全都冒死了,从这里往四号井去。

记者:从这儿往四号井走?

救援人员:对,拽着这个(绳子)上去就行。

【配音】

通往四号井的巷道堆满了大量的塌方物,形成了一个山坡,坡度达到70度。救援人员只能通过绳索爬上石堆,艰难推进。

【记者出镜】

进入这个陡坡之后我们迎路看来脚下是破碎的从上面掉下来的这个大石块。边上呢你看那个大石头已经做了一些初步的固定,那么两边都是这种木头打的支护,也就是说这个矿井的巷道应该说有随时发生垮塌的危险。救援人员就是在这样的情况下还要争分夺秒地展开救援。

现在我们需要爬过一个仅仅能够一个人爬过的小通道才能继续往前走。我们看救援人员都爬着过去的,我们也试着爬一下。现在我们已经到了这个目前最前面的地方,那么这个地方据说非常的危险。

【同期声】

记者:现在发生了什么情况?

救援人员:冒顶了。刚才在里边的时候又冒(顶)了,只能到这个位置,不进了。

记者:我看支护越来越多了。

救援人员:里面就没有支护了,我们就是把石头挪一挪,有个通道。现在要把救援通道打通、不清理完是不行。

记者:过去这里有通道是吧?

救援人员:有通道,就是大巷道,和前面是一样的,垮塌下来垮成这样了。你可以拍拍这里。别靠在柱子上,你那个顶上不安全,你往左靠靠。

记者:好,就是在这样的环境下工作,现在我们离四号井还有多远?

救援人员:还有七八百米。

【配音】

前进途中,巷道周围停着一些机械,有推土机、挖掘机,由此也能看出在事故发生之前里面的巷道还是比较宽的,可以在井下进行机械作业。而此时巷道里到处都是落石,挖掘机械已经无法使用。

【记者出镜】

现在事故发生之后呢巷道都堵了,这些机器也都用不起来了。也就是说过去用机器开采的现在得靠人工,用铁锹这样的工具一锹一锹地往外挖,才能把这些塌陷下来的石头清理出去,去寻找这些被困人员。

这地上现在水已经很多了,我们可以看到这地上现在都是一大摊的水了。踩一踩看,现在这个水已经没过脚踝了,这种情况来说对于救援是非常不利的因素。事故发生之前那这个巷道里应该说是没有水的。现在救援人员就是从这个地方继续往里疏通巷道,寻找可能被困在 1 号区域的三名被困矿工。

【配音】

救援人员一边想办法开出一条通道,一边做支护,防止巷道再次塌方。

【同期声】救援人员打电话向指挥部汇报

现在这个顶都不敢动,一动(石头)哗哗掉下来。好的,我们一定注意安全。

【记者出镜】

跟随救援人员下井之后呢,我们深刻地感觉到井下救援不仅难度大,而且各种意想不到的情况不断地发生。像针对井下水越来越多的情况,从地面又开始往下拉水管子,要对井下的积水进行一个抽排。那么在整个的救援过程当中难度大,意想不到的危险不断出现,而且要求的时间非常急迫,也就是这样 24 小时不间断的救援,那么我们的救援巷道也逐渐向被困人员靠拢。

第三节　出镜记者现场报道的信息提炼

通过前期准备、观察采访,出镜记者收集到大量报道材料。然而,这么多报道材料中,该如何选择? 这一阶段,就需要根据报道需要,对获得的信息材料进行处理,筛选信息要点,提炼报道主题,推动报道逐步成型。

一、筛选信息要点

(一)以新闻价值为依据

新闻报道本身就是对事实的选择性传递。戈公振先生在 1927 年所著的

《中国报学史》一书中就指出,把新闻看作"发生事件之报告",这是正确的,"但于报学之处置上,有散漫而不明显之憾"。① 散漫而不明显,意思就是大千世界,随时随地发生的事情实在太多,如果这些报纸都要记录下来,那就缺少重点,也不可能做到。报纸如此,电视如此,即便是貌似没有时间限制的网络,用户的注意力也是有限的。

一般情况下,一档电视直播报道的时长控制在 3~6 分钟,一次录播制作的现场报道时长则在 2~5 分钟。在有限的时间里,记者必须精心筛选出报道的信息点。筛选的依据就是新闻价值。

新闻价值是选择和衡量新闻事实的客观标准。复旦大学李良荣教授认为,新闻价值就是事实本身包含的引起社会各种人共同兴趣的素质。这些素质包括:时新性、重要性、接近性、显著性、趣味性。

时新性。事件是新近发生的而且是社会大众所不知道的,即时间近、内容新。事件发生离公开报道的时间越短,新闻价值就越高。

重要性。事件和当前社会生活和广大群众的切身利益有密切关系,势必引起人们的关心,例如政局变动、政治决策、战争、天气、灾害等。

接近性。地理上接近——读者首先要知道自己周围发生的事情,因为本地发生的事情对他们的生活有更直接的关系。

显著性。名人、胜地和著名团体、单位的动态往往为世人所瞩目。如生老病死。

趣味性。就是我们通常说的奇事趣闻,富有人情味和高尚的生活情趣,能引起人们感情上的共鸣。②

清华大学李希光教授团队从新闻实践的客观情况出发认为,目前新闻实践中,新闻价值的构成要素包括反常性、冲击性、时效性、接近性、显著性、冲突性、利益性、人性化、服务性。③

在西方新闻学中认为,新闻的本质特征则被总结为:冲突(紧张、惊奇)、进步(胜利、成就)、灾难(挫折、毁灭)、结果(对个人或社会产生影响)、显著(知名或著名)、新奇(与众不同,甚至怪异)、人情味(不同寻常、富有情感)。吸引人的特征有:及时(新鲜并有新意)、接近(当地人关注)、性、动物。④

对新闻价值的定义表述众多,但共同点基本一致,比如追求新鲜与时效,以事件对人的影响(包括心理影响、实际生活影响等)大小为重要衡量标准等。

---

① 戈公振. 中国报学史[M]. 北京:生活·读书·新知三联书店,2010:18.
② 李良荣. 新闻学概论[M]. 上海:复旦大学出版社,2001:30.
③ 李希光,孙静惟,王晶. 新闻采访写作教程[M]. 北京:清华大学出版社,2011:37-42.
④ [美]凯利·莱特尔,朱利安·哈里斯,斯坦利·约翰逊. 全能记者必备:新闻采集、写作和编辑的基本技能[M]. 7 版. 宋铁军,译. 北京:中国人民大学出版社,2010:39.

特别需要注意的是,新闻价值是一个具有相对浮动空间的标准体系,它和受众定位息息相关,不同的媒体平台、不同的地区受众对于同一事件的新闻价值判断是不一样的。尤其在传媒行业发达的今天,受众群高度分化,每个栏目都根据不同的受众需求设计自己的价值体系。

2012 年 7 月 21 日,北京及其周边地区遭遇 61 年来最强暴雨及洪涝灾害。暴雨从下午开始持续到第二天,雨量之大很快超过了城市排水系统能够承载的最高限量,并且引发了北京周边山区山洪。事发时正值人们活动的高峰时段,北京电视台迅速反应,打通时段播出《雨中进行时——7·21 北京特大暴雨大型直播报道》。作为本地媒体,北京台的直播报道高度重视服务性。因为看节目的人大多都是北京本地观众,他们或许正被大雨困在路上、单位里、商场中,正焦急地希望得到更多的信息,以便决定接下来怎么办。于是,从下午开始,直播节目首先围绕大雨对于交通的影响展开,记者分别在高架桥、地铁、机场等地围绕交通情况展开报道。之后随着积水量不断加大,对城市交通、群众生活的影响越来越大,在城区内可能因积水发生人身安全事故,郊区则出现山洪暴发,道路塌陷、次生灾害、群众受困等情况不断出现,直播节目随之将关注点转移到救援直播与安全警示上,不断提醒观众,不要冒险涉水,安全第一。

大雨之夜,北京电视台特别直播报道一直陪伴着北京市民,累计播出时长达到 12 小时。在这 12 小时里,特别节目根据雨情的不断变化,始终从观众实际需求出发不断调整节目重点,选用对观众来说此时此刻最有价值的信息。这一夜的直播特别节目最后获得第二十三届中国新闻奖电视直播一等奖。

(二)分门别类处理材料

采访完成之后,往往记者的笔记本上记了满满好几页信息,但报道时间就那么长,到底报道重点是什么? 该放大哪些? 舍弃哪些? 如何整理报道思路? 偏偏每一个信息点都来自于自己的观察、采访,似乎每一个也具有一定的新闻价值,哪一个都舍不得删掉。

此时,记者获得的还只是原料,需要进行具体加工处理,通过整理、分析、筛选、核实、归纳、总结、推理等方法,梳理出信息之间的逻辑关系、上下层次,并据此做出综合判断。

对于单一事件报道来说,有一个可供参考的办法。可以在笔记本上画出三栏,分别为现在、过去、将来,然后将已经掌握的信息分门别类放入,一边放入一边合并同类项,同时舍弃不必要的冗余信息。在整理过程中,主要的信息项通过合并产生,各个信息要点之间的逻辑关系也会浮出水面。

此时,可以再进行第二轮信息筛选,将信息分为"必用"和"可用"。一般来说,一条 2 分钟左右的报道只会有 3~4 个主要报道点。如火灾发生的基本信息、火灾现场的燃烧情况、火灾带来的影响。每一个部分中又只会有 1~2 个小点。超出这个数量的,或者拿不准的,就放到"可用"里作为备份。

案例 3-7[①]

2010 年玉树地震,记者在一处救援现场做了这样一段出镜报道:

"我也想告诉大家,在结古镇进行救援跟在汶川有特别大的区别。最主要的区别是两点:第一点是高原反应。我们现场看到的这些救援人员都是在昨天和前天抵达的,他们抵达现场之后几乎没有合过眼,没有睡过觉。大家知道抵抗高原反应有三个必要条件,第一个条件就是要休息好,第二个条件是海拔要慢慢升高,第三个条件是多喝水。他们都是乘飞机从平原地带直接来到海拔 3800 米的地方,然后这两天都没有休息好,在现场为了不耽误进度,一直没有喝水,可以说他们现在到了生理反应最为严重的程度。第二个不同是这里毕竟是民族地区,所以在救援的时候要注意很多民族习惯。"

我们可以把这段报道拆解成一张梳理报道要点的提纲。

报道主题:玉树地震救援难度很大。

■ 高原反应

过去的经验	现在的情况
(1)休息好	到达后没休息过
(2)海拔慢慢升高	飞机直送 3800 米
(3)多喝水	没水喝

■ 民族地区特点

其实,记者本人在做报道的时候未必会这样写,但在头脑中会有意识地将报道点梳理清晰。在初学阶段,把报道点按逻辑顺序整理出来,能够有效帮助记者有效划分信息等级,理清报道思路。

二、提炼报道主题

新闻现场有太多可以报道的内容,每一个画面都蕴含着信息,要填满一则报道的时长并不难。我们也时常看到这样的报道:出镜记者说得很流畅,现场也很热闹,出镜记者带着观众看这儿看那儿,但报道结束,观众却没有产生任何印象,反倒是想问一句:"你到底想说什么?"

出现这样的问题报道,正是因为缺少对报道主题的提炼。

报道主题不同于报道内容,它是对一则报道核心价值的高度概括,是贯穿报道的中心思想。

---

① 《扎西宾馆再发现生命迹象》,2010 年 4 月 16 日中央电视台新闻频道《新闻直播间》栏目播出。

清代诗人袁枚认为,漂亮的句子就像一大堆铜钱,文章的主题就好像是穿铜钱的那根绳子,要是没有一个明确的主题思想来统帅文字,那写出来的东西就像散落一地的铜钱。

新闻报道也是如此。美国电视记者谢尔利·卡拉贝尔说:"如果你无法用一张 3cm×5cm 的卡片写下一则报道的话,那么你肯定没有理解这则报道。"[①]如果一则报道不能用一个完整主题句表达出来,那么该报道很可能是模糊不清的,甚至记者自己也不知道自己到底要说什么。

那么,主题思想从哪里来?如何找到它?

在报道思想的指引下,记者完成报道策划、确定报道方向。到这一步时,主题思想是一个模糊的方向。随着信息的不断丰富,各类信息相互关联,一个方向上的"铜钱"越来越多,主题自然呼之欲出。

对主题的提炼、深化需要同时考虑几个方面。一是看手中有什么材料,有什么料做什么菜,主题的选择应与事实材料相吻合,因势利导。二是充分考虑受众的需要,选择与观众利益相关的、关心的内容进行主题提炼。

案例 3-8[②]

2008 年汶川大地震后,各路救援力量都在紧急往震中挺进,全社会都焦急地等待着从震中传出更多消息,但是救援力量迟迟无法大批进入,一时之间社会上出现了不少流言。中央电视台报道团队也在赶往灾区的路上,目标震中汶川。但没想到,从都江堰出发 20 分钟后,报道团队的车辆就堵在了路上。记者就在堵车现场做了一条现场报道。

"在通往汶川的各种交通方式之中,大家最希望陆路赶紧通,因为这样可以赶紧运送过去更多的人和物资。那么通往汶川有四条陆路,其中最希望快点打通的是从成都经都江堰通往汶川的 213 国道,因为更多的人和物资是聚集在了成都这个方向。但事实上如果你从都江堰出发车行 20 分钟到第一个山坡,你就看到路在这里完全中止了,就是我身后的这一块。"

"事实上它不是像我们在通往北川的路上看到的一些巨大的滚石,而是整个山体垮塌下来。那么根据工程人员告诉我们说,这里聚集了大概 1 万方土量,事实上像现在这样的挖掘机每小时不断地工作只能挖掉 30 方。那么你计算一下,需要 300 多个小时,也就是十几天的时间才能把这一段的土方完全挖走。"

---

① 弗雷德·舒克,约翰·拉森,约翰·德·塔尔西奥.电视现场制作与报道[M].5 版.雷蔚真,主译.北京:中国人民大学出版社,2013:5.

② 《张泉灵:通往汶川 213 国道道路抢修现场》,2008 年 5 月 15 日中央电视台《朝闻天下》栏目播出。

"而且面对这样的一个情况你可能还会有疑问：为什么现在是看的人多，工作的人少。这其实也是一个相当无奈的事情。大家可以注意一下，这个路是什么情况。它宽也就是7米左右，往这边下面就是岷江，是一个断崖，你可以看到紫坪铺水库的大坝，这一边就是山体，这样宽的路面只允许一辆挖掘机工作。"

在这条报道中，记者根据对新闻现场的观察、了解，结合事件的整体进展、观众关注的热点问题，提炼出了这次现场报道的主题：为什么救援人员迟迟进不去？因为"行路难"。

其实，在这样的新闻现场，可供报道的内容极其丰富，足以形成多个主题，比如可以通过山体塌方、道路车辆被毁来表现地震强大的破坏力。但是，站在抗震救灾报道的全局思考，此时此刻大家最关注的核心问题是什么？记者没有被触目惊心的现场镇住心神，乱了手脚，而是始终带着全局视野理性思考，带着观众关心的问题不断寻找答案。

在现场报道中，出镜记者说得痛快不是目的，观众听得进去才是本事。五指散开力量终究有限，捏成拳头出击才有痛感。围绕一个明确的主题思想构建报道，观众才会在反复的强调、逻辑的推进中明确接收到报道意图。与此相反，在一个报道中强行打包的主题越多，它们就越容易互相挤压，直到报道最终崩溃成一堆互不关联的事实瓦砾。而针对同一个新闻现场，不同的记者可能会做出完全不同的判断，形成各自不同的报道主题，最终产生完全不同的传播效果。对于主题的选择是一种智慧与职业能力的考验，归根到底，还是考验记者对于新闻事件的价值认知是否准确、深刻。

本章小结

"优秀的报道是有能力的记者下笨功夫做出来的"，这里的"笨功夫"包括了出镜记者平时在知识储备、人脉资源等方面的积累，也包括了出镜记者面对新闻现场，如同自动化反应一般的高效信息采集，以及在整理信息的过程中，同步把握信息要点，提炼报道主题的综合能力。

对于报道的最终呈现来说，这些都是"磨刀"的部分。刀不磨快，招式再精妙也缺乏力度；内功不修炼，姿势再漂亮也不过是花拳绣腿。前期扎实的工作能够为报道最终表达呈现打下坚实的基础。这要求出镜记者平时注意积累，在一次次的报道实践中反复思考总结，提升"磨刀"能力，助推报道呈现。

思考题

1. 出镜记者平时应当怎样进行知识储备？试着从不同领域给自己列一个阅读提纲。

2. 新闻策划与新闻真实是否矛盾？

3. 如何观察一个新闻现场？

4. 如何确定采访对象？

5. 如何拟订采访提纲？

练习题

1. 好好观察、了解你身边的小环境，如家乡、学校、社区，全面了解该地区的历史、文化、商贸情况，寻找那些你应该了解却始终从未涉及的"盲区"，以此为基础，结合社会动态设计一个报道，写出明确的新闻策划和采访提纲。

2. 选择同一天中各大媒体新闻节目的头条报道，判断它们的新闻价值点在哪里？为什么各家媒体的头条各不相同？又为什么有的媒体头条是一致的？如果一致，它们的侧重点一样吗？为什么？

3. 对一则优秀的现场报道进行主题提炼，还原其新闻策划。

4. 对一则优秀的现场报道进行报道文本拆分，梳理出报道中的信息点。

5. 还原上述现场报道的报道过程，想一想，如果你是记者，你会采访谁？怎么采访？如何提问？可能会遇到什么问题？又该如何解决？

第四章　出镜记者现场报道的结构组织

现场报道不等于描述现场,更重要的是通过报道把握现场、阐释现场。前期取材阶段结束后,如何将散碎的材料组合成为一场出色的现场报道,就需要运用合理的结构组织方式。出镜记者现场报道的文本结构和一般电视新闻的文本结构有许多相同之处,例如文本都由标题、导语、配音、同期声等元素构成,一般由主持人在演播室播读导语引发观众兴趣,然后报道主体部分徐徐展开。另一方面,因为形态上的特殊性,出镜记者现场报道在结构组织上有着自己的特点。这一章,我们从结构出发,讲述一些常用的出镜记者现场报道结构组织方式。

第一节　出镜记者现场报道的开头

一、构建时空概念

出镜记者的报道地点是一个时空范围,不仅是指记者出镜的场景、环境,它更应该是一个信息源,是让受众捕捉信息、感受氛围的具象、特定的空间,[①]因此,在报道的一开始,通常由记者直接向观众说,明确所处的方位,构建起整体空间概念。

（一）宏观方位

宏观上的方位指的是出镜记者身处的地理位置和时间概念,即新闻现场的"时空"。说明自己的方位及其含义、交代现场环境,是请观众随着记者进入现场、了解现场的前提条件。

常用的方位词有:

"这里是……"

"我现在是在……"

---

① 胥爱华.电视新闻现场报道的误区分析[J].中国记者,2005(10).

"我现在所处的位置就是……"

"来到……"

"穿行在/走在……"

之后一般都会接入现场正在发生的动态画面,或者事件发生后给现场遗留下的最触目惊心的场景。

这一开场方式具有很强的普适性,几乎成为出镜记者现场报道,特别是直播报道的一种主流公式。记者一把抓住观众的注意力,带动观众进入现场,之后再接入报道的主线,抛出悬念,带着观众逐步了解新闻事实。

(二)微观方位

微观的方位指的是以现场空间为地理范围,信息点在这一范围内的相对位置,如左右、高低、上下、远近等。

常用的方位表达词有:

"顺着我手指的方向大家可以看到……"

"在我左/右/身后正在进行的就是……"

"……就从我脚下的这个地方开始"

"这个位置就在我头顶上方大约×米的地方"

在介绍流程性信息时,微观方位词往往能够帮助记者将现场空间展示得更加清晰。

但需要注意的是,是否使用微观方位词,取决于方位信息的重要性。有些方位信息并没有什么价值,例如有位同学在一则农业新闻报道的作业里说:"经过了半天的劳作,我右手下方的这四堆稻谷就是几位农民大叔顶着烈日收割的成果。"稻谷是堆放在右手下方还是左手下方并不重要,观众也完全可以从画面里看到,就没有必要交代。因此,使用方位词之前,出镜记者必须明确交代空间概念的必要性,避免陷入"套路"。

(三)时间信息

和方位信息相似的还有时间信息。一般来说,与事件发生时间越接近,记者报道的新闻价值越高,此时时间信息就显得尤为重要。还有一些情况下,不同的时间节点还代表了不同的意义指向。如突发事件刚刚发生的几个小时内、72小时黄金救援期等时间节点,或者从某个时间节点之后即将发生重要动态变化等等。这些时间信息具有较强的新闻价值,必须让观众了解,出镜记者可以在报道的开始阶段表明。

方位与时间是出镜记者现场报道的基本新闻要素,介绍方位、时间也是出镜记者现场报道常用的开场方式。但使用时,需要考虑到新闻信息本身的价值综合判断,做到一事一议,因地制宜。

二、融入现场时空

在常用的方位表达中,需要注意慎用"我身后就是……"。

曾有一位出镜记者报道新春花市,他站在花市的街道上说:"我现在就是在某某花卉市场,在我身后已经有很多市民朋友赶在节前来这里买上一盆新鲜花卉,装点起家里的新春年味儿。"实际上,买花的人群正不断从记者身边经过,二者身处同一个空间,并没有前后之分,然而,"身后"这个词却在买花人与记者之间竖起一道无形的屏障,仿佛记者和现场之间泾渭分明,成了独立分割的两个存在,反而不利于强调现场感。

出镜记者需要将观众带入现场,获得"身临其境"的感受。如果记者自己都不在现场,又如何实现这一效果呢? 优秀的出镜记者会有意识地在介绍方位时强调自身与现场的融合,以"此时此刻此地"带动报道的现场感。

案例 4-1

2013 年,G20 峰会在俄罗斯圣彼得堡举行。中央电视台记者展开探访圣彼得堡的报道,介绍这个具有鲜明特色和历史意义的俄罗斯城市。其中有一个段落,她走在涅瓦河畔,对岸是圣彼得堡著名的标志性建筑彼得要塞。在这样的场景下,常见的报道格式或许是这样:

"我现在所处的位置是涅瓦河畔,在我身后就是圣彼得堡最著名的彼得要塞。虽然隔着一条河,但还是能够感受到彼得要塞的雄伟壮阔。当年彼得大帝就是从那里作为原点建设圣彼得堡。"

这样对不对? 好像也没有错,先交代地点、环境、方位关系,再介绍地点的意义,信息比较完整,但这样的报道方式,彼得要塞只是在出镜记者"身后",和它遥遥相望,记者并没有真正"进入"现场。

最终,记者是这样报道的:[①]

"这次的 20 国峰会为什么会在圣彼得堡召开呢? 有一个一目了然的原因,那就是圣彼得堡乃是整个欧洲最漂亮的城市之一。你看在涅瓦河畔,(记者用手指,镜头随之摇向河对岸)那就是彼得要塞,当年彼得大帝就是把这里作为原点来建设整个城市。他的原意要把这里建设成为北方的威尼斯,所以他从意大利、法国请来了最好的规划师、设计师和建筑师,从这里来创造这个城市。"

首先,记者没有用"我身后"这样显性的方位词,而是单刀直入,直接把自己放进现场,用"这里"来指代彼得要塞和圣彼得堡,用"你看""手一指",引导

---

① 《G20 泉灵观察》,2013 年 9 月 4 日中央电视台《东方时空》栏目播出。

观众在现场空间转换视角。这样的方式，直接把自己、观众和现场包裹在一起，产生强烈的现场感。

第二节　出镜记者现场报道的主体结构

结构一则现场报道，仅仅靠信息的有序罗列，并不能激起人们了解的欲望，甚至还会令人夺路而逃，就像学生逃离枯燥的课堂一样。出色的新闻报道往往集两种优点于一身：报道重要的事实，同时以有趣、有影响力的故事来揭示这些事实。[①] 同时做到这两点并不容易。针对出镜记者现场报道的特点，本节总结一些典型的报道主体结构模式，为结构报道提供参考。

一、倒金字塔结构

倒金字塔结构是按照新闻价值的大小，即新闻事实的重要程度、新鲜程度，以及读者感兴趣的程度等，依次将新闻事实写出来的一种结构形式。由于这种结构是头部最重大，然后依次信息减弱的结构，因此被称为"倒金字塔"结构。

倒金字塔结构起源于电报时代。当时，记者需要把最新的消息通过电报传回报社。但是19世纪的电报技术不够稳定，时常掉线，为了保证最重要的信息能够及时传回报社，记者们就把最重要的新闻放在最前面，把可能产生的损失降到最低，这一结构方式也大大提高了受众的信息获取效率。

倒金字塔结构报道中，最重要的、最新的消息必须放在最开始，直接切入正题，满足观众对于信息的饥渴。但这并不意味着单调的播报。当视觉报道采用倒金字塔结构时，我们需要考虑：到底什么是最重要的信息？

在现场报道中，视觉规律是必须尊重的铁律，应尽可能以最有冲击力、感染力的画面来带动观众的收视兴趣。大多数情况下，触目惊心的画面也往往凝聚着新闻核心价值。在台湾媒体中盛行着一种说法，2分钟的报道，开场20秒，必须是最好看、具有冲击力的画面。

案例 4-2[②]

2016年6月29日，土耳其伊斯坦布尔阿坦图尔克国际机场遭到恐怖袭击，30日，央视记者高瞻在机场进行现场报道。部分文本内容如下：

[①] ［美］弗雷德·舒克，约翰·拉森，约翰·德·塔尔西奥.电视现场制作与报道［M］.5版.雷蔚真,主译.北京:中国人民大学出版社,2013:154.

[②] 《本台记者探访遇袭现场》,2016年6月29日中央电视台《新闻直播间》栏目播出。

画面	记者出镜
机场大厅内电子显示屏特写 	大厅的一角，我们看到有这样一个电子显示屏，上面显示了最近国际航班的一个状态，其中绿色的部分代表可以前往登机口，红色的部分代表需要马上登机，而这样大部分白色的部分说明航班处于一个延误的状态。
画面随着记者的指向，推到玻璃墙面特写 	实际上从这个角度往外看可以看到依然有人在外面打扫地面，而那个地方就是28号发生的第一起爆炸的地方。而这面墙壁呢是非常非常的让人震惊，这个是到达国际安全出口的一个位置，整面玻璃已经出现了很多的裂纹。 我们用手触摸一下这个玻璃其实并没有碎掉，但是可以看到非常明显的裂纹，由此感到爆炸冲击波的威力。而在这边我们也可以看到玻璃上有非常非常多的弹孔，也从侧面证明了袭击先是向人群开枪，随后才引爆了身上的炸弹。
用白色板子拦起来的区域以及工人正在维修 	这一片用白色板子阻拦起来的地方实际上也是受损非常严重的区域，在这个板子的后面有一些工作人员正对天花板进行一个修复。本来这一片区域都是国际（航班）到达迎接旅客的区域，但是现在只留出了一个小的窗口，只有小部分的乘客来进行出入。

在这个报道中，那些触目惊心的画面是最具有视觉冲击力的，碎裂成蛛网状的钢化玻璃，清晰可见的弹孔，记者一个都没有放过，以现场画面为线索，引导出各方面的信息。

不过，并不是每个现场报道都有完美现场，相对抽象的信息也可能是一则报道中最重要的事实,如最新公布的数据、变化的趋势等。此时,出镜记者就需要尽可能给抽象的事实找到具体的视觉载体,调动起观众的注意力。

二、过程结构

过程是指事情发生、发展的真实的生活流程,它是电视报道中情节和故事的载体。真实过程的记录构成电视采访必不可少的特性。[1]

过程结构,指以事件发展的过程为结构线索,以事件情节作为报道主体,以线性的时间序列串联起事件各个要素的一种结构组织方式。突发事件救援报道大多以这种方式架构。

2009 年 11 月 11 日,大雪封路,大量货车、大客车被堵在了太原—旧关高速公路上。天寒地冻,没吃没喝没暖气,随着时间流逝,情况越来越危急。交警部门紧急展开救援。央视记者何盈跟随救援人员一起,用现场报道记录下救援的全过程。

案例 4-3

《大雪封路 太旧高速急救被困者》,2009 年 11 月 11 日中央电视台《新闻直播间》栏目播出

【现场】推车　车辆从冰雪地里爬出来

【记者出镜】

我们现在是在太旧高速上,距离我们要到的事发现场大约还有几十公里路,刚才我们的车因为地上的雪实在是太厚了,车已经陷进去了。现在经过司机的努力,车终于推出来了,我们继续上路。

【记者出镜】

我们现在看到沿途这些车已经排成好几公里长了,我看了一下他们大部分都是运煤的大车,可能是因为柴油的标号不够,另外就是因为山区路非常滑,所以从昨天晚上就一直滞留在这儿。我们刚刚看了一下,路上也有一些零星的司机,他们也正在等待救援车辆把他们疏散到县城里面去。

---

① 朱羽君,雷蔚真.电视采访学[M].北京:中国人民大学出版社,1999:121.

图4-1 记者现场记录救援全过程

【同期声】

司机:我们拉的苹果。

记者:拉的苹果啊,在路上困了多久啊?

司机:两夜一天吧。

【同期声】

司机:冻了三十个小时啦。

【记者出镜】

据我们了解,昨天晚上高速公路封路之后,大概有540名乘客困在了太旧高速上,交警部门连夜疏导。现在你看,这样的中巴车已经连续三批上路去解救乘客。现在500多名乘客大部分已经乘坐这样的中巴车下来了,还有100多名乘客(滞留),一会儿我们也将跟随这辆中巴车一起去路上,解救最后一批乘客。

【同期声】大巴车上的乘客陆续下车

交警:老人小孩先来,大家配合一下(交警搀扶老人、抱过孩子)慢点儿、慢点儿,大家注意安全。好嘞!叔叔抱你啊!

记者:冻坏了吧?

交警:现在11号了,9号下午就上来了。

记者:就在这儿?

交警：对。尽量把能疏散下去的车辆疏散下去，另外实在疏散不下去的，先保证这些客车上的乘客最基本的生活。客车上这些乘客主要是老人、孩子，这些乘客毕竟从身体素质各方面要差一些，货车司机毕竟年轻力壮，都是些小伙子，他们还可以多挺一些时间。然后简单地给他们送一些食物，他们还能多坚持一些时间。（配交警护送老人、抱孩子转移的画面）

乘客：爷爷在呢，不哭不哭。

【记者出镜】

又有一辆大客车载着的 45 名乘客被安置到来接他们的中巴车上，他们可以到县城里面去得到安置，但是在这条路上我看到已经值守了两天两夜的交警同志，他们的任务还没有完成，他们接下来的任务可能就是疏散这些堵在路上的大车司机，要把他们再陆陆续续地转移到县城里面，让他们得到很好的安置。

在这个报道中，新闻事件主线非常清楚，就是"解救困在高速公路上的乘客"，解救过程从凌晨四点半持续到早上八点半，长达 4 个小时。在采制这则报道时，记者以自身进入现场、见证救援的过程作为报道的结构骨架，将救援过程中的关键节点作为报道重点，用参与式、进行时的语态展开报道，具有强烈的现场感。

三、"GOSS"模式

GOSS，G 代表目的（Goal），O 代表障碍（Obstacle），第一个 S 代表解决方法（Solution），第二个 S 代表开端（Start）。

GOSS 公式由美国内华达大学新闻学教授拉鲁·吉勒兰创立，它原本是一个采访公式，把提问分为互相之间存在有机联系的四个部分。

第一个部分是询问采访对象的目的。人们在开始行动之前总是预先已经想到行动的结果。目的是行动不可缺少的心理因素，它规定着人的行动方向。

知道目的了以后，下一步要知道的是采访对象是否达到了目的。如果没有达到，那就说明存在某种障碍。这是公式的第二部分。

如果目的尚未达到，那么就得追问采访对象针对障碍做了些什么工作。如果目的已经达到，那就问他找到什么样的方法来克服障碍，又是怎样找到的。这是公式的第三部分。

最后要问的是某种思想或某种计划的开端。让他谈一下他的目的是怎样开始形成的，接着他还想干什么。

经过这四部分的提问以后，你就基本上掌握了你所要采访的内容，并且能在交谈中获得大量有价值的趣闻、引语和细节。①

虽然 GOSS 公式最初是作为一种采访公式提出的,但稍加变化,即可作为出镜记者现场报道的重要结构方式。以一次突发事件救援报道为例,根据 GOSS 公式可以提出如下的系列问题。

GOAL(目标):被困人员全部获救。

OBSTACLE(障碍):救援存在哪些障碍困难?

SOLUTION(解决):如何或计划如何克服这些障碍、困难?

START(开端、动因):再次表达对灾难中受难者生命安全的关切。

顺着 GOSS 公式的思路,一次现场报道的结构脉络自然浮现。

与电影不同,现场报道的主人公未必是一个人,也可能是一个团体,如地震现场的救援人员、SARS 肆虐时的医务工作者、阅兵训练营的将士们、临时安置点的受灾群众……有时事件主角甚至不是人,而是一个机构、一个物件,甚至一个行为,如即将发射的载人飞船、创下时速新高的高速铁路等。GOSS 公式并不被此局限。只要围绕着主体展开问题,就能完成整体结构。

2014 年 12 月,兰新高铁正式开通运营,作为新疆第一条高铁,央视新闻频道对首趟列车开行进行直播报道。第一场直播的时段在早晨 7 点左右,此时执行首发任务的动车经过一夜的休息,已经整装待发。这意味着一切工作都已完成,现场没有任何作业画面。在静态的场景下,如何讲好动态的故事呢?

案例 4-4②

画面	记者出镜
动车所场景画面 	我现在所在的位置就是即将正式开通运行的兰新高铁兰西动检所,这个地方是位于兰州,每辆列车在完成它全线的运行之后就会回到这里进行检修和过夜,所以我更情愿把这里看作动车的一个家。我身后是 500 米长的一个厂房,在这个厂房有四条轨道,每条轨道可以停两组动车,他们将在这里进行出发之前的准备,也就是让第二天出发之前调整到一个最好的状态。

① 唐绪军.新闻采访中的 GOSS 公式[J].新闻战线.1988(4).

② 《兰新高铁首发列车准备就绪》,2014 年 12 月 26 日中央电视台《朝闻天下》栏目播出。

续表

画面	记者出镜
画面切换至动车车体	其实说到动车的一个检修和准备工作是非常庞杂的,我们挑其中的两项来跟大家说一说,先往这个地方看。
画面往下摇到车体底部的裙板部分 	在我的身旁就是今天要完成首发任务的动2703,现在它已经全部准备好了。在2703的底部,我们可以看到的一个竖条纹的,这样的一个部分,这个叫作裙板,其实在这个里面有整个动车最为重要的一些电机,我们把它理解为动车的心脏,这个地方为了让电机能够散热,所以必须要有一个这样通风的装置,可是因为它通风,在整个线路行驶的过程当中,特别是兰新高铁会穿过中国五大风区,可能会有风沙,所以防尘是非常重要的一项工作。
记者拿起前一晚拆下的滤尘板,抖了一下,尘土瞬间飞散出来 	在我脚下就有两块滤尘网,我前面这块是崭新的,要装到车上的已经清理干净了,而这个是昨天动车试运行之后从车上拆下来的一个滤尘网,我们来……

续表

画面	记者出镜
画面回到车身与记者  兰新高铁今天全线开通运营 12月26日 星期五 兰新高铁首发列车准备就绪	其实一拿起来是不是觉得有点风尘仆仆，漏出来大概可能几百克这样的尘土。而正是因为有了它的保护，使我们整个电机能够在一种无尘的状态下安全地运行。而与之相关的各种构建还有很多。一项检修其实就是一项工作，就是保证列车的安全，就能保证乘客的安全，现在动2703已经完全准备好了。

我们用 GOSS 公式拆分这段报道，会发现这一场现场直播是以"动车如何准备出发"为主题。故事的主人公看似是"动车"，实则为"铁路工作者"。

GOAL（目标）：确保动车安全运行；

OBSTACLE（障碍）：沿途风沙很大，侵蚀核心动车电机系统，极有可能对行车安全造成威胁；

SOLUTION（解决）：每天晚上工作人员都要对车辆进行检修，清除挡风板上沉积的沙子；

START（开端、动因）：确保动车安全是一份国家责任。现在，兰新高铁的首发列车就要出发了。

GOSS 公式还可以作出多种变形，或成就整体结构，或作为片段使用。主体可以是一个宏大的目标，也可以是一件具体的小事，将其灵活使用能够为现场报道的结构创造多种可能。

四、"三幕式"结构

美国电影编剧悉德·菲尔德在其经典作品《电影剧本写作》一书中提出三幕剧本范式理论：第一幕定义冲突；第二幕详解冲突；第三幕解决冲突。他发现了戏剧结构的时间设置模式，认为每一幕的时间都是相对稳定的，保证观众能够在短时间内迅速被吸引，经过层层冲突演进，最终达到故事的高潮。

举例来说，一部电影的标准长度为 120 分钟，那么，在前 30 分钟内必须建立起故事的基本背景、基本冲突，让之后的故事都围绕着第一幕构建的问题展开，并且一定要足够精彩！第 30～90 分钟是故事的具体展开部分，用一个个有意味的转折推动情节不断向前发展。第 90～120 分钟是结局。在第三幕中，故事达到高潮，冲突得到解决，随后戛然而止。

这一叙事结构理论,可以化用到出镜记者现场报道的结构设计上来,以"冲突"为核心,搭建"三幕式"报道结构。以一档 5 分钟直播连线为例,在开场 1 分钟内以精彩的现场建立起报道的核心冲突。接下来的 3 分钟围绕这个核心冲突层层展开,每一个层次之间都用悬念和意外加以衔接,最后 1 分钟把核心冲突推向高潮,并得出一个阶段性结论。

案例 4-5

2011 年 3 月 11 日,东日本发生大地震,地震引发海啸,摧毁了东日本地区大量城市、村庄。地震发生一个月后,央视新闻频道展开特别报道,在地震已经过去一个月的现场,出镜记者董倩带来了一段 3 分钟的现场直播报道:[①](段落标记为作者加注)

图 4-2 记者在日本茨城报道灾后损失情况

(1)这是一个并不大的渔村,人口 5000,其中有 400 个是渔民。渔船呢有 55 艘。其实你通过我们的镜头就可以看到这次的海啸给这个地方带来的是什么样的冲击。

(2)你看渔港几乎已经全部被毁,渔船现在还是七零八落地躺在陆地上,还有远处满地都是撒满的鱼网,还有那个地方就是一个制冰厂,在平时这个鱼打来以后呢,制冰厂马上把冰送出去,然后这个鱼迅速地被鱼贩子送到全国各

———————————

① 2011 年 4 月 11 日,中央电视台《东日本大地震特别报道》播出。

地。但是这一切在海啸到来之后全部都结束了,刚才我说的这些损失加起来大概是在 50 亿日元左右。

（3）虽然说这个港口并不大,但是它在日本的这个鱼产量却是很高的,在日本可以排到第四位。这个地方盛产一种鱼叫作玉筋鱼,日本人特别喜欢吃这种鱼。但是不幸的消息马上就传来了,在 4 号的时候也就是上个礼拜,日本的厚生省派人来这里检测核辐射物质的残存量,就发现玉筋鱼这个鱼里面有一种铯,它的含量是超标的。日本政府的要求是控制在 500 贝克勒耳,但是那天的检测出来的结果是 505 到 520 贝克勒耳。

（4）虽然说超标的幅度并不大,但是这个检测结果却直接把这个渔港推入到了一个万劫不复的深渊。在日本有这么一个说法,我写下来了,叫做风评被害。这个渔港的人说他们风评被害了。什么意思? 就是说只要有一种鱼检测出了一种物质是超标的,但是对于日本人来说这个渔港产的其他的鱼类,比如说鲶鱼、比目鱼、章鱼以后再也不会有人要了。

（5）那么刚才我说的这个玉筋鱼,玉筋鱼这个产量有大年和小年,那么去年是一个小年,玉筋鱼给这个地方带来的收入是 8000 多万日元。那么今年是大年,如果按照以往的估计,今年的收入应该是去年的三到五倍,或者说它的收入应该是在 40 亿日元左右。一种鱼在一年就能造成 10 亿日元的损失,你可以想象其他鱼类的损失情况会有多严重。

（6）如果说海啸给这个渔港带来的是第一轮的冲击的话,那么接下来的核辐射这个次生灾害给它带来的是一个叫次生的打击。一轮一轮的打击给这个渔港的未来带来太多的不确定性。

这场直播的时长正好 3 分钟,堪称出镜记者现场报道三幕式的典范。这则报道中,第一幕由第 1、2 段组成,"海啸"与"渔民渴望过好日子"形成一对不可调和的矛盾,"渔民遭受严重损失"就是冲突的直接表现形式。

第 3、4、5 段是第二幕,以"玉筋鱼"为冲突核心的故事一波三折,层层展开。在《诗学》中,亚里士多德推断出,在故事的长短——读完或演完它需要的时间——和讲述故事所必须的转折点数量之间具有一种联系:作品越长,重大的逆转便越多,不断的剧情转折推动着故事走向高潮。这短短两分半的故事里,转折不断出现:财物被摧毁了,好在当地有名产玉筋鱼;偏偏玉筋鱼被检测出核辐射超标,受此影响,当地的鱼都没了销路;产量大年让灾情雪上加霜。三个转折,每一个转折都包含着当地人的努力和期待,但又都在下一个情节中破灭,再启发一个新的期待,再次破灭,如此不断向前推进,最终得出第三幕,即第 6 段触目惊心的结果。

这样的编排看似不符合时间逻辑,实际上是在事件核心冲突的引导下步步向前。黑格尔提出,"没有冲突就没有戏剧性"。冲突是戏剧的核心,是推动故事发展的根本动力。在冲突面前,人有了情感转变,有了不断变化的人物行为,有了自身行为的选择。在灾难报道中,人与自然的对抗始终是冲突的主线。当灾难的破坏力不断加码,人的生存底线步步后退,拼命挣扎。董倩的报道始终围绕着这一主线冲突,层层加速,冲突强度不断上升,最终达到高潮。

三幕式的电视报道,不一定在直播中完整使用,录像型新闻片中记者短时间的出镜,也一样可以使用这种编排规律。

同样来自于央视东日本大地震特别报道,记者张萌在核电站发生泄漏之后,在核电站后的警戒线外发回报道。

案例 4-6①

"现在您看到的远处的三个烟囱立起来的地方就是在地震当中发生爆炸的核电站。那么根据政府最新的规定,也就是以这个核电站为中心的方圆 20 公里的地方都是属于限进区域,也就是说人如果进入这个区域,将会被核辐射。那么现在已经是我们能够抵达的靠近它最近的一个区域了。"

第一句话交代方位,这一特殊位置内置了核电站爆炸"危及生命"的冲突点;第二句是主体,说明核电站爆炸带来的危害,"如果进入区域就会被辐射"将这种冲突推向高潮;第三句结尾,与核电站爆炸产生危害的斗争中,人们画线退让,人的力量暂时仅限于此。短短 20 秒的"出头",依然是一个三幕式的经典结构。

五、悬念导向结构

悬念是故事的重要元素,因为有悬念的引领,观众的好奇心被勾起,一路想要得知故事的结局。新闻事件中本来就存在大量未知,新闻报道就是一个帮助受众消除未知的过程。面对未知,是一带而过,还是放大未知,将其中的每一种可能性都放大为一个悬念,从而结构整个报道,成为出镜记者需要回答的一道选择题。

以悬念为导向结构报道,就是充分放大新闻事件中的未知因素,建构核心悬念,在报道动态推进的过程中,逐步将悬念解开。

2010 年 6 月,福建南平普降暴雨,一个名叫宝庄村的村子因为洪水侵袭,断水、断电,与外界失去联系 8 天,400 多人被困,包括 5 名孕妇,其中一位已经怀孕 9 个多月,随时待产,急需救援。② 宝庄村能挺多久?孕妇能挺多久?

---

① 2011 年 4 月 11 日中央电视台新闻频道《东日本大地震特别报道》播出。
② 王春潇.抗洪报道直播新探索——"挺进宝庄村"组合式直播回看[J].东南传播,2010(10).

他们能不能得到及时救援？一连串关于生命的悬念,促使央视新闻报道团队决定以直播报道方式,全程记录救援队进入宝庄村的过程,形成"挺进宝庄村"系列现场直播报道。在这一系列报道中,人是悬念的核心,所有的报道内容都指向人的生命安全。而最终悬念的解开,是一个鲜活的现场:武警站在齐腰深的河水中,扶着便桥,村民通过便桥走出宝庄村来到安全地带,而走在最前面的,就是那位准妈妈。这一系列充满悬念的现场直播报道甚至造就一个直播叙事模式——挺进模式,后来被多次借鉴。[①]

对于一些相对静态的事件,悬念导向是营造报道动态节奏的有效方式。以考古报道为例,发掘过程往往安静、神秘,又有很强的专业性,对观众来说存在一定接受壁垒。然而,考古事件却一直是现场直播报道的香饽饽。中华民族有五千年文明史,这让国人对历史有着天然的好奇。在现场直播报道中,考古发掘报道常以"悬疑连续剧"的形式出现,"考古发掘会有什么新发现?""古人的生活什么样?"成为核心悬念,引领整体报道叙事。2011 年中央电视台西汉张安世家族墓地考古发掘、2015 年江西广播电视台的海昏侯墓考古发掘直播报道,都采用了这种悬念引领的方式,将历史背景作为营造悬念的材料,把悬念层层聚焦到考古发掘现场,最终用现场发掘动态来回答悬念,以此带动现场报道的叙事节奏。

比静态现场更麻烦的是没有现场。有的新闻事件确实缺少动态现场,或者出于种种原因暂时无法获得现场画面,但是记者已经拿到了有价值的抽象信息。此时,用悬念导向的方式来结构报道,就成为提升报道表现力的有效方法。

案例 4-7

2015 年北京与张家口联合申办 2022 年冬奥会。在申请递交之后,国际奥委会评估团来华进行评估,听取中国方面的陈述。中央电视台记者张颖对此进行现场直播报道。这是一个很有难度的现场连线,由于国际奥委会的要求,记者无法进入评估团陈述会现场,会议本身也比较枯燥,很难有鲜亮的细

---

① 张鸥.直播幕后——电视突发直播一线手记[M].北京:北京师范大学出版社,2013:97.

节。从内容上来说，评估本身具有相当的专业性，不容易让观众理解。记者最终是这样报道的：①（括号内为作者加注）

我现在就是在北京的位于奥林匹克中心区的这次国际奥委会评估团在华的一个办公地点，那么里面正在举行的就是今天这个陈述会的开幕式，那么这也意味着今天早上 8：30 国际奥委会评估团对北京联合张家口申办 2022 年冬奥会的评估工作已经正式开始了。

那么我想现在大家最关心的是，到底评估和考察些什么？（悬念1）其实简单地说就是3点，叫听你说、亲眼看和问与答。

听你说就是开幕式之后紧接着最重要的一个环节叫主题陈述。从今天到 27 号每天都会有这个环节，总共要陈述 14 个主题，那么顺序是由评估团提前决定的，包括申奥遗产、奥运村，还有体育和场馆等等这些内容。今天要陈述的很重要的一个内容就是体育和场馆，因为在我们的规划当中呢，像北京的鸟巢承担开闭幕式的场馆，而像水立方呢，将作为冰壶的场馆，还有首都体育馆，作为花样滑冰和短道速滑的场馆，那么这些内容都会在陈述当中。另外，北京要新建一座国家速滑馆，在比赛之后呢将作为一个专业的训练场地也会向市民开放，可能以后也是大家滑冰和打冰球的一个好去处。

14 个主题总共陈述下来就是在说一件事，我们要举办一个什么样的冬奥会？

然后听你说完了他就要亲眼看了，那么就是实地去考察北京、延庆、张家口这三个赛区的竞赛和非竞赛场馆，包括我们三个赛区都会建奥运村。从奥运村到场馆你怎么去呀？是走路还是坐车，多长时间？那么从高铁站到这个场馆之间怎么接驳？据我们了解，现在规划是买了门票的乘客都可以凭当日门票免费乘坐公共交通工具。

那么听你说完了也亲眼看了，还有就是问与答。他们在为期五天的评估当中可以随时提问，通过你的回答来进一步了解他们关心的问题。另外呢要回答大家的一个疑惑，这也是在第一天的新闻通信会上也有媒体问到的一个问题，后来发现是很多人的一个误区，就是我们想现在阳春三月，评估团又看不到现场，他们要看什么呢？（悬念2）

其实作为一届冬奥会看这个申办城市能否举办冬奥会，气候肯定是他们要考察的一个很关键的因素，但绝对不是仅仅看冰和雪。比方说考察张家口崇礼，他们就评估过去 10 年它的气温、湿度包括降水量和降雪量的这些指标，而且呢我们才知道最为专业的滑雪场，无论你有多么好的自然降雪，仍然需要

---

① 《北京奥申委陈述会开幕式今天召开》，2015 年 3 月 24 日中央电视台《新闻直播间》栏目播出。

人工降雪才能使它们达到专业比赛的场地要求。所以他们到了现场以后还要看一看,最近有没有充足的水资源能够作为人工造雪的条件。

所以,为什么说为期五天的行程他们要考察1000多条条款?(悬念3)可能很多细节我们是无法想象的。那么按照目前的行程安排,今天下午是要考察北京的一些场馆,明天和后天他们将分别前往延庆和张家口赛区进行实地考察,我们也会实时地关注发回报道。

在这个报道中,记者回避了视觉化困难的障碍,充分利用了"悬念"这一武器,把报道的每一个层次都转化成了普通观众一下子就能理解、也真心感到困惑的问题提了出来,用问答的形式进行报道。评估到底评估些什么?我们陈述的到底是什么?看不到现场,评估团看什么?通俗浅显的问题,成功地剥开"奥组委来评估"这样一个高大上事件的外表,把观众内在的好奇心调动起来,弥补了画面单调带来的缺憾。

需要注意的是,报道中的悬念不能是故弄玄虚的自问自答,必须是"真悬念",紧紧围绕事件的新闻价值展开。在结构时,可以先提出总揽整个报道的主悬念,然后将其进行拆解,每个层次再设置一个分悬念,步步推进,通过节奏的把控,营造出饶有趣味的"解谜"氛围。

第三节 出镜记者现场报道的结尾

明代文人谢榛在《四溟诗话》中写道:"起句当如爆竹,骤响易彻;结句当如撞钟,清音有余。"意思是说,文章开头要像爆竹一样响亮,使人为之一振;结尾要像撞击铜钟一样,清音袅袅,使人觉得余音绕梁。任何创作,都讲求结构完善,现场报道也是一样。在完成了报道主体之后,设计一个合适的报道结尾,能够给观众留下良好的整体印象。

一、资讯收尾

(一)果断结束

在叙事中,难题的解决就是文章的结尾。一旦你到达了这一步,请赶紧结束。读者如饥似渴地读你的故事,就是为了发现难题如何得到解决。一旦知道,他们就会停止阅读——所以你最好也别写下去了。[①]

---

① [美]马克·克雷默,温迪·考尔,编.哈佛非虚构写作课——怎样讲好一个故事[M].王宇光,等译.北京:中国文史出版社,2015:161.

这是美联社国际写作指导布鲁斯·德席尔瓦在指导记者写作新闻特稿时的劝告。这一原则在现场报道中也同样适用。在绝大多数传递资讯为主的现场报道中，信息介绍完之后都可以干净利落地结束，切不要恋战。

如果是现场直播报道，出镜记者需要在报道结束的时候呼叫演播室，明确告诉主持人：你的报道结束了。比如："主持人（姓名），我这边的情况就是这样"；"主持人（姓名），现场情况我们还会继续关注，接下来把时间交回演播室。"

需要提醒的是，切不要为了刻意表示自己的存在，而强调这些流程性的语言。时常可以看到一些出镜记者在报道过程中面露尴尬、磕磕巴巴，到最后却来了精神，在"就是这样""交回演播室"上重音强调，刻意展现自己的"专业范儿"。殊不知出镜记者的职业性不是体现在这些"范儿"上，而是体现在实实在在的报道内容。所以，请尽量淡然地处理这种程序性的语句，毕竟它们的作用只是为了向主持人说明这一场报道结束了。

（二）服务提示

新闻信息具有服务性，能够为人们的日常生活提供行动指南。因此在结束报道时，记者可以注意，哪些信息与观众的生活息息相关，给出具有服务性的提示信息。如国庆过后的南京长江大桥，在返程日迎来小客车通行高峰，出现严重拥堵。记者在介绍完拥堵情况后，最后建议："目前的情况就是二桥依然非常拥堵，如果您要出行的话，建议您还是通过南京长江四桥来绕行。"这就是一种服务信息。当城市自来水管网出现故障，导致部分地区停水，在现场报道完消防车为居民送水的情况之后，记者不妨多提示一句："由于一次能送来的水量有限，但是需要用水的居民很多，尤其在晚饭前，形成了取水高峰。所以建议大家错峰取水，每次少取一点，能基本够用就行，不然大家都拿着大桶来取水，排在后面的居民就可能取不到水了。根据水务部门的介绍，明天应该就可以恢复供水了，大家再坚持一下。"当机场因为雷暴天气出现大面积延误，在报道完航班和旅客滞留情况之后，可以提示观众："如果您预订了今天的航班，建议您在出行之前通过航空公司电话先查询一下自己的航班信息，及时调整出行计划，免得耽误了您的行程。主要航空公司电话……"包括在天气报道中，针对异常的热、冷、大雨大雪，都可以根据专家的意见，向观众在穿衣、出行等方面提出可行的建议。

这种服务信息不是装模作样的"秀关心"，而是建立在信息供应的基础上，告知一些观众可能无法了解、或者想不到的信息。人人都知道的口水话，就没有必要说了。

二、抛留悬念

一条新闻的结束就是下一条新闻的开始。

人们对于信息公开透明的诉求越来越强烈,持续更新、不断推进已成为媒体报道的常态。这意味着记者在报道时并不一定是全知视角,信息还在持续了解之中,新的变化随时有可能发生。在这种情况下,出镜记者设计现场报道结尾时,可以从已知信息出发,推导下一步最值得关注的未知信息,并将这些未知信息作为悬念抛出。

以一起重大交通事故的现场报道为例。记者赶到现场后通常能了解到具体的伤亡人数、事故经过,但是被救出的伤员伤情如何,送往医院后怎么救治?事故的具体原因到底是什么? 这些观众亟须了解的信息暂时没有明确答案。

此时,记者不能自己下结论,不妨把这些内容作为悬念抛出,"现在在现场清理工作已经接近尾声,但是那些从废墟中获救的幸存者,他们是否已经脱离生命危险,现在还不得而知。我马上就要赶去此次集中收治受伤人员的××医院,了解相关情况,有最新消息,马上带给大家。"既解释了自己在这一时段未了解到情况的原因,也给下一次报道制造由头,创造可能。

在结尾处抛出问题,形成悬念,相当于把一个大故事拆分成若干个小故事,以连续报道的形式向前推进。这或许是因为采访的实际情况造成的,也可以是记者主动为之。尤其在今天直播常态化的情况下,经常会要求出镜记者每隔 1~2 小时就进行一次现场直播报道。为了保证每一档直播都有话说,都有不断递进的信息,成熟的出镜记者常会有意识地将信息分成几个部分,每一档直播重点展现一个方面,形成富有节奏感的直播信息流。

三、评论点题

(一)提点主题,引导舆论

出镜记者现场报道的结尾评论主要有两种类型。一种是在深度报道中,如调查报道、人物特写、记者观察等的结尾部分出镜评论;还有一种则是在一般报道结束时加以短评。不管是哪种类型,评论最重要的功能就是旗帜鲜明地表达对事件的态度,并对报道主题进行总结提点,进而产生引导舆论的作用。

案例 4-8[①]

党的二十大召开是我党发展历史上的重要事件,是我们党进入全面建设

---

① 《二十大首场党代表通道昨日开启》,中央电视台《朝闻天下》栏目 2020 年 10 月 17 日播出。

社会主义现代化国家、向第二个百年奋斗目标进军的重要标志。中央广播电视总台推出特别直播节目《二十大时光》,集合大会直播、报告解读、主题新闻报道等多种形态,全面展现国家在党的带领下迈向新征程的步伐。为了让党代表们和媒体有一个近距离接触、交流的机会,大会特别设立了党代表通道。在这条通道上,每天都会有数位中国共产党党代表在进入大会现场之前停留,回答媒体记者的问题。在报道完当天党代表通道的具体情况之后,记者走在这条特殊的通道上,做了一个简短的现场评论。

【记者出镜】

百米通道上展示了我们党和国家这十年走过的光辉历程,而聚光灯背后折射出了全世界对中国的关注。党代表通道上,代表们掷地有声,讲述了中国共产党的使命与担当,也把一个更加开放和自信的中国展现在了世界面前。

这则评论只有短短两句话,却从现场出发,精准说明二十大党代表通道的开设,以及党代表们面向世界发声的意义与价值,起到升华主题、提升价值的作用,堪称点睛之笔。

案例 4-9

2012 年北京"7·21"大雨中,由于大面积积水,大量人群滞留在路上,深夜仍无法回家。北京电视台记者李莲一路步行到莲花桥下,展开现场报道。在报道结束时,她说:

"我从排水集团了解到,近三年有一个计划,用三年时间让 78 座下凹式立交桥泵站的抽水能力有一个提升。……我们也希望三年之后,泵站的能力提升了之后,我们道路的管网面对突然的大雨,能够体现出更加坚强的一面。"①

暴雨造成城市严重内涝,人们在关注灾情的同时,不禁对市政管网设施建设是否完善提出质疑。在报道结束的时候,记者站在普通市民的立场上,对未来的市政管网系统提出了期待,进而形成一定程度的舆论压力,推动公共事业进一步发展。

评论有很多种角度,"情、理、法"都是出发点。但作为媒体评论,这个顺序应该是"法、理、情",做到以"法"为先。法律是国家治理的基石,记者评论之前,先查找法律相关条例,确定法律支撑在哪里。如果不属于法律管辖范围,那么是否有相应的其他规定进行限制,如行业共识、职业伦理、道德准则等,这些都是"理"。在法和理之外,人还有情。情感、情绪是人的本能。然而,从评论内容重要性上来说,"情"应当在"理"之后,"理"又在"法"之后。记者应当具

---

① 2012 年 7 月 21 日北京电视台《雨中进行时——"7·21"北京特大暴雨大型直播报道》播出。

备比普通观众高出一筹的见识,把握事件中的逻辑根源,跳出视野局限,以更高的思考维度引领社会舆论的建设性发展。

(二)有感而发,一针见血

现场报道以呈现新闻事实为主,受篇幅和报道类型的限制,出镜记者现场评论一般只有两三句话,宜短不宜长,言简意赅,一针见血。

案例 4-10

汶川大地震发生一周年之际,由全球华人华侨港澳台同胞共同捐资兴建的新北川中学正式奠基动工。中央电视台中文国际频道记者万灵在现场介绍完新北川中学的种种先进设计之后,在结尾处说道:

"可以说给所有幸存下来的同学们呈现出一所新的安全坚固、环境优美的北川中学,不仅仅是所有捐资的海外华侨的心愿,也是我们所有中国人的心愿。"①

案例 4-11

2016 年里约奥运会上,巴西本地观众对外国运动员嘘声一片,央视驻拉美站记者刘骁骞通过节目探讨了嘘声的原因,以及巴西体育文化中缺失的部分,在片尾他评论道:

"尊重文化的多样性和差异性是奥运精神的其中之一,只有给对手掌声,才能使自己的金牌更有价值。"②

案例 4-12

获得第四届中国新闻奖二等奖的《洋河污染导致大片农田绝收》中,央视记者章伟秋有这样一段出镜:

"从上午 8 点 20 我们就来到张家口市政府要求采访市长,可到中午 12 点,市政府办公室负责人还不知道市长到底去哪儿了,说因为地市合并,工作很忙,但我们认为,老百姓的吃饭问题也是很重要的。"

现场评论不好评,难就难在它的短小精悍,三言两语之间见功力。从方法上来说,可以从提取关键词开始,找准事件所对应的社会关注点到底是什么。是有关公平正义、伦理道德,还是人的真心真情、奋斗挣扎?每个新闻事件不同的核心价值点,决定了短评所指向的最有力的方向。

如前文案例中,捐资兴建新北川中学,体现的是全国人民对震区孩子的关

---

① 2009 年 5 月 12 日,中央电视台国际频道《中国精神 汶川见证》特别节目播出。

② 《巴西:奥运赛场为何嘘声不断》,2016 年 8 月 18 日,中央电视台新闻频道《新闻直播间》栏目播出。

爱。奥运赛场上,来自不同国家不同文化的运动员在同一个规则下比赛,体现的是现代奥林匹克精神中的相互理解和友谊。而尊重对手、尊重差异,就是对这一精神的外化体现。推诿扯皮会引起人们的愤怒,民生问题才应是政府工作首要大事。记者出镜评论多针对一事一题,找准痛点入手,就如同武侠小说中的点穴功一般,精准发力,往往可以起到一招制胜的效果。

(三)源于现场,述评结合

出镜记者身处现场,现场环境带来的信息与感受、采访中刚刚了解到的新闻事实,都会给记者思想上的冲击,也是记者评论的素材来源。因此,记者评论不适宜做纯理性的大篇幅论述,却可以充分利用现场的优势,把现场环境、最新信息、背景信息与观点结合起来,述评结合,共同推进。

1. 以述为评

新闻是经过选择的事实,记者的观点往往隐藏在事实之中,以事实的方式说服观众。利用这一原理,出镜记者可以将一些报道主体中没有涉及的细节作为补充,依托富有意味的信息,以叙事的形态进行评论。

案例 4-13

2016 年 5 月,美国弗林特市爆发水危机事件,当地的自来水中含有超量的重金属铅,造成上百名当地儿童出现不可逆的铅中毒现象。美国相关部门对这一现象反复推诿,始终没有明确的赔偿和治理措施。央视记者杨春在当地进行了水危机事件调查,在一组调查报道的最后,他在当地自来水水源地水库前做了一段出镜报道:[①]

"几天前的 5 月 4 日,奥巴马总统来到了弗林特市,不仅发表了热情洋溢的讲话,而且喝下了弗林特的自来水。当然他们喝的自来水都是多层过滤而且绝对安全的。至于那数百名深受铅中毒之苦的弗林特儿童,弗林特市的卫生官员给出了这样的建议:多吃蔬菜多喝牛奶,或许会对缓解症状有一定的帮助。然而作为重金属中毒,一个病理学的常识就是铅中毒不可逆,而且会对人的中枢神经造成永久的伤害。央视记者美国弗林特报道。"

作为一系列报道的总结,这段出镜提供了一系列与事件相关的最新消息,以及与之相关的背景。看似没有评论,实则精妙地把美国总统的表态和当地政府的行为进行鲜明的对比,表现出美国政府对当地百姓健康的置若罔闻、不负责任以及当面一套背后一套的政治手腕,反映出美国社会和政治机制存在的问题,而这正是记者一系列调查的总结。

---

① 《美国弗林特水危机调查》,2016 年 5 月 13 日中央电视台《新闻直播间》栏目播出。

2. 述评结合

即将述与评结合,夹叙夹议,边说边评,把个人视角和媒体视角穿插,合理调控节奏,是记者评论的一种经典模式。

案例 4-14

2009 年白岩松赴美国做《岩松看美国》系列节目,在整个系列节目的最后一集结尾处,白岩松做了一段现场评论:[①]

"在我的面前,是位于美国华盛顿的一个 0 公里标志碑,也就意味着这里是一个起点,从这儿通往美国的各地,都以这儿到那儿来计算公里数。那既然这是一个新的起点,我可能也会去想,对于中美关系经过了三十年的发展之后,是不是又到了一个新的起点处呢?而要通向何方呢?"

"当我即将告别美国的时候,会有这样一种感触,其实美国既不是天堂,也不是地狱,它跟很多地方一样,是有喜悦、有悲伤、有挫折、有梦想的一个人间。那么中美关系是不是同样该用这样一种正常的眼光去看待呢?而在这样一个新的起点上,中美关系未来又将展现出什么样的前景呢?未来会给我们答案。"

华盛顿 0 公里标志碑,白岩松抓住这一现场信息的"起点"意义,从现场出发,逐步引发观点。白岩松曾就此总结过现场评论的创作方法。以《岩松看日本》为例,他说,因为你的注意力不在我具体的词句,而在于内容,而且大部分都是现场的发现。比如说我在进靖国神社之前,我都不知道出来我要用什么结尾,怎么结尾,这是非常危险的一个东西。结果当我出来在那儿转悠的时候,突然抬头一看,靖国神社大门口正对着东京理工大学正门口,我一下看到这个"理"字,马上有东西开头了,"有理走遍天下,无理寸步难行"。我在和平会场的时候,我在现场转悠,突然看到两幅大画,找人去问这幅画什么意思,两个丹顶鹤,一个黑的,一个白的,黑白代表荒谬的过去,彩色代表和平的未来。马上就有内容了。不在现场,不去了解这些东西,怎么有你的内容。[②]

由此可见,要做好出镜记者现场评论,需要记者真正进入现场,感知、发现现场中的信息后,主动以视觉信息为载体进行叙述,进而阐发论点,表明态度。

本章小结

出镜记者现场报道的结构组织,首先必须符合新闻报道的普遍规律,在此基础上,根据出镜记者现场报道特点进行一定程度的改造。一般来说,出镜记

---

① 《岩松看美国》,2009 年 5 月 7 日,中央电视台《东方时空》栏目播出。

② 杨华.咱们电视有力量[M].北京:中央民族大学出版社,2009:17.

者首先需要通过介绍自己的方位信息、时间信息建构起新闻现场的时空概念，并形成记者与现场融为一体的感觉。在报道的主体部分，有一些相对成熟的结构模式可供借鉴，如倒金字塔结构、过程结构、"GOSS"模式、"三幕式"结构、悬念导向结构。这些结构模式在实践中往往复合使用，延伸出千变万化的可能性。但是，万变不离其宗，其主旨都是从吸引观众角度出发，重视新闻价值、搭建故事结构。在收尾部分，出镜记者可以自然结束，也可以抛留悬念，为下一步报道提供线索。而评论是报道结尾最有力的方式，既可以提点主题，有感而发，也可以根据现场信息，述评结合。

思考题

1. 什么样的方位信息是有效的？什么是无效的？判断标准是什么？

2. 与没有记者出镜的视频新闻相比，出镜记者现场报道的结构组织有什么特点？

3. 在几种主要的结构组织模式里，你认为最常用的是哪个？为什么？

4. 出镜记者现场报道中的悬念设置和电影艺术中的悬念设置有什么异同？

5. 出镜记者现场评论和主持人演播室评论有什么异同？

练习题

1. 通过大量观看出镜记者现场报道，总结出更多巧妙表达方位的方法。

2. 记录3～5条给你留下深刻印象的现场报道，对它进行文本拆解，观察出镜记者用了什么样的结构方法。

3. 给你身边的同学、朋友、父母讲一个新闻故事，讲之前考虑一下，如何搭建这个故事结构，他们会更有兴趣。

4. 试着将一条3分钟的现场报道浓缩为1分钟，观察不同时长的报道对结构产生的影响。

5. 自定一个选题，给这个选题设计不同的结构方式，对比一下，哪种方式最适合你的选题类型。

6. 寻找三个适合做出镜记者现场评论的选题，写作100字以内的记者评论。

第五章　出镜记者现场报道的表达呈现

随着信息采集完成、结构框架拟定，一则出镜记者现场报道基本成型。但是，这还不足以打动观众。表现力，才是出镜记者现场报道真正吸引观众、感染观众、打动观众的要诀。这一章，我们着重讲述，如何让你的现场报道更有表现力、感染力。

第一节　用现场调动故事

一、身心投入感知现场

传播因人而生。在一个具体的个体身上，可以通过声音、图像两个维度展开信息组织与传递，前者包含了言语、非言语声音，后者则包含表情体态、动作行为、发型服饰等。在这个角度上来说，人本身就是信息的集合。作为身处新闻现场的人，出镜记者应当充分放大人际传播的优势，将记者作为一个具体的"人"的感受进行放大，通过看、听、闻、触，全方位感知现场的信息，形成独特的个人体验。例如台风之中，看到树倒房塌，海面掀起惊天骇浪，那么，浪有多高、多宽；高温下汗水湿透全身，可能会头晕眼花；极寒天气下进行报道，鼻腔会产生什么样的奇特的收缩反应、说话时如何控制嘴唇、戴着厚厚的手套如何控制手的动作；穿着全身防护服，戴一整天口罩憋出满头满身的汗水，以及呼吸和行动上的困难……这些都是只有到了现场才会有的体验。

体验不仅仅是生理上的，还包括对于新闻现场的心理感知。现场的氛围、人们的情绪，是悲伤还是悲痛？是焦虑还是焦灼？是欢乐还是狂喜？是恐惧还是挣扎？是如履薄冰还是波澜不惊？你为什么会感受到这些情绪？是人的表情？他们议论的内容？还是环境布置的细节？这些都需要记者投身现场，敏锐体察。汶川大地震十周年之际，记者在映秀县城，观察、体会十年之后灾区人民的生活心境；在武汉抗疫定点医院门口警戒线外，记者从偶尔进出的医护人员、层层拦截的安保措施感受白衣战士们紧张的抗疫战斗氛围；在山火救援现场,记者通过救援人员紧张有序的行动,感受热烈澎湃、众志成城的激情;在春节村镇街头热乎乎的早餐店,记者体会到烟火气里的年味与乡愁……这些敏锐、丰富的心理感知,是记者把握报道主线、确定报道基调的重要依托。

二、充分传递现场信息

对于出镜记者来说,观察现场、感受现场只是第一步,接下来需要想办法将这种感受传递出来。这看起来似乎并不难,但是,当摄像机红灯亮起,还是有许多记者身姿灵巧地从现场闪开。

案例 5-1

"我现在所在的地方是××大厦,入伏以来气温不断升高,有这样一群人,在高温下他们始终默默坚守在自己的岗位上,这些人就是我身后的'蜘蛛人'们。"

这是一则学生报道作业片段。这样的出镜我们并不陌生,记者明明"在现场",报道内容却和现场没有关系,既没有对现场的观察,也没有对现场的体验就直接给出了结论。这样的出镜,只不过是站桩一般表示自己"到达"了现场。

不管采用什么结构组织方法,现场报道的核心始终围绕新闻现场展开,同时以出镜记者真实的观察、体验为基础,以类人际传播的方式传递现场信息。

现场信息里首先要有记者现场观察到的事实信息。

案例 5-2①

【记者出镜】

大家通过画面可以看到,整个城市都被泡在黄色的水里,而且沿途的汽车都被水浸泡了,主要原因就是城市内涝。现在现场救援难度很大,因为救援需要用船,但是城市道路高低不平,有的地方深有的地方浅,浅的地方船的螺旋桨就转不起来,需要人下来推着走。所以平时走 10 分钟的路程,救援中可能需要花一个小时的时间。现在画面中可以看到,有冲锋舟正在转移人员,就是推着往前走。

案例 5-3②

【记者出镜】

大家现在可以看到我们羊古坳乡的雷锋村,我身后的这一片呢就是今天

---

① 《浙江:暴雨引发洪水突袭临海》,2019 年 8 月 11 日中央电视台《朝闻天下》栏目播出。
② 《超级稻试验田收割进行中》,2013 年 9 月 14 日中央电视台新闻频道《新闻直播间》栏目播出。

早上刚刚开镰收割的土地。目前大概收了有 1 亩多,同时还有好几片在一起收割。那么我们看到,现在这些口袋里面装的就是通过打谷机打出来的谷子,里面还有一些杂草,经过对这些杂草和杂质除杂,还有烘干水分,去除水分之后才能够精确地测量出每一亩的总产量。所以说要算出整片田最后的亩产,还需要经过一些时间。

在这两则报道中,记者都是从现场能够明显看到的视觉信息出发,引申出视觉信息之后更深一层意义,这也是大多数出镜记者现场报道使用的报道方法。

不过,现场的信息并不只是视觉信息。出镜记者现场报道拥有人际传播的魅力,能够穿过镜头的隔阻打动人心,就是建立在人类的共同体验上。当记者通过看、听、闻、触等方式全面感知现场,产生的真实体验也是信息的重要部分,需要及时融入报道,传递出去。

案例 5-4①

2015 年 8 月 12 日,天津港发生特别重大火灾爆炸事故,17 日,中央电视台记者跟随防化部队进入核心现场进行报道:

"作为一个没有经过专业训练的普通人,当我穿着厚厚的防护服进入核心现场的时候,我的感觉其实可以用'无助'这个词来形容。因为你进去之后,你会发现体温会不断上升,你会感觉到你在不停地流汗,你想擦汗但是做不到,因为你戴着防毒面具。你会感觉到你的眼睛时而会感觉到有点酸,你想去揉眼睛,但是你也做不到,因为你穿着防毒面具。

就在我们采访的过程中,我们刚刚从核心现场出来到达洗消点的时候,有一位战士就因为脱水昏倒了。我们用摄像机记录下了当时的场景,请导播切出当时的场景。这是出来必经的冲洗消毒的过程。这位战士名叫李东东,这已经是他在这次执行任务过程中第二次昏倒了,第一次是发生在 13 号。我们也和大家通报一下他的最新的身体状况。刚才了解到他昏倒的原因是因为脱水,现在已经恢复清醒了。我不得不说,当我们到核心现场的时候会感受到,在这次事故中我们的人民子弟兵是多么英勇无畏,我们应该向这些到最危险的地方去、坚持在一线的官兵致敬。"

分析文本,这一段报道可以分成两个层次。首先,记者从自身的体验说起,流汗没有办法擦、眼睛酸没办法揉,这样具体的身体感受给心理上的"无

---

① 《记者跟随防化部队进入核心现场》,2015 年 8 月 17 日中央电视台新闻频道《新闻直播间》栏目播出。

助"提供了信息支撑,也让观众感同身受。之后进入第二个层次,记者从自身体验出发,联系到记者目睹战士因为劳累过度而脱水晕倒,产生敬佩之情。

强行灌输观念,效果往往不如人意,"用事实说话"才能赢得人心。在这里,记者所表达的"敬佩"不是无中生有,更不是脱离实际的口号标语,而是来源于记者融入现场之后的所见所闻,自身的体验,从而真实、自然产生的心理活动。有了融入之后的真实体验做基础,记者再将其娓娓道来,让观众一步步地有序接受信息,从而由衷产生对救援官兵的敬佩。

三、合理调度现场元素

记者就如同博物馆、景区、历史遗址的导游,带着观众看现场,了解信息。好的导游会引导游客,通过设计好的路线,一处一处地游览景区,并根据一定主题,把观赏点串联成一个大故事,再在一些有趣的观赏点上讲一些小故事,提升游览乐趣。出镜记者设计报道时,也可以参考导游的工作思路,根据报道需要调度新闻现场,设计报道路线。不同的路线设计,会呈现出不同的空间组合,带来不同的价值意义。

案例 5-5[①]

《传统＋现代 千年古镇＋互联网》,2015 年 12 月 15 日中央电视台
《新闻直播间》栏目播出

2015 年 12 月,第二届世界互联网大会在浙江乌镇开幕,历史悠久的千年古镇与昂立时代潮流的互联网相碰撞,会激起怎样的火花呢?这样的问题抽象复杂,却又广受关注。互联网大会开幕之前,央视新闻频道的一场直播中,记者通过直播场景调度,把这种抽象碰撞融入流动的现场中。

---

① 《传统＋现代 千年古镇＋互联网》,2015 年 12 月 15 日中央电视台新闻频道《新闻直播间》栏目播出。

画面	出镜记者 何盈
记者站在乌篷船上,船缓缓前行 (报道地点1)	首先要说一句乌镇欢迎您！那就像你(主持人)刚才所说的那样,从明天开始所有的来宾将陆续抵达开始进行一个注册。那今天的大会组委会他们告诉我,从今天早上9:00开始,全体的工作人员已经到岗到位,他们要从迎接嘉宾到注册开始做一个全流程的模拟演练,当然这也是大会开始之前的最后一次演练了。
乌篷船靠岸,记者上岸,顺着阶梯走上街道	那在这样一个小镇上要有这么多国外的政要和将近2000名嘉宾汇聚到此,所以对于大会组委会来说压力还是蛮大的,不过我看乌镇已经准备好了。
记者走到古镇街道里 (报道地点2)	乌镇是有1300多年的历史,古镇加互联网这样的组合经常会给我们一些非常奇妙的感受。就像是在去年首届互联网大会的开幕式上有一位嘉宾代表,在他的致辞当中有这样的一段话。他说,在这样一个传统的古镇里去探讨人类互联网发展有着重要的意义,因为我们今天所说的不仅仅是对昨天的总结,更是对明天的展望。这样的探讨很快就要在我所在的这个地方开始了。 (详细报道内容略)
回到记者画面,在古镇上行走	对于我们新闻记者来说,我们在这样一个环境里,去报道这个大会,也会有很多不同的感受。就像我们之前报道中所提到的,在这次大会的新闻中心,并不是把所有的记者都集中在一起做一个集中的办公,而是分散在整个乌镇的各个角落,可能是一个民宿,也可能是一个咖啡馆。所以呢,这就让我们媒体之间的交流也有点像去朋友家串门一样。因为所有的媒体都会有一个自己相对独立的办公区域。
记者走上一座桥(报道地点3),指挥镜头遥指河对岸一座小楼的二层窗口	那对于我们中央电视台来说呢,这次是多个频道联合在一起,我们也为这个大会的报道设计了一些很特别的节目,这其中有一些分量十足的一种新闻大餐,也有一些轻快的要求短平快的这样一个新闻快餐。那在我们这个新闻厨房里,就在二层的一个小茶馆,我们改造了一下,我们的工作区就在这儿。

续表

画面	出镜记者 何盈
镜头往前推,逐渐推到站在"新闻厨房"窗口的记者李欣蔓	那在这个新闻厨房里,新闻菜单里会有哪些内容呢? 由我的同事李欣蔓给大家做介绍,欣蔓。

画面	出镜记者 李欣蔓
继续从桥头拍摄的记者画面	好的何盈,那接下来就由我带领大家走进我们的这个工作间。(转身走入新闻厨房)
转入茶楼"新闻厨房"内部(报道地点4),记者手里拿着手机,向大家展示扫描出来的二维码信息	那走进这个古色古香的小茶楼,可以感受到互联网元素可以说随处可见。我可以通过手机支付的形式呢扫描二维码,进行一个付款。同时我手里的这个由质检部门发布的这样一个二维码,可以通过扫描它,那么这个小茶楼的卫生许可信息也会立马出现在我们的手机上。其实这样的二维码在我们的生活中是随处可见,很多人可能会说这并不稀奇,这恰恰也能说明互联网已经深入到我们的生活和工作当中各个角落,和大部分人已经产生了密切的联系。
镜头缓缓拉出,展现茶楼内的演播室内景	为了更好地更细致权威地来报道此次大会的一个最新动态以及它所传递出的最新信息,我们中央电视台也是多个频道多档节目进行一个实时的关注动态报道,比如就拿我现在所在的这个区域来说,大家可以看到在这儿也是搭建了一个临时的访谈区。在大会期间,我台主持人白岩松和互联网的领军人物将在这里进行一个对话。
记者走入临时访谈区(报道地点5)镜头从外往里看演播室的陈设	我们可以看到对话的背景,窗外是千年古镇的美丽景致,而在室内,嘉宾和主持人思想碰撞会产生怎样的激烈火花,您可以通过我们的直播节目进行一个关注。

这是一期可预知主题的报道,在直播开始之前,基本信息点都已经明确,动态感比较弱。为了把信息点的"骨架"都包裹上丰满的现场"血肉",两位记者转场了5个报道地点,把每一个信息点都和现场的一事一物、此情此景联系起来。

开场,记者站在船上,船行河上,带动着两岸白墙黑瓦,江南风情在现场画面中展现无遗;

上岸,在古镇中穿行,揭秘现代化的互联网大会会场,将互联网的现代风

和古镇的传统风进行对撞;

然后用两位记者的场景抛接,说明此次媒体报道的特色。

记者不断移步换景,把报道中的几乎所有要点都转换成了现场图像。如果没有对现场进行合理的调度与规划,这则报道恐怕很难实现较好的效果。

第二节 用采访推进故事

对于电视记者来说,仅仅自己了解新闻事实是不够的,还要通过声画合一的动态画面的素材形式将现场的新闻事实记录下来,这些提问的过程直接构成报道的内容。[①] 出镜记者现场报道里经常会有"镜前采访",实际上就是记者与采访对象在现场进行的人际交流,这种交流的内容会围绕现场事件展开,而画面的背景又能显现丰富的现场信息,采访对象所讲的内容往往还会与背景中的要素结合起来,因此,镜前采访能够向观众传递更为强烈的现场感。[②]

人际交流与现场感的双重发力,让现场报道中的出镜采访不仅承担了信息采集的功能,还具备了推进叙事、表现过程的功能。采访的普遍性规律,我们在第三章已经陈述过,这里,我们重点从镜前采访的特殊性出发,针对镜前采访对于报道叙事的不同作用,从实际操作的角度给出一些建议。

一、了解未知信息

(一)在现场进行采访

现场是出镜记者现场报道的信息核心,与其把采访对象拉到一边,单独提问,倒不如就在现场展开采访,以便充分利用现场视觉信息进行报道。

案例 5-6[③]

2010 年 6 月 21 日,江西抚河唱凯堤决口,周围乡镇受到严重威胁。6 天之后,决口堵上了,老百姓的生活怎么样了呢? 中央电视台记者杨春走访河堤附近的几个村镇,了解灾情给当地群众带来的影响。我们来看报道中的一个片段。

【配音】

刘达村是距离唱凯堤决口处最近的村庄,随着决堤口一米一米地缩小,这个村子的洪水也眼见着一点一点退去。前一天,我们路过的时候还是一片汪

---

① 朱羽君,雷蔚真.电视采访学[M].北京:中国人民大学出版社,1999:195.
② 崔林.电视新闻直播报道:现场的叙事[M].北京:中国传媒大学出版社,2012:208.
③ 《决堤之后》,2011 年 7 月 3 日中央电视台《新闻调查》栏目播出。

图 5-1　记者路遇在洪水中洗衣服的村民

洋,只隔了一天,挨家挨户就都回来收拾淤泥、洗刷被褥了。

【同期声】

记者:就在这个洪水里洗衣服啊?

村民:要不到哪里去洗啊?

记者:洗不干净啊。

村民:洗不干净怎么办啊?

记者:越洗越脏。

村民:越洗越脏怎么办呢? 都是泥,泥巴在上面怎么办呢? 不洗就臭了,就臭了。

记者:现在家里吃穿用的怎么办? 怎么解决?

村民:吃饭就没什么吃的,到高速公路,碰到就得一点,碰不到就没得吃。像昨天我们在高速公路,有个和尚送馒头来,我们碰到了,碰到就得吃了,碰不到就没得吃。

记者:为什么不到政府组织的安置点去?

村民:我养了一头牛,如果走了,牛跑到哪里都不知道。

记者:你还惦记你的牛是吧?

村民:是啊。

村民:东西都堆着清理不出来,清理不出来。

记者:慢慢来,别着急,好,我们到前面看看去。

村民在洪水里洗衣服,本身就是一个鲜活的新闻现场。记者敏感捕捉到了这一点,直接进入,一下子打开了对方的话匣子。拉家常一般的出镜采访中,人际交流与新闻现场形成合力,"受灾群众"这个带着标签的群体生活一点点被剥开,他们的艰难和顽强,都在这些动人的"家常"里真实呈现。

(二)给采访对象一点事儿做

当摄像机镜头对准面部,话筒伸到嘴边,许多人都会紧张,话也说不利索了。如果采访对象出现了明显的不适应,那么可以选择在一个他熟悉又带有现场信息的场景,让他干一些熟悉的事情,分散采访对象的注意力,帮助他尽快放松下来。

举个例子,假设在北方冬季连续一周的大雪过后,记者想采访在马路上辛苦除冰的环卫工人,了解马路铲冰的难度。环卫工人是很少接触媒体的普通劳动者,面对镜头容易紧张。要采访好他们,不能把他们拉到路边,摆好姿势,调好镜头,再一板一眼地问答。记者不妨在他们挥动铲子铲冰除雪的时候进入,向他们请教除冰的困难和技巧,一边干一边聊。他很可能就会结合着除冰的过程,激动地演示给你看低温下冰有多硬,一铁锹下去,冰层只是出现了一道裂缝而已。而这个过程,都会被镜头记录下来,成为生动的现场,丰富报道表现力。

(三)用交流探寻事实

采访不等于提问,给予对方回馈同样重要,能够触发采访对象的交流欲望。有时,记者甚至可以主动地给出信息,激发对方。这种有来有回的双向交流能够让事实自然地浮出水面,在看似随意的交谈中探寻事实。

案例 5-7[①]

在一次寻访最美乡村教师的报道中,记者和山区老师一起去因为贫穷而辍学的孩子麻燕英家采访。采访过程中,遇到了意想不到的情况。

【配音】

吴老师说,麻燕英有一个姐姐、一个妹妹,五年前妈妈去世了,家里就靠胳膊有点残疾的父亲干点农活维持生计。一年前,燕英本该升到四年级到镇上读书,但考虑到家里困难,燕英说什么也不读了,吴老师说什么也没用。见到燕英的时候,她正在编箩筐,一个箩筐可以卖十块钱。没想到的是,就在我跟父亲询问的时候,小燕英突然把箩筐扣到头上,大哭起来。

---

① 《寻找最美乡村教师·凤凰日记》,2012 年 7 月 10 日中央电视台《朝闻天下》栏目播出。

图 5-2　记者安慰哭泣的小燕英

【同期声】

吴老师：她哭了，一提到读书她就哭了。

记者：别哭了小妹妹。（对燕英父亲）那你看，她还是愿意读书的。（对燕英）把箩筐拿下来，阿姨帮你上学好吗？

燕英：（哭着说）不愿意读。

记者：（对老师）那不愿意读她还哭什么呀。

【配音】

吴老师已经劝孩子好多次了，他自己掏钱给燕英出生活费让她上学，但她却把机会给了姐姐，因为姐姐有小儿麻痹症，不读书就更没有什么出路了。吴老师靠自己磨豆腐的钱已经资助了四个学生，燕英的生活费他也实在出不起了。我看不到孩子的眼泪，但我听得出她的伤心。我把身上的500块钱塞给了孩子的爸爸，希望能够帮助他们。在大家的劝说下，燕英终于把箩筐拿了下来。

【同期声】

记者：阿姨从北京过来特意过来看你，结果你哭得那么伤心，又给你生活费，又给你买书包，就是要你上学。阿姨大老远从北京过来，你上学阿姨才能放心，才能回去，好吗？

（燕英点头，记者给燕英擦眼泪）

【配音】

燕英答应上学了，我们的心也落了地。看到妹妹能上学了，姐姐的心结也打开了。

【同期声】麻燕英的姐姐

姐姐:(哭着说)有好心人帮助她,她也能上学了。我们劝她很多她不听。

记者:这回妹妹也上学了,你们俩都好好学习,都考上大学啊!

姐姐:好。

在这个段落中,给人印象最深的是记者不断对小燕英的劝说与安慰,以及资助孩子上学的行为,这些实际上都是对女孩"把箩筐扣到头上大哭起来"这一行为的反应。孩子为什么会有这样的反应?这背后又展现出孩子什么样的心灵世界?在探寻这一问题的过程中,记者的劝说、安慰、资助,既是一种个人化的反应,又是一种采访行为,试着打开孩子们的内心世界,对"贫困家庭孩子上学难"这一事实性的信息起到说明、解释、强调的作用。

二、呈现已知信息

在出镜记者现场报道中,"明知故问"也是一种表达方式。即事先通过做案头工作、私下交流采访获知的消息,但仍然选择以采访的方式,引出采访对象进行解说。

这样做的目的主要有:

强调信息的真实性、权威性。如报道政府部门权威发布信息、专业机构发布信息时,发布者的身份会影响信息的可信度。

强化新闻叙事的故事性、感染力。通过镜前采访调动现场展示,进而加强节目呈现效果。

案例 5-8[①]

2015 年纪念抗日战争胜利 70 周年大阅兵进行之前,出镜记者探营军乐团驻地,了解军乐团目前的准备情况。他首先介绍了乐手们为了训练动作整齐采用的一系列方法,之后引出了这样一段现场采访:

【记者出镜】

我们所有的军乐团成员为了能够在天安门广场上把军乐演奏得非常出色,需要一个是节奏准,第二个音准。如何能够把握节奏准的,在我身边的是小号声部的声部长王强,来给大家介绍一下,怎么样才能够保证小号的节奏准?

【同期声】

声部长:节奏准,我们是有一个设备专门进行训练的。

---

① 《军乐团小号声部正在训练》,2015 年 9 月 1 日中央电视台新闻频道《走向胜利》特别节目播出。

记者：什么样的设备？

声部长：节拍器（演示设备，镜头推向设备特写）。这就是，因为今天下雨，所以我们使用的是机器的节拍器。在这里面可以调整速度。比如我们的行进方队是 126 的速度，那就把它调到 126（动作：调节拍器），放在水平位置，它是机器的，它的速度就会非常精准。（节拍器规律摆动的特写）

记者：速度也就是相当于受阅人员踢正步的速度。

声部长：一般就行进的一个基本步速。

记者：那如何来保证所有队员的音准呢？也就是俗话说的不跑调？

声部长：一个音一个音地练，从听觉上让每一个人都能够达到职业的水准。

记者：怎样一个音一个音地练？

声部长：比如说我可以演示一下（开始演示）。好，所有人准备，看我手势。国歌慢速练习。准备：1，2，3，4。好的。

【现场】乐队演示慢速演奏

在报道之前，记者必然已经在军乐团采访了一段时间，了解了他们训练的基本规律。但是，记者了解不等于观众了解。通过采访、演示，能让观众直观感受到乐手们的努力，体现出训练的专业性。

这种用现场采访呈现已知内容的方式，在现场直播报道中较为常见。主要是因为现场直播报道一般时长有限，没有剪辑空间，镜前采访必须精准有效，加上考虑到播出安全，一般记者会在直播前就采访内容和采访对象进行沟通。

采访不同于表演，它最宝贵的地方就在于人际交流中真实的反应。因此，在这类出镜采访中需要注意三个问题。

一是采访前沟通不宜太细。记者可以就采访的主干内容和采访对象进行交流，但不用具体到每一句采访问答。以上文为例，可以在与声部长沟通时说："一会儿我们要谈关于怎么保证节奏准确、怎么保证音准这两个问题，请您用节拍器这个道具给我们演示一下，音准这块儿再让战士们来一个现场展示。"沟通到这个程度就足够了，而不能详细到："您到时候就说，这个节拍器是用来给战士们校准节奏的，然后我会问，这个速度是什么速度，然后您就说……"

一旦把每一句话都定死了，采访对象就很可能陷入"背词"的模式，思维也随之僵化，失去了谈话的新鲜感。不如留一定空间给对方，让对方始终保有讲述的欲望，也给记者留下追问、反应、把控的空间，保证采访是一场流动的盛宴。

二是提问不宜带着信息封闭求证。为了确保对方回答在一定范围之内，不少记者会在问题中加入大量已知信息，用闭合式的方法提问。以上一个采访段落为例，同样状况，有的记者会问："你们是用节拍器来保证节奏准确吗？音准练习一定很难，是不是要一个音一个音地练？"这样一来，声部长只能回答"是""不是"，难以继续提供更多信息。

新闻采访是用已知的事实作为杠杆，撬动未知的事实。在镜头前，记者始终是一个求知者的形象，探寻事实真相。在采访范围已经有共识的情况下，记者不妨多采用开放式的问题，让采访对象自己发挥，然后再抓住其中没有解释清楚的部分进行追问。这样，即便大概内容已知，但记者和采访对象的具体问答、话语交锋依然是未知的，这依然是一场具有活力的对谈。

三是不要摆拍！尤其不要让采访对象为了你的需要而脱离真实的场景，刻意设计摆拍。

这里需要厘清合理调度现场和刻意摆拍之间的区别。调度的前提是不违背真实的生活规律，而摆拍则是脱离正常的工作、生活，把人们强行拉入记者假设的场景中，就显得"假"。

曾有一位出镜记者，直播报道救灾过程中医院积极救治伤员的新闻，记者还在病房门口，病房里所有的伤员和陪护人员就都规规整整地坐好，没有人走动，还不时往门口张望。记者进入之后，一位医生"正好"给病人查完房，转过身来就向记者介绍伤情。一系列看似缜密的"正好"让这场现场直播报道反而失去了真实感。

还有一次反映民俗特色小镇端午节习俗的直播报道，"新闻现场"在小镇的一块小广场上，四位大嫂一字排开，穿着统一的蓝印花布服装坐在小板凳上包粽子，旁边还摆着一套桌椅，一位小姑娘在那里吃粽子。之后记者逐个对这些包粽子、吃粽子的居民展开采访。这是一个古怪的场景。为什么大嫂们要在街头包粽子？不怕灰大吗？正常人聚在一起包粽子，总是围着一张桌子，为什么要一字排开？没锅没灶，又不是家里、饭店等就餐场所，为什么会有一个小姑娘吃粽子？一系列违反生活常识的细节，让明眼人一下就能看出来，这些都是记者"导演"出来的一场"戏"。

所有采访对象都是拙劣的演员，一旦想要"表演"某个状态都会显得十分尴尬，观众一眼就能看出来。更严重的后果是，即便原本真实的事件、状态，也会因此丧失真实感，进而失去观众的信任，伤害媒体机构的公信力。在调度和摆拍之间掌握一个合适的度，是每一位出镜记者都要掌握的分寸。

第三节　用细节饱满故事

细节是指电视采访现场中富含新闻价值、人物情感和意义象征的细微处。大多以近景和特写景别加以强调,具有揭示事物本身的力量和丰富的寓意性、象征性,是电视报道中的点睛之笔。[①]

以小见大,是细节最宝贵的品质。不同于无谓的琐碎,成功的细节就像一根针一样,在事件过程中的关键点上扎入,一针扎破事实的表层,让观众看到潜伏在现场表面背后的信息,更全面深入地了解信息中蕴含的新闻价值。

一、细节:现场报道的点睛之笔

(一)揭示新闻价值

有力的细节必须能够揭示、突出事件的新闻价值,尤其是那些不被人所注意的、可能被忽视的信息。通过记者的抓取、强调,让观众通过细节看到真正重要的信息。

在《焦点访谈》节目《收棉时节访棉区》中,记者赵微来到违法私自收购棉花的工厂进行采访。此时,事先得到消息的厂区已经空空荡荡,所有收棉和加工都停止了。空旷的厂区里,记者意外遇到了一群躲在一间小屋里的女工,这些女工都声称自己是来玩的。此时,记者发现,女工的头发上、衣服上还沾着棉絮,于是摄像记者镜头推到一位女工头发上。这一团棉絮,不但揭示出女工们是在说谎,还说明此处正在成规模地大量进行棉花加工。一个小小的细节,胜过千言万语,之前所有的托词都成了这一瞬间的铺垫,事实真相在这样的细节中被揭示出来。

在 2015 年"8·12"天津港大爆炸报道中,出镜记者蒋林走入受爆炸影响严重受损的海关大楼,在九层楼梯间,他看到爆炸的气浪震碎玻璃,飞溅起的玻璃直接插入水泥墙体,最深处甚至有一两公分。(图 5-3)他马上抓住这个细节进行放大,讲述了整个大楼中哪几层楼这种玻璃插入墙体的现象最为明显,让人感受到了爆炸带来的巨大威力。

报道中的细节之所以能够超越日常成为真正有力量的信息,关键就在于它始终牢牢围绕新闻价值,与报道中的人和事件直接相关,为主题服务。只有这样的细节,才是报道所需要的。

[①]　朱羽君,雷蔚真.电视采访学[M].北京:中国人民大学出版社,1999:143.

图 5-3 细节:插入水泥墙体的玻璃碎片

(二)表达内心情感

有力的细节能够表现出人物内心丰富情感。

新闻事件的主人公永远是人,不管世界如何发展,人生中那些最根本的宏大命题始终没有变过,比如爱的温暖、失去的痛苦、勇气与挣扎、坚强与恐惧等等。能够穿越屏幕的樊篱,直达人心的往往不是道理,而是这些让人揪心的情感。情感是看不见摸不着的抽象事物,但往往附着在一些载体上,它可以是一碗面、一张照片、一个传家宝、一个昵称、一个账本、一句话,甚至一把花生、一条围巾、一个反复的梦,还可以是一种味道、一种气息、一种身体反应……记者揭开它,那些流动着的情感就从这个切口淌进观众的心里。

案例 5-9[①]

2019 年 3 月,埃塞俄比亚航空公司一架波音 737MAX8 客机发生坠机事故,机上 157 名乘客与机组人员全部遇难,其中包括 8 名中国同胞。事发一周后,《新京报·我们视频》记者申晓磊来到现场展开报道,在介绍完现场情况后他说:

"现场的气氛其实还是挺压抑的,我昨天采访了一个肯尼亚的父亲,他在坠机现场捧了一捧土,装了在了塑料袋里面。他说,因为看到这个土就会想到自己的女儿,算是个念想,他说土就是希望。当时我还是有点儿控制不住自己的情绪。我们可以看到,现在在前方有遇难者家属的情绪特别激动,直接是被人抬到了车里。这种事情放在谁身上都是难以接受的。"

---

① 《重走埃航坠机线路》,2019 年 3 月 17 日《新京报·我们视频》播出。

案例 5-10①

四川省的仁寿县是劳务输出的第一大县,春节将至,外出务工的人员纷纷返乡回家。在央视的报道中有这样一个细节:

画面	记者出镜
小面馆里面锅热气腾腾,店主忙着煮面、加各式调料 小店里坐得满满当当	仁寿是一个小城,当地许多朋友回乡过年的时候不一定是大鱼大肉的这种大聚会。我们今天早上去到了当地其实很有特色的一个小面馆、一个包子铺。我们发现虽然今天是个星期六,但是人也真是不少。不少外出打工的人说,和他们外出打工的这些大城市比较起来,或许像这样的小县城它的年味儿不是用灯光勾勒出来的,也许就是这些家乡味的小摊点上冒起来的腾腾热气。我们的小县城又进入了一年当中人丁兴旺的时刻,北上打工南下打工的人都回到了家乡,现在甚至小县城会显得有些拥挤,但是这就是小县城带给我们的浓浓的年味。

在这两个案例中,不同的细节,揭开完全不同的心情。一捧土,寄托了遇难者家属对逝去亲人的深深哀思;一碗面,承载着难以忘却的家乡味道,就是一份冒着烟火气的思念与牵挂。在细节背后,都是沉甸甸的思绪与心情,唤起人们内心深处的情绪共振。

(三)反映人物性格

新闻事件的主角永远是人,是人就有性格,有特点。一个性格鲜明、立体的主人公,能让新闻报道更具有感染力,而细节,就是建立人物形象的有效途径。

案例 5-11②

2008 年 9 月,神舟 7 号飞船即将升空,央视记者李小萌探访神舟系列航天员宿舍区,揭秘航天员执行航天任务前最后住的地方到底什么样。其中有一段是这样的:

记者:进卧室看一下,航天员睡的床,看一看,(用手很使劲儿地压床)不是很软,虽然上面铺了很暄(厚实柔软)的被褥,但下面还是支撑得很有劲儿。

记者:这门上还写了什么? 神六飞行梯队,翟志刚。2005 年 10 月 12 日,凌晨三点。(画面特写:门上用记号笔写了两行工整的大字)

工作人员:神六的时候翟志刚是航天员候补。

---

① 《四川仁寿:打工者返乡过年 婚姻登记最忙时》,2015 年 2 月 14 日中央电视台新闻频道《新闻直播间》栏目播出。

② 《小萌探营》,2008 年 9 月 21 日中央电视台综合频道播出。

记者:我听说翟志刚是一个性格很活跃的人,从他这个举动也能看出来。

工作人员:人也特别棒。

记者:人也特别棒。(走到另一个房间门口)这上面会不会也有?

工作人员:也有。

记者:还有吴杰,也是凌晨三点。(笑)走之前还写一个这个。

边走边看的报道过程中,看似一切随机,但能抓取到什么细节,从中解读出什么意味来,则全看出镜记者的理解能力、反应能力。翟志刚和吴杰在门上题字,看着就像是两个顽皮又兴奋的大男孩,但凌晨三点的落款、潇洒阔朗的字迹,又让人一下子体会到他们汹涌澎湃、斗志昂扬的内心世界。从这个细节里,两个人活泼、热烈的性格跃然而出。

以小见大,见微知著,细节的魅力就在于此。有力的细节往往以最细的针尖,撬动背后的宏大。这种宏大或许是被遮蔽的事实,或许是公认应该维护的准则,或许是每个人都有的喜怒哀乐,又或许是每个人都会面对的人生终极命题。这种力量来自于"微"与"著"的对比。细节越细,针尖越尖,越能扎破表面的蒙蔽;细节背后的宏大越终极,针尖进入得就越深。

今天,众多出镜记者报道中都在强调使用细节,"我们来看一个细节"这样的表达几乎成了现场报道中的标配。关键在于,记者呈现给观众的细节是否真的具有足够新闻价值,值得在报道中花更多的篇幅,掰开了揉碎了,来吸引观众的注意力。如果出镜记者给出的细节平淡乏味,和新闻的核心价值缺少关联,那么,再多"我们来看一个细节"也无济于事。

二、如何发现细节

细节通常是容易被忽略的,被掩盖的,它通常在现场中并不起眼,需要记者有意识地寻找它们、用一双慧眼发现它们,然后强调、突出,进行一系列的延伸。

(一)围绕主题,细致观察

捕捉细节不是盲目搜寻、随机抓取,需要出镜记者从新闻核心价值出发,围绕报道主题进行细致观察,抓取事物特征,在观察、比较、联想的不断互动之中完成对细节的挖掘与展现。

比较,是抓取事物特征的一种重要方法。孤立地看一个事物,往往容易沉浸其中,不容易提取出一个事物的特征要素。将其放置在类似事物之间进行横向比较,纳入时间维度进行纵向比较,可以为记者寻找细节提供帮助。

在观察中比较,在比较中观察,离不开联想。联想往往是把观察与比较联结起来的纽带。[①] 这需要记者事先掌握大量相关信息,主动发散联想,发掘、激活事物之间的普遍联系。而所有的这些活动,都必须围绕主题进行。

例如在大多数突发事件中,人们首先关注的就是相关人员的生命安全,那么记者的细节捕捉也应围绕这一点展开。

案例 5-12[②]

【记者出镜】

终于上来了。这是第二个矿工,我来摸一下他的手。我现在能听到他在说谢谢,我的手现在是凉的,但我能感觉他的手是热的,应该说整个生命状态非常的良好。现在他们将马上被送到这个救护车辆,然后马上被送到就近的医院来进行医治。

这是 2011 年黑龙江七台河矿难救援报道中的一个段落。经过 105 小时连续救援之后,5 名被困矿工成功升井。当矿工被抬出矿口的时候,记者用手触摸矿工的手,两只手握在一起时,冷热的鲜明对比让所有人松了一口气。

在 2019 年埃塞俄比亚航空公司波音飞机坠机事件报道中,逝者已经离去,但事故的惨烈,生命的脆弱与无助,让人心中久久难以平静。尤其有 8 位中国同胞遇难,更是唤起国人共情。《新京报》记者在展开现场报道时,紧紧围绕这一主题展开细节观察。

案例 5-13[③]

【记者出镜】

我们可以看到,在地上刚刚发现了一个笔记本电脑的遗骸,(记者闻了一下)还是有一股烧焦的味道,这边还有一个印记一串编码的金属牌,大家可以看一下。

我们可以看到这个地方,很明显可以看出来,是飞机上面的安全带。这儿呢,我们又看到一根丝带,有可能是一位女士或者是一位小女孩儿的。

(记者注意到,现场有当地的孩子捡到了一个手机,就从孩子手里要了过来)

可以看到当地的孩子,他们捡了个三星的手机外壳,但是里面没有 SIM卡,什么东西都没有,但是这个手机上面确实有一串编码,1711220B,不知道这个是不是需要三星公司的配合,能够查出来这部手机当时卖到了哪里,能不能找到它是属于谁的。这里还找到了一块电池,上面写着中国制造,深圳市比

---

① 蓝鸿文.新闻采访学[M].北京:中国人民大学出版社,2011:266.
② 《遇险 105 小时,5 名被困矿工生还》,2011 年 4 月 6 日中央电视台《新闻 30 分》栏目播出。
③ 《重走埃航坠机线路》,2019 年 3 月 17 日《新京报·我们视频》播出。

亚迪锂电池有限公司(制造)。不知道这个是不是属于我们中国同胞的遗物,当然也有可能只是这个手机和电池是在中国生产的。

从笔记本电脑、安全带、丝带再到手机、电池,记者有意识地寻找带着中国元素的遇难者物品,试图通过这些遗留着遇难者生活痕迹却已经支离破碎的物品,还原出事件发生的瞬间,表达对中国遇难者的哀悼。

(二)捕捉异常,寻根究底

新闻现场是一个异于日常生活的场景,不少优质细节都来自于事物和环境的冲突,意外背后往往蕴含着意想不到的事实。在现场时,记者不妨问一下自己:有什么是本不应该出现却出现了的? 有什么是应该出现却没有出现的? 有什么事物超出了你的预期?

2011年湖北洪湖大旱,不见浪打浪,只有底朝天。笔者前往湖中心一个小渔村采访。经历了近一个月的大旱,住在船上的渔民们只有靠大米、咸鸭蛋、咸鱼勉强度日。在采访中,笔者发现有户人家的船头养了一大丛鲜花,足有十几盆。花儿养得很好,滋润饱满,鲜艳盛开,和人们灰暗的情绪氛围形成鲜明对比。灾情当前,这户人家怎么还有心情养花呢? 抓住这个细节,我有意识地在报道的最后对村民进行采访。

案例 5-14[①]

【同期声】

记者:为什么还要养花呢?

村民:每天看见这么多土片都心里不是难受嘛,每天早上都要浇一浇它,看看。

记者:心里头有个盼头?

村民:对。我能不能像花一样,也是这么活着吧!"

在这篇报道中,船头的鲜花成为一个亮眼的细节。鲜花是一种寄托,传达着村民在大灾之中对希望不灭的守候,这份困境中对美好的向往和期待让人动容。从出处来说,就是因为发现了"异常之处"。

案例 5-15[②]

2009 年 8 月,莫拉克台风摧毁了台湾小林村。20 天后,白岩松来到受灾现场展开报道:

---

① 《离开与留守,都是一份期盼》,2011 年 6 月 3 日中央电视台新闻频道《新闻直播间》栏目播出。

② 2009 年 8 月 29 日中央电视台新闻频道《新闻周刊》栏目播出。

"我现在是在台湾高雄县的小林村,小林村正是这次'8·8'风灾当中受灾最严重的一个村落。受灾有多么严重呢,大家看我的身后,一个绿顶的房子和一个红顶的房子,是这个村子里头剩下仅有的两个房子。刚才我去靠近了一下,结果发现门还是开着的,只有很多条狗守候在门口。我想狗一定有逃生的方法,但是它们似乎拒绝离开,还守候着它们和主人共同的这份家园。"

在这段报道中,"狗"就是意外。在一般人的想象中,经历了大灾的村子应该是一片死寂,没想到还有那么多狗守在仅存的房子里。这个意外带来的细节经过解读,让人仿佛感受到了村庄原有的美丽温馨,以及这种温馨被灾难打碎的悲剧。

要在现场发现意外、发现冲突,关键在于记者需要全身心投入现场,不能执着于既定主题,功利性地"直奔目标",这样反而容易一叶障目,不见泰山,局限了自己发现的眼睛。

(三)直觉敏锐,关心他人

具有人情味儿的细节往往最能打动人心,但当事人很少主动和盘托出这些细节,需要记者带着宽厚温暖,带着发自内心的关心,在现场主动体会察觉。

2009年,湖北长江大学15位同学在荆州宝塔湾野炊时遇到两名儿童落水。十五位同学手拉着手,搭成人梯,试图搭救。江水湍急,人链被冲散后,三位同学不幸落水牺牲,在社会上引起极大反响。在一次报道中,央视记者王涵走进不幸遇难的大学生何东旭的宿舍,向大家介绍她所看到的何东旭是一个什么样的人。

案例 5-16[①]

【记者出镜】

我们打开他的衣柜,(拿出一件球服)广电8号,8号是科比以前的球衣号。就像你刚才说的,他是个勇敢的孩子,但我更觉得他是个可爱的孩子。(把球服挂回去,拿出另一件衣服)这件衣服,就是那天他跳下水去救人时穿的衣服,在跳下水的时候他脱下了这件衣服。还有我们可以看到在他的桌子上,这几个橘子就是那天上午买了之后还没有吃,现在还放在这里。

在他的书架上,除了专业书籍之外,我还发现了两本书,一本是《魔术诱惑》,一本是《男人必学的魔术》,他非常喜欢变魔术。从这些细节可以看出何东旭是一个有着广泛爱好的孩子,他的同学们都说,很难想象将来球场上没有他的样子。

---

① 《去世学生何东旭的宿舍》,2009年10月25日中央电视台新闻频道《24小时》栏目播出。

图 5-4　记者从何东旭的衣柜里发现细节

　　报道英雄尤其要警惕脸谱化、标签化人物,所谓的标准形象并不利于观众对英雄行为产生认同。在这段报道中,篮球服、橘子、魔术书,记者用一连串生活的细节展现出何东旭作为一个大学生,朝气蓬勃又带着些童真的性格形象,唤起观众的同理心,对这样一个年轻生命的逝去感到痛惜,进而感佩他舍己救人的精神。

　　优秀的故事讲述者通常具有这样的特质,他们努力投入工作,考虑周到、关心他人,他们具有很强的同理心,总能站在对方角度察觉到一些不为人知的悸动,对方也能够在交流中感受到记者内心的宽厚。人们愿意信赖这样的记者,并愿意与之分享私人细节。这样的记者也总能带来触动人心的报道。

三、如何表达细节

　　响鼓需用重槌敲。一个有力的细节,需要出镜记者综合调动多种手段,给予充分展示。

　　(一)视听语言,动态运用

　　动态的行为总是比静态的画面更容易吸引观众的注意力,用动态过程展示细节,能够带动观众进入一种探寻现场信息的心理状态。出镜记者可以通过设计自身行为,调动动态展示。

　　例如春节期间,记者总会在走访火车站、飞机场,采访急切回家的旅客,表现亲人之间浓浓的亲情。回家的礼物,就是一个重要的细节。记者要想让这些细节具备冲击力,一定要把礼物打开,充分展示给镜头,还可以拿起礼物仔细观察、感受。比如一件给母亲的大衣,记者可以摸一摸衣服是什么料子,掂一掂分量沉不沉,手感怎么样,穿在身上可能是什么感受……通过充分的动态展示,让观众体会到亲情的分量。

我们再来看一则高温报道的案例。高温下杭州龙井茶园茶树枯萎,为了展现这一状况,央视出镜记者贾林选择了两个典型细节。

案例 5-17①

《持续高温天气,部分茶树被烤干》,2016 年 7 月 25 日中央电视台
《新闻直播间》栏目播出

画面	记者出镜
近景＋特写:出镜记者衣服已经被汗湿透,出现一块深色 特写:摄像师的 T 恤呈现灰色	大家可以看到吗?虽然我穿的是蓝色的衣服,但是肚子前面这一块,明显的深色全部都是我们这十几分钟出的汗,可能这个颜色还不够明显的,可以看一下,我们的摄像师扛着摄像机也非常的辛苦,他本来这个白色的 polo 衫啊,已经完全变成了灰色,灰色的部分全部都是流的汗。
近景＋特写:茶树最上面一层的枝叶呈现干枯的焦黄色	其实人这么热,可能相对来说还是好的,相对来说可以采取一些降温的措施,但对于茶叶来说是非常致命的。我们刚才也介绍了,这个地方是属于龙井茶的一个主产区,大家看一下我们面前的这片茶园,上面的这一层全部都已经黄了。按说现在是夏天,不会出现这样的一个情况,这是秋天才会有的一种颜色。
记者捏碎枯黄的茶叶	而且大家看一下前面的这些茶叶的焦黄程度啊,我随便拿起了一捏,全部都碎了。我们听一下这个声音吧(话筒摘下来,茶叶捏碎的声音)我随便轻轻一捏,这些茶叶发出嘎吱嘎吱的一个碎掉的声音。其实碎掉的不光是茶叶,还有茶农的心。因为大家可以看到面前的这一片,至少表面的一层全部都没有了。

---

① 《持续高温天气,部分茶树被烤干》,2016 年 7 月 25 日中央电视台新闻频道《新闻直播间》栏目播出。

在这段报道中,其实只有两个细节:一个是记者身上的衣服被汗湿透了;一个是茶树的枝叶被高温炙烤,已经焦黄枯脆。这两个细节并不复杂,但是记者很好地抓住了机会,不慌不忙,从容不迫,给观众足够的时间接受、理解这一视觉表现。看衣服上的汗水时,不光看自己的衣服,还看摄像师的衣服,说明这不是一个个别现象。表现茶树表面枝叶枯黄,不光拍摄近景特写画面,还用手捏;用手捏还不够,还要把话筒摘下来,听茶树树叶被捏碎的声音。一个细节分成了三个部分,不断加入新的视听元素,最大化呈现细节。

(二)视觉对比,突出强调

新闻意味着变动的事实。寻找一个能够表现变化的视觉载体,然后用对比法将现在和过去进行具体比较,在视觉对比中突出细节,常常可以收到较好的效果。

2014 年,甘肃武威一家企业被曝出向腾格里沙漠大量偷排污水,在排污点现场,央视记者张鹏军有这样一段现场报道:

案例 5-18①

画面	记者出镜
记者在开挖出来的排污管道旁,向观众介绍现场情况 	这些管道就是环保部门在发现排污事件后从地下开挖出来的。它一头连接着工厂的水泵站,另外一头通过地下埋压之后,延伸到了沙漠里进行排污。水泵站和排污点之间的距离仅有 100 多米,我们到排污点去看看。
记者走向被污染土地 	我们在靠近污染点的时候,明显地可以闻到一种刺鼻的腐臭味。现在污水已经被抽干了,但是被污水污染的沙漠,呈现着一种灰褐色,我们近距离地看一下。

---

① 《甘肃武威腾格里沙漠腹地遭污染》,2015 年 4 月 11 日中央电视台新闻频道《共同关注》栏目播出。

续表

画面	记者出镜
记者蹲下身,捧起一抔被污染的沙粒,揉碎,然后又捧起正常的沙粒,向观众对比两种沙粒不同的颜色 	这些被污染过的沙粒,明显和正常的沙粒的颜色不一样。

在这则报道中,沙漠到底被污染成什么样,什么程度,是报道中首先必须踩实的要点。记者抓住了"沙粒的颜色"这个细节,用手捧起被污染的沙粒,向观众展示两种截然不同的颜色。对比产生强烈的视觉刺激,使观众对沙漠污染有了直观的感受。

对比法在现场报道中的使用非常广泛,只要事件还在向前滚动发展,你总能在现场找到合适的载体来表现前后变化。

对比,还可以选用合适的参照物,将抽象的概念进一步具象化。在形形色色的参照物中,最具有视觉冲击力的莫过于身体。2008 年 6 月 2 日,《新闻 1＋1》播出《堰塞湖:震后的新险情》,节目中,白岩松先站在泄洪槽,然后卧倒,用身高丈量槽深和槽宽。

案例 5-19
【记者出镜】

现在我就在唐家山堰塞湖排险现场,刚刚挖掘成功的泄洪槽的里边。这个泄洪槽究竟是一个什么样的深度和宽度呢?拿我的身高做比例,我的身高是 1 米 79,那大家能够感受到大约最窄处有我两个,这种宽,将近 4 米,但是这还是最窄的地方。如果是从高度来看的话,拿我的身高做一个比例的话,大家会清楚这样的一个泄洪槽一共挖了有多高。

在这个经典案例中,白岩松用自己的身体作为参照物,比照出泄洪槽的宽度和深度。(图 5-5)与此类似,2008 年 2 月 2 日,杭州电视台在做杭州大雪直播报道时,记者王金声用手掌测量了积雪的深度,得出了"三个巴掌"厚的结论。如今,在暴雨过后,城市内涝中,记者站在积水中用自己的身体做标尺,对比出积水深度,几乎已经成了标准动作。

图 5-5　细节:用身体丈量对比

(三)延伸扩展,画外有意

细节的魅力在于以小见大,就像用针扎一个充满水的气球,扎进去不是目的,把球里的水都释放出来,让大家看见才是目的。因此,记者需要对细节背后的信息,尤其是画面看不到的内容进行进一步的补充说明,提供相关信息,点明这一细节所代表的意义。

白岩松在汶川大地震期间的《新闻 1＋1》《北川:伤痛中前行》节目中,有一段现场出镜是站在"欢迎再到北川来!"的横标前完成的。

案例 5-20

【记者出镜】

在平常的《新闻 1＋1》节目结束时从来没有用过一段语言来做收尾,但是当我们结束了对北川的采访即将离开北川县境的时候,忽然看到了这样的一个大牌子(他指着身后的横标),在很多地方都可以看到。在平常的日子里,它只是当地一个带着热情的客套话,欢迎再到北川来!但是今天看到它时,内心却充满了一种触动。老北川已经没有能力再去欢迎天下所有的客人,将来也只是会以地震纪念馆的方式迎来天下的游客。但是,我们又会充满着一个期待:一定会有一个新北川还会在县境处摆放出这样的一个牌子。别了!北川,但是,再见!北川。

在这段报道中,北川的大标语是一个视觉细节,是一个富有意味的视觉载体。和平常看到的标语不同,在北川这个特殊地点,这个标语的意义远远超出了物体本身的价值,需要通过记者的深度解读,点明这个视觉细节的意义。

记者不仅仅是信息的提供者,还是一个信息的解读者。以上文白岩松在唐家山堰塞湖泄洪槽的报道为例。作为一个经典案例,大多数时候,我们只看到了他用身体测量泄洪槽大小,而忽视了他在那个行动之后对细节的进一步阐释。

案例 5-21[①]
【记者出镜】

上游在那边,将来的水从那上面泄下来之后,从这儿往下游去走。它这个上游的高度跟下游的高度有一定的高差,以便泄洪的时候变得更加畅通。能够看到,在这短短几天时间里头,武警官兵居然在天气、储备、设施等各方面不太全面配合的这种情况下,硬是用自己的一种精神和这种体力,生生地在大家非常关心的唐家山堰塞湖的坝顶开掘出了这样一条泄洪槽,非常非常了不得。

记者用身体对参照物比量,是为了说明这条泄洪槽修得有多大。而在这个"大"背后,意味着将来泄洪的顺利以及武警官兵们为此付出的巨大努力。这些信息是观众无法从画面中直接获得的,此时,记者的补充说明就显得尤为重要,它让细节具备更多的意义。

新闻学者陆小华认为,"电视现场直播报道的深层影响是如何体现的,可以说体现在对现场的把握,对人们关切的现场画面以及事件关键信息的提供,更可以说体现在对事件原因、意义、影响的解析,对现场隐含信息的分析,对重大措施的价值与影响的阐释上。这种解析、分析、阐释,总体上是传媒解释能力的集中体现。体现好解释能力,才能更好地挖掘现场、事件、措施等等信息的价值"[②]。《美联社新闻报道手册》也明确提出:"对所报道的内容给出解释、判断、背景材料已成为新闻记者的职责。"[③]讲述现场画面之外的信息,一方面是对整体叙事的要求;另一方面更是在信息爆炸的时代,对记者的信息处理能力、深度阐释能力提出的要求。

没有人能够先天讲好完美故事,长期的练习是提升报道水平的唯一路径。从拆解、模仿开始,多加练习,每一位出镜记者都有可能成为更好的故事讲述者。

---

① 《堰塞湖:震后的新险情》,2008 年 6 月 2 日中央电视台新闻频道《新闻 1+1》栏目播出。

② 陆小华.电视,天然为现场直播报道而生——CCTV 汶川地震现场直播报道与电视竞争力[J].新闻记者,2008(7).

③ [美]杰里·施瓦茨.美联社新闻报道手册[M].曹俊,王蕊,译.北京:中央编译出版社,2014:33.

本章小结

如果说现场报道的结构搭建是立骨架,那么现场报道的表达呈现就是填血肉,决定了最终报道的表现力与感染力。

出镜记者现场报道的表现方式可以分为三大板块。首先,出镜记者需要全身心地投入感知现场,用自己的言行传递真实感受。为了更高效地传递信息,在不违背新闻真实性的前提下,记者可以合理调度现场元素,但这种调度必须小心,避免打破事件正常的发展逻辑。其次,采访不但是获知信息的重要方式,在现场报道中,也是叙事的有机组成部分。不管采访的目的是了解未知信息还是呈现已知信息,都需要遵循采访的一般规律,结合现场报道的叙事特点进行一定程度的改造。最后,点亮整个报道的往往是饱满丰富的细节,记者应给予足够的时长和力量,好好描绘这一点睛之笔。

现场报道最出彩的部分总是和现场联系在一起,但又远远不止于现场。由现场引发的解释、分析、阐述、评论,都是现场报道的重要组成部分,它甚至决定了报道最终能够到达的高度,是考验出镜记者职业能力的重要指标。

思考题

1. 为什么说出镜记者需要将自己"沉浸"在现场中?

2. 出镜记者的采访和文字记者采访有什么不同?

3. 记者用镜前采访来推动报道时,需要注意哪些问题?

4. 现场报道中,"调度"与"摆拍"的分界线在哪里? 如何把握其中的"度"?

5. 什么样的细节是真正有价值的细节?

练习题

1. 寻找一个新闻现场,将自己全身心地打开并"沉浸"其中,详细说明你此时此刻的感受。

2. 自选选题,设计报道的视觉表达方案并完成拍摄制作,务必在报道中呈现1~2个视觉细节。

3. 收集、分析优秀的出镜记者现场报道,观察出镜记者选用了哪些细节,又如何呈现细节。如果是你,还有什么其他的办法。

第六章　出镜记者现场报道的调度与合作

出镜记者现场报道是集体智慧的产物,团队力量的结晶。习惯上,电视机构将报道团队分为前方团队与后方团队。前方团队包括摄像、导播、灯光、音响等,是与出镜记者一起奔赴新闻现场的亲密战友;后方团队则包括编辑系统、演播室系统,被记者亲切地称为"家里"。"家里",就意味着无论记者身处何方,后方团队都是记者坚实的依靠,提供全方位的保障。

通常情况下,出镜记者是现场报道的第一责任人,了解团队各岗位职能和工作特点,能够帮助出镜记者与团队沟通顺畅、密切配合,更好地完成报道。

第一节　出镜记者与前方团队

一、出镜记者与摄像记者

人类感受到的信息中,80%来源于视觉。在出镜记者现场报道中,画面是信息的主要来源,对报道成败起着举足轻重的作用。因此,出镜记者必须与影像的创作者——摄像记者密切合作,追求最佳视觉效果。

(一)确定视觉要点,设计运动路径

优秀的摄像记者从不认为自己只是"拍记者的",他应当是一个视觉报道者,现场敏锐地捕捉视觉重点,通过拍摄影像来传达信息、表达情感。他甚至可以做到"无剪辑拍摄"——即在开拍之前就根据现场情况和报道主题在脑海中构思好画面内容,然后直接按照脑海中的画面顺序进行拍摄;导出的视频,无需剪辑就可作为报道成品画面直接使用。

在使用录像带拍摄的时代,无剪辑拍摄是考验摄像记者水平的一块试金石,充分反映出摄像记者是否具有编导思维和创作意识。千万不要把摄像记者视为出镜记者的附属,他们的工作目的不是把出镜记者拍好看,而是和出镜记者一起更好地报道新闻。报道之前,双方需要充分沟通,商定报道的视觉表达重点。出镜记者也可以根据现场报道内容向摄像记者提出要求,请求得到画面的支撑。

在与摄像记者沟通时,可重点围绕以下问题来展开:

1. 这次现场报道的主体是什么?

2. 需要报道的主体是否能够用现场画面充分展现?

3. 如果现场画面信息量足够,如何设计视觉报道过程?

4. 如果现场画面信息量不够,如何弥补?

经过双方沟通,可以根据报道内容设计出具体的拍摄路径,也可以进一步调整报道内容,让报道方案兼顾画面表现力和可操作性。总之,目标只有一个,就是更好地用画面表现新闻内容。

我们来看一个案例。

案例 6-1①

《云计算大数据给城市装上智慧大脑》,2015 年 12 月 14 日中央电视台

新闻频道《朝闻天下》栏目播出

画面	记者出镜
长镜头:从汽车摇到泊车位,再从泊车位上的地面传感器向上摇到记者头顶的网络端口	杭州市城管委已经将杭州市两万多个道路停车泊位全部纳入了智慧停车云。像这个车子要停在这个停车泊位上,那么地面上的这个传感器就会接收到信息,然后通过我头顶上的网端,通过移动互联网,就可以传输到云端。
从网络端口向下摇到记者手上的手机,推到手机 APP 页面特写	这样杭州市城管委的后台,以及我们的杭州市民的手机 APP 上,就可以实时地显现。

---

① 《云计算大数据给城市装上智慧大脑》,2015 年 12 月 14 日中央电视台新闻频道《朝闻天下》栏目播出。

续表

画面	记者出镜
记者点击 APP 上选项,屏幕出现地图式泊车位示意图 记者点击目的地,页面上出现导航路线图	这样,我如果要到达某一个目的地,我们就可以实时地看到哪些车位已经被占了,哪些车位还空着。我们只要点选空着的车位,然后按照导航,就可以省去找车位的麻烦。

在这个报道里,摄像采用了一镜到底的拍摄方式,用一个长镜头将出镜记者的现场展示全部串联起来,记者说到什么,观众就看到什么,不断刺激着观众的眼睛,将观众的思维带入报道之中。要实现这样的密切合作,必然经过前期详细的沟通,摄像记者有意识地根据报道内容设计运动路线,甚至在拍摄之前数次演练,确保画面拍摄与报道节奏相适配。由此可见,充分重视与摄像记者的配合,能够帮助报道叙事更加清晰,画面呈现更加直观有效。

(二)临场应变,互相补台

出镜记者和摄像记者是一个共同的创作主体,就像一个大脑指挥下的眼睛、嘴、手,二者相互支持,密切配合完成报道。尤其在瞬息万变的新闻现场,临场应变需要二者默契配合,互相补台。

作为报道的第一责任人,出镜记者有义务在新闻现场主动引导摄像,关注新的视觉焦点。

2004 年,央视《东方时空》记者在重庆报道氯气泄漏事故,随着事故的逐渐解决,空气质量改善,居民陆续返家。记者出镜报道时介绍:"目前,这个地区的空气质量已经有了明显的改善。"忽然,记者的手往空中一指:"看,连小鸟都回来了。"摄像机马上摇到树上,果然几只小鸟叽叽喳喳在叫。此时,几只小鸟比再多的解说词都有说服力。能够捕捉到这样有力的细节,前提是记者深刻理解主题、现场快速反应,但能把细节表现得如此充分,得益于出镜记者和摄像记者的默契配合。

在镜前采访中,记者也可以主动引导摄像。例如为了捕捉到更加自然、流畅的现场,也为了帮助采访对象克服面对镜头的不适,记者可以提醒摄像记者采用小型摄像机,或关掉摄像机上的红灯拍摄提示,直接跟随记者进入场景,根据记者手势、眼神等暗示,直接开机记录最佳现场。

如果说镜头是观众的眼睛,摄像记者就是控制眼睛的视神经系统,他们专注于通过镜头发现世界、观察现场,时常能捕捉到一些出镜记者注意不到的视觉信息。尤其当记者正处于报道状态中时,精神往往处于紧张状态,注意力高度集中,有时难以及时发现视线范围之外的信息。此时,一旦现场发生什么异动,摄像记者可以及时给记者一些提示,甚至直接将镜头指向正在发生变动的现场,提醒记者及时调整报道内容。

在现场直播报道中,出镜记者可以和摄像记者提前约定一套共同认可的符号,比如手势、眼神、表情,以便及时应对突发情况。

一般来说,这些约定包括:

记者指令:

开机拍摄;

采访结束;

镜头指向调度;

突发技术问题;

摄像指令:

倒计时一分钟;

倒计时三秒;

开始拍摄;

尽快结束报道;

现场出现新信息等。

出镜记者和摄像记者是一对亲密搭档,需要有意识地培养两人之间的默契。彼此尊重、互相配合,通过不断的交流互通心意,最终融合为一个创作整体。

二、出镜记者与音响系统

声音是人们获取信息的重要渠道。和中性的眼睛相比,耳朵是非常敏感的。[①] 它能够敏锐地捕捉到不同层次、不同来源、不同强度的声音,激发人们的想象,形成对场景的综合认知。声音有时还会让人生出"位于声音中心"[②]的感觉,具有很强的感染力,能够激发人们对具体场景的代入感。

为了营造更好的现场感、参与感,出镜记者现场报道应借助声音,全面作用于观众感知系统。一般来说,大型报道中会有专门的声音团队负责声音收录、混音特效等;如果是日常化的小型报道组,则需要出镜记者自己综合把握、塑造声音形象。

(一)出镜记者的话筒选择

出镜记者通过有声语言传递新闻信息,根据不同的报道环境,记者可以选

<hr>

① [加]马歇尔·麦克卢汉.理解媒介:论人的延伸[M].何道宽,译.南京:译林出版社,2011:345.

② [法]米歇尔·希翁.声音[M].张艾弓,译.北京:北京大学出版社,2013:32.

择不同的话筒,提高报道质量。话筒分为定向话筒和全向话筒。在出镜记者现场报道中,人声收取是第一位的,因此以使用定向话筒为主。

1. 手持话筒

手持话筒可分为有线话筒、无线话筒两种形式,定向效果好,稳定度高,是目前出镜记者使用频率最高的收声工具。

一般情况下,手持话筒的顶端应位于衬衫第二颗纽扣处(如图 6-1)。当记者身处比较嘈杂的环境,如建筑工地、航拍直升机上时,可以将话筒适度往上抬高一寸,放置于第一颗纽扣处。但不管周围情况如何,都不要让话筒顶端高过下巴。一来会阻挡记者脸部画面,二来可能会使音量过大。

图 6-1　手持话筒摆放位置一般在衬衫第二颗纽扣处

(1)有线话筒

有线话筒即通过线缆连接话筒和摄像机的话筒。这种话筒的声音信号通过传输线直接进入摄像机,效果最为稳定,但是传输线也局限话筒的活动范围和灵活度。出镜记者走动时必须考虑线缆长度能否覆盖记者走动的位置,还得小心长线缆在移动过程中出现各种意外,如线缆打结、绊倒他人等。因此出镜记者使用此类话筒时基本以固定地点站立报道为主。

(2)无线话筒

无线话筒分为话筒和接收器两个设备。话筒将收取到的声音转化为无线电信号,传送到摄像机上的接收器。只要话筒和接收器处于同一个信号频率,就可以实现同步收录(如图 6-2)。无线手持话筒不用考虑连接线所带来的牵

图 6-2　无线话筒由话筒和发射器两部分组成，发射器安装在摄像机上

绊，记者行动方便，信号也较为稳定。这使得无线话筒能够在稳定和灵活之间取得相对平衡，是目前出镜记者最常使用的话筒（如图 6-3）。

图 6-3　无线话筒因其便携高效，成为大多数记者出镜首选

　　不过，出于无线电技术特点，无线手持话筒也有一定局限。

　　首先，无线手持话筒必须和摄像机保持在 10～15 米的距离以内，再远声音就会无法传达。其次，由于无线话筒的信号传输建立在无线电同频率基础上，当现场同时出现若干个无线话筒时，相邻的频率就可能互相干扰，导致声音收录串线,例如 A 摄像机收录进了 B 话筒声音而引起尴尬。因此,在多话筒同时出现的场景,如新闻发布会等,记者多采用有线话筒,以确保收录准确。

为了保证收声效果,手持话筒一般都会配备防风罩。防风罩有两种主要材质,一种是海绵罩,有圆头也有方头,可以满足日常采访的需求;还有一种是防风毛罩,过滤风噪的能力更强,适合在空旷的野外大风、雨雪天气使用(如图 6-4、图 6-5)。

图 6-4　话筒防风海绵罩

图 6-5　话筒防风毛罩

2. 领夹式话筒

领夹式话筒又被昵称为"小蜜蜂",它由三个主要部件组成,分别为记者携带的发射器、微型话筒以及挂在摄像机上的接收器(图 6-6)。

图 6-6　领夹式话筒同样利用无线电发射

顾名思义,领夹式话筒体积很小,可以通过小夹子或者胶带固定在采访对象或者出镜记者的衣领上,轻松地在画面里隐身。它的原理和手持话筒基本一致,也是利用无线电频率匹配实现信号传输。

使用领夹式话筒需要同时佩戴发射器和话筒。一般记者会把发射器别在腰带上,或藏在裤兜、衣袋里,然后通过连接线将微型话筒延伸到衣领上,再固定住。这种话筒不占用记者双手,便于记者在现场展开活动,也有利于记者融入现场,非常适合出镜记者现场报道使用(如图6-7)。

图6-7　领夹式话筒行动方便

虽然灵活机动、携带方便,领夹式话筒也有明显的局限性。它的收声距离、降噪能力都很有限,只能佩戴在说话人身上近距离使用,记者说话时需要注意行动速度不宜过快,声音不宜太大,否则都有可能产生噪音。

小知识

1. 领夹式话筒的安装位置通常在西服翻领上、领带上以及衬衫领口的下方,如果是T恤、礼服等没有衣领的衣服,则夹在领口的位置。

2. 好好整理领夹式话筒的话筒线,务必把它藏在衣服里,进行合适的管理和固定,比如打一个松松的结,再用电工胶带将线结粘贴在衣服上。这样可以防止行动中扯到线。

3. 领夹式话筒的领夹是可以卸下来的,可以换成领带夹,或者用电工胶带折叠成的三角包,将话筒像三明治一样夹在中间,再固定到衣服的夹层里。这样话筒不会因为和衣服密切接触而产生摩擦噪音,便于记者移动使用。同样的方法可以将话筒固定在衣领背面、领口内侧(如图 6-8)。

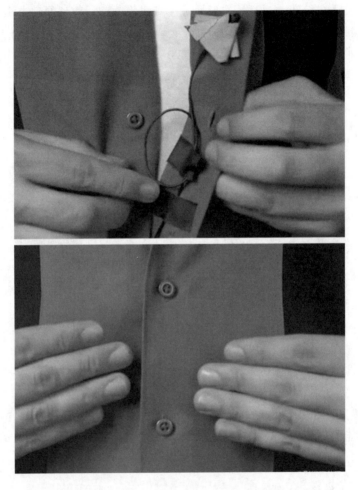

图 6-8　电工胶带是粘贴领夹式话筒最好的工具,将其松松地对角折叠 3 到 4 次,做成一个具有一定膨胀空间的三角包,可以用来固定话筒

4. 正式录像前一定要试一下声音,有时候可能只是接口处没拧紧,却足以摧毁一次报道。

5. 话筒不能进水,因此雨天使用时务必给话筒加上防风罩,避免淋湿。

（二）环境声的同期收音

环境声是打造报道现场感的重要元素，它不等同于嘈杂的背景声音，而是将现场音响作为表达的一部分，在拍摄时有意识地进行收录，排除环境中嘈杂无效的声音，突出能表现新闻现场特质的声音，形成连贯的声音形象，产生立体化的现场感。

1997 年，英国戴安娜王妃因车祸去世，BBC 直播了她的葬礼。直播过程中，挂在灵柩马车上的拾音器不断地传出马蹄和马铃声。这个单一的音响不仅告诉观众灵柩始终在前进，也给其他现场画面笼上了一层悲痛的气氛。

有时，因为技术原因，无法精准同步收录现场声，就需要想一些办法来弥补声音的缺陷。在中央电视台纪念抗战胜利 70 周年阅兵直播报道中，报道团队设计了一些特殊机位，如安装在坦克上的微型摄像机，以丰富视觉表达。但是微型摄像机没有独立的声音采集系统。为此，音频工程师提前在微型摄像机安装的位置上精确地进行立体声音采集，录制机位相对应的现场声。在直播中，导播切换画面的时候，就可以把这些录音师专门录制的音效加入进去，甚至在有需要的时候突出这些声音，让观众仿佛置身于钢铁洪流之中，收获和驾驶员一样的感受。

环境声的重要作用提醒出镜记者在拍摄制作现场报道时，需要有意识地保留现场背景声，提醒摄像记者打开第二声道同步收录，更好地发挥声音在提供信息、营造氛围方面的作用。

（三）综合混音

现场声音和现场画面共同构成了观众对现场情况的感知。出镜记者的报道声、采访同期声、背景声……众多声源中突出哪个，弱化哪个，可能产生什么样的干扰，都是需要记者综合考虑的问题。

在钱塘江大潮的直播现场，除了记者报道的声音，潮水声是最重要的声音信息，观潮群众的欢呼声同样也具有一定信息价值。此时，需要导播注意区分不同声源的比例，把记者声音推为主要声源，潮水声为第二声源，背景人声为最小声源进行混播。

混音不光是技术人员的工作，出镜记者在选择报道现场、设计报道内容时应提前考虑，照顾到可能出现的问题，提前排除隐患。

在一次报道创意产业兴起的现场直播报道中，出镜记者在某产业园大厅和正在进行路演活动的企业代表展开互动，体验科技创意产品。没想到，因为路演活动需要，企业代表正在使用另一套无线话筒向现场观众说话，现场回响很大，直接盖过了记者声音，导致出镜记者的报道声几乎无法听清。遇到类似这样的情况，记者应当防患于未然，事先考虑到现场两套话筒系统之间可能产生的影响，提前协调安排，保障报道收声。

三、出镜记者与编导（导播）

（一）出镜记者与编导

在大型报道或者深度调查节目中，出于分工精细化的考虑，报道团队会配备专职编导，从总体上把控节目叙事，跟踪拍摄进度，联系拍摄事宜，负责后期剪辑。出镜记者则负责现场采访、出镜主持、参与策划。

编导和出镜记者的工作各有侧重，在一些问题上发生分歧是很正常的事情。这就需要出镜记者和编导互相磨合，统一思想，在同一个报道思想的指引下展开报道。在节目制作后期，出镜记者也可以和编导商议，在现场记者捕捉到了什么，感受到了什么，什么是可以进一步放大的，从而进一步完善报道叙事。

（二）出镜记者与导播

导播是现场直播报道中特有的工种。一次小型的现场直播一般有 2～4 个摄像机位，画面直接传输到切换台上，由导播操作切换。这就意味着导播实时切换完成的画面，就是观众从电视上看到的画面。导播对于不同机位、不同镜头的调度与选择，决定了报道的画面表现力。可以说，导播是直播报道画面叙事的操盘者，是现场直播的视觉执行导演。

因此，出镜记者必须主动和导播沟通，说明自己的报道意图、报道思路、内容顺序、报道亮点、情感色彩等。根据记者的想法，导播设计出整个报道的画面叙事结构，给各个机位上的摄像师布置拍摄任务，明确各个机位的职责，将记者意图落实到具体拍摄中，并在操作切换时选择合适的方式予以表现。如果出于种种原因，记者的想法无法实现，那么导播也可以与记者沟通，共同协商出一套兼顾技术条件与视觉表现力的报道方案，最终完成报道。

第二节　　出镜记者与后方团队

如果把整个报道系统比作一个人，身处报道一线的前方系统就像是手和脚，后方系统像是大脑和中枢神经，指挥、协调前方团队的具体工作。组织报道过程中，出镜记者需要和后方团队保持良好的沟通，前后方合力完成报道。

一、出镜记者与编辑

（一）出镜记者和编辑合作的基本流程

作为后方联系人，编辑负责帮助出镜记者完成报道。在记者出发之前，编辑会把这次报道的主要任务予以说明，方便记者判断自己的团队在整体报道中所处的位置,寻找合适的报道方案,准确行动,有的放矢。到达新闻现场之后,记者必须及时和后方编辑进行沟通,汇报最新情况。内容包括:

(1)新闻现场大致情况;

(2)自己拟定的播出计划,如打算以什么形态做什么内容的报道,什么时候能够呈现;

(3)提出技术支持要求;如果计划直播,需要和演播室提前约定直播时段、预订卫星传送时间;直播中是否需要由演播室插入编辑好的补充画面;报道是否需要绘制动画示意图等。如果计划录播,则需要协调何种传送方式,需要后期补充哪些内容等。

一位编辑通常要同时和若干位记者保持联系,收到记者反馈的情况后,编辑会根据播出需要统一协调各路记者。内容包括:

(1)根据记者回馈的情况落实播出时间和形态;

(2)反馈目前报道的整体情况,向记者提出报道要求;

(3)帮助记者整理报道内容,梳理报道逻辑,编辑报道文本;

(4)给记者提供尽可能的信息支持。

在地方媒体机构,栏目制片人往往扮演了编辑的角色,对记者进行统一协调指挥;在中央大型媒体机构,则实行多级管理,不同层级的编辑对报道进行不同层面的把控。管理模式或许各有不同,但编辑职能以及和记者之间的互动内容基本一致。

(二)"孤岛求生":编辑是出镜记者的"外援"

编辑和出镜记者不一定是上下级的关系,更多时候,他们是处于不同的生产环节的合作伙伴。

当记者抵达现场之后,实际上就进入了信息孤岛,只能了解自己所见所闻范围内的内容,并不了解其他记者的报道进展;也不知道其他渠道透露了什么最新消息;极端情况下,记者甚至可能找不到核心现场到底在哪里。此时,编辑就是记者在信息孤岛中最重要的援手。

首先,各路记者信息统一汇总到编辑处。如政府应对突发事件的前方指挥部,通常都会有一位记者长期蹲守,以便及时获得关键信息,再由编辑分享给出镜记者,为报道提供更多权威数据、最新情况。

其次,发达的互联网给不同来源的信息提供了广泛、快速传播的渠道。经过筛选、核实之后,编辑可以将互联网上的有效信息告知记者,补充信息、引导报道。

再次,出镜记者常常在新闻现场孤军奋战,有效的智力支持能够帮助记者更好地整理思路,组织报道。此时,编辑就是最好的搭档,可以根据播出需要给出镜记者一些实际的建议。以一次台风报道为例,如果记者身处登陆点,受现场环境限制,信息相对集中。此时,编辑可以将台风行进路线、目前到达位置、机场、火车站等交通系统的应对措施等信息都告知记者,还可以联系另一路记者配合拍摄相关画面,最后在一次报道里集中呈现,让报道内容更加饱满。

出镜记者和编辑是一体的,朝着共同的播出目标前进。因此,出镜记者在工作中应主动保持和编辑的联络,互通有无。

二、出镜记者与演播室

目前电视新闻栏目大多以演播室直播的形态出现,即栏目的各条新闻都是经过精心采编,完成三级审查之后的成品,然后由演播室现场完成串联播出。这一形态保证了内容编排有序,同时保持了一定的灵活度。即便在公认最为谨慎的《新闻联播》中,也开始出现直播连线报道,并不时有"刚刚得到的消息",由播音员口播出。遇到重大事件时,频道会打通原有栏目安排,展开时长不等的特别报道,如《抗震救灾特别报道》《抗击台风特别报道》《两会时间》等。

不管是日常新闻栏目还是直播特别报道,演播室始终处于中心控制的位置,通过节目编排实现整体叙事,而出镜记者的每一条现场报道,每一次直播连线,都只是整体叙事的一部分。

2015年江西南昌西汉海昏侯墓园考古发掘进入主椁室考古发掘阶段。在考古发掘进程中,江西电视台播出《海昏侯墓考古发掘系列直播特别节目》,在4个关键节点上进行总共320分钟的现场直播报道。从节目叙事的角度来看,以文物从出土到收纳为一个基本叙事单位,每个段落的内容板块都是"演播室开场——记者报道文物出土现场——演播室解读——记者报道文物应急保护房——演播室解读",其中,演播室是架构起叙事段落的核心驱动环节。主持人时而调配现场记者出镜连线,直击现场;时而和嘉宾就现场情况进行分析探讨,补充背景信息;时而又接入观众互动,回应观众共同关心的问题,"通过他的一番纵横捭阖,架构起的是一种直播场,形成的是一种直播流,营造的是一种直播态,而不是单摆浮搁的单点或多点直播报道。"[①]

---

① 张鸥.直播幕后——电视突发直播一线手记[M].北京:北京师范大学出版社,2013:18.

第三节　出镜记者与主持人

一、主持人：电视新闻报道的掌舵人

主持人和出镜记者同样具有人格化的传播特征，二者之间的互动往往构成了即时新闻节目的主体和基本样态。与此同时，作为代表电视媒体发声的重要角色，这两个角色的表现直接代表和决定了电视新闻的传播实力和影响力。[①] 基于主持人工作的重要性以及与出镜记者的密切关联，我们将其单独列出，展开说明。

演播室是节目整体的控制者，新闻主播就是总控的最后一环。在美国大众传播发展史中，克朗凯特是第一个被明确命名为"主持人"的出镜记者。1952 年美国举行第 34 届总统大选，美国哥伦比亚广播公司（CBS）新闻部制片人唐·休伊特决定在报道中设立一个专门的角色，负责将前方记者的报道整合在一起，"让最有力的记者在最后把所有的报道串联在一起，高度概括起来"，并选中当时已经很有名气的美国资深电视记者克朗凯特来担任这一角色，由他出面组织串联其他记者从不同角度、不同地点、不同侧面进行的报道。为了给这一角色起一个合适的名字，休伊特想到了体育界的一个术语，即"Anchorman"。[②]

"Anchor"有锚的意思，"Anchorman"原本是指体育界接力赛中跑最后一棒的运动员。而在电视节目中，主持人就是跑最后一棒的人，将整个栏目所有的新闻信息组织起来，传递给观众。他是演播室控制的集中体现，也是节目最后的安全阀。

（一）串联衔接，组织推进

电视新闻节目主持人的首要任务就是串联衔接。在栏目风格、内容主题的引领下，将新闻片、出镜记者现场报道、电话采访、演播室访谈等零散的节目板块串接起来，成为一个整体。这种作用在美国著名电视新闻节目主持人约翰·钱塞勒看来就是："我们每天晚上竭力去做的事情就是使各种事情具有某种连贯性。"[③]

在大多数电视新闻节目开始前，主持人一般都会拿到详细的串联词。不

---

① 高贵武. 出镜报道与新闻主持［M］. 北京：中国传媒大学出版社，2012：1.

② 高贵武. 出镜报道与新闻主持［M］. 北京：中国传媒大学出版社，2012：42-43.

③ 高贵武. 出镜报道与新闻主持［M］. 北京：中国传媒大学出版社，2012：76.

图 6-9   美国著名新闻主持人沃尔特·克朗凯特

过,成熟的主持人不会仅仅照着串联词念稿,他会站在节目整体高度上,找到上下新闻之间的关联,根据自己的观察视角、语言风格改写串联词,将零散的新闻集合为一个逻辑完善、思路清晰、表达流畅的节目整体。如中央电视台《晚间新闻》的主持人彭坤、赵普,都有自己改写串联稿的习惯;《新闻1+1》的主持人白岩松,则很少根据编导撰写好的串联词来,通常都是拿着提纲、串联单,自己加关键词进行即兴串联、评论。日本著名主持人久米宏则表示,他对新闻稿每次都花大力气修改,运用受众容易接受、听清的语言、排序方法来改变原稿的顺序。[①] 在串联词中加入自己的个性视角,寻求有特质的新闻表达,是每个优秀新闻主持人的追求。

在没有足够信息支撑的突发状况下,主持人的串联能力更是受到挑战。在2011年东方卫视的《日本大地震直播特别报道》中,节目基本的架构是"事件报道+现场连线+专家访谈",其中篇幅最重的环节就是在无预设版面的条件下,主持人的脱稿和无稿串接。主持人潘涛在节目后总结道:"这种串接是面对庞杂的海量信息在报道中即时选材,点题、回顾和叙述,并在嘉宾、记者、专家的访谈与连线中寻求逻辑路线,探究与新闻最近的真相,然后尽可能地给出理性的判断和综述,给予人文的关怀和善意,进而正面(正确和全面)地引导和安抚大众……这需要依靠长期在工作中有意识地对采编业务的积累,去临

---

①　高贵武.主持传播学概论[M].北京:中国传媒大学出版社,2007:76.

场发挥、驾驭节目。"①

(二)报道评论,补充信息

1. 主持人报道新闻信息

当突发事件发生时,编辑会将实时视频信号直接接进演播室,由主持人描述现场、报道新闻。如"9·11"恐怖袭击事件发生时,CNN 正在播放财经新闻,突然世贸大楼遭遇袭击的视频信号切入演播室,主持人卡罗尔·林(Carol Lin)直接开始对画面进行解说。

案例 6-2

"刚刚收到的画面,您现在看到的是明显让人心神不安的直播现场。我们上午收到还未确认的消息,有一架飞机撞进了世界贸易中心其中的一座楼。CNN 总部现在开始跟进这条新闻。我们当然要联系消息源,去查清究竟发生了什么,但是很显然的,今天上午,就在曼哈顿南端,骇人听闻的事情发生了。我再重复一下,画面中是世贸大厦其中之一。"

几乎同时,BBC 也展开突发事件直播特别报道,主持人没有露脸,一直以画外音的方式进行报道:

案例 6-3

"在英国时间 2 点还差一点的时候,一架双引擎客机撞击了世贸中心的北塔楼。北塔楼立即变成一片火海。没过多久,南塔楼也遭到了另一架飞机的撞击,同样陷入一片火海。所以现在你所看到的画面,就是世贸中心两座塔楼被两架客机撞击之后的画面。第一架飞机撞击大楼的时间是美国上午 9 点,我们马上将为您展示第二架飞机撞击大楼的画面。这就是第二架飞机撞击世贸中心南塔楼的情景。这里是美国的金融街区,在华尔街上,位于美国的东海岸,和我们这里有 7 个小时的时差。所以现在是英国的凌晨 2 点 10 分,也就是美国的上午 9 点 10 分。华尔街非常繁忙,很多很多人都在上班。我们现在还不知道具体的伤亡情况。"②

在这些突发事件刚刚发生的时候,主持人能够获得的信息也非常有限,却需要在直播中仅仅根据画面就完成即时报道。观察画面、抓取重点、联系背景、即兴表达,每一个环节都需要主持人的深厚功底来支撑。

除了突发事件,一些小型报道如简讯、快报,也经常由主持人在演播室现

---

① 潘涛.寻求有特质的新闻表达——东方卫视"新闻立台"带给新闻主播的思考[J].当代电视,2011(6).

② 徐扬.重大国际新闻事件电视直播研究[D].北京:中国传媒大学国际传播学院,2007.

场配对画面进行报道解说,省略配音制作环节,高效传播信息。

2. 主持人进行演播室采访

主持人采访可以在演播室里当场进行,比如将嘉宾请入演播室;也可以通过电话或者视频连线的形式进行。主持人采访的对象主要为新闻当事人或者相关专家、权威人士。

采访,作为主持人报道的一种重要形式,在突发事件直播中尤为考验主持人的新闻功力。

此时,主持人没有时间和采访对象熟悉,必须单刀直入,在短时间内尽可能多地了解事件相关信息。这一方面在考验主持人的认知能力、采访技巧,另一方面也考验主持人能否在短时间内与人搭建稳定关系。每一个采访对象都是一个不同的人,性格脾气、年龄性别、社会身份,都可能影响采访的效果。尤其是电话连线,无法看到对方的表情、眼神,只能通过声音来传递信息,传达态度。

案例 6-4

2015 年 4 月尼泊尔地震发生后,当晚央视新闻频道主持人文静连线一位尼泊尔当地会说中文的居民。接入直播时,因为没有事先直接沟通,主持人完全不了解他的语言状态、个人状态是什么样的。于是,文静在跟他连线时,首先向他问好,并且等到他回答之后才进行下一个提问。

事后文静说:"千万不要小看这一声你好,从这一个回答中,我要判断他的中文水平如何、语言表述是否清晰、精神状态如何,在经历了这么重大的灾害后,很多人会恐慌,心理状态和语言表述都会受到影响,因此我一定要等到他回答。当然这些状态不可能通过这一个'你好'知道,所以第一个问题我会问他一些细碎的身边的问题,并且放慢语速,降低语调。我平常说话一般都是语调比较高的,但这个时候一定要考虑到被采访者当时的状态,给他留出时间。这也就是我之前说的,要具有情怀,要真正关切新闻中的人。"①

3. 主持人评论

今天的观众已经不满足于仅局限于新闻事实本身的信息,还希望获得意见性信息。主持人评论正是对新闻报道意见性信息的有效补充、延伸。

一般来说,主持人评论有两种形式,一种是镶嵌在串联词、导语、结束语中的"点评",三言两语,言简意赅地点出新闻中的核心价值,引导舆论方向。另一种则是单独成片的评论节目,它以主持人观点输出为主要内容,通常以小板块或者独立栏目的形态出现,辅以一定的新闻报道或者嘉宾访谈,充实观点

---

① 根据文静 2016 年 6 月 24 日在中国传媒大学的讲座内容整理。

表达。

评论是最能体现主持人个人气质、风格的阵地。主持人不但需要注重积累,善于搜索、筛选、整理信息,还需要具有迅速、敏锐的反应能力,掌握多种思考、分析方式,最后通过简洁、精妙的有声语言表达观点。

每一个新闻事件都是人的活动。做好主持人评论需要很多种能力,但究其根本,评论是否出彩,还是主持人对于新闻中"人"的理解与思考。

案例 6-5

宋美龄去世,东方卫视用的是新华社通稿,但是节目播完后,袁鸣加了一句:"我记得有报道说,宋美龄生前曾经表示她希望死后葬在美国纽约,美国,离家很远啊!"

袁鸣在节目之后说,这确实就是她当时对这则新闻的感觉,每个人或许从中体会到的都不一样,但是她所体会到的恰恰和很多人一样。[①]尽管人与人之间千差万别,但人性之中自有相通之处,只有真正理解、感受到新闻中的人,才会产生有温度的评论。

(三)应急处置,把控全局

节目播出是一个系统的综合效应,任何一个环节出现问题都会反映在屏幕上。出镜记者的直播报道超时、采访效果不佳、信号不稳定、发生突发事件打断正常播出(Breaking News)等等,都是主持人可能面对的突发情况。

作为电视新闻节目这艘大船的"锚",主持人就是节目的定海神针。当各种突发状况出现,主持人必须进行应急处置,把控全局。

白岩松说,当有突发状况时,甩给我。3分钟,足够导播对紧急情况做出应急处理。但有的时候,主持人不仅仅要撑3分钟,甚至可能开始撑的时候,都不知道自己到底要撑多久。

2014年马航 MH370 特大空难事故发生后,中央电视台新闻频道马上打开窗口对该事件进行特别报道。在最初的几天,各方信息都处于一片混乱中。一次,主持人文静刚刚结束一档特别节目,突然接到前方通知说马航要开新闻发布会,3分钟之后开直播。她一坐上主播台,片头就开始了。可让人意外的是,发布会临时推迟了,并且没有人知道具体推迟到什么时候。这种情况下,只能继续开着直播通道,由主持人和前方记者一起,共同撑到发布会开始。

此时,出镜记者知道的信息并不比演播室主持人多。为了度过空白期,文静是这样处理的:"首先梳理信息,将我知道的信息和前方记者得到的信息作对比,从中看看是否有遗漏的点没有说;第二对于重点信息再追问,但要注意

① 廖亮,满方.“我追求个性化播报”——东方卫视新闻主播袁鸣访谈录[J].视听界,2004(2).

图 6-10　马航报道中文静与记者连线

'度',如果前方真的没有新的信息,追问可能让对方难堪;第三,进行提示性交流,对这个事件与前方记者交流,引导出一个方向。这个方向可能会影响很多人对这个事情的判断。"①

　　面对突发情况,文静采取一系列应对策略,依靠主持人对新闻信息的梳理、解读,与出镜记者共同"撑"过空白期。在一些大型节目中,演播室会特意邀请嘉宾和主持人搭档应对这些弹性时间,主持人也会尽可能提前准备更多内容,以防万一。

　　对于新闻主播来说,除了"撑",应急处置中还有一关是"化",将一些播出过程中的意外情况用语言巧妙地化入无形,保证报道顺利进行。

　　报道中难免出现一些技术意外,比如直播报道突然信号中断、已经接入演播室记者仍浑然不觉、声音不畅等,都需要主持人及时进行把控,该切断的要及时切断,该解释说明的要及时说明。如"因为台风天气的影响,前方记者的直播信号随时可能受到影响,但就是因为这种不确定,让我们更能感受到台风来临时的巨大威力","由于前方信号原因,我们几乎听不见他的声音,稍后我们再来连线记者××,了解现场的最新情况",等等。

　　新闻总是和意外紧紧相连,面对各种突发状况,新闻主播和新闻记者是同

---

① 　根据文静 2016 年 6 月 24 日在中国传媒大学的讲座内容整理。

一条战壕的战友,并肩作战,迎接未知。

二、出镜记者与主持人:真实的人际互动

出镜报道和新闻主持有许多相似之处,二者都在以人格化的方式,用"人际交流"的外壳包裹"大众传播"的内核,完成新闻报道。二者之间的互动,也成为电视新闻节目重要的内容呈现方式,密切合作,传递丰富有效的信息。

(一)主持人引导记者展开报道

主持人与出镜记者的互动,最简单的模式就是通过导语播报,引出记者报道。

"救援黄金72小时即将接近最后期限,现场救援的情况怎么样,我们马上来连线正在×地救援现场的本台记者××。"

"对于此次和平协议破裂,哥伦比亚当地的人们是什么样的态度? 当地媒体又如何反应? 接下来我们连线本台驻当地记者×××。"

"化工厂原料泄露事件从爆发到现在已经进入第三天,今天下午的政府新闻发布会发布了哪些消息,河流污染是否已经被阻断? 我们马上来连线正在发布会现场的本台记者×××。"

……

每天,从各家媒体的新闻屏幕上,这样的导语句式我们会听到成百上千次。然而,主持人和出镜记者的互动远不止这一基本动作。

演播室直播是一个动态前进的过程,出镜记者直播连线也是一个动态前进的过程,这二者叠加在一起,意味着产生变量的可能性呈几何倍数增长。

身处演播室,主持人掌握着从四面八方汇聚而来的消息,相比局限于一地一事的记者,主持人具有更加广阔的视野,从全局把握整体节目进程。尤其是现场直播报道,新闻现场的情况随时会发生变化,可能有许多记者没有意料到的情况,也可能有一些被记者忽略了的迹象。每位记者的表现也各不相同,经验少的记者可能会因为紧张而忘记了原定的报道内容,表现欲强的记者则可能滔滔不绝以至于播出时间超出原定计划。而在后方,演播室也可能有其他消息的突然进入等原因打乱原有的播出计划,临时缩短或者加长出镜记者报道的时间。以上种种,主持人都需要及时处理,通过交流对话,引导记者报道的内容、关注的方向,乃至报道时长、下一步的报道计划等。

央视新闻主播赵普总结自己和出镜记者的交流时说,"同一条新闻,不同的人报道会不一样;同一条新闻,不同的人连线也会不一样。比如我,对经常连线的记者会基本有数。对能说的要控制时间;对容易紧张的要节奏放慢;对容易跑题的,要帮他打圆场;对发现不够的,要帮他开掘等等。一句话,主播与

记者是一唱一和的搭档而非心怀不轨的挖沟人。"①

案例 6-6②

《"危险"的爆炸》,2015 年 8 月 13 日中央电视台新闻频道《新闻 1+1》栏目播出

天津港"8·12"瑞海公司危险品仓库发生火灾爆炸事故发生的第二天,《新闻 1+1》栏目主持人白岩松连线正在现场的出镜记者蒋林。当天突发情况频发,演播室三次连线记者,不断跟进最新进展。注意主持人和出镜记者之间的回答,试着思考:主持人为什么要在这个时间点上提这些问题?(括号内文字为作者加注)

图 6-11　白岩松连线蒋林

白岩松:(提问一)

我觉得首先要关注你的位置,现在离爆炸点,也就是核心的这个地方有

---

①　中央电视台新闻中心. 央视新闻内刊外读[M].北京:生活·读书·新知三联书店,2015:99.

②　《"危险"的爆炸》,2015 年 8 月 13 日中央电视台新闻频道《新闻 1+1》栏目播出。

多远?

蒋林:

我在今天离爆炸现场最近的时候,直线距离不超过1公里,透过天津海关的大楼(窗户),我在爬到这个楼上15层的时候,可以非常清晰地看到刚才通过无人机所看到的这个画面。今天下午,其实有一度站在这个窗口我也会觉得很刺痛,而且蒸腾起来的这种浓烟,我们15层的这种大楼上其实也可以闻到。

我现在的这个位置,在今天下午有了一次向外的撤离。其实这是因为今天的风向有了一个小小的变化,从面向我们这个海关大楼右侧的方向,调整到了海关大楼的左侧。其实修正的是一点小小的角度,但是对于周边不少的救援抢险,包括我们现场报道的人员来说,可能又有了新的威胁。所以在今天下午大概4点钟的时候,我现在到达的这个位置,距离核心现场是1.3公里,但是并不遥远。

白岩松:(提问二)

蒋林,我要打断你一下,因为其实我并不希望此时此刻你离得非常近,1.3公里也已经足够近了。我也注意到你在准备期间,就没有戴口罩,现在连线也没有去戴。那么是否接到相关的这种信息,比如说空气是安全的,是否有一些有害的这种物质,你们有过这样的一种去采访或者说得到这样一种提醒了吗?

蒋林:

那我就把我今天下午的这个感受去做一个梳理。在到达核心现场,也就是说最近大概隔1公里这个位置上,因为当时的风向是和我们擦肩而过的,所以其实浓烟是从我身旁大概50米的地方过去。那么在这个时候是闻不到现场有任何的爆炸或者燃烧之后的味道。但是当我爬到海关大楼上的时候,风向发生了变化,非常清晰地能够闻到,而且直到现在其实会觉得自己的鼻腔或者说自己说话的时候,嗓子会有一点小小的刺激性,因为这毕竟是一个堆放化学品的仓库。

而我现在所站的这个区域,其实是和现在的风向呈一个平衡的状态,风是朝我们现在所说的可能偏向于渤海这个位置继续在吹。那么我们距离它的这个1公里,其实就是平行于现在烟所飘的这样一个距离。

在我今天下午6点钟的时候,得到过一个消息,就是北京军区防化团在相隔500米的范围之内,他们没有检测出氰化物。但是这个消息其实停止在了今天晚上的6点钟,我们也希望随时地更新这样一个空气检测的信息。他们派出了很多的流动检测车,变成了一个环状去围绕现在仍然在燃烧的区域检测,但是现在现场仍然在开一个会商会,所以没有能够拿到最新的一个消息。目前距离这个平行的风向,我是闻不到任何的气味的。

白岩松:(提问三)

接下来,你刚才提到了防化人员,那现在第一个在现场是否还有燃烧点?是否还有火光?另外,防化人员之前就说要进入到核心区,现在是否已经进入?据你了解的情况。

蒋林:

好的,我先来请大家看一看,我们车载的一个远景的摄像机,能够给到的此时此刻,距离我1.3公里以外的一个画面。天色渐暗,但是很明显在我的身后,会有一片天际是能够被照亮的,而这个光亮点并不是一处,从我这个角度上看,其实它是一条线,它也就在告诉我们其实我身后不只一个起火点。我也想请车上的导播为我们调出一个画面,这是今天晚上7点20分,我们在能见度允许的情况下最后进行的一次航拍。

在这个时候升空,其实天色渐暗,和我们下午最大的区别就是除了烟柱,除了可能白色、灰色或者黑色不同的浓烟之外,我看到了非常明显的明火。这也就告诉我们,其实现场的火势,虽然可能和昨天比较起来呈现一个减小趋势,但是现场仍然有不少的起火点。

白岩松:(提问三的强调)

另外刚才一个问题是防化人员。

蒋林:

岩松刚才还问到了关于防化人员这样一个问题。防化人员在他们到达之后,他们会身着重装的这种防化设备,我的理解应该就是一个最严密级别的防化服,会进到核心现场。但是通过对于现场的研判,确实可能这个危险性仍然是非常大的,所以现在是通过一个对周边逐渐去缩小一个范围的方式,来得到现场的一个实时的数据。我会在这段连线直播结束之后,再一次联系这个防化团的相关人员,我也很想知道,他们的人员有没有进去,或者他们现在有没有带回最新的情况。

白岩松:

非常感谢蒋林,你自己一定要注意安全,另外也等着你最新的信息给观众朋友来进行通报。

(接入专家访谈)

(发现突发情况,插入记者连线)

白岩松:(提问四)

对不起,稍微要等一下,马上我们要继续连线在前方的蒋林,他身后的这种情况,有所变化,蒋林,究竟后面的是火,还是其他的什么信息发生变化了吗?

蒋林：

好的，只能够在这样一个范围之内，描述一下我最新看到的一个情况。大概就是在我刚刚和你通话结束之后，现场是出现了将近40秒的时间，明显我们可以觉得火光在变大，而且有一股白烟蒸腾起来。现在还不能够去确认这样一个光亮的增加，是有了新的这种燃点，更靠近我们的燃点。

那么还有一种可能，是我们今天下午，其实听到消防部门对于他们抢险的一个预案处置的时候有说到，他们可能会通过一种轻度爆破的方式，来把一些堆放的化学品炸开，然后让这样的一个环节，通过一种点对点的轻度爆破的方式，来进行一个灭火。我先把这个消息告诉大家，然后我现在马上去核实，我们刚才身后到底是一个什么样的情况，岩松。

（继续接嘉宾访谈以及其他记者连线。约10分钟后，演播室再次连线记者）

白岩松：(提问四的后续)

接下来，最后的一段时间，我们马上再连线在核心爆炸区1.3公里处报道的记者蒋林。蒋林，现在你去了解的防化相关的这种信息，有没有最新的变化？

蒋林：

我先来说一下，就是刚刚我们可能在连线的那一段出现了天空当中突然又一次明亮的这样一个东西。我们在今天下午，曾经听到说，有通过这种轻度爆炸的方式来进行一个灭火。就在刚才我的前方，我们可以看到有闪烁的警灯这样一个区域，这也是消防的一个会商的聚集区。在那我们得到一个确实的情况就是，并没有采用这样的方式，来进行刚才这种灭火的行为。

白岩松：(提问五)

好，蒋林，最后一个问题，对于很多人还在牵挂的我们失联的消防官兵来说，你了解的情况和寻找的这些方法是什么样的？

蒋林：

我觉得其实现在最好的寻找方法就是进入到事故现场的核心区域，但是就在今天和进入到核心现场的救援人员了解的过程当中，其实他们也提到，比如说像我们刚才在航拍当中，所看到的核心爆炸区域周边有大量的这种集装箱的爆炸区，它已经在这种爆炸波当中完全变形，所以这个区域当中的搜寻难度会非常的大，而且今天早晨他们触摸这样的集装箱的时候，仍然是非常烫手的。所以可能还需要等到火情得到控制之后，来进行搜寻。

白岩松：

感谢蒋林在前方给我们带来的报道，同时非常希望在危险品存放当中，可能存在的有毒物质不至于对人类产生二次伤害，我们希望这种伤害减轻。（节

目结束）

主持人对记者的引导，主要以提问的形式表现。

观察白岩松在这场直播中的提问脉络，可以将其分成两个部分。第一段落为常规连线，主持人从记者的方位开始进入，到了解核心区内燃烧点和防化部队进入情况。询问记者的方位、了解核心区内燃烧点的情况都属于常规问题，记者会有所准备。但是，在记者回答第一个问题的过程中白岩松打断了他，提出了一个新的问题：空气安全。

打断，是因为白岩松从记者的回答里捕捉到了这样一个信息："记者距离核心现场1.3公里"，并且"记者没有佩戴口罩"。

在爆炸发生的第二天，爆炸物的危险性逐渐暴露出来，众多关于危险化学品爆炸所导致的空气污染、水污染等消息甚嚣尘上，不断占据人们的注意力。"现场空气污染情况如何"不但是观众亟待了解的焦点信息，也直接关系到事件后续发展。

爆炸产生的影响还在不断发酵，出镜记者距离爆炸核心区如此之近却没有戴口罩，这个在屏幕上直接表现出的细节，背后蕴藏着巨大的信息量。即便主持人不问，观众也会发现，并产生疑问。因此，主持人必须先观众一步，把观众最关心的问题提出来。

第二次插入，是对问题的重复与强调。白岩松问了关于燃烧点和防化部队进入两个问题，但记者只回答了一个。于是，主持人再次重复问题，希望记者针对这一问题进行解答。

整段节目的第二个段落，是记者连线的现场发生突发情况，演播室临时打断原定的专家访谈，插入现场直播连线，并在10分钟后再次连线。这两个插入式的突发直播，关注的焦点是一致的："现场到底发生了什么？"

在这个案例中，主持人对记者连线提出的每一个问题，都有明确的意图和连贯的逻辑，记者可以从主持人的提问中解读出他所关注的焦点，感知到主持人的思维逻辑，并一一予以回应。这是一场高手间的对话，主持人和出镜记者都是非常成熟的新闻人，但遗憾的是，主持人和出镜记者的交流并不总是这样。

有的主持人不敢和记者对话，只用开头介绍和结尾谢谢来做"伪交流"，对新闻内容却知之甚浅；有的主持人好于提问，却总是问不在点儿上，明明记者已经说过的内容，偏偏还要再问一遍；有的为了表现自己，在提问时加上长长的铺垫，抢了记者的报道内容，使记者颇为尴尬。除此之外，连线中提问逻辑混乱，不顾记者现实情况提出不切实际的要求，这些问题都普遍存在于屏幕之上。

主持人和出镜记者是一个报道整体，更是沟通交流的双方。如同打羽毛球一般，一来一回才有张力。那么，出镜记者应如何回应主持人呢？

（二）出镜记者该怎样回应主持人

1. 称呼主持人的名字

出镜记者和主持人的对话既是两个角色之间的对话，也是两个人的对话。因此，出于基本的尊重，出镜记者应称呼主持人的名字，而不是"你好主播""主持人你好"。

不要小看这一句称呼，一开口就决定了出镜记者是把主持人当做一个"角色"，还是一个"人"。主持人介绍连线记者时通常都会称呼对方的名字，但得到的回应却是一个角色，会影响两人之间沟通的情绪，更深远的影响则是表现出主持人和出镜记者之间缺乏整体感。

央视新闻主持人赵普认为，"记者不愿意称呼主播名字，有下面几个原因：一是主播千人一面，毫无个性，称不称呼名字都一个样；二是问题通常由前方记者拟定，主播只是假装对话，其实就是扮演个'答应'；三是主播名字没起好，不容易记住；四是倒腾自己的出镜词儿已经困难，记主播名字会造成负担。"一个小小的称呼，反映出的是整体的问题。"我们是不是一个整体？我们要不要一个整体？我们能不能协调一致？你内部在复杂的运转，呈现在屏幕上的核心还得是一个个有名有姓、有血有肉、个性鲜明的'人'。你内部运作再困难，也得让观众看出我们是相熟的同事，是一条战壕里的战友，是一根绳上的蚂蚱！这一问题往轻了说，是缺少规范；往重了说，是缺少相应的团队文化，那种彼此尊重，有归属感、认同感、价值实现感的团队文化。"[1]

2. 侧面回应你不知道答案的问题

在主持人看来，自己提出的提问是对出镜记者报道的有力补充，记者理应回答，但实际上并非如此。记者身处现场，如同身处一个信息孤岛。这个岛上的信息，他很了解，但是超越这个范围，他未必知道。怎么办？

记者要学会说"我不知道"。但是这需要一些艺术，让这个意思看起来不那么刺眼。

先接下主持人的提问，承认这是个好问题，然后就你所知道的情况给予一定程度的回应，给出一些与之相关的信息，说明你现在所在的位置和负责报道的方向，提示主持人：这不属于你的报道范围，不要再继续追问了。

如果主持人提问范围就在现场，是你之前没有注意到的信息，或者是突发情况，那么不妨先承认这确实是个问题，你对这个问题也存有疑问，给出一些可能性，并解释你还没有获得完整的信息。关键在于，一定要强调，你将对这个问题进行进一步的了解，然后在下一时段为大家解开这个疑问。通过"承

---

① 中央电视台新闻中心.央视新闻内刊外读[M].北京:生活·读书·新知三联书店,2015:9.

认—可能性—悬念"的三段式回答,出镜记者或许依然被动,但起码被动的效果是为下一次直播留下一个有趣的未解之谜,推动观众持续关注。

让我们换一个角度来看上文中主持人白岩松与出镜记者蒋林的连线案例。选取其中一段,站在记者的角度,看出镜记者对主持人的反馈。

案例 6-7

白岩松:(提问二)

(前略)……那么是否接到相关的这种信息,比如说空气是安全的,是否有一些有害的这种物质,你们有过这样的一种去采访或者说得到这样一种提醒了吗?

蒋林:

那我就把我今天下午的这个感受去做一个梳理。在到达核心现场,也就是说最近大概隔1公里这个位置上,因为当时的风向是和我们擦肩而过的,所以其实浓烟是从我身旁大概50米的地方过去。那么在这个时候是闻不到现场有任何的爆炸或者燃烧之后的味道。但是当我爬到海关大楼上的时候,风向发生了变化,非常清晰地能够闻到,而且直到现在其实会觉得自己的鼻腔或者说自己说话的时候,嗓子会有一点小小的刺激性,因为这毕竟是一个堆放化学品的仓库。

而我现在所站的这个区域,其实是和现在的风向成一个平衡的状态,风是朝我们现在所说的可能偏向于渤海这个位置继续在吹。那么我们距离它的这个1公里,其实就是平行于现在烟所飘的这样一个距离。

在我今天下午6点钟的时候,得到过一个消息,就是北京军区防化团在相隔500米的范围之内,他们没有检测出氰化物。但是这个消息其实停止在了今天晚上的6点钟,我们也希望随时地更新这样一个空气检测的信息。他们派出了很多的流动检测车,变成了一个环状去围绕现在仍然在燃烧的区域检测,但是现在现场仍然在开一个会商会,所以没有能够拿到最新的一个消息。目前距离这个平行的风向,我是闻不到任何的气味的。

在这个段落里,主持人提问针对性很强,属于闭合式问题,记者似乎只能回答"有"还是"没有"。但是在自己并不能完全确定的情况下,或者现场情况相对复杂的时候,如果完全顺着主持人的思路走,就可能脱口而出并未得到确认的信息,直接违背了新闻的真实性、准确性,把自己推入一个危险的境地。因此,记者没有直接回答主持人提问,他明白,主持人的真正目的是希望了解现场空气污染情况。所以,只要他的回答和现场空气污染情况直接相关,就是有效信息。

人与人的有效沟通建立在有效倾听的基础上,出镜记者和主持人的交流也是如此。记者要善于从主持人的提问中发觉问题的真正指向,灵活应变。

(三)出镜记者与主持人角色互动

主持人与记者的身份并不是绝对的,在一些特别节目编排中,出镜记者也可以随时借助内容上的抛接、串联成为部分板块的主持人。

在 CNN2006 年 4 月 28 日播出的 *Anderson Cooper 360°* 节目中,当天的节目头条是关于墨西哥移民非法入境的新闻。主持人安德森·库珀在位于加州圣地亚哥的美国和墨西哥边境线上主持节目。节目的开始,安德森先介绍了他所在的地理位置和边境线的历史情况,然后与一位记者连线,由他介绍移民游行的最新进展,接下来安德森又在现场连线了一位专家,谈他对于墨西哥移民的看法并分析移民对于美国的影响等。在这期节目中,安德森·库珀先是作为出镜记者进行现场报道,接着又转换为主持人的角色担负起串联把控节目整体的职责。

出镜记者和主持人都是以人格化的形象报道新闻,在一定语境下,二者角色可以灵活穿插,甚至产生界限模糊,而这种叙事方式正越来越多地被使用。

2016 年 11 月 1 日,在央视新闻频道的《候鸟迁徙》系列直播节目中,以大天鹅越冬的迁徙路径为主线,主持人在演播室展开三视窗连线。通常情况下,三人同一题材连续连线,多由演播室主持人完成记者之间的衔接,但在这次报道中,三人之间互相抛接,主持人的衔接组织功能改由记者直接完成。(图 6-12)

图 6-12 三位记者互相抛接,完成串联

案例 6-8[①]

首先进行报道的是在内蒙古达里诺尔湖报道的记者黎兵,在报道了大天鹅活动的情况后,他说:

现在整个达里诺尔湖湖边都已经结冰了,这意味着大天鹅在这里的食物越来越少了。现在我们看到的这几十只大天鹅,当地鸟类专家告诉我们,其实达里诺尔湖应该还有上百只大天鹅,它们这几天随时可能南迁。那么它们南迁的目的地在哪里呢?其中一部分要到达山东荣成。我知道我的同事胡洋此时此刻就在荣成,有一个问题我也想和胡洋求证一下。你好胡洋。

记者胡洋:你好黎兵。

记者黎兵:我们知道大天鹅在达里诺尔实际上和人的距离是比较远的,当地人烟也比较稀少,但是我听说你那里好像情况不太一样,是这样吗?

记者胡洋:是的黎兵。大天鹅飞到荣成之后,我们感觉它们表现出来一个最大的特点就是不害怕人。我觉得它们非常熟悉这里的环境,也愿意和人去亲近。就在距离我一两米的地方就有很多大天鹅,黎兵你能听见它们的叫声吗?

记者黎兵:你和大天鹅只有一两米的距离它们都不会飞走,这确实是让人非常羡慕,现在我和大天鹅的距离大概在 200 米左右。我们知道大天鹅继续向南飞将逐渐到达城市群的位置,我不知道大天鹅到达山东荣成之后它们的状态怎么样呢?

记者胡洋:大天鹅到达荣成之后可以说状态非常轻松自如。……(具体内容略)除了山东荣成,山西、河南还有陕西交界的地方也是大批天鹅越冬的地方。现在我听我们的导播说另外一路记者代纪玲也已经在线了,我们向她了解一下那边的情况。你好,代纪玲。

记者代纪玲:你好胡洋。

记者胡洋:不知道现在大天鹅有没有飞到你那边去呢?是不是也和我们这里一样大天鹅是相对集中的呢?

记者代纪玲:这还真是我们这两个地方的不同之处。我们这里所在的区域叫三门峡库区黄河湿地,这里的大天鹅是分散在河南、山西和陕西三个地方的。像我所在这片湖面,已经聚集了 1200 多只大天鹅,加上山西平陆、陕西渭南这三个地方,累积已经达到 3000 多只了。

记者胡洋:这个数量比我们这里还要再多一些啊!我们这里有小虾小鱼大叶藻,能满足大天鹅的越冬需求,那你们那边的食物准备得怎么样呢?它们能够顺利地越冬吗?来给我们介绍一下。

---

① 《候鸟迁徙特别报道》,2016 年 11 月 1 日中央电视台《新闻直播间》栏目播出。

记者代纪玲：其实大天鹅的食性都差不多，你说你们那里有小鱼小虾，那就相当于是有海鲜大餐了，我们这里紧临黄河，大天鹅当然也可以享用黄河的河鲜美味了。……接下来的几天，我们会在这里持续守候等待，也希望电视机前的您和央视新闻客户端的网友和我们一起寻找。现场的情况就是这样，把信号交还演播室。

这一段报道中，记者不但报道自己的内容，还和下一个报道点的记者进行对话，结合报道点情况提问。出镜记者既是报道者，又是主持人，通过接力报道形成一套独立于演播室系统的叙事体系，报道的独立性和完整性都大大增强。更重要的是，这种没有演播室的衔接改变了观众的视角，从旁观的第三者视角变成了大天鹅的视角，观众仿佛跟着大天鹅一起，一口气从平时生活的内蒙古飞到了山东、河南这些越冬地，感受到了在不同地区越冬的生活环境和生活状态。

本章小结

一个好汉三个帮，出镜记者不是单打独斗的孤胆英雄，而是团队工作中的一员，以协同合作的团队精神，与伙伴们密切配合，共同完成报道。在前方团队中，记者需要与摄像记者配合，确定视觉要点，设计镜头运动路径，在现场互相补台，用画面呈现现场信息。在音响方面，出镜记者需要熟练掌握不同种类话筒的使用特点和使用方法，学会巧妙使用声音信息；在内容上，出镜记者和导播、编导密切配合，运用高超的叙事手法完成报道。

后方团队中，编辑是出镜记者孤岛求生的重要援手，保持和编辑的沟通顺畅，了解演播室整体编排意图，才能更好地确定自身的报道方向。而在和主持人的互动中，出镜记者需要时刻保持和主持人的团队整体感，了解主持人的需求，敏锐地感知到主持人提问的真正意图，根据不同情况用得体的方式予以回应。在报道需要的时候，出镜记者也要能够担当起主持人的部分职责，完成现场报道的整体串联。

思考题

1. 为什么说电视现场报道是一个团队作业？

2. 你认为与出镜记者合作最紧密的岗位是哪个？为什么？

3. 在一个嘈杂的工地现场/活动现场/各种极端天气如台风、暴雨、沙尘暴中，如何保证出镜记者现场报道的音响效果？

4. 在出镜记者和编导、导播、编辑的合作中，是否存在职务上下级关系？出镜记者该用什么样的心态与他们协商内容？又该如何在协商中保留自己的意见空间？

5. 出镜记者和新闻主持人在职能上有什么异同？

6. 出镜记者与主持人合作时，应当注意哪些问题？如何避免问答危机？

练习题

1. 四人一组，一人以主持人角色，一人以摄像记者角色，一人以出镜记者角色，一人以编辑角色，自拟选题进行模拟现场直播报道练习。并思考：团队中不同角色的出发点各有什么不同？如何在报道过程中实现有序配合？

2. 两人一组，一人担任摄像师，一人担任记者，根据材料模拟完成出镜记者报道片段练习。要求设计并写明镜头行动路径，并考虑可能出现的画面效果。如果出现因为风雨太大、画面不清的情况，该如何弥补？

材料：

【出镜记者】

"我所在的这座大桥桥下的江面，12点的时候江水其实还是比较平静的，2点的时候开始起了波澜，现在浪涌已经开始翻滚了。受此影响，从12点我们就可以看到停泊在外海江口的船陆陆续续在往上游走，就是我的右手边方向，其实就在我们眼前，但是现在我们完全看不到这些船，这是为什么呢？这就说到第二个因素，台风带来雨的影响。"

3. 一人担任摄像记者，一人担任出镜记者，自拟选题拍摄一则现场报道，其中必须有一段两人配合的视觉报道设计。

4. 在上述练习中，进一步加入声音方案。例如：出镜记者在这一报道中应使用哪种话筒？报道如何突出现场声音效果？

第七章　突发事件现场报道

"天有不测风云,人有旦夕祸福",突发事件是影响人类基本生存权利的高风险事件。近些年来,突发事件在新闻媒体中越来越常见,而且事件的形态变化多端,不断挑战人们的想象力和应对能力。

突发事件是出镜记者现场报道的重要战场,也是锤炼出镜记者的熔炉。优秀的出镜记者,几乎都经历过突发事件的洗礼,在其中完成飞跃式成长。

本章立足出镜记者在突发事件现场报道中的实际应用,从各类突发事件的共同规律出发,提供一些具体实践指导。

第一节　突发事件现场报道概论

一、突发事件的含义与特点

（一）突发事件的含义

突发事件,顾名思义,即无法事先精准预测,突然发生的事件。《中华人民共和国突发事件应对法》将突发事件定义为:指突然发生,造成或者可能造成严重社会危害,需要采取应急处置措施予以应对的自然灾害、事故灾难、公共卫生事件和社会安全事件。在新闻报道领域,突发事件是一个非常广义的概念,并不专指某一件事情,而是对"非典""禽流感""海啸""矿难""骚乱""恐怖袭击"等一切突然发生的、影响公共生活或公共秩序的重大事件的总称。[①]

根据突发公共事件的发生过程、性质和机理,《国家突发公共事件总体应急预案》将突发公共事件主要分为以下四类:

1. 自然灾害。主要包括水旱灾害、气象灾害、地震灾害、地质灾害、海洋灾害、生物灾害和森林草原火灾等。

2. 事故灾难。主要包括工矿商贸等企业的各类安全事故交通运输事故、

---

① 谢耘耕,曹慎慎,王婷.突发事件报道[M].上海:上海交通大学出版社,2009:11.

公共设施和设备事故、环境污染和生态破坏事件等。

3. 公共卫生事件。主要包括传染病疫情、群体性不明原因疾病、食品安全和职业危害、动物疫情，以及其他严重影响公众健康和生命安全的事件。

4. 社会安全事件。主要包括恐怖袭击事件，经济安全事件和涉外突发事件等。[①]

根据目前趋势来看，突发事件现场报道的数量在相当长一段时间内将持续增长，其原因有多种。首先，"时空压缩"是改革开放后中国的基础性结构，即传统性、现代性与后现代性的大汇集、大冲撞、大综合，[②]形成了复合型的社会风险，直接表现为各类社会危机事件频繁发生，影响不断扩大。其次，我国幅员辽阔，自然灾害频发。同时，一些地区盲目追求经济发展，存在大量破坏自然、影响生态的负面行为，极易引发人为与自然因素复合的灾害事件。再次，网络时代，每个个体都是传播者，一旦有突发事件发生，多种信息渠道瞬间引爆。"堵不如疏"，和真假难辨的混杂信息相比，新闻报道是突发事件信息传播更为权威、可靠的方式。

(二)突发事件的特点

1. 突发性

突发事件往往来得突然，有很强的偶然性，人们无法就事件发生的精准时间、地点、爆发情况进行准确预测，因此遭遇突发事件时会感到惊慌失措。

其实，突发事件并不意味着完全无法预估事件发生的可能性。事物的发展总有一个从量变逐渐累积到质变的过程。刚开始或许只是一些隐患，之后在趋势化的作用下逐步发展，加上一些偶然因素介入，最终在某一个未知点产生质变，爆发成为突发事件。千百年来，人们总是试图以理性的发展来提高对突发事件的认识，进而对突发事件进行预警、管理，降低突发事件带来的损失。如天气预报、地质监测等。但是，人们的认知仍然存在大量未知地带，加上许多无法估量的偶然因素，常常突破人们理性认知的边界，出现难以预料的状况。

2. 破坏性

突发事件直接破坏人们正常的生活秩序，威胁人类的生命安全、财产安全，而且总是以较为激烈的形式出现，引发社会恐慌，制造社会混乱。

破坏性，是站在人类生存、生活的角度进行评估的。一场发生在无人区的大地震，并不会占据很大的报道篇幅；如果发生在人类生活密集区域，就会对

---

① 国家突发公共事件总体应急预案[EB/OL]. http://www.gov.cn/yjgl/2006-01/08/content_21048.htm.

② 景天魁. 中国社会发展的时空结构[J]. 社会学研究,1999(11).

人类生命财产产生巨大的破坏。对于威胁到生命财产安全的信息,人们总是渴望第一时间获取,以作出及时、正确的应对,为自身的生存发展赢得时间与空间。突发事件报道因此产生巨大的传播价值。

3. 复杂性

随着现代化和全球化的不断推进,突发事件发生的原因、产生的影响都具有越来越高的复杂性。

首先,引发突发事件的原因日趋复杂。以 2011 年东日本大地震引发福岛核泄漏事件为例,此次核泄漏事件,需同时具备大地震、海啸、核电技术缺陷、核电站选址不当等多个因素才会发生,其中每一个因素背后又有着复杂的多项因素推动。种种复杂因素交汇在一起,最终导致核泄漏事件爆发。

其次,突发事件对社会生活的影响日趋广泛。现代社会是一个全球紧密连接的整体,如同蝴蝶效应一般,一个突发事件可能会引发一连串后果。如一次地震发生后,是原地重建还是异地搬迁? 如果原地重建,地质条件是否符合要求,生产生活如何恢复? 如果异地搬迁,安置去哪里? 如何安置? 接收地的损失怎么办? 一系列充满矛盾的问题交叉汇聚。而随着全球化趋势加剧,一次突发事件的影响还可能扩散到全球范围。日本大地震直接影响亚太股市波动,原本密集分布在东日本地区的芯片产业被迫转移。以上种种,都体现出当今突发事件的复杂性。

二、新闻报道在突发事件中的作用

(一)满足信息需求

和普通新闻事件不同,突发事件常常在短时间内快速发展,引发爆炸性的连锁后果,破坏力大、影响面广,留给人们选择、判断的时间往往非常有限,而影响却极为深远。第一时间了解突发事件,是人类基于生存本能的"刚需"。如 2011 年东日本大地震,从地震爆发到引发海啸吞没城市村庄,只有大约半小时,尽早获取消息,就有可能及时逃生。因此,人们在面对突发事件时,对快速、准确的信息渴求比平时更加强烈。

这种信息渴求并不局限于事件发生时的狭义时空。作为人类命运共同体的一员,每个人都可能面临着类似的生存风险。出于安全需求,人们需要对生存环境进行整体监测,因此,即便是发生在地球另一端的突发事件,依然会受到普遍关注。

新闻报道专业、准确,具有较高的公信力。当突发事件发生时,新闻报道是公众获取信息最快捷有效的渠道。因此,新闻媒体必须承担起信息传播的职责,发挥专业能力,快速、高效地调动有生力量,争分夺秒、实事求是地报道事件信息,满足受众的信息需求。

（二）引导社会舆论

舆论是公众关于现实社会以及社会中的各种现象、问题所表达的信念、态度、意见和情绪表现的综合，具有相对的一致性、强烈程度和持续性，对社会发展及有关事态的进程产生影响。[①] 突发事件发生后，社会舆论容易在短期内出现强烈波动。尤其是进入互联网时代后，社会舆论的形成速度越来越快，凭借一部智能手机，人人都可以是信息的生产者、传播者。个体化的信息生产与传播带来信息海洋，同时也引发信息混乱。近年来，每当突发事件发生的时候，都会有大量真假不明的信息在互联网上弥漫，甚至有人四散谣言、制造恐慌。此时，由于一时无法掌握未来，生存的本能恐惧和洞察未来的恐惧引起的舆论困惑，比任何时候都显得突出。[②]

研究发现，突发事件中信息接受的先入为主现象非常明显，受众在接受相互矛盾和有冲突信息时，会倾向于接受最先出现的信息，这在心理学研究中被称为"首因效应"。[③] 具体来说，首先进入人们记忆的信息具有先导性和稳定性，后来要改变这个信息，需花费 7 倍的功率。[④] 在突发事件报道中，专业新闻媒体要和谣言制造者比速度，快速、准确、丰富地提供更多信息，同时辅以充分的解释说明，让信息公开、透明地快速传播，以此稳定社会情绪，掌握舆论主动权，引导社会舆论往有利于公众的方向发展。

（三）推动事件处置

突发事件的应急处置和新闻报道常常同步进行，甚至有时新闻媒体到达事发现场的速度、对信息的了解程度比政府部门更快、更深。新闻报道的介入，不可避免地会对事件处置产生影响。

首先，新闻报道可以向政府提供新闻事实，为政府决策提供信息支持，监督政府相关部门，高效、合理地对事件进行科学处置。其次，新闻报道可以向公众及时传递政府组织的政策和行动，促进政府与公众之间的沟通；指导公众应当采取哪些正确措施应对事件。从总体效果来说，新闻媒体应从社会稳定的大局出发，在尊重公众知情权的基础上，引入适当的宏观调控机制，把握好总体报道的平衡，[⑤]将公众的期待和政府的工作方向结合起来，形成合力，维护社会秩序、化解社会危机。

在我国，出于长期以来宣传思维惯性，加上对负面新闻信息缺乏应对能

---

① 陈力丹.舆论学——舆论导向研究[M].北京:中国广播电视出版社,1999:11.
② 陈力丹.舆论学——舆论导向研究[M].北京:中国广播电视出版社,1999:119.
③ 孙元明.重大突发事件新闻报道快速反应机制及其构建[J].重庆社会科学,2008(5).
④ 杜耀峰.中国媒体新闻创新的突破——5·12汶川大地震新闻报道的思考[J].新闻战线,2008(7).
⑤ 马瑞洁.从 SARS 报道反思灾难新闻的社会责任[J].中国记者,2003(6).

力,存在本领恐慌,许多地方政府面对突发事件的新闻报道唯恐躲避不及,采取"能捂就捂,能压就压,能躲就躲"的消极态度,瞒报、缓报不时上演,甚至用行政手段封堵记者报道。2005年11月,吉林省吉林市一石化公司发生爆炸,成百吨苯流入松花江,导致下游城市哈尔滨城市供水出现污染。面对突发事件,哈尔滨市以"管道维修"为名,向媒体发布停水公告,宣布停水四天。公告发布后,引发群众高度恐慌,出现抢购饮用水、搬家躲避等现象。这种所谓"善意的谎言"实质上是缺乏应对重大危机能力的表现,隐瞒信息实质上不但不利于事件处置,还会引起恐慌,加剧事件的处置难度。新闻媒体的介入,不断追问、不断报道,能够有效督促政府部门及时公开信息、推动事件处置的力度。2015年,天津滨海新区爆炸事故发生后,出现化学品挥发、扩散的情况,在新闻媒体的高度关注下,环保部门、防化部队紧急调动大量空气监测设备,24小时对空气、水污染情况进行监测,并通过新闻媒体及时发布监测数据,提供数据解读,回应群众关切,缓解社会焦虑。

新闻媒体承担着沟通政府与公众的桥梁纽带作用。时隔十年的两个相似事件证明,通过及时、公开的新闻报道,实现政府部门与公众的良性互动,是推动突发事件合理处置的有效路径。

三、突发事件应对机制

(一)政府部门突发事件应急管理体系

我国政府部门的应急管理体系经历了一个逐步建立、完善的过程。

2003年的非典型性肺炎(SARS)事件,在中国突发事件应急管理体系建设历史上具有里程碑意义。2002年底,广东佛山出现第一例"非典"病人,2003年2月中旬以后,关于非典的报道在一段时间内迅速"淡化"下来,但是"非典"病毒并没有停滞不前,疫情在不知不觉中扩大,北京随后成为"非典"的重灾区。[1]

3月12日,世界卫生组织正式发出一些地区出现急性呼吸系统综合征这一流行病的全球警报。4月3日,卫生部召开新闻发布会宣布,疫情已经得到了有效控制,时任卫生部长张文康表示:"我负责任地说,在中国工作、生活、旅游都是安全的。"而此时的真实情况却是"非典"疫情已经蔓延全国。[2]

2003年4月20日下午,国务院新闻办公室就"非典"问题举行新闻发布会,宣布任何单位和个人都不得瞒报、缓报疫情。这天起,信息报道予以全面开放,政府和传媒定时播报每日疫情,各大媒体也开始连篇累牍地展开抗击

① 谢耕耘,曹慎慎,王婷.突发事件报道[M].上海:上海交通大学出版社,2009(9).
② 程前.中国电视媒体灾害报道的话语转型——基于"央视"报道样本的比较分析[M].北京:中国社会科学出版社,2014:83.

"非典"疫情报道。

2003 年的 4 月 20 日成为一道分界线。在那以后,关于突发公共事件的报道口径逐步放开,各项应急管理法律法规相继出台。

2003 年 5 月 9 日,《突发公共卫生事件应急条例》公布施行,第 25 条规定:"国务院卫生行政主管部门负责向社会发布突发事件的信息。必要时,可以授权省、自治区、直辖市人民政府卫生行政主管部门向社会发布本行政区域内突发事件的信息。信息发布应当及时、准确、全面。"

2005 年 8 月 1 日,《中华人民共和国政府公开信息条例》颁布施行,对政府信息公开的范围、途径、方法进行了明确规定。

2006 年 1 月 8 日,国务院发布《国家突发公共事件总体应急预案》,标志着我国应急预案框架体系初步形成。预案规定:各类突发公共事件按照其性质、严重程度、可控性和影响范围等因素,一般分为四级:Ⅰ级(特别重大)、Ⅱ级(重大)、Ⅲ级(较大)和Ⅳ级(一般)。政府及其部门应急预案由各级人民政府及其部门制定,包括总体应急预案、专项应急预案、部门应急预案、地方应急预案等。有了《国家突发公共事件总体应急预案》的指导性意见,各个部门纷纷根据自身实际情况,抓紧制定应急预案和管理办法。

2007 年 11 月 1 日起,《中华人民共和国突发事件应对法》正式施行。这是新中国第一部应对各类突发事件的综合性法律,它涵盖了突发事件的预防与应急准备、监测与预警、应急处置与救援、事后恢复与重建等应对活动,标志着我国突发事件应对工作全面迈入制度化、规范化、法制化的轨道。

现在,打开国务院网站应急管理的法律法规页面,可以看到和各类突发事件处置相关的近 50 条各级法律法规,[①]这意味着,我国政府部门对突发事件的应对、处置措施不再是随意的行政决定,而是根据法律规定,依法行政的规范性行为。

2018 年 3 月,中华人民共和国应急管理部成立。防灾、减灾、抗灾,构建公共安全体系在国务院层面有了具体行政管理部门。

(二)媒体机构突发事件应对机制

突发事件报道多为集中、连续、组合式报道。高水平呈现的背后,需要科学的组织结构和管理流程。为了更好地应对突发事件,媒体机构纷纷设立相应的突发事件应对机制。

这一机制主要内容包括:

1. 评估判断机制

突发事件发生之后,媒体机构首先需要对事件的严重程度进行评估、判

---

① 具体参见国务院网站应急管理板块［EB/OL］http://www.gov.cn/yjgl/flfg.htm。

断。评估内容包括：分析突发事件的可能发生规模，分析突发事件的可能影响度，分析突发事件的报道难度，分析突发事件的公众关注度。对事件有一个基本判断之后，媒体机构根据实际情况，启动不同级别的应急预案。[①]

目前，媒体机构主要根据国家设定的应急响应等级，拟订不同级别的应急预案。在评估并启动报道应急机制时，必须从社会稳定发展的大局着眼，服从事件应对的整体统筹安排。例如，对于突发自然灾害应尽快报道；而对一些社会安全事件，过早、过多的报道在某些情形下并不是最优化的选择。在对于我国台湾地区一金融挤兑事件的研究表明，媒介过早报道造成谣言四起，挤兑规模加大，甚至媒介自身的再辟谣也无济于事，[②]反而可能危害社会安全。

2. 报道操作机制

当发生重大突发事件时，日常播出机制被打破，背后的业务流程和管理体系也必须做出调整。为此，许多媒体机构都建立了针对突发事件报道的流程与操作机制。

日本是防灾减灾的大国，日本政府指定的唯一公共放送机构 NHK 在1985 年 9 月就建立了"紧急警报放送系统"，在其《日本放送协会防灾业务计划》中，就灾害报道的诸多事项制订了周密的实施细则。[③] 在英国，BBC 工作人员会收到本单位配发的工作指南一类的手册，其中具体而详细地介绍了突发事件报道中应该遵守的法律规范和道德操守，以及大量具体的执行细节。[④]

在我国，2003 年"非典"之后，媒体机构的应急体系逐步建立。2006 年，中央电视台制定了《关于突发事件和重大活动报道管理规定》，对突发事件性质分析、启动几级响应机制、确定宣传报道架构、迅速投送报道力量、多方调动技术设备等均作出明确规定。2008 年以后，各大媒体根据汶川大地震报道的经验教训，结合自身采编机制改革，普遍建立起突发事件快速反应报道机制。例如遇到特别重大突发事件，需打破部门科组界限，后方成立大编辑部，所有报道资源打通使用；前方指挥部协调所有记者的报道行动，减小沟通协调的损耗，在统一指挥下共同完成特别报道。2009 年 4 月，中央电视台启动突发事件应急报道机制，之后在全国 31 个省市自治区建立地方记者站，在全球建立5 个中心记者站、50 个周边记者站，将其作为突发事件报道的第一梯队力量。要求突发事件发生后国内地方记者站必须"10 分钟内传回口播稿、15 分钟内实现电话连线、20 分钟内带好设备出发、4 小时内实现核心现场视频连线"。

① 滕鹏.论突发公共事件中新闻报道的应急机制[J].新闻界,2006(4).
② 林宝安.台湾 1990 年代的金融挤兑[EB/OL].www.thu.edu.cn.
③ 熊玮.西方突发事件报道及其对中国的借鉴意义[J].新闻知识,2009(1).
④ 武丽魁.重大突发事件应急报道机制研究[D].暨南大学,2013(4).

3. 资源供给机制

突发事件报道的资源供给包括内部资源和外部资源两个部分。

内部资源包括物质资源、人力资源。首先,应急机制需保证突发事件新闻报道所需要的物质支持,如直播报道需要使用的技术设备、后勤车辆、应急物资、财务资金等。人力资源方面,人力资源部门应做好队伍建设,对编辑记者的业务能力、身体素质、心理素质等现实情况有充分了解,一旦出现突发事件,可以进行梯队式派遣。一般来说,第一批出发的记者,都是经验丰富、体能好、能力全面的业务骨干。但是,人的承受能力有极限,在第三天左右,第一批人员的生理、心理状态会达到极限,此时再坚持下去,即便硬撑,也难以做出优秀报道。因此,在第一批人员出发的同时,编辑部就会开始安排第二批、第三批人员,保证及时完成梯队轮换。此外,还应针对地区高发突发事件如洪水、火灾、台风等,对编辑记者进行相关培训和应急演练,提高记者应对突发事件的能力。

外部资源协调能力则体现出一个媒体机构的整体社会活动能力。当遇到突发事件时,媒体机构需要主动协调能够尽快进入事件核心现场的社会组织力量,如国际救援队、红十字会、武警公安、消防等,帮助报道团队获取更多报道资源。此外,尽可能获得相关专家、学者等智库力量的支持,也会对提升报道专业性有很大帮助。

第二节　突发事件现场报道的规律

一、突发事件报道的三个阶段

根据事件应急处置的基本规律,突发事件报道都可以分为三个基本报道阶段。对于出镜记者来说,认清报道所处的阶段,有利于在混乱的事件现场抓住核心价值点,提升报道传播力。

(一)事件信息与应急处置

突发事件发生后,第一阶段首先要速报事件基本信息,要以"抢险"的精神和速度"抢出应报道的新闻,在最短的时间内告诉受众发生了什么事"。[①] 这一部分的信息"不求全、只求快,但必须准"。记者不用了解所有信息,不用面面俱到地了解特别多细节,只需要简单明了地说清事实,完成"速报"部分的任务即可。但是,信息必须保证准确。对于没有把握的信息,宁可暂时不发,避

---

① 孙元明.重大突发事件新闻报道快速反应机制及其构建[J].重庆社会科学,2008(5).

免因为信息失实造成严重后果。

在事件基本信息得到确认之后,应急处置随即展开。这一部分的主要内容为控制事态发展,展开应急救援,新闻报道的核心也必然围绕这一核心展开。以自然灾害类事件为例,灾难发生后的 72 小时内,被困人员获救存活的概率极高。因此,这一阶段生命救援是应急处置的核心环节,也应当是出镜记者现场报道关注的重中之重。

在突发事件的第一阶段,大量的新闻信息持续更新,观众对新闻的时效性、现场感的追求达到极致。因此,应对突发事件,电视机构总是优先派遣出镜记者,不断以现场报道的方式对事件进行全方位、多角度的展示,将大量鲜活生动的救援现场即时传递到千家万户。可以说,这一阶段,是集中体现出镜记者现场报道传播优势的最佳报道时间段。

（二）安置与善后

在完成临时性应急处置之后,突发事件就进入安置与善后阶段,报道重点也随之转移。以自然灾害事件为例,这一部分内容包括:

1. 受灾群众的临时安置及生活保障、补助发放;

2. 受伤群众的医疗救治、心理援助;

3. 遇难群众的遗体安葬、家属抚恤;

4. 次生灾害防御、疫病防治和环境污染消除;

5. 补助应急处置工作人员,适当调整工作安排;

6. 保险机构理赔工作;

7. 其他与受灾群众生活相关的法律和行政帮助。

当应急处置完全进入安置善后阶段后,核心现场会发生偏移,转移到新的工作地点,如医院、安置点、次生灾害防御现场、临时工作机构等。

善后安置阶段是迈向重建的过渡阶段,工作内容极为复杂,涉及多个社会工作领域,每一项工作内容都有其自身工作功能、特点与规律。出镜记者需要抓准每一项工作在整体应急善后安置体系中的作用,抓住核心要点,精心选择报道现场,动态串联起善后工作体系。

（三）重建与反思

突发事件打破了原本平静运转的社会生活秩序,尽管伤痛在所难免,但生活还得继续。当应急处置完成,此时突发事件的报道进入第三个阶段:重建与反思。

重建,首先是物质上的。灾害过后,损毁的住房、工厂、学校、村镇需要重新建设;水、电、燃气、网络等大量公共服务设施逐步恢复,重新建立生活的物质基础。紧接着就是生活秩序的重建,企业复产、学校复课、店铺开张,社会生活逐步恢复正常。这一重建的过程短则数天,长则数年。

重建,还是心理上的。经历大规模灾害性事件,当事人的心理需要较长时间来恢复平静,重建内心的秩序。尤其是对于那些在灾难中失去亲人和家园的人们来说,这个阶段可能需要很长时间。中国人总体较为含蓄内敛,社会也缺少心理支持体系。记者应主动意识到这个问题,在重建报道中不仅关注房屋、城市等硬件重建,还要关注人的心理状态恢复状况。

重建,离不开对规则的反思与重制。突发事件的爆发有很大的偶然因素,但世界是普遍联系的,在偶然事件背后有一定的必然性。人类发展的历史就是不断总结、反思、发展的过程。不管是自然还是人为的突发事件,重大突发公共事件的起因、影响、责任、经验、教训等都需要进行调查评估,总结之后,形成新的运行规则,推动社会进步。如2008年三鹿奶粉爆出非法添加三聚氰胺事件后,政府部门加快了奶业法规、标准出台的进程,先后出台了《乳品质量安全监督管理条例》《奶业整顿和振兴规划纲要》《食品安全法》,使奶业管理开始步入法制轨道。

在这一阶段,出镜记者现场报道的内容逐渐从具象走向抽象,更接近调查报道。出镜记者需要首先理解这一阶段的核心任务,通过采访、总结、思考,形成较为精准、严密的报道逻辑。同时有意识地为相对抽象的理念、规则寻找鲜活生动的视觉表达载体,形成感性与理性相结合的报道,推动社会进步。

二、突发事件现场报道的基本准则

(一)生命第一,以人为本

突发事件总是直接影响人身安全。直面生死,出镜记者首先必须从人道主义出发,以人为本,尊重人的生命与尊严;通过现场报道,让受众在了解事件信息的同时,感受到对生命的尊重与关怀。

1. 报道不得妨碍生命救援

案例 7-1

在水泥板下埋了72小时后的陈坚,身体已经极度虚弱,记者却不停地和他说话。为了配合直播,还拨通直播间的电话连线让他说话,记者的现场煽情,使陈坚的情绪一直处于非常亢奋的状态,当他被救出时体力已经消耗殆尽,最后离我们而去。[①]

案例 7-2

俄罗斯救援队救出第一名幸存者时,因为摄像机的强光灯正对着幸存者的眼睛,一名队员对着镜头怒吼,然后把门关上,记者又冲了进去。后面扛摄

① 陈洁.出镜记者的形象和修养[J].新闻前哨,2008(9).

像机的记者没有穿戴防菌服,电视画面中护士不得不放下手中的工作为他穿戴防菌服,然后记者就冲入手术现场,打断医生的工作,询问伤者的病情。当他把话筒接触到医生的手术服时,那名医生终于忍无可忍,大声地指责他:"你把我的衣服弄脏了! 让我怎么工作?"①

这两个案例发生在 2008 年汶川大地震救援期间,如今读来仍让人心痛。出镜记者的现场报道首先不能影响救援的顺利进行,有必要的时候甚至可以主动和救援的核心现场保持一点距离,避免报道时不小心影响了救援人员的行动,切不可为了一个所谓更好的现场画面、拍摄角度影响救援的进展。要知道,此时此刻,记者的不当行为可能会带来生命的损失。

2. 报道不得造成二次伤害

(1)不直接拍摄遗体画面,如果有必要,可以虚化画面,用具有指代意义的画面代替。如用废墟中的书包替代遇难孩子的遗体;虚化主体画面,将焦点聚在环境、树木等。

(2)不拍摄太过血腥、刺激的画面,如大量血迹、重伤员的伤口画面。

(3)不拍摄剧烈悲痛中的家属,尤其是哭喊、昏厥、嚎叫等特别刺激的场景,可以采用远景、象征性画面等代替。

(4)注意照顾采访对象的隐私,尽量不拍摄重伤者、昏迷者的脸部,尤其注意刚救援出来的时候,很可能眼睛不能见光,此时最好不要开闪光灯。伤者可能衣着不整,不要推特写。

(5)记者采访、表述时注意不要太过直白地刺激对方情绪,多带一些同情与温暖,用较为委婉的表达方式展现。如果家人向遇难者家属隐瞒了遇难者去世的消息,不要戳穿。

(6)采访时不要强迫对方回忆过于痛苦的经历,尤其不要抓住一些刺激性细节反复追问。

案例 7-3

2008 年汶川大地震中,女民警蒋敏失去了父母和女儿。电视画面中,男记者冷漠地问她在地震中是否失去了亲人,怎么能在痛失亲人的情况下还在拼命工作? 强忍悲痛的蒋敏勉强回答完记者的问题转身离开,记者又紧跟上去追问:"你在救助这些灾民的时候,看到老人和小孩,会不会想到自己的父母和女儿?"蒋敏被问得离开帐篷,巨大的悲伤使她连话都讲不出来,在电视镜头

---

① 牛新权.试析电视媒体出镜记者的角色扮演与角色类型转换[J].浙江传媒学院学报,2009(2).

中很快昏倒。①

这个案例中,记者的本意是为了凸显蒋敏在失去亲人的情况下依然坚守工作岗位的伟大精神,但是,记者完全没有考虑到,此时此刻,蒋敏的精神状态已经熬到了崩溃边缘,完全靠一种意念在支撑着自己。简单粗暴、自私蛮横的采访最终伤害了被采访者,也让人诟病。

3. 关注事件中的"人情"

人们关注突发事件,在于其中饱含着人们对美好生活的共同期许;期许破碎后的悲痛、无助、伤痕;面对悲剧的坚韧、抗争;以及重新建立生活的勇气、力量与爱。这是全人类共同拥有的体验。无论处于突发事件报道的哪个阶段,都应当秉持人文主义精神,带着温暖与善意,关注、体贴事件中的人,关注个体命运,展开人性化报道。

在我国,突发事件报道总是带有"灾害不是新闻,抗灾救灾才是新闻"的思想禁锢,有的出镜记者只把关注点聚焦于救援过程中的英雄事迹、英雄人物,报道思路僵化,导致突发事件报道成为单纯的"英雄造神记";还有的记者把灾难现场当成了"灾难景观",带着猎奇心态进行报道,缺少了对受灾群众的真诚关爱。这些都会在屏幕上被放大,产生负面效果。

案例 7-4

2008 年汶川地震后,央视记者李小萌在山路上遇到一位年近七旬的朱大爷。当人们都在往外走的时候,朱大爷却坚持往里走,他要回家。小萌赶紧劝老人,山里危险,不要再往前走了,还拉着路过的老乡们一起劝。但大爷放心不下地里的菜籽,还有哪怕已成废墟的房子。最终,拗不过大爷的坚持,记者只能帮着老人扶起了扁担,说:"慢走啊,小心点,口罩戴上。"

分别之后,李小萌再也抑制不住自己激动的心情,在镜头前失声痛哭。

案例 7-5

2018 年西日本地区发生暴雨泥石流灾害,导致 200 多人死亡。在冈山县仓敷市,暴雨警报解除之后,当地民众纷纷回家收拾东西。央视驻日本记者王梦在探访一家受灾百姓家庭后,站在满是积水的街道上出镜:

"在我周围的这些房屋,趟着水还勉强能走进去,但是再往后因为地势更低,所以必须要坐船才能靠近。其实从我们现在这样的角度能看见房屋、车被淹在水里,但是走进一户受灾的家庭,摸着衣柜里湿乎乎的淌着泥浆的衣服,

---

① 张庆洁. 从汶川地震看灾难性报道的新闻伦理[EB/OL]. http://www.zjol.com.cn/05cjr/system/2008/06/17/009629422.shtml.

才能感受到一次灾害对生活的影响和这种生活要重建起来的困难。"①

在这两则报道中,出镜记者设身处地地站在受灾群众的角度考虑,担心他们的安全,忧虑他们的生活,并将这种担心真诚地表达出来,甚至给予一定帮助,自然打动人心。

新闻记者对于公众从来负有社会责任。关注事件中的"人"并不意味着要用刺激性的方式赤裸裸地呈现惨状,将社会情绪往消极、阴暗的方向引领;而是力求达到一种综合平衡,将人文关怀融入报道,既客观冷静地展现、记录事件进展,又能够洞察当事人的处境,满怀人情地与之相处,给予力所能及的帮助。最终通过报道,引导观众关注事件中的人物命运,宣扬事件中体现出的人性美,从而使人类社会能够从突发灾难中获得恢复。②

新闻是对事实进行选择的艺术,报道过程中,道德同情应当优先。"没人愿意要一个顺从讨好、逃避争论、听任恶行大行其道的新闻界,但是这并不意味着我们不能要求一个富有同情心、尊重公众和避免无谓伤害的新闻界。"③

(二)现场优先,应变而动

突发事件打破了原有的生产生活秩序,应急处置过程不可避免地伴随着一定程度的混乱,新闻现场充满不确定性,这给出镜记者现场报道带来挑战。需要出镜记者快速反应,根据现场情况的变化,快速判断,选择是继续坚持原有的报道思路,还是及时调整报道内容,与事件发展同步。

案例 7-6

2014 年 8 月,云南鲁甸发生 6.5 级地震,某台记者在昭通第一人民医院门口进行现场直播,报道伤员救治情况。④

画面	记者出镜
门诊大厅里护士紧急推出了转运床,并在转运床上铺好被褥	(记者站在医院门口)今天上午 9 点钟为止,昭通市第一人民医院一共接收了 58 名病人,其中 25 名病人重伤。刚才院方带着我们到了第一住院大楼,我们了解到目前为止最小的一名伤员只有 2 个月大。

① 《暴雨警报解除,民众回家依然艰难》,2018 年 7 月 9 日中央电视台《新闻直播间》栏目播出。
② 姜军.对突发性新闻事件报道的几点思考——以"5·28"王家岭煤矿透水事故报道为例[J].青年记者,2010(5).
③ [美]罗恩·史密斯.新闻道德评价[M].北京:新华出版社,2001:348.
④ 《昭通第一人民医院收治部分重伤员》,2014 年 8 月 4 日中央电视台《新闻直播间》栏目播出。

续表

画面	记者出镜
记者身后,多位警员和医生抬着躺在担架上的伤员,到达医院 医生们一拥而出,将伤员接入门诊大厅	对于这样的一名伤员,医院只能等待小孩入睡之后,对他首先进行一个脑部的 CT 检查,之后才能确定治疗方案。
伤员是个孩子,发出凄厉的哭喊声 十几位医生护士围在担架周围	我们来看一下,其实现在我身后的这个场景是在救护车来了之后经常会出现的,一名病人躺在担架上,十多名医生护士围在他身边。
出镜记者 半身画面	当地震发生后,地震救援是关注的一个点,另外一方面就是伤员的救治,来看一下我身后这个应急处置的方案吧。刚才这里还摆有三个运送地震伤员的担架。
分诊室走廊里,十几位医生护士围着伤员进行紧急处置。 伤员哭喊声尖利,听着不忍	(记者进入门诊大厅内)然后伤员就会被送往我身后的这个区域。这个区域是医院建立的分诊室,三个分诊室可以同时容纳 6 位伤员的治疗。在进行一个初步判断之后,才能够送往相关科室进行治疗。
几位护士询问伤员家属情况并作记录	(记者以急救走廊为背景)您现在看到画面中有很多医生在这里,其实刚才院方告诉我,在医院,将近 2000 多名职工是从昨天已经放弃休息,现在都没有合过眼,在这里通宵值守。
就在记者身后,医生处理完这位伤员的伤情,把伤员推进治疗室。	我刚才观察了一下,他们也是在运送伤员的间隙,在等待伤员运送过来的途中,仅仅是坐在了地上,靠在椅背上稍微休息了一下。

为了做好这场直播,出镜记者明显做了大量功课,准备非常充分。没想到,就在直播报道的过程中,一名伤员在众多民警的护送下运抵医院,医护人员紧急开展救治,现场还不时传来伤员的哭喊声。此时,导播也把画面切给了正在对病人进行紧急救治的医生。这样一来,记者准备好的信息都变成了背景信息。因为观众听得到惨叫声,看得到医生护士围在他身边,自然最关注的就是这位病人的伤情。即便不采访正在工作的医生,出镜记者也可以根据之前了解到的应急预案观察、解释医生们采取的行动,要对这一动态做出反应。遗憾的是,记者只是继续说着早已准备好的内容,按照既定的报道流程"走"完了这场直播,错失了抓住现场的机会。

形成对比的是另一场救援报道。

案例 7-7

2009 年,重庆武隆发生山体滑坡垮塌事件,道路被山石阻断,现场人员紧急抢修。一位出镜记者在连线介绍现场爆破的情况,就在这时一辆大型挖掘机从他身后经过,这位记者马上把话题引到了正在缓缓开动的挖掘机上,他说:

"随着现场爆破的成功实施,大型救援设备也正陆续进入现场进行作业,你看,在我的身后一台挖掘机正向现场开去,而去往灾区的路已经经过了修整和清理,这辆挖掘机很快就能进入现场,并实施作业。"①

这位记者抓住现场发生的动态,及时与核心信息关联,让报道立刻鲜活起来。

身处新闻现场,出镜记者必须融入现场,又超脱于现场。一方面眼观六路,耳听八方,及时发现现场的动态变化;另一方面要快速、理性地判断:它与主题是否关联?是和主题息息相关的生动瞬间,还是与主题无关的杂芜信息?如果是杂芜、干扰,迅速抛弃,但如果是和主题相关,则要迅速决断,重新打合内容,将其纳入已经成型的报道中,让现场报道真正成为来自"现场"的报道。

(三)以法为据,权威发布

突发事件成因复杂、影响深远,一些人为突发事件背后还可能潜藏着复杂的利益博弈。这些都可能触发强烈的社会情绪。作为具有公信力的主流媒体记者,不能被社会情绪所绑架,应建立起自己的评判体系,把握判断的基本标准。

陈力丹教授指出:"知法懂法是正确引导舆论的必要前提——媒介习惯于

---

① 苟凯东.突发事件报道中记者角色的再定位——以重庆武隆山体垮塌事故现场报道为例[J].电视研究,2009(9).

以某种观念替代法来判断失误。——在现代社会,构成这类干预的正当理由只能出自法律。"①法律是社会的底线,分析判断事实的根本依据。目前我国已经逐步建立起一整套应对突发事件的法律体系,从事件的应急处置、信息发布,到后续事故原因的调查、处置,都有较为完善的法律规范。出镜记者在报道突发事件时,应时刻保持清醒的头脑,以法律为分析判断事实的根本依据,注重信息发布的权威性,在此基础上再进行"情与理"的合理延伸。

2011 年 7 月 23 日,高铁甬温线发生两车相撞事故,造成 40 人死亡,172人受伤。这一特别重大事故引起全国关注,人们纷纷质疑:为什么一向宣传安全有保障的高铁,会发生如此大的事故? 7 月 24 日,在铁道部新闻发布会上,众多记者按捺不住激动的心情,质问铁道部发言人王勇平:为什么会发生这样惨重的事故? 发言人应对不暇,言辞失误,引起非常负面的社会反响。

实际上,不管是新闻发言人还是记者,都忽略了一个问题,即根据 2007 年6 月 1 日起施行的《生产安全事故报告和调查处理条例》,此类特别重大事故原因调查的组织形式、时间安排、责任归属都有非常详细的规定:"特别重大事故,是指造成 30 人以上死亡,或者 100 人以上重伤(包括急性工业中毒,下同),或者 1 亿元以上直接经济损失的事故。""特别重大事故由国务院或者国务院授权有关部门组织事故调查组进行调查。""事故调查组应当自事故发生之日起 60 日内提交事故调查报告;特殊情况下,经负责事故调查的人民政府批准,提交事故调查报告的期限可以适当延长,但延长的期限最长不超过 60日。"之后,"7·23"甬温线特别重大铁路交通事故的调查正是按照这一法律规定执行的。2011 年 7 月 24 日,国务院"7·23"甬温线特别重大铁路交通事故调查组成立,由时任安全监管总局局长骆琳任组长。12 月 28 日,国家安监总局网站公布了详细的调查报告。

出镜记者身处新闻现场,极易被现场的环境、情绪感染,产生心理波动,形成感性认知。此时一定要把握住理性高度,从法治思维起点出发,熟悉各项法律规章制度,以此作为判断现场各项处置情况的基准线。例如在事故救援阶段,出镜记者可以根据相关法规判断了解应启动什么级别的救援,现场应该包括哪些人员、设备、组织规模,如果现场并没有相应的救援力量,那么记者提出的质疑就有了法律依据。

如果观众确实有相关信息需求,但法律规定又暂时无法给出明确答案,该怎么办呢? 此时,出镜记者可以尽量客观还原事发过程、介绍事发周边环境特点,从一些事实性信息入手,将"事故原因"部分内化为观察现场的视角,进而细化为事实性问题。如一次楼房倒塌事故,可以将"楼房为什么倒塌"转换为

---

① 陈力丹.舆论学——舆论导向研究[M].北京:中国广播电视出版社,1999:237.

"倒塌楼房是什么材质、结构""建造有多长时间了""当时是否符合建设审批的要求""之前有没有发现过可能会倒塌的隐患"等更为具体的问题,还原事故发生的过程,帮助受众了解事故的可能性。但最后确切的事故原因,仍要等待调查组最终的权威调查报告。

出镜记者、尤其是直播记者在发布一些影响重大的权威信息时,务必谨慎小心,注重发布的权威性。有了法律作为基准,权威信源做支撑,出镜记者才能做到现场追问有依据、监督有底气、发布有权威,真正形成报道的公信力,正确引导社会舆论。

第三节 自然灾害现场报道

一、地震

和其他自然灾害事件相比,地震突发性强、破坏力大、影响面广、影响持续时间长,地震报道也呈现出较为完整的报道阶段,是综合考验出镜记者能力的一场大考。

（一）地震的基本概念

根据中国地震局网站的介绍,我们对地震的概念进行基本整理:[①]

1. 什么是地震?

地球是一个平均半径约为 6370 千米的多层球体,最外层的地壳与地幔（厚约 2900 千米）的最上层共同形成了厚约 100 千米的岩石圈。在构造力的作用下,当岩石圈某处岩层发生突然破裂、错动时,便把长期积累起来的能量在瞬间急剧释放出来,引起地表的震动,造成地震。

地震波主要分为体波和面波。体波又可分为纵波和横波。纵波是振动方向与波的传播方向一致的波,传播速度较快,到达地面时人感觉颠动,物体上下跳动。横波则是振动方向与波的传播方向垂直,传播速度比纵波慢,到达地面时人感觉摇晃,物体会来回摆动。当体波到达岩层界面或地表时,会产生沿界面或地表传播的幅度很大的波,称为面波。面波传播速度小于横波,所以跟在横波的后面。

地震发生后,如何根据地震台网速报判断是否会造成重大伤亡呢?三个关键数据,一是震级,二是震中,三是震源深度。

---

① 地震知识百问百答[EB/OL]. 中国地震局网站, http://www.cea.gov.cn/publish/dizhenj/468/807/667/20120209162844250997294/index.html.

从震级上来说,震级大于 4.5 级、小于 6 级,属于可造成损坏或破坏的地震。震级大于或等于 6 级,是能造成严重破坏的强震。震级大于或等于 8 级的又称为巨大地震。

地球内部直接产生破裂的地方称为震源,它是一个区域,但研究地震时常把它看成一个点。地面上正对着震源的那一点称为震中。从震源到地面的距离叫做震源深度,60 千米以内的地震为浅源地震,震源深度为 60～300 千米的地震为中源地震,震源深度超过 300 千米的地震为深源地震。同样强度的地震,震源越浅,所造成的影响或破坏越重。

2. 地震造成的灾害

地震越强,人口越密,抗御能力越低,灾害越重。

我国恰恰在以上三方面都十分不利。首先,我国地震频繁,强度大,而且绝大多数是发生在大陆地区的浅源地震,震源深度大多只有十几至几十千米。其次,我国许多人口稠密地区,如台湾、福建、四川、云南等,都处于地震的多发地区,约有一半城市处于地震多发区或强震波及区,地震造成的人员伤亡十分惨重。第三,我国经济不够发达,广大农村和相当一部分城镇,建筑物质量不高,抗震性能差。所以,我国地震灾害十分严重。20 世纪内,我国已有 50 多万人死于地震,约占同期全世界地震死亡人数的一半。

地震造成的灾害包括直接灾害和次生灾害,直接灾害包括:

· 建筑物和构筑物的破坏或倒塌;

· 地面破坏,如地裂缝、地基沉陷、喷水冒砂等;

· 山体等自然物的破坏,如山崩、滑坡、泥石流等;

· 水体的振荡,如海啸、湖震等。

以上破坏是造成震后人员伤亡、生命线工程毁坏、社会经济受损等灾害后果最直接、最重要的原因。

地震次生灾害包括:

· 地震火灾:房屋倒塌后火源失控引起的。由于震后消防系统受损,社会秩序混乱,火势不易得到有效控制,因而往往酿成大灾。

· 地震水灾:地震引起水库、江湖决堤,或是由于山体崩塌堵塞河道造成水体溢出等,都可能造成地震水灾。

· 地震海啸:地震时海底地层发生断裂,部分地层出现猛烈上升或下沉,造成从海底到海面的整个水层发生剧烈"抖动",形成具有强大破坏力的海浪,高度可达二三十米,这就是地震海啸。

· 震后疫病:灾区水源、供水系统等遭到破坏或受到污染,灾区生活环境严重恶化,故极易造成疫病流行。

此外,社会经济技术的发展还带来新的继发性灾害,如通信事故、计算机事故等。这些灾害是否发生或灾害大小,往往与社会条件有着更为密切的关系。

(二)地震现场报道的方法与注意事项

1. 挺进震中,到达现场

根据地震规律,浅源地震的震中地区往往是灾害最严重的区域,能够真实、直观地反映此次地震的灾情。从新闻报道的角度来说,震中是突发事件的核心现场;从社会应急的角度来说,新闻媒体的及时进入,能够提供更加全面、丰富的信息,帮助整个应急救援体系了解、分析、判断灾情,调动力量进行救助。因此,地震发生后,出镜记者和团队必须在最短时间里,尽全部力量挺进震中。

地震经常引发山体滑坡,道路塌方、断裂,很可能原有的道路已经中断,需要用冲锋舟涉水,或者乘坐直升机抵达。为了尽快到达,出镜记者团队可以通过前期联络,跟随第一批抗震救灾的部队、专业救援力量,借助他们的专业设备进入震中。

即便配备专业设备,通往震中的路也不好走,很可能需要徒步翻山,翻越山体滑坡地带,甚至连续徒步十几个小时。因此,出镜记者团队最好携带相适应的轻型设备。

如果你是第一批进入震中的出镜记者团队,需要携带:

(1)足够的水、干粮、保暖衣物。震中地区很可能断水断电,食品紧缺,无处住宿,记者必须首先保证自身的生命安全。

(2)轻型拍摄、传送设备。如小型摄像机、移动传送网络设备、海事卫星电话、话筒、充电宝,以及足够的各类电池。震中断电,设备无处充电,很可能带进去多少电池,就能坚持多久。

(3)穿着适合长时间山地徒步的运动鞋,携带雨衣、强光手电、指南针、地图等小型户外生存设备。

(4)做好心理准备,保持沉着镇定。

出镜记者第一时间到达震中之后,需要迅速了解震中基本情况。例如:

(1)是否有人员伤亡? 伤亡情况如何?

(2)有多少房屋倒塌、碎裂? 倒塌、碎裂成了什么样子? 房屋倾斜、受损到什么程度? 是否能够居住? 如果不能住了,现在居民们住在哪里?

(3)水、电、食物、通信、保暖等是否有保障? 在没有支援的情况下,现有的物资能够支持多久? 最缺什么?

(4)通往震中的道路交通情况如何? 是否有塌方、堵塞等情况? 塌方量有多少? 怎么绕道可以到达? 是否会影响人员转移、物资运送?

(5)目前有多少救援力量进入,救援总体进展如何?

2. 报道救援，注重专业

地震发生后，建筑物垮塌，众多人员被埋压，各方力量都在抓紧救援"黄金72小时"，尽可能多地抢救生命。因此，在了解基本灾情后，记者报道的重点是救援。

情绪无法挽救生命，只有科学、有效的救援才能呵护生命的奇迹。在救援现场进行的现场报道，首先要尊重、体现救援的专业性。出镜记者需要了解相关知识，充分掌握现场救援的实际情况，不要过多使用"争分夺秒地进行救援""全力搜救""正在展开有针对性的救援"之类的套话。这些概念性的描述并不能对"这一个"具体的救援现场进行充分解释说明。

地震救援是一项具备很强专业性的活动，中国地震局甚至拟定了《地震应急救援专业标准体系表》。在我国，最主要的救援力量来自军队、武警、消防力量，以及国家和各省的地震灾害紧急救援队，民间救援队也在其中有一定作用。从方法上来说，救援技术主要包括搜索和营救。搜索技术包括：人工搜索、技术搜索、犬搜索；营救技术包括：现场营救策略、障碍物移除、破拆技术、顶撑技术、绳索救援技术、支撑技术，其中安全和医疗技术贯穿救援全过程，保证队员无伤亡，最大限度解救受困者。[①]

面对专业的救援行动，出镜记者可以通过现场观察、采访等方法，了解救援的具体过程、步骤、困难、解决方案，以冷静、理性的态度介绍救援的科学步骤，少用形容词、情绪化的套路词汇，多用事实性描述，让观众了解救援人员实实在在的努力，体会到现场救援的艰难不易。

案例 7-8[②]

【记者出镜】

这里是都江堰市的幸福小区，在这里原本是一幢 7 层楼高的一个居民楼，现在就成了我脚底下的一片废墟。但是在这里仍然找到了生还者。我们来看一下。这位妇女是早上的 8 点半被找到的，那么现在压住这个女性的双腿的这个水泥构件正缓慢地挪开，这样才能保持她双腿的机能。他们刚才成功地吊起了一根非常重的横梁，使得底下的救援工作就会变得更加顺利了。现在压在她身上的还有一个非常重的水泥的楼梯，他们现在的计划是把这个楼梯撤掉，那么这位妇女基本上就可以安全地得救了。

---

① 地震救援技术在基层中队开展的可行性[EB/OL]. 中国消防在线，http://119. china. com. cn/zbjs/txt/2014-12/24/content_7466211. htm.

② 《新闻特写：都江堰幸福小区的现场营救》，2008 年 5 月 15 日中央电视台《新闻联播》栏目播出。

案例 7-9①

【记者出镜】

图 7-1　记者在玉树扎西宾馆报道救援情况

　　现在我是在扎西宾馆的救援现场,刚刚得到的消息,这里又探查到了生命的迹象,和今天中午 1:00 救出来的那名女孩的位置相隔不远,所以大家是满怀希望。

　　具体的经过是今天上午 9 点的时候,当地的居民报告说有人员在这个位置被埋,之后山东消防就进行了生命的探测。根据最新的一个探测结果发现,不仅有人,而且通过这样一个生命探测仪,找到了一只还有温度的、有体温的手,并且现场有新鲜的血迹。这两个现象可以说给了所有的救援人员非常大的希望。

　　但是救援的整个进程应该说还是比较艰难的。现在根据初步的探测,这个人员应该是被埋在 2 到 3 楼之间。我们可以看到,上面的吊车现在仍在作业,那么从上午到现在,这些预制板都是被吊出来的。但是,由于各个横梁交错在一起,就发生了越吊越多的情况。也就是说一层一层预制板堆吊完之后,由于结构被破坏,剩下的预制板又倒塌下来,这样,要营救被困人员的困难就

————————————

　　① 《扎西宾馆再发现生命迹象》,2010 年 4 月 16 日中央电视台新闻频道《玉树大救援》特别节目。

非常大。

我们现在可以看到,重庆消防作为主要的救援力量,他们打算另辟蹊径。他们刚刚已经打开了底下一楼的一个商铺的大门,他们希望能够打通这个商铺到中间的一堵墙,进入到走廊。然后再从这个走廊往上挖掘,来到受困者身边,由于现在里面的整个结构被破坏得太严重,所以我们现在还很难预测他们打开这面墙、找到受困人员,直到把他获救来要多长的时间。但是有一点是肯定的,难度非常的不小。

这两个案例是记者分别在汶川地震、玉树地震的救援现场进行的出镜报道。记者通过大量事实性的信息,清晰地说明被困群众所处的位置、境况,救援人员用了什么方法试图营救,遇到什么困难,如何克服。在这样的现场报道中,"救援"两个字不是抽象的概念,而成为具体的事件过程,每一步都牵动人们的心。

3. 医疗安置,多看细节

地震发生后,伤员能否得到及时救治,受灾群众的衣食住行是否有保障,都是大家非常关心的信息。也是出镜记者报道的重点之一。

医疗方面包括:

(1)当地医院整体运行情况,如损毁情况怎样? 是否还能进行正常救治? 医院紧急预案是否启动? 采用哪些措施来更高效地救治伤员? 治疗用的房间、器械、药品、人员是否足够? 存在哪些困难?

(2)伤员救治情况,如已经收治了多少病人? 还能够容纳多少病人? 伤员伤情如何? 救治情况如何? 多少人重伤? 有没有特殊的伤员? 如年龄最大的、最小的、马上要生产的产妇等,对这些特殊伤员是否有特殊措施?

(3)外部医疗支援情况,如外部医疗专家队伍什么时候来? 都有哪些专家? 分别针对哪些伤情? 如果本地医院无法治疗,如何转诊? 转去哪里?

案例 7-10①

画面	记者出镜
医院四层楼的窗户,医生把一些医疗器械扔下楼	我们的医护人员是冒着随时可能发生余震的危险,来回到他们所在的科室,把急需抢救用的一些像这个纱布棉花可以从楼上直接扔下来的东西,全部先堆到我们现在这样一个临时的抢救地点。

---

① 《SNG 卫星连线:四川省雅安芦山县发生 7.0 级地震》,2013 年 4 月 20 日成都广播电视台播出。

续表

画面	记者出镜
医院门前的广场上，搭起了一片帐篷，医护人员和伤员不断穿行其中	现在所有的人员出于安全的考虑必须在我后面的这个临时搭建的病区进行救治。好消息是，我们到这儿的一个小时当中，从我们来的时候到现在，后面临时救灾储备的帐篷已经搭设完毕了。这个其实对于伤员的抢救非常重要，因为现在的雅安是大太阳，这样的太阳可能会让他们中暑或者更不舒服，所以让所有的伤员能够在相对能遮荫的地方来进行救治是非常重要的。

地震伤员，一开始基本上以外伤为主，集中在外科、骨科，埋压一段时间后获救的伤者通常会面临器官衰竭，或因为部分肢体坏死引发全身性综合疾病，情况复杂。记者需要将伤员伤情的报告与救治伤员的努力穿插结合，反映医护人员、各方力量为了抢救伤员而付出的辛劳。

地震灾害发生1~2天后，临时安置点迅速建立，为受灾群众提供吃、住等基本生活保障。出镜记者在做探访安置点的报道时要注意以下情况。

(1)吃：挑中午、晚上正常吃饭的时间，具体看一看安置点的群众能够吃上什么样的饭菜，是干粮还是煮的饭菜？具体到吃的几个菜？什么菜？肉有多少？主食是什么？是现场做的，还是运过来的？够热吗？每个人能分到多少？如果是干粮的话，都有些什么干粮？什么时候能供应上热饭热菜？

(2)喝：饮用水是不是干净？水源从哪里来？如果是天然水源，如河水、井水，如何进行净化？是否能够达到饮用水标准？饮用水够不够喝？如果是矿泉水，每个人每天能分到多少？

(3)住：住的条件怎么样？盖的被子厚不厚？当地夜晚气温多少？会不会冷？每个人都有自己的被褥吗？

(4)安置点的条件必然简陋，从一无所有到逐步完善也需要过程。如果安置点的情况暂时并不尽如人意，不要片面报道，非说一切都好，可以大方地告知观众，条件不好的原因是什么？什么时候能好起来？要知道，安置条件的逐步完善是可以被观众接受的，并且媒体报道也是督促完善的力量。

案例 7-11①（括号内文字为作者加注）

《记者探访龙头山安置点》，2014 年 8 月 7 日中央电视台《新闻直播间》栏目播出

画面	记者出镜
跟着记者的介绍，画面转向每个菜与主食的特写	（信息点 1）现在已经快到饭点儿了，相比昨天吃上第一顿有菜的饭，今天中午的午饭又有所改善。现在我们可以看到，今天中午的第一个菜是用茄子和圆白菜、肉做的一个大烩菜，另外一个菜是这个，酸菜鱼。从昨天下午鱼运进来，志愿者就在这儿炸鱼，就是为了今天中午能有一顿非常丰富的午饭。主食我们可以看一看，主食仍然是白粥，大米粥，但是里面已经煮上了南瓜。虽然是粥，但是能够看出来还是挺稠的，基本上可以当米饭来用。
志愿者清洗餐具泡满餐具的水桶	（信息点 2）从灾区到安置点，很多群众来不及转移家中的很多东西，尤其是餐具，所以在安置点，大家吃的用的餐具都是公用的。为了保证餐具的卫生，志愿者们首先用洗洁精的水把碗洗干净，洗干净之后还要用专用的消毒水把碗和筷子浸泡 10 分钟以上，再用清水涮干净。这样可以确保食用的公共餐具的卫生。
记者穿过人群，走向储水桶	（信息点 3）另外一方面，当我们刚刚来到安置点的时候，很多方面是不方便的，尤其是做饭用的水。很多做饭用的水还是稍显有些浑浊。今天，由于生命通道的打通，很多部队的饮用水车已经可以开到安置点了。
记者从水桶里舀起一瓢水水的特写	经过水的净化，水现在的质量还是比较好的。比如我旁边的这个桶。在我刚来的时候，这个桶里的水是稍微有点发黄的，但是今天我们可以看到，这个水还是非常清澈。

---

① 《记者探访龙头山镇安置点》，2014 年 8 月 7 日中央电视台《新闻直播间》栏目播出。

案例 7-12①

【记者出镜】

在避难所我们了解到,很多灾民是直接住在自己的私家车里,但也有人是在操场上直接搭起了帐篷。不过我们发现像现在帐篷的面料非常轻薄,在当地最低气温只有 0℃ 的情况下,很难抵挡严寒。不过,很多灾民告诉我们说,除了基本的食物、饮用水和御寒物资之外,其实他们更稀缺的是一个明确的信息,他们都希望政府能告诉他们究竟他们现在是否安全,或者说哪里才是安全的。

安置点探访报道的内容,都是基于日常生活的基本需求展开的。出镜记者一边观察、一边展示、一边介绍关于吃穿住行的细节,如晚上吃什么、碗筷消毒怎么办、帐篷够不够厚等等,看似琐碎平常,却蕴含着深远的意义。

作为一个过渡性的应急场所,安置点的细节做得越到位,灾区群众的日常生活越有保障,人心越稳定。因此,在安置点,出镜记者不用刻意追求"生命救援""万众一心""千方百计保证"等宏大叙事,在这些生活细节里,就能真切地感受到灾区群众目前的生活状态。

4. 调度现场,集中主题

地震带来的灾害常常具有持续性,并且伴随着一系列次生灾害,将在一段时间内持续影响灾区。因此,在进入应急处置的第二、第三阶段后,整个处置系统往往更为复杂。有时,一个看似独立的问题,例如安置点位置选择,实际上处理起来会牵扯到道路抢通、卫生防疫、监测避险、安置转移等若干个系统,形成互相交错的复杂问题。

问题分散而复杂,报道却需要相对集中。面对这样的情况,出镜记者可以将一系列问题集中在一个主题下,找到彼此之间的内在逻辑连接,通过调度临近范围内的几个现场,将其统一在一个报道范围内。

案例 7-13②

《四台净水车运抵灾区,今早启用》,2014 年 8 月 6 日中央电视台《新闻直播间》栏目播出

---

① 《日本强震:核泄漏引发恐慌 灾民大规模外撤》,2011 年 3 月 14 日中央电视台《朝闻天下》栏目播出。

② 《四台净水车运抵灾区,今早启用》,2014 年 8 月 6 日中央电视台《新闻直播间》栏目播出。

画面	记者出镜
龙门乡镇上一条街道旁的小溪,水泛着黄色,十分浑浊  记者用手捞起浑水 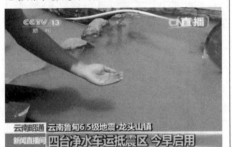	(信息点1)此前一直关注此次震区报道的朋友一定记得这样一条新闻,在震区有救援官兵用浑水煮面,这件事牵动了很多人的心。大家看,这条河就是穿越小镇的一条小溪,当地人告诉我,这条溪是从井水里抽出来的景观小溪,原本是清幽幽的,但是地震之后,变得特别混浊。他们还说,水质应该没有问题,应该是地震之后整个水系受到了污染。前两天,这里的自来水断了之后,很多老百姓用这个水进行简单的沉淀之后饮用,甚至有一部分老百姓用它来洗澡。
记者走到旁边的净水车处 净水车正在工作 	(信息点2)浑水煮面牵动了很多人的心。今天早上我们发现,成都军区联勤部开进了四辆这样的净水车。大家看,这是一辆野战的净水车,整套设备就相当于一个小的自来水处理工厂一样。

续表

画面	记者出镜
记者继续走到净水车附近的存水处。许多居民正在接干净的水 	经过它的处理之后,水就囤积在这儿,两个大水罐。你看,现在有不少居民到这里来取水。这是今天早上刚刚通的水,经过卫生部门检测能够达到国家饮用水标准,据说这能很好地缓解一部分饮用水的压力。整个量是多少呢?每天能够产生 100 到 120 吨水,能够保证 1000 到 1500 人的饮用。同时联勤部还会有净水设备,包括一些简单的净水药品在居民区进行发放。
记者走到旁边一户人家门口,门口堆着一大堆垃圾 疾控中心的战士贴标语 	(信息点 3)我想,水的问题,如果能够得到一定解决,可以说在当地解决了一个大问题。但是现在在灾区还有另外一个问题,是特别不容忽视的问题,就是垃圾问题。大家看,这条街上,每家每户门口都堆着这样的垃圾,这都算是少的。你看,也有人在贴标语了,这是疾控中心的战士正在贴,不要随地大小便。可以说地震之后,整个卫生防疫现在工作压力非常大。

在这个案例中,喝水问题、垃圾问题、防疫问题被统一到了"卫生问题"这一个主题之下。记者从人的基本生存需要——喝水出发,逐步向较为抽象的卫生问题转化。为了更具体地说明这些问题,记者在相对集中的区域内转换了 4 个报道场景,分别为小溪边、净水车、取水处、垃圾堆放点,每一个场景都有正在进行时的新闻现场,让"卫生"这一抽象问题在具体场景中得以充分说明。

组织这一复杂类型报道时,要注意,不同信息点之间的内部逻辑务必严密,对可能产生的前后矛盾、误解有足够的敏感。

曾有一位出镜记者在探访安置点时,先介绍了目前安置点能够领取到饮用水、面包等干粮。之后,转向介绍镇上的生活秩序逐渐恢复,其中一个标志就是菜市场开张了,不少菜农把自己种的菜拿来卖。这就会让人产生疑问:既然都有菜卖了,为什么安置点还只能吃干粮? 是不是因为对安置不重视? 如果有实际困难,那么应该把困难解释清楚,呼吁共同帮助解决。但是很明显,记者没有意识到这二者之间可能产生另一种逻辑关系,反而会对救灾工作产生负面影响。

二、雨雪灾害

(一)雨雪灾害的基本概念

下雨,是再正常不过的天气现象。但是,雨下得太大就成了自然灾害。到了冬天,我国许多地区还会面临暴雪灾害。

1. 暴雨

在气象上,一定时段内,降落到水平地面上(假定无渗漏、蒸发、流失等)的雨水深度叫做雨量。如日降雨量是在 1 日内降落在某面积上的总雨量。目前,我国电视和广播节目中发布的日雨量都是从前一天的早上 8 点到这一天的早上 8 点,代表前一天的雨量。

目前气象预警已经较为成熟,暴雨来临之前,气象部门会向社会发布预警信号,按照由弱到强的顺序,暴雨预警信号分为四级,分别以蓝色、黄色、橙色、红色表示。高强度的降水会导致城市内涝、农田被淹、道路被毁,如果严重,还可能引发水库溃坝、江河决堤,形成洪水灾害。当气象部门发布橙色预警和红色预警时,暴雨可能已经或即将导致江河湖泊水位上涨、地面交通中断、输电线路中断等灾害;应立即寻找安全建筑躲避,等待降雨停止。① 暴雨橙色、红色预警的具体标准如下。

· 暴雨橙色预警:3 小时内降雨量将达 50 毫米以上,或者已达 50 毫米以上且降雨可能持续。

· 暴雨红色预警:3 小时内降雨量将达 100 毫米以上,或者已达 100 毫米以上且降雨可能持续。

按季节的不同,我国有四汛,即桃花汛(春汛)、伏汛(夏汛)、秋汛和凌汛。其中,伏汛和秋汛最大。通常我们所说的汛期主要指这两汛而言。主汛期是含于这两汛之中的极易产生洪水的时间。②

---

① 如何读懂暴雨预警[EB/OL].中国气象网,http://www.cma.gov.cn/kppd/kppdrt/201606/t20160612_313796.html.

② 全国七大江河主汛期[EB/OL].中国气象网,http://www.cma.gov.cn/2011xzt/kpbd/rain-storm/2018050902/201806/t20180620_471251.html.

我国七大江河的主汛期时间主要是:珠江5~7月,海河7~8月,长江6~9月,辽河7~8月,淮河6~8月,松花江7~8月,黄河7~9月。每年汛期来临时,各地记者都要提前做好准备,迎接可能到来的暴雨洪水灾害。

2. 暴雪

暴雪是因为长时间大量降雪造成大范围积雪的一种自然现象。① 暴雪及其伴随的大风降温天气,严重影响甚至破坏交通、通信、输电线路等工程,以及房屋、畜牧业的安全。同样,根据降雪等级,气象部门会发布蓝色、黄色、橙色、红色四种暴雪预警。其中,橙色、红色为高等级预警信号。

· 暴雪橙色预警:6小时内降雪量将达10毫米以上,或者已达10毫米以上且降雪持续,可能或者已经对交通或者农牧业有较大影响。

· 暴雪红色预警:6小时内降雪量将达15毫米以上,或者已达15毫米以上且降雪持续,可能或者已经对交通或者农牧业有较大影响。

(二)暴雨现场报道的方法与注意事项

1. 暴雨现场报道的方法

(1)选择和"人"密切相关的报道点

暴雨引发洪涝灾害,城市内涝、村镇被淹,影响范围大、破坏力强,望去一片泽国。在相对比较广阔的空间里,如何选择报道点呢?

此时,应尽量选择和"人"密切相关的报道点。

新闻因人而生动,暴雨因为影响人们的生活才成为新闻。以城市内涝为例,与在工厂、写字楼报道相比,更合适的是在居民生活区报道。家,是每个人社会生活的最后堡垒,我们通过打造家庭居住环境,精心经营自己的生活。住房被淹,意味着自己的堡垒被侵入了,看着卧室里的床、柜子、电冰箱、洗衣机都泡在水里,再结合着现场讲述一户居民家受灾的过程,"老刘家半夜醒来的时候,突然发现水已经进了自己家门……"观众会马上产生感触。即便不在居民区,在大街上、马路上,也要说明这条街、这条路上来往的都是什么人,人们一般为什么来这里,要去干什么,抢救什么财物? 而不是简单的一句:市民无法出行。

乡镇被淹,一般伴随着农田、鱼塘大面积被淹、损毁,在画面上看过去汪洋一片,非常震撼。然而,出镜记者身边却缺少叙事的抓手,需要主动寻找能直接勾连生活的切入点。如果在鱼塘,不妨捞出一条大鱼,告诉大家现在鱼虾已经养到多大了,能卖多少钱一斤;如果是在稻田,不妨抓取一把稻谷,告诉大家这里种的是什么水稻,大约亩产多少斤? 产值能达到多少? 由此引出当地群

---

① 暴雪预警是个啥? 如何应对? [EB/OL]. 中国气象网,http://www.cma.gov.cn/kppd/kpp-dsytj/201702/t20170220_393773.html.

众损失情况。如果注意到有被洪水围困的孤岛,一定要努力挺进,关注"解围"的过程,甚至用接力报道的方式持续关注。

(2)视觉参照物

不管是深及千尺的寒潭,还是清浅荡漾的池塘,从表面上看过去几乎一模一样。除非使用测量工具,否则单凭肉眼很难判断水深。

因此,出镜记者可以在选择出镜地点时有意识地设计一些视觉参照物。比如站在水中,用自己的身高看会淹没到哪里;城市内涝,地下涵洞桥的积水淹得路边的电线杆没了大半;街道积水,轿车只剩车顶,大槐树变成了西兰花,只剩树冠;乡村农田里,一人高的高粱秆、玉米秆全部被淹没;即便洪水退去,也能看出洪水在墙上浸泡出的痕迹……以上都可以直接说明水深。

参照物的种类可以根据现场情况因地制宜,除了比对水深,还可以借助浮力、冲击力、水面的广度等,将自己置身于多种参照物交叉印证的场景中,丰富关键信息的视觉表达。

2016年夏天,武汉连降暴雨,中心城区内涝严重。以下是中央电视台记者邢彬在一小区内做的现场报道片段。

案例 7-14①

【记者出镜】

我们现在是跟着长江救援队的船进到小区里面。由于旁边的南湖水倒灌,现在小区里的积水情况非常严重。我身后那辆车,水已经快到车顶了,水深得有 1 米 5 左右。那么现在都得靠这样的船只帮助大家进出小区。

【记者出镜】

这位居民住在小区的一层,现在这里就是整个小区一层的位置。水很深,没过了我的大腿,水里的杂物很多,走起来很困难。我们可以看到楼梯上摆着很多行李,应该是住在楼上的人把东西搬下来暂时存在这个地方。

现在我们是进入到了居民的家中。现在整个小区的电已经断掉了,防止有漏电。这个床大家看一下,我往下压一下,看到了吗,完全是飘在水面上的一个状态。

在这段报道中,记者一连用了车、船、自己的大腿处三个参照物来表现水深,最经典的是一楼屋里的床。尽管没有直接说水在居民家中淹了多深,但一张浮起来的床,足以说明水量之大。要注意的是,因为没有电,房间里光线很差,其实从镜头里是很难看出床是浮在水面上的。记者特意按压一下,让观众

---

① 《南湖边小区内涝严重 转移工作持续进行》,2016 年 7 月 8 日中央电视台《朝闻天下》栏目播出。

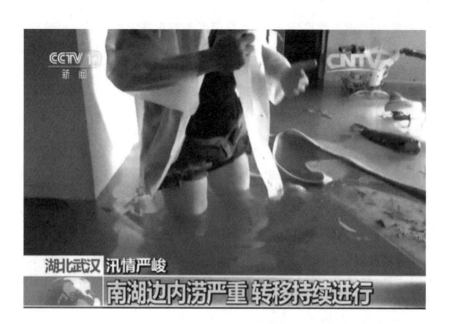

图 7-2 记者用身体展示内涝积水情况

能清晰地看到在记者的动作下,床在水面上上下摆动。

(3)做好资料收集工作

早在北魏时期,水利学家郦道元的四十卷《水经注》,已经对一千多条河流地理、人文进行详尽的注释。搜集某一地区过往汛情的文献,能够直接帮助记者掌握当前汛情,判断灾情走势,发现异常信息。

例如了解当地的地理条件,原本的地势如何,河流走向、日常流量是否易发洪水;当地修筑堤坝、规整河道的历史,目前堤坝内外高差、防汛薄弱点在哪里;近年的人为活动在哪些地方可能对河流水势造成影响;政府防汛部门做了哪些准备工作,《中华人民共和国防汛条例》对此如何规定,这些都是公开资料可以查阅到的信息。

做好资料收集工作,有助于记者在现场报道中提高新闻敏感,选取更合适的新闻角度。1998年九江长江大堤决堤,《中国青年报》记者马少华在报道中敏感地发现大堤断面中,竟然有木板、橡胶以及手指粗细的钢筋。在防洪堤角50米处,甚至有一个工程造价1000万元的"仿古宋城"。而按照国家规定,建筑物距离堤角应至少保持60米距离。这些细节暴露出长江大堤背后的问题,遂报道写作《堵口之后堵什么? ——九江人的思考》。[①] 无独有偶,20年后,

---

① 马少华. 把问题稿改成表扬稿,我怕人笑话[EB/OL]. https://mp. weixin. qq. com/s/cWeW6n4LGwBXqx6yqk7VOQ.

2018年夏天，甘肃发生洪涝灾害，央视记者张鹏军在灾害现场观察地理环境时发现，造成多人死伤的场所是一片临时搭建的商铺饭馆停车场，位置紧紧挨着河堤，更是河道转弯的危险地带，明显属于违章建筑。尽管当地曾下发整改通知书，这片违章建筑却迟迟没有拆除，最终导致悲剧发生。记者敏感地抓住这一问题，将其作为核心信息，在现场报道中呈现。

2. 暴雨现场报道的注意事项

（1）选择没有安全隐患的场景

水是导电体，不管是否正在运行，不要靠近电线杆、电子公交站牌、变压器等大型电子设备，防止漏电。

不要涉险进入河堤危险地段、正处于行洪期的河道，哪怕看起来没有危险。洪水往往突如其来，毫无预兆，避免给自己和他人带来人身危害。

不要轻易进入水深不明的淹没区域。一来防止水深涉险，二来洪水会冲来许多杂物，淹没水下看不清楚，很容易摔倒划伤。如果确有必要，可以先用竹竿等物探明情况。

（2）暴雨现场报道的特殊设备

·话筒：给话筒戴上防风毛罩，摄像机戴上防雨罩，还可以在话筒的防风罩与话筒之间，裹一层保鲜膜以防水。报道完成后要及时吹干、擦干摄像机、话筒的各个接口以及防风罩。

·提前准备剪裁合身的连体雨衣，颜色可以选择白色、透明色，或者蓝色、黄色等荧光色，但不要选择红色、粉色等带有明显喜庆色彩的颜色。

·一双高筒橡胶雨靴，一双能包住整个脚的、带鞋帮的塑料凉鞋或溯溪鞋，因为你不知道积水里会有什么，而橡胶至少是绝缘体。

·多带几身同款同色的换洗衣服和电吹风，淋湿了能赶紧换上，设备和你的鞋都需要电吹风来吹干。

（三）暴雪现场报道的方法与注意事项

1. 暴雪现场报道的方法

（1）用视觉展现雪量

降雪量是一个抽象的概念，出镜记者需要调动各种手段，将它转化为形象的视觉表达。和液态的水流相比，积雪、冰冻等固体形态更加多元，表现方式也更为丰富。

表现积雪的厚度，可以用身体直接丈量，如直接踩一脚进雪堆，告诉大家这个雪深到膝盖；或者用手掌比一下厚度。表现积雪的质感，可以直接从路边捡一块清理出来的雪块，敲一敲让大家听听声音。要表现雪里的含水量大，不如直接摘下手套过去抓一把雪，用手攥一下，很容易就捏成一团。另外，衣服上、帽子上的自然落雪、睫毛上挂着的冰雪……都会让画面更加生动。

(2)广泛关注民生影响

暴雪造成的首要问题是积雪。大雪很沉,50平方米的平顶屋面如果积雪一尺厚,就要承受大约2吨的重压。危旧房屋、牲畜的圈棚、蔬菜大棚等很可能会被雪压垮,因此需要及时加固棚架,从危旧房屋及时撤离人员。此外,电线、通信等基础线路都可能会被冰冻和大雪压得大面积倒塌、短路。

暴雪会带来低温冰冻,只能靠机械、人力除冰铲雪,进展缓慢。因此农牧区和种植、养殖行业需要提前储备饲料,将户外牲畜赶入棚圈喂养,做好防寒保暖的防冻害准备。

暴雪还会对城市交通带来影响。交警部门会根据降雪情况采取限行以及道路封闭措施。因此,这一阶段可以关注道路情况,并配地图直观展示。受降雪影响,高速封闭之后时常会有车辆陷入雪中急需营救、低温导致柴油结冰、大货车被困公路、急救车辆被困高速等紧急情况发生。

如果高速公路封闭时间过长,对公路客运也会造成影响。航班方面,受影响航班数量、滞留人数、航空公司采取哪些措施、机场保障、机场清雪除冰都是要关注的方面。

2. 暴雪现场报道的注意事项

·根据季节的不同,降雪可分为冬雪和春雪。冬雪呈现颗粒状,质地较硬,易堆积。春雪含水量较大,较为松软,易融化。冬雪落地后被机动车反复碾压,会形成结实的雪层,加之机动车排气管滴水,逐渐就把压实的雪层变成了冰面。春雪化得快,如果降雪量大,会被机动车压成不规则的一道道水、雪、冰的混合物。夜晚气温降低后,混合物会结冰,十分湿滑。报道时应根据实际情况注意区分,有所侧重。

·做好防寒保暖工作,可以在腰部、小腹位置加贴暖宝宝,保持核心部位温度。

·戴没有商标的棉帽,帽子上落下的雪正好可以作为形象化表达的工具。在道路旁报道的时候,可以套一件反光背心,雪地刹车距离会变长,这可提示过往车辆提早避让。选择防滑性能好的鞋子,佩戴墨镜防止大雪反光刺伤眼睛。

·在零下20多摄氏度的低温下,电子设备性能会大打折扣,因此用有线话筒更为安全。同样,有线耳机也比蓝牙耳机更靠谱。电池拍摄时间大约只有原先的一半,即便给设备贴上暖贴,工作时间依然大幅缩短。因此,要抓紧拍摄时间。现在市场上已经有专用的低温电池,出门前要确保充满电。

·为了保持手机电量,可以将手机尽量放在较为靠近身体的兜里。以防万一,除了配备充电宝,还可以准备一台最简单的直板手机作为备用。

·在我国西北地区,暴雪一般伴随着大风,被称为"白毛风",能见度极差,行车走路都要注意安全。

　　·选择报道地点的时候注意不要站在积雪的棚内、屋檐下，以防大雪造成垮塌，或者冰凌突然坠落。

三、地质灾害

（一）地质灾害的基本概念

　　地质灾害是指以地质动力活动或地质环境异常变化为主要成因的自然灾害。根据中国气象局的统计，地质气象灾害中，滑坡占了七成以上。

　　滑坡是指山坡在河流冲刷坡脚、降水、地震或人工切坡等因素影响下，土层或岩层整体或分散地顺斜坡向下滑动的现象。其中，暴雨、长时间连续降雨是产生滑坡的最主要的自然原因。[1]泥石流也是较为常见且破坏力巨大的地质气象灾害。和滑坡相比，泥石流多发生于山谷、河谷地带，是大量水流将泥沙、石块等固体碎屑物质一起冲走，形成的比较黏的特殊洪流。和滑坡相比，泥石流最大的特点就是含水量高；而和一般洪水相比，泥石流又带有最高可达80％的固体碎屑物质。因此从高处流下时，破坏力惊人。

　　地质灾害发生在地壳表面，通常都有一定的前兆，监测成为预防地质灾害的有效手段。在我国，原国土资源部、现自然资源部负责地质灾害监测工作，并于2014年4月制定公布了《地质环境监测管理办法》，对地质环境监测活动及监督管理进行了明确的规定。

　　一般来说，山地居多、地形地貌多样、地质构成复杂的地区，发生地质灾害的可能性相对偏高。此外，地震灾害也会增加地质灾害隐患点。四川盆地原本就被群山环绕，在经历了汶川地震、芦山地震、九寨沟地震后，新增大量地质灾害隐患点。2017年四川省地质灾害隐患排查核实地质灾害隐患点达到42209处。[2]

（二）地质灾害现场报道的方法与注意事项

1. 借助道具、"罐头"丰富报道

　　在自然突发事件报道中，地质灾害现场报道的难度非常大。

　　首先，地质灾害是倾覆性的，巨大的山体顷刻间分崩、倒塌，伴随着泥沙倾泻而下，村庄被夷为平地，滑坡土石方量可达数百万立方米，堆积的厚度可达数十米。当出镜记者到达现场之后，多半只会看到破碎的山体和成片的土坡，

---

①　认识地质气象灾害［EB/OL］. 中国气象局，http://www.cma.gov.cn/kppd/kppdrt/201706/t20170629_429491.html.

②　四川省地质灾害隐患野外排查核实全面完成［EB/OL］. 四川省人民政府. http://www.sc.gov.cn/10462/10464/10797/2017/8/1/10429376.shtml.

根本看不到人类生活过的痕迹。（如图 7-3）新闻报道的主角始终是人，无法在现场找到人的痕迹，就难以表现灾害的触目惊心。

图 7-3　记者在泥石流灾害现场进行报道

其次，巨大的滑坡体，使得记者报道缺少参照物。和巨大的滑坡体比起来，站在地面上的摄像师能够拍摄的范围非常狭小、有限。除非动用航拍，否则摄像师很难通过画面表现出现场到底发生了什么，出镜记者也难以在身边找到有效的视觉参照物、承载物。站在滑坡现场的出镜记者，在镜头里看来就像站在一个没有任何视觉标志物的土坡上。麻烦的是，周围也都是一样的土坡。

为了解决这些报道难点，出镜记者需要借助道具、"罐头"来丰富报道。如寻找村庄原有的影像资料，哪怕是一张照片，也可以大略勾勒出村庄原来的样子。此外，地质灾害报道，必然涉及现场山坡、河流、村庄、水库等现场各个主体之间的地理方位关系，滑坡体从山体的什么位置下来，顺着哪个山沟、什么方位下来？村庄原本在河谷的什么地方，在河流的南岸还是北岸？占地多大规模？二者如何相遇？滑坡体进而堵住了河流的哪个位置？这些都是理清事件的基本信息。报道时，可以借助简单的图示、航拍画面或者提供信息请求编辑部制作动画示意图，将现场方位关系梳理清楚，更好地说明事件经过。

2. 注意报道分寸

在应急救援领域，地质灾害救援是公认救援难度最大的。首先，受到地质灾害冲击之后原有人员活动区域发生位移，被困人员掩埋位置不明，即便要确定人员位置都非常困难。其次,地震发生后,倒塌的房屋可能会存在支撑点,留下狭小的缝隙和空间,如果幸存者刚好被困在这个空间里,还有很大的生还可能性。但山体滑坡和泥石流是整片覆盖下来的,周围几乎没有空间,也没有空气,人被困在其中想要生存的概率非常小。[①] 再者,滑坡、泥石流、山体崩塌产生的土石量大,就算调用大量挖掘机,想要清理完也需要很长时间。此外,山体滑坡、泥石流等地质灾害多发生在沿河流地带,作业面狭窄,影响作业效率,又常常由强降雨引发,恶劣天气条件下,土方下的水流还可能导致二次塌方。

基于救援的高难度,出镜记者在报道时要准确把握好报道的分寸与基调,既不盲目乐观,也不渲染悲观,应根据不同的现场灾情和救援情况,及时调适报道基调,肯定救援投入的大量人力物力,审慎报道救援进展。

3. 关注次生灾害

地质灾害改变了山体堆积的方式和位置,周边地理条件发生急剧改变,很可能会形成新的灾害,如形成堰塞湖、阻拦河道、破坏水库等。因此,堰塞体的清理、地质危险点的排查、隐患消除都是地质气象灾害现场报道需要关注的报道点。如舟曲特大山洪泥石流的报道,在现场救援之后,下一个关键节点就是白龙江堰塞体清除和淤泥清理。

地质灾害往往有连带性,在一处发生后,很可能会引发附近有相同地质条件的二次灾害。因此,地质灾害发生后,对周围环境进行调查识别,判断后续灾害的可能性并作出相应处置,是地质灾害应急处置工作的重要任务,也是新闻报道值得关注的信息点。

四、台风

(一)台风的基本概念

台风是热带气旋的一个类别。按世界气象组织定义,热带气旋中心持续风速达到12级即可称为台风。影响我国的台风基本来自西北太平洋地区。每年从5月至11月,热带气旋持续影响东部沿海一线,其中,对海南、广西、广东、福建、台湾、浙江影响最为频繁。

根据国际惯例,台风等级主要包括:

· 强热带风暴,底层中心附近最大风力10~11级;

· 台风,底层中心附近最大风力12~13级;

· 强台风,底层中心附近最大风力14~15级;

---

① 专家:降雨是诱发地质灾害主因 山体滑坡救援难生还概率小[EB/OL]. 浙江在线,http://zjnews.zjol.com.cn/system/2015/11/15/020914124.shtml.

·超强台风,底层中心附近最大风力≥16级。

台风在生成的过程中,中心风力会不断发生变化,因此在实际报道中,记者应关注台风的最新中心风力,根据风力变化改变对台风的准确称呼。

台风风向在北半球地区呈逆时针方向旋转(在南半球则为顺时针方向)。(图7-4)台风中心为低压中心,以气流的垂直运动为主,因此记者在台风眼报道时,总是看到风平浪静、天气晴朗;台风眼附近,尤其是台风眼的右上角,一般为漩涡风雨区,经常掀起狂风巨浪,暴雨如注,破坏性强。

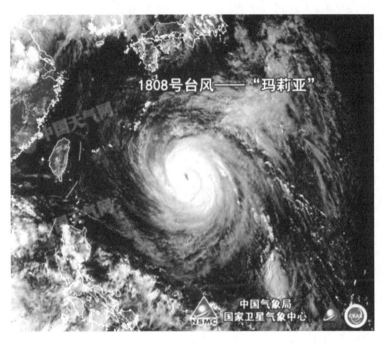

图7-4　2018年8号台风"玛莉亚"卫星云图

台风有三大帮凶,强风、暴雨、风暴潮。台风的风速一般在17米/秒以上,即8级风;甚至在60米/秒以上,即达到17级风。一次台风登陆,降雨中心一天之中可以降下100～300毫米的大暴雨,甚至可达到500～800毫米。台风暴雨造成的洪涝灾害,是最具危险性的灾害。风暴潮则是当台风向陆地逼近时,海水堆积、潮位猛涨,水浪排山倒海式地向海岸压去。强台风的风暴潮能使沿海水位推升5～6米。[1]

目前,天气预报系统能够在台风登陆前3～5天开始预测台风的行进路

---

[1]　中国气象局气象宣传与科普中心. 台风登陆知多少[EB/OL]. http://www.cma.gov.cn/kp-pd/kppdrt/201507/t20150709_287439.html.

线、风力级别、影响范围,并形成台风路径实时发布系统,通过手机 APP 即可查询。因此应对台风,"防"大于"抗",记者报道时应注意内容重点相应调整。

(二)台风现场报道的方法与注意事项

1. 选择能体现风雨的出镜地点

台风带来的风雨究竟大到什么程度,是台风现场报道中首先需要说明的重要信息点。因此,记者应选择能够直接体现风雨强度的标志性地点作为出镜地点,例如风大浪涌的海边、急风骤雨的城市街道等。

案例 7-15[①]
【记者出镜】

我现在所在的位置是福鼎市市区,那么今年第 8 号超强台风桑美已于下午 5 点 30 分在这边福鼎登陆,风力实在是太强了,我整个人就快要被吹飞了,只能抓住这棵树,我整个人都快崩溃了。那么暴雨从四面八方不断砸到我的脸上,非常的痛,我的眼睛已经睁不开了。

案例 7-16[②]
【记者出镜】

我所在的位置是舟山普陀的东港,可以看到随着台风的登陆,现在是风雨交加,在我讲的过程中可以明显感觉到雨点往嘴巴里面灌进来。在我旁边这条路本来是主干道,现在已经被雨水全部淹掉了。在我右手边的这个位置可以看到,有三棵树被吹倒了,同时旁边还有一个广告牌,也被吹倒了。

在这两个案例中,出镜记者将自己置身于风雨中,体验台风带来的风雨力量。在这样的体验式报道中,出镜记者自身就是风雨程度的参照物,让观众仿佛也置身风雨之中。

出镜记者的敬业精神值得肯定,不过需要注意的是,台风登陆时中心风速达到 12 级以上,在这个风力下,人根本无法站立,甚至可能发生安全事故。因此,为了安全考虑,记者在选择出镜地点时应综合考虑安全与报道的双重需要。既体现风雨强度,又不至于以身犯险,同时要做好安全工作,如佩戴安全帽、拴好安全绳,避开可能存在广告牌垮塌、树木倒伏等危险的隐患地带。毕竟,没有什么报道比你的生命更宝贵。

---

① 2006 年 8 月 11 日中央电视台《中国新闻》栏目播出。
② 《直击"灿鸿"》特别节目,2015 年 7 月 11 日浙江卫视播出。

我不会为台风网红记者鼓掌,掌声很残忍(节选)①

台风"利奇马"来了,把中国记者吹上了热搜。风中凌乱的各种姿态,火了。人们躲着台风,记者却逆向而行,胖的、瘦的、男的、女的、老的、少的记者,在危险的第一现场给公众带来报道,这种职业精神让人佩服。但我还是想对同行说一句,台风没有新闻,只有残酷,只有及时的信息发布。这是超强台风,是大天灾,没什么值得让记者拿身体、拿命去换的新闻。

还记得前两年广东台风中,一个货车司机在台风中被吹翻的货车压死的场景,监控拍下的这一幕,让人看到了台风残酷一面,台风不管你是记者还是谁。看到一个记者为防止被风吹走,在无坚不摧的台风中把自己绑树上直播,一个180斤的记者调侃自己在台风中显示出了身体优势,一个记者的脸被风吹得完全变形了。朋友圈中的人们觉得好玩,真一点都不好玩,不好笑,不忍心为这样的新闻鼓掌。

记者上了热搜,对灾害报道到底有多大的价值? 说实话,我弄不懂。这种个人英雄主义跟专业有多大关系,我也很不懂。

专业不是可以用"危险"去衬托和强化的,台风场景下,公众更欣赏的专业,应该是用专业的报道告诉公众台风的破坏力,地方提前做了哪些应对,如何保护和防范,台风已造成多大的伤亡,那些伤亡是怎么发生的,那些小人物的不幸经历,城市的防洪基础设施。还有,城市之外,农村,山区,自媒体视域之外,现代媒体体系覆盖不到的救灾盲区,到底情况如何? 这些方面,也许最需要体现媒体报道的专业。

看着社交媒体上的人们欢乐地转发着那些网红表情包,我想,这只是身在台风灾难之外的人们的"消遣",身在台风灾难之中的人们,不会有这样的心情和角度,他们只有不安和无助的表情。我不会为那些因台风而红的记者鼓掌,那种掌声,挺残忍的。

2. 选择大型物体作为参照

为了表现风雨之大,出镜记者可以选择一些参照物,通过这些参照物在风雨中的状况说明台风影响力。

---

① 曹林.我不会为台风网红记者鼓掌,掌声很残忍[EB/OL]. https://mp. weixin. qq. com/s/7DL25kXAZz4DpJpV8H504A.

台风中雨水、大风、雾气交织在一起,画面能见度有限(如图7-5),摄像记者也会因为风雨太大站立不稳,无法对细小物体进行精准对焦。因此,出镜记者在使用参照物时,务必选择较为明显的大型物体。

图 7-5　台风中画面能见度极差

案例 7-17①

【记者出镜】

我所在的位置是一个海边的度假区,但这个度假区在昨天中午就已经关闭了,这个时候我们是看不到有游客的。就在一个小时之前,我们拍摄到了度假区的摩天轮,就在我身旁,在大风大雨的吹拂下有一个非常剧烈的摇晃,我们可以看到装人的轿厢被风吹得上扬,达到了直立的一个角度。我们不敢想象如果有人坐在里面会是什么样的感觉,但是好在整个景区在昨天中午已经关闭,今天也是闭园谢客的状态。

案例 7-18②

【记者出镜】

我们到达这里的时候台风已经登陆几个小时了,按理说风力已经大大减小,但是大家看,我这里有把伞,当我把这把伞打开的时候,疾风突然起来,伞

---

① 《台风"云雀"在上海金山登陆》,2018 年 8 月 3 日中央电视台新闻频道《新闻直播间》栏目播出。

② 《"玛莉亚"来袭》,2018 年 7 月 11 日中央电视台新闻频道《新闻直播间》栏目播出。

瞬间就折断了。

这两个案例中,记者选择用画面中能够拍摄到的大型物体作为参照物。剧烈晃动的摩天轮、骤然折断的伞把、被海水冲刷出的大坑,都在画面中可以表现得非常明显,以此说明台风风力之强。

3. 延伸民生信息

台风报道的价值,不仅是让观众看风大浪急,更重要的是报道台风对当地人民群众生活带来的影响,以及这些影响是否得到足够的应急处置。因此,在报道自然现象的同时,要尽可能延伸更多的民生信息。内容包括:

提前进行的预防措施,如渔船回港、沿海房屋门窗加固、人员撤离、海塘鱼塘加固等。

台风过境产生的次生灾害,如城市积水、山体滑坡等。

台风过境对当地人民生活造成的影响,如水、电、通信等公共基础设施运转情况;渔业、养殖、工厂、商铺、房屋等损失情况。

政府部门应急处置情况,如组织撤离、巡防巡堤、抢险救援等。

总之,要尽可能将台风带来的影响通过一些明确的视觉载体,和受影响的"人"联系起来。

案例 7-19①

【记者出镜】

之前看到了是海上的渔船和渔民回港避风回到了避风的位置,那么依海而居的居民他们的生活因台风发生了什么样的改变呢?大家看,我身旁是一个仓库,仓库的铁栅栏已经在昨天晚上由当地政府和边防官兵、村民们一起用木板给加固完成了。大家看,非常非常的结实。【记者用手摇动木板】那么除此之外,我们退后几步再往上看,这个楼上不是铁栅栏的门,这个楼上是玻璃已经用红色的木板进行非常严密的加固,那么这也是福建沿海居民最常用的防台风的方式。这也告诉我们整个福建沿海已经严阵以待,做好了防台风的充分准备。

案例 7-20②

【记者出镜】

今天上午 5 点,因为非常接近台风中心,风浪都比较小。当时,在我身后的码头,甚至有渔民试图想把渔船开出外海进行作业。当地的渔民告诉我,因

---

① 《台风苏迪罗逼近,风大浪急》,2015 年 8 月 8 日中央电视台《新闻直播间》栏目播出。

② 《防抗台风鲇鱼特别报道》,2016 年 9 月 28 日东南卫视播出。

为台风到来的时候海面上的风浪非常汹涌,这时候会把海底非常丰富的鱼货翻到上层的海面,这个时候渔民如果出去捕鱼的话,就可能用相同的成本获得更多的鱼货。但是这个行为幸好是被正在巡逻的边防官兵发现及时制止,否则到9点多大潮大浪的时候,很可能发生危险。

这一组案例中,出镜记者选择的信息点都与海边人们的生活相关,观众可以感受到海边居民在不断和大自然的博弈中,用勇气和智慧谋求生存空间的精神力量,也了解到政府相关安全措施。这比单纯地播报风浪强度更有价值。

第四节　人为突发事件现场报道

一、人为突发事件现场报道的整体把握

德国著名社会学家乌尔里希·贝克在其著作《风险社会:新的现代性之路》开篇写道:"生产力在现代化进程中的指数式增长,使风险和潜在自我的威胁的释放达到了前所未有的程度。"经济技术的高速发展,使得各种人工系统之间的联系越来越紧密,世界被铆合成一个紧密而复杂的体系,随之而来的是日益增长的社会风险。各类人为突发事件发生日趋频繁,影响力不断扩大,成为威胁现代人生存安全的隐患。

人为突发事件,指由于人为因素而引发的突发事件。在突发事件的四种类型中,除了自然突发事件,都属于人为因素引发的突发事件。其中,日常新闻中较常见的多为事故灾难。公共卫生事件和社会安全事件发生几率相对较小,可一旦发生,会对社会生活产生巨大影响。

人为突发事件的现场报道应遵循"抢报事实,慎报原因"的原则。

抢报事实,是对民众知情权的尊重,是推动事实公开、应对网络谣言、稳定社会秩序的必要手段。一些政府部门、企业单位出于自身利益考量,一遇到责任事故,第一反应是"瞒、堵、缓",能瞒就瞒,瞒不住就堵,堵不住就拖,就是不愿意正面公开事故信息。如2002年山西省阳泉沟煤矿特大瓦斯爆炸事故、2003年山西繁峙金矿矿难、2005年松花江水污染事故,都是在新闻媒体强势介入之后才掀开事实的盖子。进入媒体融合时代,网络传播无处不在,人为突发事件发生后想要隐瞒已经很难,同时大量不实信息也随着网络加速传播。主流新闻媒体的有效介入,不但能够满足公众对于新闻信息的迫切渴求,还起到打击谣言、疏导社会压力、安抚社会情绪的积极作用。

慎报原因,是对新闻事实与当事人基本权利的尊重。与天灾相比,人祸因

人而起,往往是可以避免的,却因为各种原因不幸发生。这通常与社会制度、管理体系不够完善有直接关联,因此更容易引起公众情绪反应。人们渴望第一时间获取事件信息的同时,还对事故背后的原因、责任认定有着天然的急迫,希望能够了解事故发生的原因,追查事故责任人,封堵制度漏洞,建设更加完善的社会体系。然而事故责任不是短时间内可以马上理清的,就连最普通的城市交通事故,也需要交警现场勘查、调取监控以后才能认定责任。这个调查过程短则数天,长则三四个月。贸然发布,一旦失实,形成错误的舆论压力,可能会对当事人产生无可挽回的伤害,并影响真正的调查行动。因此,在人为突发事件中,必须按捺住第一时间问责的冲动,先把事情搞清楚,尽可能详尽报道事实,这实际上也将对最终的责任认定起到积极作用。

二、人为突发事件现场报道的方法

如今,人为突发事件的可能性越来越多,难以尽数,也很难以选题内容为分类标准进行整理。然而,不管具体是哪种事故,记者都需要在第一时间掌握事实信息。

(一)关键信息点有哪些

第一时间从凌乱的现场抓住关键信息点,是出镜记者现场报道必须完成的核心任务。人为突发事件现场报道的关键信息点包括:

·确切的人员伤亡情况及其他事故后果。如果救援已经进行了一段时间,权威部门会有相对比较准确的数据。这也是出镜记者报道的首选数据来源。但是如果记者到达现场的速度甚至超过了相关政府部门,那么,可以根据现场观察以及当事人、目击者的叙述得到一个大概的数字,并在报道中传递出去。但是在报道时必须说明数据的来源,并且明确地告诉观众,这还只是一个来自现场的初步数据,接下来会有权威部门给出更为准确的伤亡人数。此外,还包括死伤者的姓名、身份、年龄、死伤原因等基本信息。

其他事故后果指事故在人员伤亡以外的其他负面影响,如直接经济财物损失、间接损失、损失原因等。

·事故发生的过程。包括事故发生的时间、地点、过程,相关当事人在事故发生过程中的具体行为、言语。这部分信息可以从幸存者那里了解到。还原事故过程,不仅让观众了解事件本身信息,还会对事故原因乃至责任判定产生一定影响。

·救援进展与伤情救治情况。如救助的计划、方法、已实施的救助、遇到的困难、需要的救助等;伤员送到医院后的伤情、治疗方案、治疗效果以及未来康复预期等。和自然突发事件相比,责任事故的救援往往更为复杂。以一次矿井透水事故救援为例,井下救援是一个系统性、专业化工程,救援人员需要充分探知井下情况,拟定一套科学的救援方案,调动排水、电力、医疗等多个系统,在保障救援人员安全的前提下,一边对事故进行技术处理,一边抢救人员。因此,人为事故的救援过程往往持续较长时间,技术专业性很强,需要格外注重信息的梳理、总结。

• 衍生应急处置情况。人为突发事件大多不是孤立的事件,一个系统出现的问题往往会在社会链条的上下游引起连锁反应。如化学水污染事件发生后,涉及城市居民饮水问题如何解决?化学污染如何阻断?是否会产生其他连锁反应?食品安全问题爆发后,对受害者该如何治疗?如何赔偿?城市火灾发生后,涉及周围建筑物安全、居民如何安置?高速公路交通事故发生后,道路在多大范围内被封闭?哪些地区的交通被阻断?该如何绕行?等等。由于事出人为,社会上容易产生抵触情绪,需要给予尽可能详细的事实报道,引导人们及时应对,同时疏导社会情绪。

• 事故调查进展。人为突发事件多为责任事故,《突发事件应对法》规定,根据事故等级、种类的不同,由相应的主管部门负责牵头成立不同级别的调查组,对事故进行详尽调查,并对社会公布调查结果。事故调查一般在事故救援结束后就会马上展开或者与救援同步进行。这一部分内容需持续跟进,推动相关防范体系进一步完善。

(二)事件过程无法记录怎么办

暴雨洪水等自然灾害往往具有一定持续性,而人为突发事件持续时间相对较短,事故总是在一瞬间发生,引发严重后果。出镜记者几乎不可能完整记录事故发生的过程。

应对这种情况,出镜记者可以通过调取相关视频记录,如监控画面等进行画面补充,也可以牢牢抓住事故发生的核心现场,利用事故在现场环境留下的种种视觉痕迹,结合采访信息,还原事故过程。

2010年8月,河南航空有限公司一架从哈尔滨飞往伊春的飞机在黑龙江省伊春市坠毁,部分乘客在坠毁时被甩出机舱。机上乘客共计96人,其中44人遇难,52人受伤。在救援结束之后,记者在坠机地点进行报道。

案例 7-21①

【记者出镜】

这里有一个手册,一个飞行手册,这个比较完整。在我后面呢,这个地方就是前部的这个客舱,据说在发生坠毁之后,在这个地方的遇难者是比较多的。而坠毁之后,有一部分人是被这个飞机甩了出去,在这边大概有二三十米

---

① 《记者直击坠机现场》,2010年8月24日中央电视台《第一时间》栏目播出。

远的地方,甩到那个方向,大概有八个人。那么绝大多数的人呢,遇难者一个是在这个部位,一个是在机尾。

我们再往后面再看一看机尾那边的情况。据说昨天晚上有雾,天气的那个雾很大。而且从我们现场能够看到的这个情况来看啊,这个飞机并没有在机场里边。大家现在可以看到,我脚下全是非常泥泞的这样的一个泥土路。距离后面,我们的摄像镜头给一个镜头,距离后面大约有 500 米的地方,那个地方亮着灯,那个地方才是真正的机场跑道,所以现在可以完全断定这个飞机并没有失事在这个机场里边,而是在(机场)外面。

这个是飞机的整个中部,这个地方人员逃生的是比较多的,断裂之后的人员被甩出,同时有一些人,那是从安全门等一些地方跑了出来。后面由于着火了,后面那个地方相对来讲遇难的人比较多,就在后面那个地方,大家可以看到连座位的这个痕迹都看不出来了,可以看出当时着火的这个情况。

在不破坏现场的前提下,记者以飞机坠毁后机舱的不同情况为线索,一路观察现场留下的痕迹,如飞行手册、中部断裂处、坠毁地点周边环境等视觉信息,结合背景信息,对这些痕迹进行记录和解读,将飞机坠毁时的过程尽可能进行还原。

(三)救援过程拍不到怎么办

现代生产生活的半径早已超越陆地空间,从水下百米到万米高空,从地下隧道到高原荒野,这些场景往往需要特种设备才能进入。这导致许多人为突发事件的救援过程无法拍摄。如煤矿事故需要井下救援,危险系数高、风险大,同时摄像机、话筒靠电池、无线电进行工作,在瓦斯超标的情况下可能存在安全隐患。船难需要进行水下救援,一般情况下很难清晰拍摄到水下救援的过程。飞机在飞行过程中遇到险情,更是只能依靠飞行员当时的应急反应,除了航班旅客零散的现场视频,没有更多视觉表现手段。森林大火火线太过危险,且面积太大,拍摄危险且信息点有限……遇到这类情况,出镜记者该怎么办呢?

方法一:记者通过采访了解救援过程,然后进行充分的提炼、组织。此时,没有现场,就意味着记者的描述基本都是转述救援人员、当事人的话,因此,较强的复述能力、细节抓取能力、语言组织能力成为此时出镜记者赖以生存的法宝。在报道过程中,记者可以要求编辑部协助制作动画示意图,或者干脆自己在采访本、白板上手绘一个示意图,帮助观众以直观方式理解信息,弥补画面空缺。

案例 7-22①

【记者出镜】

我现在就是在武汉市武昌医院的院区之内。在我身后这个楼里面，包括其他的病区，住着五百多名发热的患者，他们正在与病魔做着抗争。那么我们现在其实离我们的隔离区呢，也就是一步之遥。大家看呀，我身后有一个白色的栏杆。那这个白色的栏杆进去之后，我们看到很多人都穿着这个隔离服，也就是我们的隔离区了。这里栏杆上写着非医务人员禁止入内，也就是说我们现在整个院区里面医务人员的通道和我们的病人通道是分开的。这一点非常重要，防止交叉感染。

1月27号的时候，我们空军大学医疗队的一百五十人入住这里，全面接管了这里的重症病区的一些治疗的工作。他们带给这个医院最大的变化是让这个医院动了起来。怎么说呢？因为现在每天其实发热的病人要去入院的时候，我们整个医院里面的运作已经非常饱和了。所以说什么样的人确诊能够进来治疗，什么样的人确定他是治好之后可以出院？这一点就要通过我们的病毒核酸检测来做一个最后的结果作为参考。空军军医大学医疗队进驻了之后呢，也带来了检测的设备和人员。有了这些检测之后，我们医院谁可以进，谁可以出就能够有所依据。（略）……我们今天的直播中也邀请到了咱们空军军医大学医疗队的队长王生成，来和我们一块儿做一个解读。您好。给观众介绍一下我们医疗队进驻之后核酸检测最新的工作情况。

【同期声】

中国人民解放军空军军医大学医疗队队长 王生成

您好，是这样的，我们带来了专业的人员和专业的设备。……（略）

记者：目前来说我们的检测力量怎么样？包括我们每天的工作量有多大？

队长：现在检测力量我们带了两名的专业人员，24 小时轮换班，进行检测。我们刚开始呢每天大概能做 60 多人份。现在满负荷呢，每天能做 100 到 120 人份，昨天的就做了 120 人份。

记者：好的，谢谢您们辛苦。（有删减）

出于疫情防控的需要，医院处于封闭状态，非医务人员不能入内。这就意味着，记者无法进入医院观察到相关的救治现场。但记者并没有就此停步，通过采访、观察、纪录，再将这些信息组织起来，集中报道隔离区里的救治情况，展现出在党的坚强领导下，人民子弟兵、医护人员无私奉献，人民群众万众一心，打赢武汉保卫战的坚强力量和有效措施，凸显生命至上、举国同心、舍生忘

---

① 《战疫情特别报道·探访武汉市武昌医院》，中央电视台新闻频道 2020 年 1 月 30 日播出

死、尊重科学、命运与共的伟大抗疫精神。

方法二:抓住相关视觉信息,延伸带动救援现场报道。以水下救援为例,尽管潜水员下水之后,如何摸排打捞的过程记者看不到,但救援母船总是稳稳停在水面上,总有一些和水下救援相关联的视觉信息。在2015年长江"东方之星"号客轮沉船事故报道中,许多记者都充分利用了水面上能看到的信息来带动水下救援的情况描述。如用船甲板上的设备支持引出潜水员下潜会遇到的情况;用辅助船只正在扶正遇难船只的动态,引出水下船只是斜着倒扣的,给救援带来许多困难;用夜晚救援船只密集的灯光,表现救援一刻未停。

方法三:从救援人员入手,获取相关信息。救援人员是连通救援现场和外界的媒介,又是救援当事人,他们身上的很多细节都能传递信息。尤其是录播报道,可以通过和救援人员一起走一段路,通过观察、采访,体会救援人员的工作状态,展现救援难点和救援进度。

案例 7-23[①]

【记者出镜】

我们现在距离北线火点已经只有不到 900 米左右的距离,从我们现在这个地方已经可以隐约地看到山上的火点。现在路越来越难走,装甲车也没有办法再前进了,于是我们就和增援力量一起徒步前进。在装甲车的停靠点,我们遇到了一位正在煮面的小战士。

【同期声】

战士 1:提供的矿泉水喝完之后就喝从山沟里流下来的水。山上有方便面的时候吃方便面,没有的时候吃自己背包里准备的八宝粥火腿肠,灭火的时候提前准备。

战士 2:基本上路上都是这些东西(植物),你看,长得特别短特别尖的这种锐刺,走过的时候透过衣服扎到人的皮肉上。

战士 3:每天晚上都是在火线的边缘住宿,我们尽量做好防寒保暖措施,但是夜晚的温度确实也比较低,现在风力也比较大,只能尽量在火线边缘找避风的位置。

【记者出镜】

现在是 5 月 5 日凌晨零点,经过了一个小时的装甲车车程,1 个小时沼泽徒步和 2 个小时的山路,我们终于到达了北线火点。在 3 个小时之前,我现在所在的这个地方还是灭火的第一线,但现在可以看到,这个地方已经重新恢复

---

① 《记者深夜探访火线边缘的武警战士》,中央电视台新闻频道 2017 年 5 月 5 日《东方时空》栏目播出。

平静。

一线的战士们经过了两天两夜的奋战,现在正在烤着火。经过短暂的休息,明天等待着他们的还有非常艰巨的任务。

三、人为突发事件现场报道的注意事项

(一)遇到阻挠,灵活应对

出镜记者和报道团队在新闻现场如同"天外来客",很难不引起周围人员的注意。如果遇到有人阻挠报道,怎么办?

首先,弄明白阻挠你报道的人是谁,这直接关系到对"阻挠"这一行为的性质判断。

为了维护现场秩序,提高救援效率,相关部门会组织安保力量对现场进行管控。但是,许多大型人为突发事件涉及多个部门,各个部门根据自身需要,都可能派遣人员进行秩序维护,容易形成一些交叉管理地带。有时,即便出镜记者已经与一个部门达成报道共识,仍可能在现场遇到另一相关部门。由于不了解记者报道意图、内容,相关部门出于警惕,几乎是本能地进行阻挠。对于此类因为沟通不畅造成的误解,记者直接与相关部门现场指挥进行沟通,或委托当地宣传部门进行协调即可。

一些社会公共安全事件不适合进行现场报道,尤其不能直播报道,如恐怖袭击、绑架等犯罪行为。如果犯罪行为还在进行中,记者的报道很可能会泄露不该泄露的信息,危害生命安全。2010 年 8 月 23 日,一辆装载 25 人(包括 22 名香港乘客)的旅游车在菲律宾马尼拉市中心被菲律宾前警察劫持。电视画面直播了菲律宾人质事件的全程,导致劫匪在警察行动之前就了解了警察部署,间接导致最后营救失败,8 人遇难。对于这一类事件,如果警方认为不适合进行现场报道,那么记者应该从挽救生命的角度出发,服从警方安排。

较为恶劣的情况是事故相关责任方刻意阻挠记者报道,试图隐瞒信息。实际上,这种行为在信息时代无法掩盖事实,还可能会引发更严重的后果。2005 年松花江水污染事件因为信息公开不及时,污染物顺着松花江流入俄罗斯境内,形成国际争端,影响国家形象。遇到这种情况,出镜记者能做的关键是抢时效,在封锁还没有形成之前,直接通过直播现场报道将事件信息快速准确地报道出去。2008 年 9 月 8 日,山西襄汾一尾矿发生事故,当地设立了三重警戒线准备拦截记者,谁知,中央电视台的卫星车早已开进了最核心的地带。记者在现场以事实说话,在连线报道中率先报出这是一起人为事故,而不

是自然灾害。①

（二）尊重专业，快速学习

许多人为突发事件从事件发生到应对处理、责任追究，往往具有比较强的专业性，记者不能总是用一些模棱两可的话含混过关，更不能不假思索想当然地断章取义，导致报道失实。对此，只能平时多注重积累、临场快速学习，即便无法快速达到专业人士的水平，也要对这一专业体系有大概的了解。

专业知识包括两方面内容。首先是事件本身的专业性。如食品生产、化学品安全都涉及生物、化学制品的成分分析；房屋坍塌涉及建筑物构造；疾病疫情涉及传染病医学；火车事故涉及铁路调度体系；等等。对于有些内容，甚至连专家也可能会有多种不同意见。因此，记者需要平时多注意广泛阅读、积累，对这些专业内容有基本框架性认知，才能临场不慌。

还有一类专业知识是为了维护社会正常运转而设定的法律法规，如《道路交通安全法》《危险化学品安全管理条例》《食品安全法》《煤矿安全生产标准化基本要求》等。许多人为突发事件都是由于责任人违反相关法律法规，才导致严重后果。出镜记者在梳理整体事件经过的时候，出于对此类法律的熟悉与敏感，能够意识到可能在哪个环节出了问题，以此为导向展开现场观察、采访，往往能够有的放矢，精准捕获有效信息。

（三）注重书证，掌握分寸

人为突发事件的意外发生，意味着原本正常运行的社会中某个环节出现了问题，或因为管理制度的漏洞，或由于相关责任人渎职、故意破坏，导致出现危害社会的后果。有些事件影响面广、危害大，对社会秩序具有很大破坏性，尤其需要谨慎处理、掌握分寸。

首先，人为突发事件涉及事后责任认定与追究，因此在报道中对关键信息必须注重书面证据的采集，确保每个可能涉及责任认定的信息都有可查证的出处，例如与采访对象交流的音视频证据，并且保证手里的证据可以形成完整的逻辑链条。如报道一次交通事故，监控录像、交警出具的责任认定书、车辆碰撞痕迹等都是具有效力的书面证据；一次在公共场所发生的火灾，涉事单位是否持有消防许可证，单位消防制度是否有成文规定，消防管理检查记录是否完善，都需要通过书面证据来确认。

其次，由于责任信息有一个逐步认定的过程，为了避免从中转述出现问题，重要信息的发布必须说明信源，或者通过对信源的采访，让对方直接向社会公布。如一次事故救援中确认没有生还者、宣布结束救援、宣布事故原因、责任分配等关键信息。

---

① 张鸥.直播幕后:电视突发直播一线手记[M].北京:北京师范大学出版社,2013:264.

再次，从社会健康、稳定发展的角度出发，对人为突发事件的报道必须审时度势，把握社会情绪、掌握报道分寸。既不刻意煽动社会情绪，也不掩盖事实真相，合理掌控报道的时机、分寸，达到最有利于社会健康稳定发展的传播效果。

本章小结

2003 年以来，我国的突发事件现场报道经历了一个快速发展的阶段。如今，突发应急机制建设完善，信息公开成为常态，每当有突发事件发生时，出镜记者总是第一时间到达现场，及时传递新闻信息、引导社会舆论、推动事件处置。另一方面，现代社会引发突发事件的因素越来越多，突发事件呈现出的突发性、破坏性、复杂性程度也日渐提高，出镜记者面临更大挑战。

突发事件可以分为自然灾害突发事件与人为突发事件两大类型，其中，常见的自然灾害包括地震灾害、雨雪灾害、地质灾害、台风等；人为突发事件则主要包括事故灾难、公共卫生事件和社会安全事件。不管是哪种类型的突发事件报道，从事件发生发展的时间脉络来说，可以分为三个阶段，首先是事件信息和应急处置，之后是安置与善后，最后是重建与反思。处于不同的阶段，报道内容会有不同的关注焦点。

从报道方法来说，突发事件之所以值得人们关注，就是因为已经造成或可能对社会产生严重危害，需要采取紧急措施予以应对。因此，突发事件现场报道的核心依然在于对灾难中"人"的关注，生命优先、以人为本，调动多种视听手段，展现与"人"相关的信息。人为突发事件则更应强调"抢报事实，慎报原因"的原则，第一时间报道权威信息，疏散社会谣言与恐惧；同时根据法律规定，安排报道内容，协调报道时机。

突发报道是出镜记者必经的试炼，在锤炼出镜记者业务能力的同时，也考验着记者的心理素养。当人间冷暖、生死离别都在眼前，出镜记者只有自我内心强大，才能勇敢面对，在一次次报道中完成自我蜕变。

思考题

1. 突发事件的含义与特点是什么？为什么人们要关注突发事件？

2. 认真阅读《国家突发事件总体应急预案》《突发事件应对法》，想一想，突发事件现场报道的三个阶段和其中的哪些部分相对应？

3. 为什么突发事件现场报道始终要坚持"以人为本"？又该如何体现"以人为本"？

4. 自然灾害突发事件中可能会有哪些人为因素？如何在现场报道中予以展现？

5. 为什么人为突发事件要坚持"抢报事实、慎报原因"的原则？

练习题

1. 小组讨论：某地发生 7 级地震，此时你们因为其他报道任务，就在距离 50 公里的隔壁市镇进行直播报道。当地也在地震中受到了严重损失。此时，你们该怎么办？为什么？

2. 搜寻地震救援优秀现场报道，分析如何利用现场，展现救援过程。

3. 地质灾害报道的难点是什么？你有什么办法来克服？

4. 当台风登陆时，除了在风中声嘶力竭地报道，你还有什么好的办法？

5. 根据你所处的区域特点，总结一份你自己的自然灾害突发事件报道手册，包括注意事项、典型报道方法、拍摄装备、个人物品等。

6. 你所在的地区，发生过哪些让人印象深刻的人为突发事件？相关管理体系是如何规定的？搜集相关规定并寻找其中最容易出现问题的关节。

7. 小组讨论：假设你作为直播记者，前往报道一次矿难事故。但是被不明人士挡在门外，无法进入矿区，此时，你会怎么办？请根据不同情况可能，给出三套解决方案。

8. 以小组为单位，在一个月内完成一条突发事件现场报道，时长约 3 分钟。

第八章 非突发事件现场报道

除了突发事件,新闻事件基本具有一定的可预测性。记者通过发现和掌握新闻线索,初步了解新闻事实,能够对新闻事件有一个预判,提前进行策划,以最为合适的报道方式呈现信息。尽管非突发事件报道选题包罗万象,但在报道流程、报道特点、报道形态上具备一定共通性。因此,我们将其归拢在一个范畴内进行讨论,然后选取一些常见的非突发事件报道类型,进行报道方法的具体解说。

第一节 非突发事件现场报道概论

一、非突发事件现场报道的特点

(一)提前预知,部分掌控

记者在非突发事件新闻报道中往往具有较强的主动性,可以通过多种方法主动发掘选题。目前,大多数新闻单位的记者仍会根据不同的社会领域、专业方向分成不同的"线",如时政、经济、农业、文化、法制等等。"跑线"记者对该领域有着较为持久、深入的了解,人脉广,消息灵,能够不断发现新选题。

正因为这种操作模式,大多数非突发事件新闻报道,记者都能提前一定时间掌握线索,了解事件的大致情况。如每一年的全国两会,会向媒体提前知会当年会议的重点;一次重要案件的庭审,法院会提前公示,并与媒体约定能够拍摄的范围与内容;一次节庆活动,更是在数日乃至数月之前就开始策划宣传。而一些主题性较强的报道则是媒体进行议程设置的一种方式,需要记者主动寻找相关选题,策划报道。不过,这种预知只能帮助记者实现对现场的部分掌控。

首先,对于还没有发生的事情,预知只能是总体、概括上的了解,无法准确预测新闻现场的每一个细节。在事件真正发生的过程中,新的事实不断产生,充盈记者的所见所闻,形成报道内容主体。例如一次节庆活动报道,尽管记者手里拿着详细的活动策划,对活动的大概情况、设计亮点有一个基本框架式的了解,但是活动到底是什么样子,会有哪些精彩的瞬间,却只有活动真正进行了之后才能充分了解。其次,新闻事件的发展往往具有一定的不确定性,即便之前已经做了万全的准备,新闻现场还是常常出现各种意外情况,需要记者临场应变,根据实际情况调整报道重点。

新闻事件的魅力在于未知,正因为有了未知作引领,其价值才能充分显现出来。非突发事件的现场报道,因为提前预知,出镜记者能够对事件有部分掌控,但报道的控制权永远只能有一半,另外一半仍然要让位给未知的新闻现场。

(二)依托策划,设计形态

哈佛管理丛书曾给出过关于策划比较权威的定义:"策划是一种程序,在本质上是一种运用脑力的理性行为。基本上所有的策划都是关于未来事物的,也就是说,策划是针对未来要发生的事情作当前的决策。换言之,决策是找出事物因果关系,衡度未来可采取之图景,以为目前决策之依据。"①

新闻策划分为两种类型,一种是新闻事件策划,是在一定条件下,新闻传媒为新闻事件的发生创造条件,②催化新闻事件向着某个方向前进。一种是新闻报道策划,是"提前对节目的未来状态构成一个基本提纲,形成可操作性的东西,使节目成为可把握的东西"③,最终目的是更好地利用现有新闻线索完成报道。两种策划之间的关系较为复杂,在这里不做展开讨论,仅涉及与出镜记者工作直接相关的现场报道策划。

短则数小时,长则数月乃至数年,报道非突发事件,记者总是能够提前一段时间了解事件的大致情况,这给报道策划留下了一定空间。

首先,出镜记者需要了解事实的基本情况,在内容上明确主题方向,在情感上确定报道基调,拟定报道的大致框架。这一部分在第三章已有详细论述。

其次,基于现场报道的特殊要求,非突发事件现场报道需要出镜记者有意识地策划表现形态,细化拍摄方案,充分激发视听语言与类人际传播叠加互动的魅力。例如出镜记者在不违背事实的前提下对构成事件的各项元素进行调度;例如出镜记者根据现场情况,拟定拍摄路线,设计记者与镜头配合的现场报道方案;在条件具备的情况下,还可以有更为复杂的设计,例如引入虚拟现实技术,在实景上添加虚拟数字、图像,形成新的画面语言,甚至构建时空穿梭;这些都能够有效提高现场报道的表现力、感染力。

① 转引自滕礼.报纸策划引论——如何办出一份畅销报纸[M].北京:新华出版社,2001:30.

② 丁柏铨.中国当代理论新闻学[M].上海:复旦大学出版社,2002:212.

③ 叶子.电视新闻:与事件同步[M].北京:北京师范大学出版社,2007:367.

另外,设计现场报道的节目形态,必须充分考虑出镜记者在报道中的定位、角色、报道状态,是有限视角、目击亲历,还是全知视角、权威发布;是引领观众的向导,还是与观众同步的探索者。这些都需要在策划中予以确定,并采取相应的报道策略。

二、非突发事件现场报道的三个"不"

非突发事件的现场报道具备一定的策划空间,许多记者都会精心准备、提前演练。然而过犹不及,不合理的策划反而会束缚出镜记者报道,将新闻报道演绎成了一场镜头前的表演。其中,有三种情况尤其值得警惕。

(一)不"硬"摆拍

为了追求更好的视听效果,让信息更加集中、饱满,许多现场报道里常常出现刻意的"巧合",有意的"正好"。比如一个小村庄通水的新闻事件。新闻背景是这个村子千辛万苦凿山挖渠,终于建好了一个饮水工程,这天清水就要流进村民家中了。当饮水工程马上就要通水的时候,记者在现场说,"村民要把第一碗水献给带领他们一起找水的村支书。"说完,镜头一切,现场一位村民大爷捧着碗献水去了。[①]

看似"完美"的现场,真的这么凑巧吗?非突发事件的新闻报道具有较大的策划空间,为了达到更好的节目效果,出镜记者常常有意识地将大量信息元素"组织"在一个现场里,让报道看起来更为流畅,然而观众却可能觉得缺乏真实感。

电视新闻的真实与真实感是两个不同的概念,真实是新闻的生命,而真实感是通过视听形态表达之后所形成的一种主观感受。掺有虚假元素的新闻也可能通过一定包装,具有很强的真实感;即便是真实的新闻事件,如果在报道时过于刻意,出现违背生活常识的"现场组织",新闻现场会呈现出不真实的面貌,丧失真实感,也就丧失了观众的信任。日本著名导演是枝裕和曾多年拍摄、研究纪录片,他认为,纪录片中的"作假"行为是将主观感受凌驾于现实之上的封闭态度催生出来的。[②] 其本质还是创作者对事实冷漠、没有以开放的态度观察流动的现实。新闻报道也是如此。现场报道只是呈现新闻的一种手段,它服务于新闻报道,不能本末倒置,将现场作为报道的附庸,更不能为了报道,扭曲事实原本的真实模样。在合理调度与刻意摆拍之间,出镜记者需要找到一个合理的限度,而判断的标准就是是否符合新闻真实。

---

① 苟凯东.新闻直播再认识:从理念到实践[J].现代传播,2014(9).

② 是枝裕和.拍电影时我在想的事[M].褚方叶,译.海口:南海出版公司,2018:90.

（二）不"冒"情绪

我国新闻报道以团结稳定鼓劲、正面宣传为主，因此大多数时候，出镜记者的情绪状态是正面、积极的。此时要谨防情绪过多"冒"了头。

一种表现是被气氛热烈的新闻现场感染，不自觉调门过高，情绪表达过于浓烈。另一种表现则是用"现场的人很多很多，气氛非常非常热烈"这样的抽象表述来渲染情绪，而事实却隐藏在情绪后面，不见踪迹。

新闻报道要"用事实说话"，用一系列的事实信息来支撑报道中的情绪表达更容易让人信服。比如当中国人民解放军驻澳部队的车辆进入澳门界内的时候，一位现场记者这样报道："人们显然为这一刻激动，每个人不可能不被打动。""每个人的心情都像天气一样阳光灿烂，大家都能感受到来自母亲的温暖和保护。"而另一家电视台则提供了如下信息：澳门近几年的社会治安不好，澳门居民非常希望解放军入驻能给他们带来和平安全的社会环境、澳门群众报名参加欢迎仪式的人数之多超过了主办方的预计。[①] 二者之间，哪一种方式更能让观众接受、信服，一目了然。

（三）不"唯"直播

当电视屏幕右上角亮起"直播"标志的时候，意味着提醒观众，有一些非常规性的特殊事件正在发生，你必须马上了解。直播在吸引观众的同时，也在传递着一种"必须马上收看"的压迫感。如今，SNG 设备在电视机构全面普及，网络平台又提供了新的直播渠道与方法，新闻直播被越来越普遍地应用。出于放大传播效果、提升传播影响力的意图，大量主题型、策划型直播应运而生。但是，这些直播是否都有"必须马上收看"的必要性，却是值得思考的问题。

直播是创造媒介事件的一种方式，但创造媒介事件不是只有直播一种方式。新闻现场直播报道需要有动态的新闻现场，不断推进事件发展，同时讲究修辞手段，展现电视艺术。如果选题不符合直播"分量"与要求，却硬要直播，就可能消耗人们对直播的注意力。如同喊着"狼来了"的孩子，当真正需要通过直播手段打造媒介事件时，观众已经被诸多与直播要求不符的报道过度轰炸，产生了审美疲劳。

---

① 周小普，王辰瑶.论电视新闻现场直播报道的"三条件"与"四要素"[C].中国传媒发展高层论坛论文集,2003.

第二节　调查性新闻现场报道

一、调查性新闻报道的概念

调查性新闻报道起源于西方新闻界。17 世纪 70 年代的美国报纸为了吸引读者的注意力，已经开始对社会上政治、经济和社会方面的丑行进行揭露。① 在此之后，19 世纪后半期，美国报业大亨普利策掀起揭露之风，20 世纪初，一群美国新闻记者更是开展了揭露石油公司、金融寡头与腐败市政的"扒粪运动"，缔造了美国调查性新闻的传统。经过数十年发展，到 1972 年水门事件爆发，一系列调查性报道甚至迫使美国总统尼克松辞职。

什么是调查性报道？美国调查性报道记者编辑协会（IRE）给出的定义被广泛引用：调查性报道是通过某人的原创性工作而发现的关于一些人或组织企图隐瞒的重大事件的报道。调查性报道有三个基本要素：

- 不是通过别人调查而得的报道；
- 故事的主题包含一些值得受众关注的重要因素；
- 有人或有组织企图对公众隐瞒这些事件。②

美国著名电视新闻栏目《60 分钟》尤为擅长这种美国式的调查类现场报道，强调记者的个人评判与价值取向，强调批判性，更像是"杂文"。③ 20 世纪 90 年代，调查性报道开始进入中国，其中最著名的电视新闻调查栏目当属 2006 年开播的中央电视台《新闻调查》栏目。栏目将"调查"的对象定义为被遮蔽的事实。调查新闻，就是探寻事实真相的过程，并进一步对"真相"的概念予以解释：

"真相就是正在或一直被遮蔽的事实，有的真相被权力遮蔽；有的真相被利益遮蔽；有的真相被道德观念和偏见遮蔽；有的真相被集体无意识遮蔽；有的真相被狭窄的生活圈子、知识和技术遮蔽……而在真相被遮蔽的地方，就应该有新闻调查。"④

在我国，调查类报道不等于只有"揭黑""负面报道"，还必须对不断产生的社会热点及其背后产生的原因进行客观、中性的报道与分析。当前社会变革

---

① 周海燕. 调查性报道采访与写作[M].北京：新华出版社，2003：2-3.

② 白红义. 当代中国调查记者职业意识研究[D].复旦大学，2011.

③ 高贵武. 出镜记者与新闻主持[M].北京：中国传媒大学出版社.2012：200.

④ 2016 年 5 月 14 日原《新闻调查》制片人张洁在南京大学的演讲，https://mp. weixin. qq. com/s/EkmRJ-gni8eJG3UA3qn-Cg.

纷繁复杂,出现许多新情况、新问题、新矛盾。面对这些新生事物,人们或一时难于理解,或因种种原因,造成心态的困惑;事物新旧交替中出现的矛盾、问题一时又难以解决,实践的成功与否需要经验积累,实践检验;解决矛盾需要法则的不断完善;人们新旧观念的冲突、更新也需要有时间过程。① 不断变化的社会现实,让人们更急迫地渴望认清社会发展内在规律,解开心头疑惑。这些都需要新闻媒体通过调查报道,对社会热点事件进行深度开掘、梳理,呈现出一个真实、全面的样貌,引导人们正确理解社会发展现状。

二、出镜记者在调查性新闻报道中的作用

曾任《新闻调查》制片人的王坚平说,《新闻调查》用的是一种顺藤摸瓜式的调查行为,而主持人的调查过程本身就是信息,在全部调查行为完成之前,结论永远保持着未知的神秘感,一切的谜底只能靠主持人在现场一个又一个"意料之外,情理之中"的发现和验证去逐层揭开,这就是所谓的"漂流式"调查。② (在《新闻调查》中,出镜记者同时兼任节目主持人的工作,因此在众多表述中,经常将主持人与出镜记者相混淆。但这并不妨碍我们理解在调查性报道中出镜记者的角色与功能)作为调查的主体,出镜记者在镜头前一步步获取真相的过程,就是"调查"的过程。同时,出镜记者还承担着叙事人的身份,负责组织完成整体报道叙事。

电视调查性报道通常以问题为引领展开叙事,基本结构为"展示现象—提出问题—解答问题—提醒建议"。例如:

一位被性侵后痛苦无助的女童;一名报警之后被迫离职的小学老师;留守儿童的困境是否有办法改变?儿童性侵的难题又该从何处破解?③

四排文物石库门里弄,两排突然消失;黄金地块、商业开发、文物保护,这背后到底隐藏着怎样的纠结与斗争?石库门如何与高楼大厦共处?④

史上最严整改令,2000 家客栈停业核查;面朝大海,是否还能春暖花开?⑤

在核心问题的引领下,记者展开调查,探寻事实真相。最终在掌握了大量信息之后,对此次事件进行反思,提出建议、意见,推动社会正向发展。

案例 8-1⑥

2017 年 4 月,网络传言燕郊车主为了躲避拥堵摆渡进京。这是真的吗?

---

① 叶子.电视新闻:与事件同步[M].北京:北京师范大学出版社,2007:237.
② 张龙.记者型主持人角色论[M].北京:中国广播电视出版社,2009:73.
③ 《性侵发生之后》,2018 年 1 月 13 日中央电视台《新闻调查》栏目播出.
④ 《"抢救"石库门》,2018 年 6 月 2 日中央电视台《新闻调查》栏目播出.
⑤ 《洱海客栈沉浮录》,2018 年 7 月 21 日中央电视台《新闻调查》栏目播出.
⑥ 《摆渡进京的真相》,2017 年 4 月 18 日中央电视台新闻频道《新闻直播间》栏目播出.

为了验证这个传言的真实性,记者根据网络传言的路线,以实地勘察的方式进行调查。

【记者出镜】

"我现在就在燕郊镇内,如果按照网友的提示要走一条水路进京的话,那我现在就应该从这里出发,经过福喜路,再到达香河县的王店子村。我们现在按这条路线来设置一下我们的行程,看看从这走,到那里到底有多远。(设置导航)25.1公里。"

从燕郊镇出发,记者找到王店子村渡口,已经花了一个多小时。之后,出镜记者以体验者的身份,从王店子村渡口摆渡人、村民处了解到,从这里摆渡进京不过是一个偶然。实际上,附近还有一座大桥通往北京,走大桥比摆渡快至少半个小时。

在这个案例中,记者实地勘察的过程就是出镜报道的过程。可以想见,记者在实地展开调查之前,必然已经通过导航系统、地图、周边交通等信息的搜集,对这一事件进行预判,然后再展开实地勘察。不过,许多需要进行深度调查的事件,没有那么清晰、简单,往往需要出镜记者以现场为突破口,在镜头前进行较为充分的观察、采访,探寻未知,揭示真相。

案例 8-2①

为了调查村庄因饮用水严重污染,导致村民癌症高发的事件,《新闻调查》出镜记者长江来到一户村民家中了解饮用水受到污染的情况。

记者:(这水)看着挺浑的。

村民:就是浑。

记者:现在吃也还是这个水?

村民:吃的这个水。

记者:就打出来就烧饭?

村民:澄一会儿。

记者:也让它澄一澄。(捧起一捧水来,先闻了闻,继而喝到嘴里后吐掉)闻着闻不出来,喝着可不好喝,这个水。这个井是多少米?

村民:10 米吧。

记者:村里大部分人都用这个水?

村民:是,深井很少,有个别的打二三十米深。

如果要科学判断饮用水的水质,有非常专业的方法,但是普通人也能够通

---

① 《河流与村庄》,2004 年 8 月 9 日中央电视台《新闻调查》栏目播出。

图 8-1　记者捧起井水来闻一闻,然后喝了一口

过表面信息了解水质的基本状况。记者借助来自于现场的线索,通过自己的行动,从视觉、嗅觉、味觉三个方面观察、体验村民饮用水的质量,得到直观、质朴的感受,并传递给观众。

　　在《新闻调查》二十多年的报道中,这样的段落不胜枚举。在《透视运城渗灌工程》中,记者王利芬从蓄水池边拔出塞着木头的水管;《死亡名单》中,记者曲长缨在走访发生矿难的矿工宿舍时,在床底发现的通信录;《"非典"突袭人民医院》中,记者柴静在人民医院发现院方将 SARS 患者写成普通患者的名单,甚至画出一条线就是隔离区的现象。这些记者在现场的观察、发现,通过镜头被真实地记录和报道。可以说,这样产生的传播效果是文字、广播和一般的电视新闻报道类型很难达到的,也极大地增强了新闻真实性的感染力。[1]

　　调查报道通常事实层次众多,逻辑关系较为复杂。为了让各个部分衔接更为顺畅,表现手段更为丰富,记者时常出现在段落连接处进行出镜报道,起到上下衔接的串联作用。

案例 8-3[2]

　　2016 年,美国弗林特市爆发铅中毒危机,许多儿童出现因为饮用水引起的铅中毒症状。央视记者走访了多位患病儿童家庭,并获得相关数据。在讲述了

---

　　[1]　于瀛.调查类电视新闻现场报道的优势浅析——以央视《新闻调查》为例[J].东南传播,2013(5).

　　[2]　《弗林特水危机调查》,2016 年 5 月 13 日中央电视台新闻频道《新闻直播间》栏目播出。

《弗林特水危机调查》,2016年5月13日中央电视台《新闻直播间》栏目播出

水污染的来源与危害之后,出镜记者杨春在弗林特河边做了这样一段报道。

画面	说明	记者出镜
	记者在弗林特河边,一边说,一边往河岸上走	尽管不断有居民反映,喝了弗林特河的水之后出现了脱发、过敏、皮疹等不良反应,但是弗林特各级政府官员却一直坚持弗林特河作为饮用水源没有任何问题。
	记者弯下腰用水瓶舀水	直到2014年10月,通用公司的一个子公司宣布,不再把弗林特河作为工业用水的水源,因为新生产的零件很快出现了斑斑锈迹。
	记者将装了弗林特河水的水瓶推到镜头前	这就是弗林特河水,这样的水,当地居民一喝就是近两年时间。

这段出镜之后,报道紧接着叙述了弗林特河水污染丑闻被曝出,美国相关政府部门却只有一连串的消极反应,让民众十分失望乃至愤怒。

在这个案例中,记者的出镜起到了双重作用。既在弗林特河这一新闻现场,让观众直观地看到河水的情况,又衔接起了上下两个段落。将报道从水污染事件本身过渡到水污染公共危机。

三、调查性新闻现场报道的注意事项

（一）保持客观平衡，避免角色混淆

出镜记者的个人角色由"职业的我"和"个人的我"两部分组成。所谓"职业的我"是指记者进行报道活动时的专业意识，表现为时刻以新闻专业主义为准则规划个人行为；"个人的我"是指记者按照个人习惯进行活动，对外来信息作出本能性反应，根据个人的思维、偏好、体验发表言论。

"职业的我"和"个性的我"始终存在冲突，根本原因是人的行为受意识和情绪状态支配。[①] 通常情况下，出镜记者能够以"职业的我"引领职业活动，但是在面对一些情感与价值冲突时，例如在批评性选题面前，在深入到人心瀚海之中时，出镜记者必然面临自己情感的冲击。此时，个人角色就可能占据上风，成为报道活动的主导身份。

角色混淆，意味着出镜记者不是以新闻专业主义准则为引导，而是以个人的好恶、情感的冲动作为活动的指引。这首先容易导致观点先行。在没有了解透彻事实之前，出于个人好恶，记者可能就已经有了一个观点，之后所谓"调查"都只是为了印证这个观点，而不是在调查的过程中发现事实，形成观点。

角色混淆，还可能会使得记者报道、采访的态度产生偏移。有的记者嫉恶如仇，在批评性选题的报道时习惯用"质问"的态度采访。这样的态度，会不自觉地通过行为、语态、措辞、表情流露出来。既让采访对象不适，也会让观众觉得记者带有主观偏见，由此难以相信报道的客观、公正。

角色混淆，实际上是出镜记者内心对于自身职业角色的把控还缺乏力量，对事件的复杂程度缺乏认知。值得进行调查报道的新闻事件往往较为复杂，需要记者通过调查挖掘，才能逐渐显露出事情的本来面目。更何况，在许多中性调查选题中，对错的区分并不一定清晰明确，许多社会发展不均衡带来的阶段性矛盾需要用理性、客观的态度来审视，才可能得出具有建设性的意见与建议。另外，尽管对于一些批评性选题，记者内心持有一定的对抗性态度，但从新闻表达的层面来说，理性陈述事实更容易让观众普遍接受。

因此，记者在进行调查采访时，应以"疑问"而不是"质问"的态度主导采访，以客观的报道态度讲求事实，保持各方信息平衡，给予被指责一方充分回应的机会，避免观点先行，平衡、客观、冷静地探寻事实真相。这个探寻的过程，就是报道真实性最好的解读。

（二）出镜采访，快速获取事实

调查类现场报道的过程就是调查过程。这需要记者持一个相对开放的立

---

① 高贵武.出镜记者与新闻主持[M].北京:中国传媒大学出版社,2012:155-156.

场,以获取事实、呈现事实为目的在新闻现场展开采访。

1998 年的《新闻调查·透视运城渗灌工程》节目,讲述了地方政府在路边的农田里砌起大量圆形渗灌水池。尽管这种连水管都没有的农业渗灌工程从来没有被使用过,却一直充作政绩,骗取资金。于是,记者王利芬走进号称使用模范的一个乡镇,在田间地头实地查看,并采访村民,了解渗灌池的使用情况。其中有一段经典采访是这样的:

案例 8-4

图 8-2　记者在田间调查渗灌池使用情况

【配音】

为了落实全乡有多少渗灌用过,我们和乡长一起来到了学张乡建有渗灌池的公路边。我们先看了四个渗灌池,乡长说,这四个有三个都用过。最后,我们来到了距离乡政府最近的一个渗灌池边。

【同期声】

记者:这个渗灌用过了吗,乡长?

乡长:用过。

记者:用过。下水管在哪儿呢?

乡长:那不是(虚指)。

记者:哪儿啊?

(记者转向问水池边干农活的村民)

记者:这地里有没有埋管子?

村民杜秀英:没有。

记者:没有埋管子是吧?

村民杜秀英:没有。

记者:那个渗灌池用过没有?

村民杜秀英:没有。

记者:从来没有用过?

村民杜秀英:没有用过。

乡长:她一个老太婆她又不整天在地里她怎么能知道。

村民杜秀英:我老在地里。

乡长:你一个一个落实,你这样非落实好不行。谁胡说了我马上就收拾他。

记者:您肯定这个蓄水池从来没有用过吗?

村民杜秀英:没有。

记者:绝对没有用过?

村民杜秀英:没有。

记者:有没有放过水进去?

村民杜秀英:没有。

乡长:谁胡说了,我马上收拾他。你哪能这样跟我搞,咱们实事求是,你讲实事求是,就叫住家来。你如果再这样说,我不管你,你随便上哪儿去就上哪儿去。

这一段采访以遍布渗灌池的农田为地点,始终围绕现场"渗灌池有没有使用过"这一事实性问题展开,还将这一问题拆解成"下水管在哪儿?""地里有没有埋管子?""渗灌池用过没有?""有没有放过水进去?"等更为具体的细节。不但从村民这里确凿证实了蓄水池从来没有用过,更是通过现场采访,引出乡长和村民对于同一件事的不同说法。这名乡长还暴露出要挟恐吓群众的丑恶嘴脸,这种脱离群众、肆意妄为的作风恰恰就是渗灌工程造假背后的原因。

采访以获取事实为目的,并不意味着没有观点。实际上,观点会在事实的矛盾与交叉印证之中显现。对事实的追问越详尽,其中的深层次逻辑矛盾越会显现,观点也会在矛盾逐渐集中时浮出水面。

2017年3月,云南大理市发布公告,由于洱海环境承载接近极限,洱海周边和入湖河流沿岸的2000多家饭店、客栈的经营自行停业,接受核查。一年之后,大理市政府宣布:将在洱海周边实施"湖滨缓冲带生态修复与湿地建设工程",洱海西部临湖15米内全拆,用于恢复湖滨带,数百家客栈和上千户居民将被搬迁,成为"生态移民"。《新闻调查》对这一事件展开报道。记者在一家民宿发现,虽然民宿老板口口声声说自己是被停业的,但实际上旅店门上的封条却写着"自行停业"。

案例 8-5①

出镜记者:明明这儿写的是自行停业,为什么你说是被停业呢?

民宿经营者:相当于就是被动停业,然后用封条告诉你,你是自行停业。既不想承担责任,又想让你封停,在我看来这是一种欲盖弥彰的行为。

出镜记者:要盖住什么呢?

民宿经营者:盖住是被强迫停业。

这种"被"自行停业的行为背后反映出当地政府缺乏面对复杂问题、新生问题的执政能力,却显现出权力的狡黠与傲慢。但这样的意见并非凭空而来,自行停业的封条与民宿经营者被停业的事实之间形成鲜明对比,在事实的推进中,报道者的观点自然显现。

习近平同志强调,"团结稳定鼓劲、正面宣传为主,是党的新闻舆论工作必须遵循的基本方针"②。新时代的调查性报道并不意味着猎奇揭黑的负面报道,更是对社会的深度观察,一头接天线,契合党和国家重大战略,另一头接地气,深入基层实际,发现问题,分析问题,记录乃至推动问题解决。根据报道过程,有感而发进行评论,是引导公众认知、促进社会共识、推动社会发展的重要方法。

调查性现场报道的出镜评论尤其强调记者的评论要高于事实本身,从事实中脱离出来,对事件的核心问题本质进行抓取,展现出更高一层的见识。

2020 年 5 月,曾经因为"悬崖村"的极致生活场景轰动一时的四川省凉山彝族自治州昭觉县阿土勒尔村 84 户贫困户告别世代居住的悬崖,搬进县城的安置点,开启了全新的生活。四年半以来,中央电视台新闻记者团队对阿土列尔村的脱贫之路进行了全方位的深度报道。在系列报道结束之际,记者进行了总结式评论。

---

① 《洱海客栈沉浮录》,2018 年 7 月 21 日中央电视台《新闻调查》栏目播出。

② 习近平在党的新闻舆论工作座谈会上强调坚持正确方向创新方法手段提高新闻舆论传播力引导力[EB/OL]. (2020-10-5)[2023-05-01]. https://news. 12371. cn/2016/02/19/ARTI145588486 4721881. shtml.

案例 8-6[①]

【记者出镜】

我们第一次来到悬崖村也就是阿土列尔村，是 2015 年 12 月，到现在已经有四年半时间了，可以说我们见证了这里一点一滴的变化。从最早步步惊心的藤梯，再到安全的、能够让大家放心的钢梯，再到今天，一抬脚上楼梯就可以进家门了，真的是要特别为他们开心。因为我们一路见证了他们有多难，有多不容易！这种感受，一方面是高兴，因为这种变化是老乡们期待已久的，是他们一直盼望的。感动是我们见证了这里的扶贫干部、老乡们付出了多少。就像钢梯，6000 多根钢管，125 吨建材，是他们肩背手扛背上山的。最早我来到这里的时候，这里没有路，我也会问扶贫干部，你会不会后悔，派到一个这么艰苦的地方，但是他说，他不能打退堂鼓。如果他打退堂鼓了，老乡们怎么办。即使没有路，脱贫的工作也不能等，因为老乡们脱贫致富的梦想不能等。再到今天，实际上他们不仅兑现了对老乡们的承诺，我们也看到他们真的是用汗水，在这面悬崖上闯出了他们一条脱贫攻坚的路。

今天，他们搬进新家了，实际上这不会是终点，我相信这将是又一个新的起点，我们也将会继续关注他们，记录他们的脱贫故事。

这则评论既回顾了系列报道历时数年的过程，又从报道过程中的动人细节出发，点出扶贫干部不忘初心、牢记使命的责任担当。以情动人，同时又给人鼓舞和力量。

调查报道中的评论，或者严肃富于理性，或者温暖富于人文关怀，始终体现深刻的思想内涵。评论的高度和力度，取决于出镜记者调查过程的完成度，也体现出一位记者的认知高度与表达能力，可以说是出镜记者评论"皇冠上的明珠"。

第三节　主题性新闻现场报道

一、主题性新闻现场报道的概念

主题性新闻现场报道，是指围绕党和政府的重大决策、部署、方针、政策或社会趋势、热点事件，以一个抽象性的主题为核心组织展开的新闻现场报道。

这一类型的报道是我国舆论宣传工作的重点，对推动各项事业发展都有

---

① 《告别"悬崖村"记者见证"悬崖村"搬家路》，中央电视台《东方时空》栏目 2020 年 5 月 13 日播出。

着重要意义。长期以来,由于主题报道的政策难度较大,对电视媒体的传播特性认识不足,一些电视新闻媒体因循守旧,或者满足于做收发室,把重大主题报道做成了"政绩新闻";或者新闻意识差,缺乏跟社会实际和百姓生活的亲近性,社会影响力小、舆论引导力更差。总之,是把重大主题报道做成了"八股报道",政府官员觉得教条,专家学者认为肤浅,老百姓更感到空洞乏味,有时甚至人人惟恐避之不及。[①]

既要符合政策性,又要体现新闻性,还要追求更为广泛的传播效果,出镜记者可以分成三步组织主题性新闻现场报道。

二、主题性新闻现场报道的方法

(一)围绕主题找选题

主题报道难做,首先难在从主题落实到选题。这需要记者首先通过访问专家学者、做好案头工作等方法,掌握主题的思想内核。然后从传播目的出发,结合社会生活实际,寻找最能够体现主题思想的具体选题。

确定选题的过程是一个逐渐缩小包围圈的过程。从主旨思想出发,记者通常会很快获取一定的选题范围,然后在这个范围里选择最具有代表性、新闻性和视听表现力的选题。需要明确的是,主题报道不是专题节目,对主旨思想的重视并不意味着新闻时效性的缺失。因此在把握选题时,记者需要有意识地挖掘具有时效性的选题,体现新闻性。

如 2017 年央视《还看今朝》系列特别报道,其主题来自于国家领导人治国理政的理念、思路,要求根据"突出主线、唱响时代主旋律,讲好故事、形成报道新亮点"的创作要求,呈现祖国巨变。于是,根据这一主题,记者从祖国各地五年来翻天覆地的巨大变化中捕捉创作灵感。[②] 以《还看今朝·贵州篇》为例,为了展现贵州农产品快速发展态势,记者选取了贵州辣椒产业发展作为切入点,其中又以风靡全球的"老干妈"品牌辣酱作为典型代表。围绕这一选题范围,出镜记者选取了厂家的生产车间作为新闻现场,将现场报道的内容定为揭秘国民美食"老干妈"。这样一来,国民美食"老干妈"让新闻具备很强的接近性,"揭秘"让新闻产生趣味性,报道最后导向辣椒产业的发展,又让新闻具备了重要性。有了一个巧妙的选题角度,既合理、充分地承载主题,又凸显新闻价值,符合新闻报道的基本要求,呈现出较好的传播效果。

---

① 潘知常,邓天颖.大型新闻行动:以整合传播推进重大主题报道——《江苏新时空》重大主题报道的成功实践[J].现代传播,2007(3).

② 孙金岭,重大成就报道的创新——央视大型主题新闻直播报道《还看今朝》评析[J].电视研究,2018(1).

（二）围绕选题找现场

主题报道通常围绕一个宏观性的主旨思想展开，与之匹配的新闻事件也较为宏观、静态。如果说突发事件报道是大海扑打堤岸时的滔天巨浪、波涛汹涌，那么主题报道就是平静海面下的暗流涌动，预示着发展的方向，却未必在表面有直观的呈现。因此，在设计报道方案时，出镜记者需要从影像表达的角度出发，围绕选题，寻找具备影像冲击力、适合视听表达的新闻现场，以此作为报道的突破口，揭示海面下的暗涌。

案例 8-7

以《还看今朝·上海篇》为例，播出时正值国庆节，上海的标志性地段迎来大量参观游览的人群，申城处处洋溢着节日的气氛。于是，记者选取了中共一大会址、外滩、黄浦江、豫园等上海知名景点作为新闻现场，将这些知名景点近年来的变化贯穿在报道内容中，"中共一大会址成为国庆假期热门景点""外滩装点一新，喜迎八方游客""黄浦江沿岸 45 公里岸线即将全线贯通""上海豫园交汇传统与现代"，热闹、鲜活的新闻现场与深厚的主题背景相结合，形成主题性新闻现场报道特有的内在张力。

（三）围绕现场找表达

主题报道的内在逻辑抽象化程度高，经常需要通过组接多个现场，来表达一个较为宏观的主题。即便是在一个现场范围内，也不一定就那么巧，刚好有很强的动态性信息，再加上报道中抽象、宏观信息较多，容易使报道显得不够直观。因此，在做主题类现场报道时，尤其需要重视创新表现手法，围绕新闻现场，有意识地设计视听表达手段，用动态的方法展现静态现场。

案例 8-8①

《杭州的桥》，2016 年 8 月 30 日中央电视台《朝闻天下》栏目播出

---

① 《杭州的桥》，2016 年 8 月 30 日中央电视台《朝闻天下》栏目播出。

画面及说明	记者出镜
远景,镜头从西湖湖面推到断桥上。 记者在桥上慢慢行走,边走边说 	700多年前,意大利旅行家马可·波罗对杭州的印象是杭州有12000多座桥,是世界上最美丽最华贵的城市,其中最有名的就是我所在的断桥了。
记者从经过的一位路人手里接过一把油纸伞,对着镜头打开,伞面铺满整个屏幕  	许仙和白素贞在西湖边因借伞而相识到相爱的故事,让断桥几乎家喻户晓。
记者收伞,场景从断桥转换到西泠桥。之后,镜头从记者摇到一旁的西泠桥 	不过可能很多人不知道,就在西湖边,还有很多承载爱情的桥。

续表

画面及说明	记者出镜
镜头从头顶的拱宸桥摇到站在船上的记者身上 	我们的船正行驶在京杭大运河上,现在经过的这座桥叫做拱宸桥,这座桥以前是通过运河水路进入杭州的标志。
船在运河河面上行进,记者分别指向左边和右边,镜头随着记者的指向,展现运河两岸风光  	这座始建于明代,至今已有 400 多年历史的古桥,如今仍然发挥着连接两岸交通的作用。我们看到,桥的一头连接着杭州繁华的都市,而另一边,保留着老杭州的市井味道。

这是一则典型的主题报道。2016 年 G20 峰会在杭州召开,峰会会标是桥型轮廓,寓意着连接双边、构建对话体,而桥也是杭州这座城市的特色文化。这则报道以"杭州的桥"为选题,既展现杭州风采,又以"桥"为载体,寄托对 G20 峰会的期望。但是,桥是一个静态的存在,如何让报道活起来,记者想了很多办法。如以"借伞""开伞""收伞"这一系列动作,串联起断桥和西泠桥两个场景,又将断桥借伞的故事融入其中。此外,通过船只在运河上的行进,创作出记者在行动中观察、发现的动态感。

动态感的创造,还可以通过记者体验行为来实现。在不少主题报道中,出镜记者都亲身上阵,现场体验,用人际行为调动观众注意力。

例如 2017 年央视新闻频道"改革在哪里"系列主题报道,出镜记者在宁夏选择了一个国家级现代农业示范园的摸鱼大赛作为现场,自己先下水抓起了鱼,然后再引入到农田水利改革带来的变化。《还看今朝·浙江篇》中,出镜记者在阿里巴巴园区展现人工智能高科技,自己体验了一把消费级人工智能应用,自动扫描量体选衣、虚拟口红上妆体验等等。而在贵州,记者索性用月饼蘸着辣酱吃了一大口,展现贵州老干妈辣酱标准化运营之下,风靡全球,各种花式吃法接连不断。

图 8-3　记者现场抓鱼,动态展现水稻立体种植

创造静态现场的动态感,还可以借用先进的增强现实技术、虚拟动画等手段,将想象中的画面转化为真实的屏幕呈现,丰富现场表达。例如"数说××"这一模式的电视主题报道,通过出镜记者在不同现场之间的穿行,用相关数据与现场的配合串联起一个主题,同时利用增强现实技术和虚拟动画技术,配合记者表达,增添画面信息量,让数据这一典型的抽象信息更加真实可感。如中央电视台《数说命运共同体》节目中,出镜记者上一秒还在中国杭州的保税仓库,下一秒就到了泰国的橡胶工厂,一转身又走入天然橡胶林。脱了一件外套,记者就从孟加拉国的大桥施工现场,穿越到了哈萨克斯坦的道路施工现场。这 3000 多公里路程,即便是直线飞行,也需 13 小时,在报道中被压缩得转瞬即至,如同科幻电影一般,看得观众大呼过瘾。

简单一些的,如出镜记者在表达"上海一年消耗的咖啡豆可以绕地球六圈"时,屏幕上就出现咖啡豆围绕地球转着圈;出镜记者一边过马路一边向观众介绍:"杭州斑马线前机动车礼让率达到 98.82%,这背后是公交车司机每天要多踩 192 脚刹车,出租车司机每天要少接 3 单生意。"动画数据就同步出现在公交车的大车窗玻璃上。借助类人际传播的特点,配合高科技手段,出镜记者将观众拉入现场,一起体验过马路被礼让的经历,同时又能够准确了解与此相关的背后信息,有效提高传播效率。

第四节　专业性新闻现场报道

一、专业性新闻现场报道的概念

专业性新闻现场报道是针对具有较强专业性的新闻事件进行的现场报道,内容多为行业新闻,包括了科学、医学、法制、财经、军事、体育等多种门类。

专业性新闻现场报道最大的难点在于这些现场行业都具有较强的专业壁垒,与老百姓的日常生活相距甚远,而且表述较为抽象,充满了各种专业术语,没有认知基础的观众很难产生兴趣。但是,这些专业性新闻往往意义重大,一项医学技术的突破或许意味着一种疾病有了被治愈的可能性;一个经济数据的变动,或许意味着社会经济发展的新动向;一项考古发现、天文学发现,或许意味着人们对自身历史及其生活环境的认知达到了新的高度。因此,从专业角度出发,以通俗易懂的方式破解知识壁垒、做好专业报道是出镜记者应尽的职责。

二、专业性新闻现场报道的方法

（一）从专业内容里提炼新闻点

专业性新闻现场报道的新闻点不能简单地根据行业通告、学术论文的逻辑进行选择,需要结合大众接受习惯、认知基础、视听规律等,进行准确提炼。

1. 强调接近性

专业性新闻往往与普通人的日常生活相隔甚远,人们对这些事件可能带来的影响没有直观的认知,也谈不上感受与思考。因此,专业性新闻现场报道需要有意识地发掘新闻的接近性。

接近性分为两个层面。首先,人们在阅览新闻时,更倾向于了解自己周围发生的事,与自己的生活有直接联系的事情。除此之外,有的新闻事件虽远在千里之外,但是能够让观众在感情上、心理上产生共鸣,形成心理上的接近性。这也是观众关注的焦点。

案例 8-9①

《长江生态环境保护和修复·宜昌》,2018 年 4 月 30 日中央电视台
《直播长江》特别节目播出

画面说明	记者出镜
出镜记者半身像	我想告诉大家,对于宜昌人来说,他们对化工产业是既爱又恨。因为在整个宜昌,化工产业是牵一发而动全身的。
记者走到易拉宝展板前,打开展板	这里就是宜昌整个化工产业的链条。可能外行人跟我一样,很难看懂非常多的专业的化学名词,但是我想告诉大家,这每一个化学名词的背后,都和我们的生产生活有着息息相关的关系。
撕开"草甘膦"的标签	比方说这是全球产量第二的草甘膦。你看它是什么?它是城市绿化和农民朋友们种地都会用到的除草剂。
撕开"有机硅制品"的标签	还有很多爱美的女生会用到的口红,包括电脑的键盘,还有生活当中每天都要用到的洗护产品,当然还有很多食品级的化学原料。
撕开"食品级磷酸"的标签	看到了吗?很多喜欢烘焙的朋友都会用到的膨松剂,还有海鲜水产上的保鲜剂。
撕开"电子级磷酸"的标签	还有很多很高端的,像电脑芯片的企业,其实它和宜昌的化工产业都有着千丝万缕的联系。如果一个厂区拆掉了,影响的是它背后几家、几十家甚至上百家化工产业原料的供给。所以,对于宜昌来说,化工清零行动真的是非常需要特别大的勇气。

　　一说到化工产业,人们的第一反应就是污染,但同时它们又是重要的国民经济产业与现代化生活的支柱。在这个案例中,记者通过道具,逐一揭开"草甘膦""有机硅""食品级磷酸"等专业化学概念背后的秘密,将它们与人们在日常生活中能够密切接触到的化工产品联系在一起,让人们感觉到,这是与自己的生活密切相关的内容。

---

　　① 《长江生态环境保护和修复宜昌》,2018 年 4 月 30 日中央电视台《直播长江》特别节目播出。

在接近性的两个层次里,发掘专业事件与日常生活的接近性相对较为容易,要与观众在心理上引发共鸣则更为不易。这需要记者对社会心理有普遍认知与整体把握,在看似没有关联的事实之间寻找蛛丝马迹,构建合理的内在逻辑,触发观众心理共振。

2016 年,央视新闻频道推出《关注候鸟迁徙》系列报道。候鸟冬季南飞,春日北归,作为一种自然生物现象,这似乎只是人们日常生活的背景,为什么值得人们关注呢?

案例 8-10[①]

【记者出镜】

来看一下直播现场的一个小东西,也是我们刚刚在这里发现的。这里面有口锅,这个东西呢,是大米和青稞,猜猜看它是做什么用的。其实我在直播前也观察了一会儿,这个山坡上很多老乡会在这里转经。他们转经完之后,有的人会走到这里,从怀里掏出一把从家里带来的大米和青稞放在这里,我们打听一下,他们说是给那些野生的鸟,喂它们的,特别是冬天来了,吃的越来越难找了。其实像这样的人和野生动物的故事,这几天在西藏,我们听得太多了。所以我想可能不是每个藏族老乡都知道"生命共同体"这个词,但是他们从怀里撒下了一把米,让我对这个词儿有了更具象的认识。因此这一路追鸟对我来说,我当然希望好运气,让我们在路上更多地和黑颈鹤相遇,但是我更希望的是,在路上能够听到更多人和鹤的故事。

这段报道中,记者没有停留在单纯地记录自然奇观层面,而是将关注点放到了人与鸟的共生关系。尤其在当前,生态环境问题频发,迫使一直不知疲倦地改造自然的人们开始思索,人与自然到底应该如何和谐共处?出镜记者正是抓住了当下这一社会心理动向,将关注点放在人与鸟和谐共生的关系上,从生命共同体的高度出发,连接起每个人与候鸟迁徙之间的心理关联。

2. 突出新鲜感

专业壁垒的存在,让人们在看到专业性报道时,会习惯性地选择知难而退。要让观众克服畏难情绪,必须推动其产生更加强大的内心动力。突出新闻中的新鲜感就是一种有效方法。

(1)强化视觉冲击力

现场报道是视听表达的艺术,可以通过强化新闻事件的视觉表现力,用富有冲击力的画面吸引观众,然后再徐徐展开画面背后的故事。

---

① 《候鸟迁徙 人与鹤家园相连》,2016 年 11 月 1 日中央电视台新闻频道《新闻直播间》栏目播出。

例如报道全球最大的球面射电天文望远镜 FAST 建成并投入使用,首先吸引人们眼球的就是在贵州深山里如同一个巨碗的望远镜球面体。充分利用这一视觉奇观,制作团队调用多角度航拍,支撑起系列现场报道的视觉呈现。

在电力工程报道中,经常可以见到出镜记者跟随电力工人一起,攀爬上数十米高的电塔,实地记录电力工人在高压电导线上铺设线路、走线作业的过程。"虽然他们脚下的导线是目前世界上最粗的导线了,但是您来看一看实物:直径也就是 5 厘米左右。线毕竟是线,你要把它当做路来走,而且是在300 多米的高空,实在是想想都可怕的一件事情。"①(图 8-4)触目惊心的画面,让观众一下子悬起了心。

图 8-4　利用视觉冲击力营造新鲜感

(2)营造悬念感

专业性新闻总是带有一定的神秘感,不断挑战人类认知的天花板。体育赛事挑战人类身体的极限;科技发展挑战人们想象力与智力的极限;医学进步探索人类健康生活的密码;法制进步推动人类社会秩序规制化的突破;历史学考古学探寻"我们从哪儿来";航空航天更是满足人们对永恒宇宙的好奇。人们总是对自身和周遭世界充满好奇,在追寻极限的过程中,有太多未知而深邃的奥秘等待着人们的好奇心。而记者要做的,就是用营造悬念的方法,把潜伏

---

① 《世界电压最高输电线路横跨黄河》,2017 年 12 月 30 日中央电视台新闻频道《走过我们的2017》特别节目播出。

在观众心里的好奇心激发出来。

电力工人在 300 多米高的高空进行作业。他们为什么要去那么危险的地方？去了那里之后怎么工作？他们又是怎么去到那些地方的呢？

作为我国首次自主研制的大飞机,C919 首飞能否成功？这架大飞机到底牛在哪儿？

考古发掘,会发现什么有价值的文物？最珍贵的文物是什么？生活在同一片土地上,数千年前这里的人们生活到底是个什么样？

FAST 这样如此具有科幻感的天文望远镜,能看见什么宇宙的秘密？它又是如何看到的？这么大的一只"碗",会不会一下雨就盛满了水？如何保障它的运行呢？

新药投入使用,是否真的能够治愈不治之症？

在悬念的引领下,配合视听语言,能够有效激活人们对未知世界的好奇心,同时激发出镜记者叙述的内在驱动力,让报道更加流畅自如,一气呵成。

(二)将专业表述转化为大众语言

专业性新闻报道少不了大量的专业化表述,这些小范围通行的专业语言是行业内人士相互沟通探讨、进行研究的语言工具,但在普通观众看来却难以理解。此时,出镜记者就是专家与观众之间的桥梁,将专业化表述转换成日常口语,帮助普通人读懂专业术语,理解新闻事件的意义。

一般来说,出镜记者在报道中遇到专业性内容时,可以适当简化逻辑,抓住主干,把成体系的复杂问题简化为枝干清晰的主线。然后对其中的专业术语进行解读、转译,利用比喻、暗喻、举例、对比等修辞手法,将其转换为普通观众都能够具体可感的形象表达。

案例 8-11[①]

【记者出镜】

上海光源里有什么？有光。它叫同步辐射光,是一道我们肉眼看不见的神奇的光环。绕着上海光源,长长的 360 度的走廊,有 13 条光束线带,正在为我们的科学家源源不断地提供同步辐射光做科学实验。它就好比是一台超级 X 光机加一台超级显微镜,他们可以用它看透一微米以内的世界。一微米到底有多小？一粒沙子的 1/300,一根头发丝的 1/80,或者是一个血小板的直径。有了同步辐射光,我们的科学家就可以在微观世界里遨游,展开奇思妙想,探索未知世界。

---

① 《上海光源:看见一微米的世界》,中央电视台 2017 年 10 月 1 日《还看今朝·上海篇》特别节目播出。

"同步辐射光",一个看不见摸不着的报道的对象。尽管它很重要,但即便借助特效,观众也无法了解它有什么用。出镜记者将这个专业概念简化为一种"可以看透一微米以内的世界"的神奇光环,紧接着用一系列比喻、类比将其形象化。如此还不够,出镜记者紧接着又举了一个例子来解释它的作用。

【记者出镜】

这是一块 9900 万年前的琥珀,在里面封藏了一小截毛茸茸的尾巴,它是恐龙的尾巴,在上面还留着最原始的羽毛。利用上海光源的同步辐射光,科学家们看清看透了更多的细节,复原了这只恐龙的脊椎结构。这也再一次证明了我们今天看到的鸟类真的是由恐龙变化来的。像这样的科学大发现,在上海光源还有很多很多。有的科学家在研究高原蝗虫的呼吸,还有的在探索埃博拉病毒入侵人体的原理,你也许很难看懂这里发生的一切,但科学家们在这里的努力正在照亮你我的世界。

专业性内容,不仅包含了大量专业术语,还意味着事件本身存在着高度抽象的理性逻辑,很容易让叙述索然无味。比如描述一架飞机的组装过程,如果让专业人士来描述,恐怕能够从结构到细节完整地写出一部教科书。因此,出镜记者同样需要将其简化逻辑,抓取重点,利用修辞转换实现通俗化的表达。

案例 8-12①

像这样一架大型民航客机的制造,其难度其实是超乎想象的。我们来做一个类比,这是一辆普通的中型小轿车,如果计算上像我手中这种小型的零部件螺丝的话,那么这样一辆轿车大概需要 3 万多个零件就能够组装完成。那么您看一下 C919 大飞机大概需要多少个零件?根据我们权威的统计,一架 C919 大飞机从上到下,大概需要 100 多万个零件。这是个什么概念呢?这需要 300 多个工人连续工作一年多的时间才能够总装完成。怎么样?真的是一项浩大的工程。其实如果你来到 C919 的总装车间生产线的话,就会发现,整个 C919 大飞机的制造,就好像是我们小时候搭积木或者是拼拼图的样子,这也就是现代航空所说的分段制造。

在这个案例中,记者以组装环节为例来说明大型客机制造的难度。接下来,记者用一个小型零件做样本,一系列的数据换算加上"搭积木""拼拼图"的比喻,让飞机制造这一专业化内容有了接地气的形象转化。

需要提醒的是,专业性报道中包含着大量的专业研究性信息,必须保证转化后的表述是准确、严谨的。如果缺乏科学素养,报道时断章取义、夸大其词,

---

① 《C919 究竟"牛"在哪儿?》,2017 年 5 月 5 日中央电视台新闻频道《新闻直播间》栏目播出。

致使大众产生误解,会对相关领域的发展造成负面影响。因此,为了确保内容的准确性,记者应该在报道之前与专业人士充分沟通,甚至邀请专业人士对关键表述进行审核、确认。

第五节　政治新闻现场报道

一、政治新闻现场报道的概念

政治新闻现场报道,指针对新近发生的政治事件以及与政治密切相关的社会动态展开的现场报道,其外延包含了各类与政治生活相关的公共事件。在我国,政治现场报道常以各类会议新闻的形式呈现,比如每年全国各级人大与政协会议,关于地方政策制定的听证会、发布会、协调会等。其中,与各级领导人动态直接相关的政治报道以及一些重大政治事件报道被称为"时政报道",占据各级媒体的重要版面,如每年各级人大与政协会议,是各大主流媒体全年报道的重点。

这类事件大多以会议、发布为主,本身较为静态,现场琐碎、单调,仅靠纪实性画面难以支撑,缺少可看性。文件语言严谨有余生动不足,真正有价值的信息往往潜伏在这些文件语言表面之下,给出镜记者现场报道带来很大困难。处理不好,就容易导致报道用语充满乏味、抽象的套话、空话,缺少对实质性信息的公告与解读,使得报道流于表面,除了"领导很忙"之外,观众很难感知到这些报道和自己的生活有什么关联。

在我国,党的新闻舆论工作事关党和国家全局性的工作,关系人民群众的根本利益。政治新闻报道,是新闻舆论工作重要性和专业度的集中体现,它直接关系到贯彻落实党的理论和路线方针政策,凝聚全国各族人民,顺利推进各项事业。因此,政治新闻现场报道在总体上要求导向把握务必精准,传播效果力求实效,真正成为沟通政府与人民群众的桥梁。

二、政治新闻现场报道的方法

(一)报道政治活动——把准基调,细致观察

对于政治活动本身的报道,包括政治会议的准备工作、议程安排、会议进程、参会人员,以及会议的意义、背景等围绕会议本身展开的内容。需要记者具备一些政治、公共管理、法律等方面的基本常识,了解我国的基本政治运行机制以及此次会议的特定背景,然后选择合适的报道基调。例如,全国两会每年都开,议程安排基本相似,但是内容却可能大相径庭。是五年规划收官之年

的总结,还是新的规划开启之时?国家形势是正处于爬坡过坎的攻坚阶段,还是高速发展、顺风顺水?报道党代会,是领导人即将换届的重大关口,还是持续稳定推进?对于这些情势,社会上形成了什么样的舆论氛围?有什么样的期待和反应?这些都决定着出镜记者对报道内容的选择和语言基调的把握。

报道内容上,会议报道尤其需要用动态的事实说话。"两会的春风吹遍了祖国大地……"每年3月全国两会召开期间,总有这样纯散文式的报道语态出现在屏幕上。创作者希望渲染气氛,提振精神,但在观众看来,却空洞乏味,越来越难以忍受。会议的隆重、热烈,应是一种潜伏在整体报道内容中的底色,最终应借助记者的观察采访,用来自现场的事实信息将其具象化。

案例8-13[①]

【记者出镜】

现在大礼堂内可以说是气氛越来越热烈了,而且刚才还是一个节能状态的大礼堂,现在灯光、照明已经完全开启了。

如果说一下特点呢,现在的大礼堂可能会呈现出一个"一多一少"这样的局面。所谓"多"呢,就是人越来越多,不仅是全国人大代表在陆续地入场,而且列席这次会议的全国政协委员,还有受邀旁听的各国驻华使节等都在纷纷地入场。所以这个场子内可以看到是越来越满、越来越热闹。但"一少"是少在什么地方呢?以前的大会我们会看到通常在这个时候代表委员会利用最后的时间拿起手机来拍一张照片,留一个纪念。但是今年我们看到,拍照的人几乎没有。因为今年大会有一个新的规定,就是手机不允许带进会场。这在近年的全国两会当中也是第一次做出这样的规定,这样的规定也使代表们和委员们能尽快地进入到履职工作当中。

在这个案例中,出镜记者身处人民大会堂内部(如图8-5所示),身后就是悬挂着全国人民代表大会开幕的横幅。但记者没有把描述点放在画面中可以直接看到的横幅、会场布置等信息,而是抓住照明节能状态的调整、人员的聚集这两个事实性的信息,烘托出大会即将开幕的热烈氛围。除此之外,能够烘托出期待、热烈氛围的现场细节还包括进场人数的不断增多、工作人员具体的准备工作进展、对此次会议议题的预告等。

气氛只是政治报道一个外围信息点,更重要的是需要从会议中发现代表们是如何践行职责、商议国是。在这个报道中,记者用"一多"表达会议的热烈,"一少"串联起大会正题,突出此次大会的新变化。

在语言基调把握上,为了凸显热烈的氛围、期待的心情,出镜记者需要有

---

① 《会议即将开幕〈政府工作报告〉晒出国家账本》,2018年3月5日中央电视台新闻频道播出。

饱满的精神状态、端庄大方的外在仪态、积极昂扬的语言状态。同时，要注意尊重议政场合的庄重性、严肃性，将这种积极昂扬隐藏在具体报道事实背后，作为一种内在的精气神贯穿整个报道，而不是夸张地笑靥如花，喜上眉梢。过犹不及，反而显得记者太过轻浮，有欠庄重。

（二）解读会议内容——找准核心，注意分寸

1.解读具体事务，引导公众参与

（1）转换语言，上情下达

政治报道的主要任务是让观众了解会议所讨论的事务，对当前党和国家的发展阶段、发展目标、发展步骤、方针政策等能够有充分的了解，为双方沟通做好信息传递工作。因此，对会议所讨论的事务本身进行解读式报道，是政治新闻现场报道的重中之重。

出镜记者首先需要告诉大家，会议上到底发生了什么？这不是会议报告摘读，而应是提纲挈领式的把握，在听懂读透会议内容的前提下，对会议中的主要意见、关键节点进行梳理、摘选、精编，将其转换为大众能够理解的口语化表达。

2023年全国两会是党的二十大召开之后的第一次全国两会，又恰逢领导集体换届选举，各方面的关注度都很高。如何把全体会议的议程要点清晰明确又简单生动地向大众解释清楚，是出镜记者重要的报道任务。

案例 8-14①

【演播室】

现在大会已经开始，相关情况我们来连线正在人民大会堂东门外的总台央视记者康辉，康辉给我们带来你在前方的观察。

【记者出镜】

观众朋友，大家上午好。我是今天早晨七点半来到人民大会堂东门外我们这个报道点的。在现场看到，从8点钟开始，出席今天上午第三次全体会议的人大代表们就陆续抵达了人民大会堂。在8点45五分左右全部入场完毕，为开好今天的全体会议做好准备。今天上午的第三次全体会议到底都有哪些主要的议程和事项呢？我们概括一下吧，六个字：表决、选举、宣誓。分别来说一说。

首先是表决，今天的第一项议程就是表决《关于国务院机构改革方案的决定草案》。那对于这次党和国家机构改革呢，我们来看看习近平总书记是怎么强调的。他指出，突出重点行业和领域，针对性比较强，力度比较大，涉及面比

---

① 《十四届全国人大一次会议第三次全体会议正在举行 换届选举：庄严神圣的一票》，中央电视台2023年3月10日播出。

图 8-5　记者在人民大会堂进行报道

较广,触及的利益比较深,着力解决一些事关重大、社会关注的难点问题,将对经济社会发展产生重要的影响。所以今天上午的全体会议表决《关于国务院机构改革方案的决定草案》。通过之后,相信会在全面贯彻落实党的二十大精神的开局之年,为进一步推进国家治理体系治理能力现代化,进一步推动高质量发展,进一步地打下一个良好的基础。

那在这项表决议程之后呢,还有两项表决议程,分别是表决《十四届全国人大一次会议选举和决定任命的办法草案》,表决《总监票人、监票人名单草案》。那这两项表决议程呢,就和接下来的四项重要的选举议程密切关联。

说到选举了。今天上午要选举的是中华人民共和国主席、中华人民共和国中央军事委员会主席、十四届全国人大常委会委员长、副委员长、秘书长、中华人民共和国副主席。……(略)

那在今天上午全体会议的这些表决和选举议程完成之后,还有一个很重要的事项。刚才春燕也提到了,就是要进行宪法宣誓仪式。

那说起宪法宣誓呢,相信大家都不陌生,通过我们的新闻报道呢,也不止一次看到过这样的场景。……(略)

那在今天上午大会的第三次全体会议完成了表决选举的议程,也完成了宪法宣誓的事项之后,今天下午代表团全体会议也有一个重要的日程,就是要酝酿国务院总理人选,中华人民共和国中央军事委员会副主席、委员人选;酝酿协商国家监察委员会主任、最高人民法院院长、最高人民检察院检察长人选、全国人大常委会委员人选。那这些呢也是为明后两天的第四次和第五次全体会议上相关的选举决定、任命议程和事项做好准备,完成好产生新一届国家机构领导人员这项重要的任务,这件关系全局的大事。

所以,表决选举、宣誓还有下午的酝酿协商,这些重要的日程啊,都是在党的集中统一领导下,充分发扬民主、有效凝聚共识的生动实践,也充分体现着我国的全过程人民民主。我们相信2900多位全国人大代表将会不辱使命,认真履职尽责,让党心民心同频共振。

在这段报道中,康辉用三个关键词:表决、选举、宣誓串联起了当天会议的重点议程,并简单通俗地解释了这些政治议程的功能、作用,以及各个机构在其中的职能,娓娓道来,不疾不徐,清楚明白。

(2)把握焦点,下情上传

地方行政法规的拟定及听证、研讨过程也是政治新闻现场报道中常见的选题。立法听证会是指由法案的起草单位主持,由代表不同利益的双方或多方参加,对立法草案内容的必要性、合理性等进行辩论。在听证之后,起草单位根据辩论结果,确定草案内容,后续提交人民代表大会审议。此外,一些地方重大行政事务的决策也会通过听证会的方式向社会公开征集意见,多方探讨。听证会的商议内容通常与普通民众的日常生活息息相关,因此民众有更高的参与热情和更清晰的参与途径,听证会也因此成为地方政府和人民群众沟通商议的重要平台。

如果说全国两会、党代会报道是政治信息的"下达",那么这类听证会报道更多的就是公众意见的"上传"。出镜记者需要抓住听证过程中激发不同意见的矛盾焦点,梳理实质内容,甚至从中发现矛盾背后更深层次的问题。2014年10月,由于日趋严重的城市环境污染问题,北京市拟出台规定,要求停车超过3分钟的车辆必须熄火。法规出台之前,北京市举行了听证会。

案例 8-15①
【记者出镜】

今天下午总共到场的九名听证陈述人都是表示赞同的。那么北京市人大法制委员会的工作人员表示说,在公开征求意见的过程当中呢,是有不少明确表示反对的声音,其中有两名很有代表性,本来想要请到今天听证会的现场,但是这两位市民都表示说不想公开地,尤其是对着媒体表达自己反对的声音,所以并没有到场。但是这九名都表示赞同的陈述人也提出了很多他们的建议和困惑,其中主要集中在三点。

第一就是很多人都有的困惑,就是如何来执行,怎么样去鉴定我停车3分钟或者超过3分钟?还有就是在北京是不是应该区分路段来执行?比方说有

---

① 《北京"停车3分钟熄火"立法听证》,2014年10月24日中央电视台新闻频道《新闻直播间》栏目播出。

一些拥堵路段,如果频繁地熄火停车,会不会加重这个拥堵?另外两点建议,其中有一点是九位陈述人都提到的,就是能不能在北京的交通信号灯加装这个倒数计时功能的装置。那么还有一个建议,就是对于目前北京有一些非法上路的摩托车和非法改装了汽油机的这种三轮车,能不能够加大查处的力度?因为他们也会加大这个有害气体的排放。最后呢,出租车行业的代表还提出了一点,就是说目前北京的出租车行业有一个服务规范,就是为了给乘客提供更舒适的服务,要求他们提前在冬天开启暖风,夏天提前开启冷气。这一点都有可能会对立法之后的这个规定产生一定的矛盾。

最后我们也去咨询了北京市人大法制委员会,他们表示说,整个今天的听证报告和最后的采纳情况都会向社会公开。尤其是这个法规的细则,将在明年1月份北京市的十四届二次人民代表大会上审议表决通过之后才有可能执行。

这个案例中,记者将报道的重点放在市民代表的困惑与建议上,而这也是"停车3分钟熄火"这一议题提出后社会舆论普遍关注的焦点。听证会的意义,就在于让政策制定者充分听取各个利益相关方的意见,不出"拍脑门政策"。新闻报道的内容选取,要根据沟通的具体情况做出相应调整,达成双方力量的相对均衡。

此外,由于公共事务决策拟定程序较为复杂,内容量大,逻辑较为抽象,出镜记者在报道中可以借助一些视觉手段,如题板、动画等方式来丰富表达,使报道更为直观、具体。

2015年南京市举行自来水价格调整听证会,江苏电视台城市频道的出镜记者到场进行现场直播报道。城市自来水价格实行的是阶梯式水价,每一阶梯的用量标准和价格标准都在调整讨论范围之内。而自来水价格是一个总体价格,由4个部分构成,此次调整只是调整其中的基础水价部分。这些复杂、抽象的逻辑关系单靠记者口述,很难让观众听明白、记得住。因此,记者在现场通过一张简易的图表,将水价各个部分以及与各个阶梯档次之间的关系清晰地展示出来。(如图8-6)借助这张图表,记者再进行同步解说,抽象的内容顿时变得更为直观。

2. 解读周边信息,分析内在含义

政治事件中经常有一些有意思的周边信息,这些"花絮"看似"八卦",与政治事件的严肃性形成鲜明对比,因此更有趣味性。不过,记者又不能完全把它当做无关紧要的"花絮",其中往往蕴含了许多与事件相关的延伸性信息,在价值内核上却有着共通之处,能够从另一个侧面反映出政治事件中的意味深长。此时,就需要出镜记者进行明确阐述,引导观众从周边信息的趣味性进

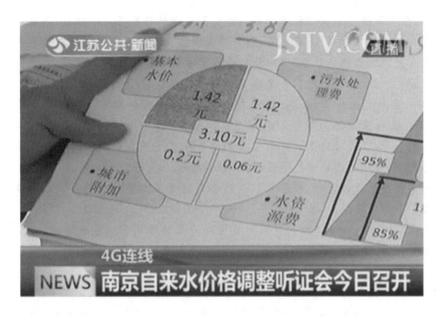

图 8-6 记者借助图表进行说明价格区间

入,最终导向核心价值。例如 2018 年朝美领导人在新加坡举行历史性会晤,记者在会议地点周围报道安保措施之严密,就能从另一个侧面展现此次会晤的重要性。

2016 年 11 月,两岸领导人在新加坡举行历史性会晤。会晤在下午举行,之后两位领导人见面握手的画面在各大媒体不断循环播放,对于晚间节目来说,再简单重复当天的会面情况已经缺少新意。于是,出镜记者沙晨从一段现场的"花絮"入手,通过报道现场媒体记者的行为,引申出此次会晤的深远意义。

案例 8-16①

我们进入会场大概是两点十分左右,整个会场原定是容纳 500 名记者,两点多一点这 500 名记者几乎就已经满满当当的,或坐或站或爬高上梯,真是各种各样的形态,把整个席位已经占满了。

记者席搭了四层高的台子,四层都密密麻麻站满了文字记者、摄影记者、摄像记者,实在站不下了,在最前排还坐地上有一排摄影记者,包括站立着另外一排摄像记者。但是在这两点十分到三点的过程当中,记者们出现了多次的拉锯战,为了争夺有利的拍摄位置。因为这历史性一刻的画面谁都不想错

_____

① 《两岸领导人首次会面特别报道》,2015 年 11 月 8 日中央电视台新闻频道《东方时空》栏目播出。

过,谁都不容错过。我们在现场忽然就听到后面的摄影齐声高喊说"向后退向后退"。我当时还纳闷没有明白,因为我当时在前面。后来我才明白他们是让前排的摄像记者集体后撤,第一排的摄像记者已经挡住了后排的摄像,无法拍到这历史性画面,所以他们就集体高呼向后退。但这个过程有几个来回的回合,第一排的记者一开始也不愿意往后退,因为他们认为已经选到了最佳位置,最佳的拍摄效果。那怎么办呢?几个三番五次的来回以后,没有办法,自己协调不开,只能求助于两岸的主管新闻事务的人员。在工作人员的几番工作劝说下,第一排的记者终于逐渐逐渐往后退 20 公分、30 公分、40 公分。一边退一边问后面的记者:可不可以达到你们的要求?不行。那第一排的摄像记者能不能再降低,再降低?

这样的过程一直持续到什么时候呢?一直持续到三点差五分,领导人马上就要来了,最终在领导人步入会场,大概也就是前五分钟左右吧,所有的位置才最后排定。当领导人最后进入的一刻,现场有一个细节。三点钟这样历史性一刻到来的时候,现场并没有主持人会宣布双方领导人入场握手,没有这样一个宣布。所以记者们就悄悄的,三点钟到了,没有任何的提示音,双方领导人从两侧走了出来。这时候记者席上出现了一阵小小的惊呼,"哇!"这样的重要历史时刻就在这样一个时刻开始。他们之前在拉锯战中,在心神还没有定下来的时候就出现了。当然接下来大家就可以在直播中听到和看到了,照相机的快门声响成一片,大家在一起记录下这一历史性的时刻。这是之前的这样一个小插曲,反映出大家对这历史性一刻的期待。这里面的记者绝大多数是来自两岸的媒体工作者,这种焦虑的情绪,这样一种情感也能从侧面反应两岸新闻工作者对于这次会面的期待。

这个案例中,记者先绘声绘色地讲述了媒体记者们在会面现场的"拉锯战",几次三番,锱铢必较。虽然没有现场画面,但通过记者的描述,观众也能感受到现场媒体记者心里的紧张、兴奋与期待。不过,记者的报道没有止步于对这一花絮的描述,而是将其进行总结升华,点出现场多为两岸媒体工作者,由此见微知著,从台湾媒体的普遍心态可想而知两岸新闻工作者,乃至两岸民众对此次会面的期待。内容层次不断深入,正是得益于记者的观察与发现,在此基础上进行有意识地组织、引导,让观众从另一角度对两岸领导人会晤以及两岸关系的未来走向有积极、正面的认知与理解。

第六节　社会新闻现场报道

一、社会新闻现场报道的概念

社会动态、社会活动、季节与气候的变迁、生活方式的变化等等,任何与社会生活、老百姓生活息息相关的民生事件,都属于社会新闻的范畴,其报道内容几乎涵盖了民众日常生活的一切。

有些社会新闻事件刚开始只是个体事件,但持续发展,就会成为调查性报道、专业性报道乃至突发事件报道的选题。如"梅雨季节如期而至"是一则社会新闻,但持续大量降雨导致灾害发生就成了突发事件;"年轻女子深夜乘坐网约车遇害"是一则社会新闻,但若此类事件连续发生,平台有意推诿,就成了法制与商业相结合的专业性新闻;普通的节庆、展会报道属于社会新闻,但不断发展、壮大的某个展会,则预示着当地经济在这方面的大幅度提升。

因此,社会新闻现场报道通常具备两个层面的信息。首先是对民生事件本身的报道;进而对事件背后的社会发展趋势进行解读与预测。基于这一特点,社会新闻现场报道具有一些共同规律。

二、社会新闻现场报道的方法

(一)实用第一,提供服务信息

社会新闻的接近性极强,总是和百姓当下的生活密切相关。因此,社会新闻现场报道需要针对观众的实际生活需要,从服务受众的思维出发,提供具体、实用的信息。

案例 8-17[①]

【记者出镜】

欢迎大家来到浙江松阳茶叶市场。刚才我在市场上逛一下,我先教大家一个小窍门,可以看到所有的茶商都拿着我手上这样一个托盘,里面盛着他想买的茶叶。然后就这样一晃,看啊,使劲儿一晃,放出来以后,你看那个茶叶的布局,比较靠中间的这是茶叶块头比较大的,靠边上的是比较小的就是茶叶末,很多茶商都是通过这个来判断他看中的这批茶整体的一个质量怎么样。

---

① 《浙江松阳茶市 齐聚天下茶商》节选,2018 年 3 月 28 日中央电视台《中国财经报道》栏目播出。

这里号称是中国绿茶第一市场。为什么敢有这么硬的一个称号？当然有实打实的东西了。给大家看两组数据，首先第一组数据，这里的交易额和交易量已经是连续四年全国绿茶产地市场里面最多的了。第二组数据，这边的日均交易量的话是150吨左右。150吨大家可能没什么概念，我请大家来看一下我身边的这个茶叶袋子，来看一下。这样一个大袋子差不多是70斤左右，看一下还挺沉的，我一个手拿不起来。一天的日均交易量，这样的袋子就要装满4000多个。刚才我看到茶叶一车车地运出去，所有的茶商真的是都乐开花了。

光有数据还不够，他们还有话语权。这里每一个月都会发布一个绿茶指数，可以说我们每一个买茶叶的人这个买到手的价格到底是高了还是低了，跟这个指数都息息相关。大家肯定会关心，这个月茶叶价格怎么样呢？告诉大家，截至3月25号，3月份江南茶叶市场绿茶的均价是237块8毛1。这个数字意味着什么？意味着比去年同期有一个大幅的下降，所以我们说喜欢喝茶的朋友们真的是有福了。

这是一则关于新茶上市的现场报道。我国自古以来有饮茶传统，新茶上市，普通人最关心的无非就是两个问题：今年茶叶贵不贵？怎么才能挑到好茶叶？记者将这两个问题贯穿在当地茶叶市场发展的大背景中，不断交织其中，既满足观众的服务信息，也传递出了当地经济发展的宏观趋势。

与此类似的新闻点还包括：

报道假日交通堵塞，人们最想知道的就是堵在了哪些地方？堵了多长、多久？采取了什么管控措施？现在司机们该怎么走？什么时候能不堵？

报道一次大型毕业生招聘会，人们渴望了解现场来了多少用人企业？提供什么岗位？需要什么样的人才？对毕业生有什么要求？普遍薪资水平如何？

报道节气变化，人们希望了解降温幅度有多大？会持续多久？会对农业生产产生什么影响？需要如何增添衣物、更换饮食？体弱的人需要注意哪些高危疾病？

报道消费纠纷，人们最关注的莫过于该怎么办？有什么依据？可能遇到什么问题？记者如何调解？

诸如此类，不胜枚举。

社会新闻以"接地气"为特点，对观众自身的生活有直接的参考价值，因此具备很强的新闻价值。而对于地方新闻媒体来说，充分发挥地利优势，为本地受众提供实用信息，是非常有效的生存策略。

（二）见微知著，折射社会百态

社会新闻的价值不仅在于表层的动态与实用信息，它往往能够折射出社会文化的积淀,社会变动的趋势。能否在表层的动态信息之外,抓取、解读到这些更为深层次的内容,是衡量社会新闻报道水平的一个关键指标。

以节庆报道为例。节庆报道是出镜记者现场报道的一个着力点,可以充分发挥出镜记者类人际传播的特长,丰富节日体验,渲染节日气氛,营造喜乐祥和的社会氛围。

节日是人类特有的一种文化活动,承载了不同地区、民族的文化习俗,是一个社会历史与文化心理的集中展现。因此,节日报道的关键是将现在与过去结合起来,不仅要告诉观众具体"怎么过节",还要告诉大家"为什么过节""过节过的是什么"。

案例 8-18

【导语】

春节花市是广州人年前必赶的一场大热闹。今天,广州春节花市鸣锣开张,让我们一起去现场看一看。

【记者出镜】

我现在就是在广州春节花市的现场。今天上午,一年一度的广州春节花市正式开幕,五颜六色、精彩纷呈的年节鲜花,吸引来了众多市民前来观赏、购买。

这样的"出头",只提供了花市的概括性信息,除了说明记者在现场之外,并没有给观众提供更多具体丰富的体验性、展示性的信息。同样是报道广州花市,另一位记者选择走进花市,从热闹的现场寻找具体、有趣的细节,并说明展现这些细节的意味。

案例 8-19①

【记者出镜】

我们可以看到小花艇上一片红红火火的年花当中,有一些很特别很有意思的,像这中间还有这样一盆菜。有的观众可能会想了,为什么会有这样一盆菜在年花当中?这是因为广东人买年花特别讲究好意头,这样的一盆菜也叫做意头菜。可以看到里面有生菜,有芹菜,还有香葱。生菜寓意着生财;芹菜呢,就是寓意着新年一年要勤勤恳恳;那香葱,也就是希望家里有小孩的小朋友能够聪明伶俐,可以说很多美好的祝福都凝聚在了这样一盆年花当中,可见广州人对美好生活的期待和向往。

---

① 《花开富贵,水上花市年味浓》,2018 年 2 月 14 日中央电视台新闻频道《新闻直播间》栏目播出。

现场报道里的"出头",因为时间简短,信息量有限,很难面面俱到。即便如此,在短短十几秒内,同样可以用画面展示现场,用语言阐述深层寓意。

案例 8-20[①]
【导语】
昨天上海豫园灯会迎来了 25 万游客,人声鼎沸,热闹非凡,我们去现场看一下。

【记者出镜】
这里是上海豫园的九曲桥,也是大年初一全上海最热闹的地方。因为上海人都喜欢在大年初一这一天带着全家老老少少来走九曲桥。他们相信,走过了九曲桥的九曲十八道弯,在猴年的一年当中都会顺顺利利,风调雨顺。

这条春节报道的导语很简洁,只用一些抽象性信息说明了豫园灯会的游客量之大。因此在开场,大家最想看的就是豫园的游客到底多成了什么样?记者没有泛泛用上一堆形容词,如"摩肩接踵、人流如织",而是通过画面展示现场的人流量,记者出镜则重点解说人们过节行为的寓意,传递出人们在新年伊始的美好期盼。

对于很多记者来说,每年节日看起来都差不多,活动也很相似,怎么能做得不一样,而不是到点儿就唱"四季歌",成为一种固化的形式?

节日是生活中的特别时刻,但并非孤悬于日常生活之外。哪怕是周期性的节庆活动,总会在一些细节上体现社会生活的变化。出镜记者如果能够从历史发展的高度、生活变迁的角度来观察节日,就可能从年复一年的报道里,不断发现新的报道元素。

案例 8-21[②]
2018 年春节,记者在四川一景区门口,对正在进行的舞龙表演展开报道。
【记者出镜】
在步入景区的第一个核心景点,芙蓉冠门口的这个小广场上正在举行最有中国年味儿的舞龙表演。可能这两天大家舞龙看得也很多,不过这支舞龙队要给大家隆重地介绍一下。这是来自于我们都江堰市向峨乡农民舞龙队。向峨乡在"5·12"曾经遭受过重创。刚才我和这些舞龙队的大哥大姐聊了一下,他们说,他们今年要舞出中国龙的生龙活虎的气势,其实也是要在"5·12"地震过去十周年的时候,用这种方式去感谢所有曾经帮助过他们的人。

---

① 《豫园灯会首日吸引游客 25 万》,2015 年 2 月 9 日中央电视台新闻频道《新闻直播间》栏目播出。
② 《天府之源年味浓》,2018 年 2 月 19 日中央电视台《正月里来是新春》特别报道播出。

案例 8-22[①]

图 8-7　记者李小萌报道法国唐人街春节巡游活动

　　2011 年春节期间,央视出镜记者李小萌在法国报道华人花车彩妆巡游活动。在介绍完彩妆巡游中舞龙舞狮的热闹景象之后,记者关注点引向了华人社团在法国、在欧洲的发展壮大。

【记者出镜】

　　要说它(华人花车彩妆巡游)的历史,第一次是上个世纪 80 年代末,由当地的华人社团,他们自发地组织这样的一种巡游的活动,继承了这样的一个传统。但是慢慢地越做越正规,越做名声越大,所以到现在它已经成了法国,包括巴黎市政府、13 区政府非常看重的一个官方的活动,也成了巴黎的一个城市的形象,不搞都不行了,有非常大的影响力。那我也问当地的华人,这样的巡游一年一次,对他们来讲有什么样的意义? 他们说这是一个非常重要的平台,能够展示我们的形象,发出我们的声音。而且你也看到了,像这样巡游的道具啊,服装啊,非常的精美,这些都是华人社团自己出资来进行组织和投入的,也可以看到现在华人的实力。另外一个说法我觉得可以借用,有人说凡是到这儿来参加过巡游的法国小朋友,放过中国鞭炮的小朋友,他们长大之后有

────────────────

　　① 《法国春节期间举行彩妆大游行活动》,2011 年 2 月 6 日中央电视台中文国际频道《中国新闻》栏目播出。

更大的机会可以成为华人的朋友。

这两个案例,同样是报道春节活动,同样是舞龙舞狮的欢庆,却因为表演的地点不同,表演的人不同,承载着不同的生命故事,具备了完全不同的意义。节日是人们日常生活的一种凝结,也是人们精神世界的支撑与安抚。看似千篇一律的节庆活动,实则都是不同的人在这一时刻都选择了同一种方式来告慰内心。而这,恰恰是中华民族身为一个文化共同体的外化表现。认识到这一点,出镜记者就能在报道中挖掘、展现出更有深意的内容。

(三)突出趣味性,满足公众好奇

社会新闻中有一些社会趣闻,其趣味性高于其他新闻价值维度。对于此类事件,出镜记者需要在表达上下功夫,把其中的趣味点放大,用有趣的方式,报道有趣的事件。

案例 8-23①

【记者出镜】

看看我身后的这个区,大家可以看到不少的朋友在一边看着舞龙的表演,一边在和我旁边的这个熊猫(雕塑)合影留念。有人开玩笑说,这国宝大熊猫虽然是备受宠爱,但是熊猫一生有一个巨大的遗憾,就是始终没有一张彩色照片。不过现在这个夙愿已经可以通过艺术家的手段来完成了。在今年的春节期间,这里汇聚了大概二三十个这样的立体的熊猫塑像,通过各种彩绘的方式,也让熊猫有了一张彩照。

这个案例中,记者用一个玩笑,抓住了"彩色熊猫雕塑展览"这样一个小事中的趣味性,并在报道段落结尾对这个玩笑进行回应,使得报道趣味横生。

除了语言,出镜记者还可以通过报道中的行为、场景设置,放大趣闻中的趣味性。2010 年,高速移动网络尚未推出,人们用手机上网主要还得靠无线网络连接。四川茂江的一位三轮车车夫在自己的三轮车上装了移动网络,让每位乘客都可以一边上网,一边赶路。记者对此进行报道时,不是站在三轮车前试验无线网络,而是以乘客的姿态,坐着 WiFi 哥的三轮车,一边连着车上的 WiFi 刷手机,一边对 WiFi 哥进行采访报道。在另一则自动外卖机器人报道中,出镜记者直接点了一份外卖,当外卖机器人到达送餐地点时,记者一边操作取货程序,一边报道,用灵活富有趣味的方式展现新闻中的趣味性。

本章小结

如果说,突发事件现场报道是出镜记者的高光时刻,那么非突发事件的现

---

① 《天府之源年味浓》,2018 年 2 月 19 日中央电视台《正月里来是新春》特别报道播出。

场报道更接近于出镜记者工作的日常。在日复一日的工作中,不断积累报道经验,丰富对社会生活的了解。

从报道内容角度出发,本章列举了调查性新闻现场报道、主题性新闻现场报道、专业性新闻现场报道、政治新闻现场报道、社会新闻现场报道的基本方法和注意事项。然而,在广袤的社会生活中,新闻事件无法完全归类、一一枚举,只能从操作流程角度出发,总结其中相似之处,形成相对规律。

在日常情况下,记者通常会提前预知新闻事件发生的时间地点,以及事件的基本情况。这让出镜记者能够有时间对报道进行策划,精心设计报道的内容点以及表现形态,综合调度视听表现手段,实现传播效果。但也正是因为这种"精心设计",让非突发事件的现场报道极易走入误区。误区之一是追求完美,试图用"摆拍"消灭报道中的每一个未知元素。误区之二是报道意图过于刻意,忽略对于事实的客观报道,试图将意图直接灌输给观众,反而引发观众的反感。

克服这些报道中的误区,关键在于出镜记者需要充分尊重新闻事实,尊重新闻的真实性,尊重观众的切身感受。不论是哪种类型的非突发事件报道,预知只能是相对而言,新闻事件中的不确定性无法被消灭,也不能被消灭。以事实为基础,与未知共处,才是新闻报道颠扑不破的原理。

思考题

1. 与突发事件现场报道相比,非突发事件现场报道具备哪些特点?

2. 非突发事件现场报道需要策划,但如何把握才能让报道看起来不"假"?

3. 调查性新闻现场报道中,出镜记者起到什么作用?

4. 有人认为,记者是客观理性的记录者与旁观者,因此,在出镜报道中不应该有太多的情绪表达。你如何看待?

5. 专业类新闻的难点在哪里? 如何破解? 试举例说明。

6. 在许多人看来,政治报道总是高高在上,与普通人的生活相距甚远。你觉得这种距离感是否有必要? 如果没有必要,如何化解这种距离感? 如果有必要,这种距离感保持在什么程度最为合适?

练习题

1. 3～5人为一小组,以当年"全国两会"为主题范围,为一档省级卫视的晚间新闻设计两会报道特别板块。分3～5个角度,形成一组主题现场报道策划。

2. 以"面对老龄化"为主题,寻找3～5个不同的选题,对比一下,哪个选题更适合现场报道？为什么？选择最合适的一个进行 3 分钟现场报道练习。

3. 寻找优秀调查报道案例，进行拉片式的拆解，说明记者在调查过程中如何通过镜头前的报道和采访形成逻辑推进，揭示事实真相。

4. 以本地最近热门的民生公共事务为选题，如养老措施、交通限行、学区房划分、水价电价调整等，组织进行一场时长 15 分钟左右的模拟听证会。人员包括主持人、政府相关部门、带有不同意见的三位听证人。听证会举行完毕后，马上进行 3 分钟直播报道训练。

5. 以最近的一个中国传统节日为主题进行 2～3 分钟的节庆现场报道。报道中需展现 1～2 个当地过节的习俗，并说明寓意。

第九章　移动新闻直播报道

随着智能手机、移动网络的高速发展，人人互联、随时互联成为现实，视频社交方兴未艾。2015年，分属Twitter和Facebook两大全球社交媒体的移动直播平台Periscope和Facebook Live相继上线，移动直播迅速成为新兴的信息传播与网络社交方式。大量媒体机构、商业机构乃至个人纷纷涌入移动直播市场，直播内容涵盖娱乐、新闻、教育、商业、游戏等多个领域。

融合发展是当今世界媒体发展的趋势，建设新型主流媒体，需要不断创新信息传播的形态、手段。目前，新华社、中央广播电视总台、人民日报、上海报业集团等众多主流媒体纷纷创建自己的新闻聚合平台，发展融合新闻传播。移动新闻直播报道正是其中一支有生力量。然而，纵观当下的移动新闻直播报道，普遍存在量多质低的问题，传播目的不明、策略不清，许多媒体单位依然使用电视现场直播报道的方法来操作移动新闻直播报道。甚至于对移动新闻直播报道的叫法也五花八门，"移动新闻直播""小屏直播""手机直播"等等。

到底什么是移动新闻直播？移动新闻直播报道与电视新闻直播报道又有什么不同？如何设计一场移动新闻直播？本章将就这一问题展开讨论。

第一节　移动新闻直播报道的概念

著名传播学者拉斯维尔在1948年提出了传播过程五要素理论，任何一项传播活动都可以从传播媒介、传播主体、传播客体、传播内容、传播效果五个要素进行分析，厘清整体轮廓。

用这个基本理论模型来确定移动新闻直播报道的概念。首先，移动新闻直播的传播媒介是轻便易携带的个人通信设备，如手机、平板电脑等，主要依靠高速移动网络和无线网络信号进行传送，最终，用户也通过个人通信设备，利用网络接收报道。

不同于电视"我播你看"的单向传播，移动新闻直播报道实现了记者和受众的即时互动，使受众变身成为用户，可以在收看的过程中随时发表评论，记者也可以随时回复评论,形成"你来我往"的实时交流。因此,移动新闻直播的传播主体与客体具有相对性。

当出镜记者发起直播时,记者本人就是传播主体,传播客体是每一个使用移动接收端收看直播的用户。在直播进行的过程中,用户可以通过评论区、弹幕等方式即时发表评论、反馈信息。此时,用户就是信息的传播主体,而直播记者成为传播客体。当直播记者做出反馈时,又再次成为传播主体,如此循环往复。因此,移动新闻直播报道中,传播主客体之间没有明确界定,可以随时转换。

传播内容方面,移动新闻直播报道秉承了新闻报道的基本特性,为出镜记者在新闻现场针对新闻事件进行的直播报道。

传播效果方面,和电视新闻反馈的间接性、滞后性相比,移动新闻直播报道能够使节目和用户之间、用户和用户之间形成实时连接。通过观看移动直播报道,用户不但能够获得新闻信息,还可以通过评论、弹幕等方式和其他正在观看报道的用户以及直播主持人、出镜记者进行互动。此外,用户还可以通过转发朋友圈、微博等社交网络的方式和自己的社交圈互动,获得新闻信息与社交需求的双重满足。

综上所述,移动新闻直播报道是以小型移动设备为接收终端,由出镜记者在新闻现场发起,以实时采制、同步播出、即时互动的方式为互联网用户提供的多媒体视听新闻信息服务。

第二节　移动新闻直播报道的特点

让我们先来做一道选择题。

以下三个选项中,哪一个是移动新闻直播的基本特征?

A. 用手机拍摄;

B. 用手机传输;

C. 用手机观看。

你会选择哪一个呢?似乎每一项都有一定的道理,很难取舍。

这三个选项分别对应着移动直播的制作设备、传输方法、使用方法。而实际上,手机传播中的"移动"与其说是在于特殊装置、综合技术和个体使用者,不如说是上述三者共同发生作用的传播语境。[①] 移动直播本来就是由这三种

---

① ［丹麦］克劳斯·布鲁恩·延森.媒介融合:网络传播、大众传播和人际传播的三重维度[M].刘君,译.上海:复旦大学出版社,2016:112.

特性共同构成的。但如果选一项,答案只能是 C。抵达观众的物理介质,决定了受众的信息接收场景、接收方式、接收心理,进而形成稳定的接收习惯。移动新闻直播报道的用户是用手机来观看、参与的,这决定了移动新闻直播报道的传播特点,进而影响出镜记者的报道策略。

一、报道时空极速扩容

（一）速度更快

和电视比起来,移动新闻直播报道的设备要简单得多,也轻便得多。

图 9-1①　《新京报》记者的移动直播装备

一个移动新闻直播记者的设备主要包括:

两部手机(一部备用);

大容量充电宝(1~2 个)、充电器;

4G 网卡(1~2 个,可使用不同运营商产品,以防万一);

手持云台(稳定器);

手机用话筒;

话筒防风罩;

伸缩自拍杆;

小型三脚架;

电脑;

---

① 全媒观.新京报＋腾讯 98 小时移动直播手记:我们在人民大会堂玩 high 了！［EB/OL］. ht-tps://mp. weixin. qq. com/s/cYb7amvl7U6cMzy4I7sSpQ.

储存卡；

录音笔；

各类转接口；

笔记本、笔。

所有这些设备加起来，一个背包就可以装下。这就意味着，只要是人能到的地方就可以开展直播报道。

同样，在人员配置上，移动新闻直播报道也有很大的优势。电视现场直播报道一般至少需要 3～4 人作为一个直播小组在新闻现场展开工作。其中包括出镜记者、摄像师、技术导播、卫星车司机等工种。而移动新闻直播报道的基础配置只需要一个人。

设备轻便，人员精炼，使得启动现场直播报道的速度进一步加快。当遇到突发事件时，移动直播记者能够更加灵活、迅速地进入新闻现场，尽快展开直播报道。

（二）时间更长

打开电视机，电视播出仿佛如同一道滚滚向前的单轨道信息流，版面是最珍贵的资源，因此编辑部会要求记者控制直播报道的时长。大多数现场直播报道都被要求控制在 2～5 分钟内，如有需要可以多次连线，但单次连线时长始终被限定，以保证频道整体信息流的节奏。

移动终端是个人综合应用工具，用户的功能选择范围广、进入与退出的随机性很强，用户注意力较为分散，也更没有耐心。为了在网络平台上获得持续关注度，培养用户黏性，移动新闻直播单次时长至少需要达到 20 分钟以上，大多持续 1～2 小时，长的甚至可以 24 小时连续直播。如 2016 年杭州 G20 峰会期间，央视新闻新媒体将 G20 领导人杭州峰会新闻中心的公共信号、央视在湖畔居设立的新媒体演播室信号、杭州电视台演播室信号、全景网演播室信号进行有序的调度和编排，实现了移动直播 48 小时不间断。①

尽管很少有用户会真的连续观看 48 小时移动新闻直播，但离开了电视频道版面限制，移动新闻直播可以就一个新闻事件展开持续性不间断的报道，形成单一主题下的直播流。不管用户在什么时候进入，都能够看到该新闻事件当下正在发生的瞬间。这种不间断的实时信息服务，为用户提供了移动互联网时代随时随地联通世界的可能，也给了用户一种稳定的陪伴感。

（三）空间更大

不受版面和设备限制，移动新闻直播报道的空间范围更加宽广，出镜记者可以自由转换多个场景，更加丰富、全面地展现事件的全部过程。

① 赵希.央视新闻新媒体移动直播策略分析[D].河北大学硕士论文,2017.

2016年6月1日,《新京报》记者来到四川省凉山彝族自治州阿土列尔村勒尔社,报道"悬崖村"孩子们的六一儿童节。这是一个坐落在大凉山山坳里的村庄,从山底小学到山顶的村庄海拔高差近1000米,村民们走向外面世界,需要顺着藤梯、钢梯,攀爬800米悬崖。为了展现"悬崖村"孩子们上学路的艰难,记者从山脚下的勒尔小学出发,重走该校18名学生上下学需通过的"天梯路",并全程直播攀爬过程。最终,记者耗费了5个小时,终于到达了悬崖顶上的阿土列尔村勒尔社,而这5个小时全程都进行了视频直播。(如图9-2)

图9-2 《新京报》记者直播攀爬"天梯路"

有趣的是,尽管移动新闻直播报道的时空在不断扩容,进入报道的速度越来越快,但实际上,很少有用户能够完整看完一次半小时以上的移动新闻直播。一项调查显示,在观看央视新闻微博移动视频直播的网友中,"单次观看时长5~8分钟"选项得票率最高,占比25.81%。"单次观看时长8~10分钟"选项得票率为21.77%。"单次观看时长在1~5分钟"的得票率为19.35%。其次则为选项"单次观看时长15~20分钟",得票率为14.11%。"单次观看时长20~30分钟"选项得票率为10.8%。多数用户单次收看直播的时长不超过10分钟。[1]

移动新闻直播用户单次收看时间段较短,是用户接收场景决定的。拿着手机、平板电脑,只要有移动网络信号,人们可以在任何地方收看移动新闻直播。通勤路上、等候时间、睡前床上、午休时候,甚至是在车上、卫生间里,场景不断变化,信息接收呈现出碎片化、伴随式的特点。

---

[1] 杨洋.央视新闻微博移动视频直播发展策略研究[D].大连理工大学硕士论文,2017.

正因为收看时间短,收看行为随机性强,直播时间才必须延长,在一定时间段内逐渐累积流量。对于用户来说,移动新闻直播报道提供的不仅是新闻信息本身,更重要的是提供了一整套直播信息流,给用户一种可以随时接入新闻现场,与正在变化的世界产生关联的可能性。针对这种情况,移动新闻直播报道要尽可能提高用户黏性,应在直播策划、流程设计、出镜表达等方面下功夫,根据用户场景作出相应的设计调整。

二、双向互动立体传播

1973 年 4 月 3 日,在位于纽约的摩托罗拉实验室,研究团队领导者马丁·库帕打通了世界上第一个移动电话。作为一种个人通信工具,手机的基础功能就是打电话,在个人与个人之间建立起信息传播的桥梁。智能时代,尽管手机被附加了多种功能,但是,与人沟通交往、获取信息、进而建构社交网络,始终是移动传播的核心。当人们拿起手机,触发的并非对信息的渴求,而是对连通的渴望。直到今天,和"看电视"不同,人们更习惯说"玩手机",这就暗示了人与手机的互动性。

这一特性体现在移动互联应用的方方面面,移动新闻直播也不例外。互动性是移动新闻直播报道区别于电视新闻直播报道的核心特征。

互动可以由记者主动发起。例如通过语言激发大家对事件的感受、向用户提出倡议、引导用户对事件进行评论、向用户征集相关信息等。

互动也可以由用户主动发起。通过弹幕或留言,用户可以向日常生活中可望不可及的专业媒体记者、主持人直接发送信息。

接收到用户的评论、提问之后,记者和受众双方都可以即时回应,形成"提问—回答—确认"的话语周期。同时,评论区用户与用户之间也可以互相交流,甚至在评论区互相对话,成为一个相对独立的交流场。(如图 9-3)

不同群体之间的交叉互动形成立体的信息传播结构,不断给直播加入新的信息,影响报道叙事。

案例 9-1

腾讯新闻曾直播《揭秘三沙,有钱也买不到的船票》,记者搭上前往三沙的船只,揭秘这一趟神秘旅程。没想到,在直播过程中,由于海上风浪太大,记者严重晕船,只好瘫倒在沙发上为受众进行直播。于是记者就晕船开始了与网友的互动,相互交流晕船的经历、缓解晕船的方法、补给船上的战士如何适应

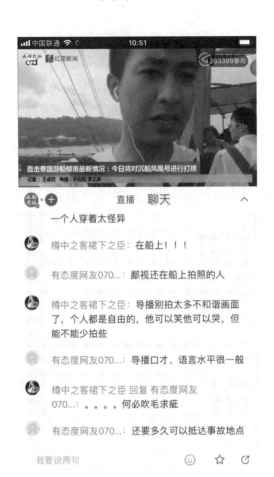

图 9-3 用户边看直播边讨论,已成为移动新闻直播的常态

风浪等等。评论区也渐渐活跃起来。[①]

案例 9-2

《丝绸之路拉力赛奥林匹克公园收车》直播当天,参加国际拉力赛的汽车将会在奥林匹克公园集结,各种酷炫的赛车将会一展风采。但是当时正值北京 7 月最闷热的几天,由于道路戒严,直播小编一路走一路直播,出师不利,一位摄像中暑了,直播不得不暂时中断。这算是一场直播事故了,但是后方编辑要求前方记者传回中暑摄像的照片,向大家解释了原因,并向网友询问快速的救治方法。于是在没有视频直播的情况下,评论区却异常热闹,大家纷纷留言

---

① 李昊.新闻资讯移动视频直播的策划研究——以腾讯、网易为例[D].河北大学硕士论文,2017.

表示记者辛苦了,并告知记者缓解中暑的方法。直播间见证了一场暖心的直播失误。①

移动互联网时代,用户不仅需要视觉体验,还需要"我在现场"的真实感和存在感。因为互动,移动互联网及直播技术为媒体用户"进入"重大新闻事件现场提供了可能,使得更广泛的"在场感"得以形成。②

因为同时"在场",用户和出镜记者之间产生一种社交连接。虽然与专业运营社交视频直播的映客、花椒等直播平台相比,移动新闻直播的受众粉丝意识较为薄弱,但是,从电视行业的经验来看,许多知名的电视新闻主持人拥有不逊于娱乐明星的强大号召力,只是缺少相应的方式将这种影响力转化为具体的社群关系。当移动新闻直播的出镜记者发展成为具有高超报道能力、鲜明个人风格的明星直播记者,或者以知名新闻主持人担任移动直播出镜记者时,出镜记者与用户这一对原本只是随机开启的临时性关系,也可能发展成为一种具有可持续性的社群关系。

2017年,《新京报》在进行南方洪灾直播报道以及凉山悬崖村"六一"探访直播报道中,进行了两次突出主播、运营推广直播主播的尝试。还以主播的名义,发起建立微信群组,成立后方援助粉丝群,不但加强了直播主播与受众互动,也增强了受众的黏性和忠诚度,为主播提供更多的后援支持。③ 随着移动新闻直播报道的逐渐成熟、出镜记者品牌逐渐建立,再辅助以相应的营销推广,出镜记者、新闻主播同样有可能受到用户的认可、追捧,带动该媒体在移动直播平台上的整体活跃度。

延伸阅读

移动互联网时代的"现场"与"在场"(节选)④

移动直播为在场者创造了不同于传统媒体时代的"在场感"。在传统的电视直播里,除非是事件中特别重要的主角,其他参与者通常都只会作为背景出现。他们虽然在场,但却没有留下在场的痕迹。偶尔能在一个重大事件的电视直播中露一个脸,也许能成为一个普通人一辈子的荣耀和谈资。

① 李昊.新闻资讯移动视频直播的策划研究——以腾讯、网易为例[D].河北大学硕士论文,2017.

② 彭兰.网络传播概论[M].4版.北京:中国人民大学出版社,2017:131.

③ 全昌连.视频直播给《新京报》新闻生产带来的改变[J].中国记者,2016(8).

④ 彭兰.移动互联网时代的"现场"与"在场"[J].湖南师范大学社会科学学报,2017(3).

但新媒体时代，技术促进了人们对自我存在感的追求，自拍便是普通人体现其存在感的最基本方式。也因此，智能手机兴起以来，自拍一直是最热门的应用之一。即使在重大的事件中，在场的人也不再满足于作为这个事件的一个旁观者或事件的记录者，不满足于作为事件的一个背景元素存在。他们开始更强调"我在现场"，我是主角。

图 9-4　新闻现场中普通人的角色演变过程

图中的三幅画面形象地展示了新闻现场中的普通人的角色演变过程。第一幅图显示的是 2005 年罗马教皇约翰·保罗二世的葬礼情景。那时智能手机尚未进入公众应用领域，而这个事件本身的性质也使得参与者在现场保持着静默，在这幅新闻照片里，所有的普通参与者都只是一种人肉背景。而第二幅图呈现的是 8 年后的全新情景。这一次事件是罗马教皇弗朗西斯一世的就职典礼，这时智能手机、平板电脑已经开始普及，所有在场者都举起了手机、平板电脑，记录了这样一个历史性的时刻，可以想象，其中不少照片会被分享到社交平台，此时人们更多地是通过记录事件来展示自我存在。第三幅画面则让我们看到了从"现场"到"在场"的一个飞跃：在 2016 年美国大选第一次总统候选人电视辩论的现场，所有在场的普通人将手机对准了自己，作为总统候选人电视辩论主角的希拉里反而成为背景。

对于新闻事件或现场中的普通参与者来说，媒介事件的仪式感、呈现模式对于他们而言，不再那么重要，重要的是他们身处其中。

目前普通人的网络直播靠的是单一的手机拍摄视角，虽然并不能立体地呈现全部现场，甚至相比电影、电视的画面，视角要狭小很多，但是，它在一定意义上去除了媒体（导演、摄像等）的视角，观看者通过直播者的视角看现场，直播者的体验传递给了观看者。如果未来在直播中应用带摄像功能的智能眼镜，则将带来更真切的"第一人称视角"。

对于观看者而言，网络视频直播虽然没有完全改变二维平面这样一个观看前提，但是，借助那些普通的在场者，他们的进入感和在场感会在一定程度上有所增加。

那些身在现场中的普通人，基本没有受过专业训练。他们不像专业媒体那样追求报道的客观性，他们的记录往往带有很强的主观性甚至随意性。但这种主观视角可能一定程度上减少了过去媒体报道带来的与现场的"疏离感"。如果现场记录者足够多,那么,不同的视角也可能形成相互补充。

但毕竟,这样的主观视角的记录,对于客观、全面反映一个事件的全貌是远远不够的,所以媒体人的在场,仍是必须的。

三、真实显现记者个性

电视是家庭媒体。一个家庭典型场景莫过于电视机安放在客厅,一家人看一个屏幕。一般来说,观众距离电视屏幕大约 2~5 米。根据美国人类学家爱德华·霍尔的人类交往空间理论,这个距离属于社交距离,多用于洽谈业务、接待陌生客人。此时,屏幕上的出镜记者就像是一个不太熟悉的客人,和家庭里的所有人进行沟通。

当新闻直播从电视转战手机,媒介载体从家庭媒体转变为个人媒体。手机屏幕距离眼睛最远不过 20 厘米左右,近的甚至可以达到 15 厘米以内。在人际交往中,这属于亲密距离,在异性之间只限于恋人、夫妻,在同性朋友之间则往往只属于贴心朋友。有人甚至将这种距离称之为"舔屏距离"。举起手机,每个人都专注于自己的小屏幕,切断了和周围人的社会关系,脱离了现实"场所",进入手机屏幕里的"场所"。当用户进入移动直播报道场景时,会产生一种"空间距离崩溃的幻觉"[1],和他相隔 20 厘米的出镜记者成为此时和他关系最亲密的人。由此,直播从大众传播转向人际传播,传播的对象从一个模糊的群体变成了一个个有名字(ID)、有观点的真实个体。

当空间距离改变,用户对出镜记者的期待也发生变化。在电视现场直播报道中,镜头仿佛一个舞台,出镜记者秉承公开叙事者的共同形象,力求在这个舞台上表现出权威、理性、智慧的职业形象,形成具体工作之外的"意义和稳定性"[2]。比如电视出镜记者经常身着职业装,播报的语调通常没有明确的情感倾向,以冷静、客观、沉稳的态度播报新闻。在屏幕形象上,记者与记者之间并没有太大差别,观众也不希望有太大的差别,只在社交距离中完全"按照职业的表面价值来评判表演者"[3]。这些都是职业记者专业化、标准化的体现。

移动新闻直播更接近于人际传播,移动新闻直播的出镜记者在生产内容的同时还肩负着另一重责任——生产与用户的"关系"。吉登斯认为,在现代性社会中,关系是建立在信任基础上的纽带,信任在这里不是预先给定的,而

---

① [美]罗杰·菲德勒.媒介形态变化——认识新媒介[M].明安香,译.北京:华夏出版社,2000:147.

② [美]欧文·戈夫曼.日常生活中的自我呈现[M].冯钢,译.北京:北京大学出版社,2008:23.

③ [美]欧文·戈夫曼.日常生活中的自我呈现[M].冯钢,译.北京:北京大学出版社,2008:40.

是建构起来的,而且这种建构意味着一个相互的自我开放过程。① 当用户不再是模糊的"大众",他们也期望移动新闻出镜记者是一个有血有肉的人,能看出是什么样的性格脾气、什么样的做事风格、什么样的社会定位,甚至到个人发展的来龙去脉。只有将交流的双方都还原成一个具体的个人,"关系"才有可能建立。而且,这些必须都是真实的,不加伪装的。

"当人们相信你表现出真实,而不是以假面掩盖你在真正干什么的时候,信任会更快地建立起来,也能维持得更加长久。"②移动新闻直播报道的观众期待在出镜记者身上看到近乎质朴的真实人格,而不是经过精心妆点的完美扮演。哪怕暂时不太成熟,在直播过程中出现一些失误、漏洞,反而成为"真实"的佐证。

因此,相比较电视直播而言,移动直播中的出镜记者需要用更加个性化的表达来凸显自己的特性,展示自己的性格,甚至打造属于自己的"标签"。女记者是邻家小妹、高冷女神,还是精英御姐? 男记者是有型大叔、御宅青年,还是背包走天下的侠客? 在直播过程中,出镜记者可以在一定程度上放大自己的个人感受,可以惊呼,可以大笑,可以尴尬,可以卖萌自嘲,也可以难过伤心。每一个真实反应、每一句独特表达都是记者个性的体现。例如,2015 年央视记者孙继文在新疆和田夜市大巴扎进行移动直播。面对琳琅满目的美食,她就像所有来到夜市的普通人一样,有自己特别想吃的,也有"眼大肚子小"的遗憾,还有忍不住的馋意;品尝的过程中,冲着鲜美的羊肉毫不犹豫咬下去,捧着酸奶粽子一勺一勺连着吃,就像邻家小妹逛夜市一样,丝毫不顾及所谓形象。强烈的真实感让网友仿佛同样身处热闹集市,记者由此产生的感受、评论也让人信服。

实际上,移动新闻直播记者的"真实"很大程度上是一种必然。1 小时以上的直播报道,镜头 360°无死角的注视,在这种状况下记者很难保持脱离日常状态的表演态,必然会在言谈举止中流露出自己真实的观点和态度。特别在遇到突发情况时,记者的第一反应往往是真实人性的体现,无法伪装。而手机镜头取景范围又比较小,记者胸部以上的形象往往占据大半手机屏幕,细微的表情、小动作、眼神都被放大,产生类似于电视特写的效果。这让观众对记者通过副语言传递出来的信息更加敏感,能够快速捕捉到记者的个性特征、人格魅力。

需要注意的是,作为面向公众传播信息的专业新闻工作者,出镜记者不同

① [英]安东尼·吉登斯. 现代性的后果[M]. 田禾,译. 黄平,校. 南京:译林出版社,2011:106.

② McNally, David, Karl D. Speak, Be Your Own Brand[M]. San Francisco:Berrett-Koehler, 2002:47.

图 9-5　央视记者孙继文采用移动直播报道古尔邦节

于娱乐明星,不能以完全私人化的视角报道新闻,依然要遵循新闻报道真实、准确的底线,以新闻报道的目的为引领组织报道内容,设计报道语言。

2018 年中国国际进口博览会期间,央视记者化身博览会美食馆馆主,在系列移动直播中以"胖三斤"的名号、标签化的"吃货"形象、夸张的语言表达,展现博览会美食馆里的奇妙展品。这些都是记者在自身真实人格基础之上做出的策划设计。然而,新闻记者不等同于网红主播,立人设、尝美食只是一个吸引观众的由头,根据展会的主题设置,记者还有意识地发掘美食背后的经济现象,围绕"一带一路"经济合作快速发展的主题,以"一带一路"沿线国家美食为线索,用"吃"引出国际贸易新趋势,释放中国开放信号。

应该说,出镜记者的"人设",是记者的真实个性与新闻工作的普遍性要求、所属媒体单位特点、移动新闻直播形态需要相结合之后,形成的一种传播形象。适当地暴露"后台"自我是一种策略,最终目的是为了换取用户的信任与兴趣,创造更优质的传播效果。然而,真正想要长期吸引观众,建立出镜记者个人品牌,不能只靠这些表面上的"花样"。记者真正的人格魅力,还是来自于对新闻事件独特的观察、判断、观点,那是记者知识储备、综合实力的个性体现,具有更为持久的吸引力。

第三节　移动新闻直播报道的策略

从 2 分钟到 20 分钟,再到 2 小时、2 天,新闻直播的时长不断延长,空间不断拓展,信息源增多。这一切都必然带来报道策略的转变。

一、选题:关注度高,话题性强

移动新闻直播报道持续时间长,要保持用户的注意力,事件本身最好能够持续较长时间,同时具有较高的关注度和较强的话题性,即人人都关注,人人都有话说,这样才能够让用户持续关注,愿意加入到报道中来。正如英国广播公司 BBC 负责 Facebook Live 内容的 Ros Atkins 认为:"当你进入 Facebook Live 时,你无法建立一个详细的编辑计划。如果你这样做,你将会失去你的观众。"所以,"我的一个主要切入点是,我很感兴趣观众们的意见。也就是说,你所制作的内容和话题应当是观众们提出的话题。"[①]

(一)突发事件

突发事件新闻报道,讲究"唯快不破",移动新闻直播能够实现记者快速到达、快速报道,零时差将突发事件的现场信息传递给用户,满足用户第一时间对信息的强烈渴求。因此,在目前各大媒体的移动新闻直播报道中,突发事件一直占据大量重要版面。

(二)重大时政新闻

重大时政新闻是主流媒体宣传报道的首要任务,也是其特有的优质新闻资源。2017 年两会期间,人民网联合腾讯推出超 100 小时的大型视频直播节目《两会进行时》。自 3 月 3 日 9 时起,每天 9 小时不间断视频直播两会。中央电视台在 2016 年 7 月 15 日至 2017 年 1 月 20 日期间进行的 268 次移动新闻视频直播中,实时收看人数、转发留言人数最多的分别是《G20 杭州峰会系列直播》,实时收看人数达到 2139 万人,《中国航天员在出征前最后准备》,实时收看人数达到 584 万人。两个系列直播创下了半年以来央视新闻官方微博移动视频直播的巅峰。[②]

移动新闻直播报道面向手机用户,具有用户年轻化、观看行为碎片化的特点,因此在策划时政类选题时,应扬长避短,针对用户需要和接收习惯,寻找与电视直播报道形成差异的角度与路径。如可以从冷门知识、后台周边、奇特视觉等方面,建立起不同于电视现场直播报道的内容风格。

(三)话题性事件

移动新闻直播报道以互动性为最大特点。具有一定话题性的社会新闻事件天然容易在直播过程中形成互动,因此尤为适合移动新闻直播。出镜记者在探访新闻现场、报道新闻信息的同时,可以充分放大事件的话题性,主动设

---

① 刘征.全球移动新闻直播的现状及特点分析[J].传媒评论,2016(8).

② 杨洋.央视新闻微博移动视频直播发展策略研究[D].大连理工大学硕士论文,2017.

置互动话题,引导用户讨论,在报道事件进展的同时,引导社会舆论走向。

但是,话题性事件的移动直播报道对出镜记者的要求很高,需要记者在长时间直播的过程中设置话题、引导话题,实时对话题走向进行分析、判断、应对,兼任出镜记者、主持人、评论员等多重角色,需要具备很强的政策素养和新闻评论能力。

(四)有趣的"软新闻"

有趣,指新闻事件具备那些能够调动起人们兴趣的新闻价值要素,包括揭秘性、趣味性、接近性等。这类选题通常好看好玩,但是比较"软",在新闻的时效性、严肃性、思想性以及对社会现实的指导性上没有那么"硬",具有较强的人文色彩、生活气息。比如春节花市探访、庙会灯会赏玩、考古揭秘直播、那达慕大会等等。

二、结构:过程为主,顺序叙事

移动视频直播是移动新闻直播报道的核心环节。长时间直播,单纯靠信息内部逻辑无法支撑,必须以"过程"为叙事主线,甚至主动设置事件过程。

"过程"有两种情况。第一种是以新闻事件本身发生发展的过程为报道主线,如突发事件救援、重走"悬崖村"、拆除违章建筑、抓捕"老赖"执法直播、查酒驾直播、各类演习活动等等。对于这一类选题,出镜记者只需要跟着事件发展的过程,按照时间顺序展开报道即可。

第二种是新闻事件发生在一个较大的空间范围内,并没有明确的时间线,此时,出镜记者可以自己设计一个行进的路线,用串联空间的方式搭建起直播的线性框架。比如"探访……""带你看……""走进……"等。对于这一类选题,记者需要在设计路线的同时考虑到整体报道节奏,将记者的行进节奏与叙事节奏结合起来设计报道结构。

以过程为主,决定了移动新闻直播报道主要以顺序叙事。这两种结构方法在条件适配的情况下都可以单独使用。不过,由于移动新闻直播报道持续时间长,有时候新闻现场的时间线和空间线都无法单独组织起一条叙事主线,此时可以将两种结构方法结合起来使用,将新闻事件过程作为报道核心,在事件前后安排一定范围内的现场行进式观察报道。

举个例子。2017 年 7 月 5 日,泰国普吉岛发生两艘游船倾覆事故,47 位中国游客遇难。事故发生后,当地启动了紧急救援,不少中国记者也紧急前往普吉岛进行报道。面对人生地不熟的环境、语言沟通上的障碍,除非跟船参与救援,否则在岛上很难找到明确的报道点。如果你身在普吉岛,却无法前往救援一线,仅仅了解到当地很快要举行新闻发布会。此时,该如何设计一场移动新闻直播呢?

首先,新闻发布会毫无疑问是核心事件,发布会的过程是这场移动新闻直播的主要内容。

在发布会开始之前,记者可以在发布会现场外围设计一条路径,展开观察报道,比如从发布会所在地到附近的港口、街道,观察当地的人文特点,寻找与事故、救援相关的信息,再加上融合之前发布会已经发布的信息,就可以在新闻发布会开始之前形成一个小型的观察式移动新闻直播报道。

而在发布会之后,记者应当及时对发布会的主要内容做一个梳理、总结、评论,并就发布会期间观察到的其他信息进行补充描述说明。

如此,以新闻发布会为核心事件,往前可设计观察式报道,往后可设计评论式总结,以此形成一个完整的过程式移动新闻直播报道叙事结构。

许多新闻事件本身过程并不长,但是结合两种结构方法,记者可以围绕事件核心节点,延展周边信息,组织移动直播报道。网易曾做过一场杭州钢厂烟囱爆破的直播,爆破核心现场不过 1 分钟,但在持续 3 小时的直播里,主播探访了钢厂及周围街道、居民,系统展现、回顾了钢厂曾经的辉煌,和观看直播的百万用户一起,送别曾经共同的钢厂记忆。

移动新闻直播报道的结构策划,只能是对直播基本框架的设计。在移动新闻直播报道中,可能引起变数的因素随着直播时间的增加成几何倍数增长,再加上随着事件进展涌入的用户评论……出镜记者需要面对大量新的信息,很难严丝合缝地掌控整个直播过程。这些不完美反而造就了移动新闻直播报道最吸引用户的关键点:未知与真实。

电视新闻直播经过数十年发展,编导、摄像、导播各司其职,形成了一套相对成熟完善的流程化操作,从某种意义上来说,电视中的现场变成了精心组织过的蒙太奇,变成了对现场元素与信息的一种挑选与再构造过程,而不是还原性呈现。[①] 2~5 分钟的语言长度,记者可以精心设计好每一句解说词,安排好每一个镜头,导播也可以按照既定台本完成整体直播。只要现场相对稳定,直播就很可能成为一场"展示"。可以说,电视新闻直播发展越成熟,"深加工"的因素就越多。当观众充分意识到电视上呈现的"现场"是经过高度蒙太奇组织的现场,那么,直播就会失去最初的魅力。

在移动新闻直播报道中,记者无法控制每一个细节,反而可以抛下全知视角,放大内容中的不确定,跟着新闻事件发展的过程走,跟着发现事实的过程走,让真悬念带动未知,和用户一起探寻新闻信息。此时,记者不只是信息的发布者,而是转型为共享者,使得移动新闻直播报道产生强烈的真实感。

---

① 彭兰.网络传播概论[M].4 版.北京:中国人民大学出版社,2017:130.

案例 9-3

2016 年 12 月,湖北鄂州一辆面包车搭载 20 人不慎冲入水塘中,多人伤亡。央视新闻记者赶到落水现场进行移动直播。在直播过程中,记者偶遇遇难者家属。两位家属都是老人,讲的是当地方言,为了防止网友听不懂,记者在直播中像翻译一样重复他们的话,展现采访全过程,和网友同步获取信息。强烈的参与感产生真实感,使得观众更如身临其境,感同身受。

案例 9-4

2016 年 9 月,美国总统候选人特朗普与希拉里鏖战正酣,即将迎来大选投票日。央视记者直播探访美国总统竞选人特朗普的竞选大本营,在探访的一开始,记者就告诉观众,由于特朗普团队没有给任何一家外国媒体发放证件,记者只好趁着活动开始之前,偷偷进入现场观察。到底能观察到什么? 会不会被发现? 什么时候会被发现? 一切都不知道。如果记者被赶出来了,那大家也就只好一起被赶出来了。整场直播充满悬念,用户和记者同步共享这种悬念带来的未知信息。尽管在十几分钟后,记者就被请出了现场,还是请到了美国问题专家,一起参观竞选大本营所在的大楼、街道,并就大选情况进行分析预判。

未知并不代表失控。许多可预知性的新闻直播报道,出镜记者往往会提前踩点,做好详尽的计划,确保播出安全顺畅。总体来说,出镜记者既不可"完全不知",也不能"全知全能",更不能"假装未知"。此时,不妨在前期策划时,主动给自己留有余量,在掌握整体进度的前提下,保持一些细节上的未知。

三、互动:推动叙事,引发共鸣

在社交媒体时代,重要的不是简单的新闻信息的生产和加工,而应该是知识和体验,信息通过加工和过滤变成知识,而知识在获取和分享的过程中,成了意义和体验。[①] 移动新闻直播的受众不只希望获取信息,他们还渴望人际交流,渴望参与新闻报道,收获参与新闻、分享观点的独特体验。因此,互动是移动新闻直播报道中不可或缺的重要元素,它既能推动叙事,也能有效弥补长时间单线叙事的局限。一般来说,有效的互动内容可以分为三种类型。

（一）分享感受

在与记者一起经历事件的过程中,用户心理会产生波动,亟须和人分享,并渴望得到呼应。此时,记者在报道中点名读出他们的感受,将这种情绪和所

---

① 彭增军.新闻业的救赎:数字时代新闻生产的 16 个关键问题[M].北京:中国人民大学出版社,2018:66.

有参与者一起分享,能够推动用户产生强烈的情感认同。

案例 9-5

2018 年初,浙江杭州下起难得一见的大雪,整个西湖被白雪覆盖。央视新闻记者在西湖以"雪中西湖的正确打开方式"为题展开移动新闻直播,和全国网友一起分享难得一见的雪景。直播过程中,记者在白堤上偶遇了两个女孩,两人一人来自广东,一人来自杭州,两人素昧平生,都是被西湖雪景吸引而来。广东姑娘在湖边的长椅上堆雪人,杭州姑娘就帮她打伞,成为因雪结缘的一段佳话。

这样美好的场景引发了众多网友的感慨,记者及时把网友的评论挨个儿读给两个女孩听:

"网友橘子不是橘说:美女,17 万人看你堆雪人!"

"泪点低先生说:有爱的打伞姑娘。"

"懒人入骨说:小姐姐不好意思了。"

"奋斗在一线的王小毅说:给你提个建议,插根胡萝卜。"

一条条充满温暖的留言,让两位姑娘更高兴了,虽然天下着雪,但是现场的氛围暖意融融。

(二)展开问答

1. 记者发起问题

出镜记者可以主动设置一些问题,在直播过程中进行实时问答。不但让用户产生参与感,还可以保持用户的注意力,并借助对用户提问的选择,开启下一个段落,推动叙事进程。例如在《庆祝内蒙古自治区成立 70 周年》系列直播中,央视记者走进一户牧区音乐世家进行探访。采访过程中,记者有意识地从牧民家的架子上选了一些非常有少数民族特色的生活器具,让用户猜一猜这些器具都是做什么用的,然后读出网友的回复,再让牧民来揭晓正确答案。诸如这样的问答环节可以变化多种不同形态,出现在各种报道中。不同于电视播出"有奖竞答",这些互动提问甚至不需要实体奖品,记者在报道过程中随时报出网友的名字,读出网友的答案,就是对用户最好的激励。

2. 用户提出问题

在收看直播过程中,用户可能对一些内容会产生不解或者困惑,于是主动发表评论,提出问题甚至对直播内容提出要求。对于形成一定规模或比较关键的问题,记者可以提取出来,进行及时解答。如果有必要,还可以根据用户的提问、要求临时调整直播内容,改进报道设计。例如央视新闻新媒体移动直播麋鹿转运时,观众评论说想看麋鹿在车上的状态,导播便把这一"群众诉求"

告诉记者,于是记者就会做出直播调整,为观众拍摄麋鹿的画面。①

(三)补充信息

在收看移动新闻直播的用户中,或许就有一些新闻当事人,为报道提供更多丰富的信息。尤其是一些影响范围广、持续时间长的突发新闻事件,用户补充相关信息的意愿尤为强烈。对于这类信息,可采取团队式工作流程,先将线索抓取出来,依靠后台团队快速核实,再反馈入报道中,实现"众包"式的新闻报道。

2016年7月20日,一场暴雨令北京拉响全城戒备警报。《新京报》借助腾讯新闻客户端平台开展视频直播,数十位记者在第一时间快速前往现场,对北京丰台西路等积水内涝地段进行了实时直播,第一时间报道了汛情的真实情况。除实况可视画面,设置在直播页面下方的直播厅对实时更新的强降雨发展走势进行汇总呈现;后方编辑团队则对北京各个地点的积水状况以及救灾信息进行及时速递。同时,直播页面向广大微博网友发起"汛情"搜集要求,这样网友就能够在直播评论区中晒出图片和具体方位,与大家及时分享暴雨信息。通过"实况移动直播+网友信息整合",报道描绘出覆盖多个区域位置、多维互相印证的信息图谱,②为处于信息饥渴中的用户提供更加丰富的信息。

延伸阅读

在互动中玩转新媒体直播(节选)③

网友通过评论的方式参与节目。而如果网友的评论我们没有看到,或者没有予以回应,那么网友就会感觉没有受到重视,从而放弃对节目的关注。所以,念网友评论其实是体现网友存在感的一种极好的方式。但是,念评论也是有选择性的。那么我们应该挑选什么样的评论内容来念呢?

1. 有效参与事件进程

网友对互动问题作出回答,属于网友直接参与节目。我们在直播中设置了多组问题,如"断桥为什么叫断桥?里外西湖,你能分清吗?对面山上的这座塔叫什么名字?白堤跟哪位诗人有关?湖中三岛叫什么名字?三潭印月出现在人民币几元钞票的背面?……"我们把这些互动话题分散在不同的板块,

---

① 赵希.央视新闻新媒体移动直播策略分析[D].河北大学硕士研究生论文,2017.
② 张文丽.移动直播在灾害类突发性新闻报道中的优势分析——以国内南方水灾和北京暴雨突袭为例[J].视听.2017(2).
③ 杨军威.中央电视台浙江记者站内部总结资料[R].2018.

通过向网友提问,来增加与网友的互动。

另外,网友在直播中"支招",也是参与事件进程的一种形式。比如,我们直播中遇到有人在堆雪人,找不到合适的东西做眼睛,这时候网友有的说用叶子,有的说找小石子,有的说用胡萝卜……当我把这些网友的留言念出来,既是念给其他网友听,也是念给正在堆雪人的小姑娘听。而堆雪人的小姑娘则哈哈一笑,说:"早知道早上就该带个胡萝卜出门了。"

2. 呼应直播内容中的情感

选择的第二个标准,是看留言是否能够体现情感上的呼应。比如,我们在断桥上讲完许仙和白娘子的故事,这时有网友纷纷回忆起了《新白娘子传奇》这部电视剧,感慨杭州、西湖在童年里的深刻印象。还有的说"曾在杭州工作了7年,看到断桥又想起了杭州"。这些情感是我没有说出来的延伸性信息,但通过网友留言引出情绪,唤起共鸣。

3. 延伸话题讨论

如果网友的留言能够引发一个话题的讨论,时机又恰好合适,那会是不可多得的上佳选择。比如,我们在断桥上讲完许仙和白娘子的故事,有网友留言说,"我和男朋友也是在西湖游玩时在断桥认识了,如今在一起已经3年了。"这时候如果能够把这位网友的留言念出来,再向其他网友提问"你和你的爱人是在哪里认识的",这样又会形成一个新的互动话题。

通过互动,网友和记者形成了一个共同体,在分享信息的同时分享感受。记者不是放弃了对整体叙事的掌控,而是这种掌控变得隐形了,他既是参与者,又是组织者、掌控者,借助互动对话实现整体叙事的发展。

四、表达:生动口语,平视交流

当记者面对移动直播的观众,传播的对象从模糊的群体变成了一个个有名字(ID)、有观点的真实个体,模拟的"朋友"走入了真实的交流。仿佛是朋友之间围绕一个话题,一起聊天,一起经历一场冒险,其间不断有人来去,围观与讨论一直在继续。每一条评论都来自一个真实的身份,每一次批评都来自一双注视的眼睛,直面这些反馈,记者心理会感受到强烈的冲击力。而相对应的,一旦观众认可记者那个"亲密朋友"一般的身份,也会对记者报以朋友一般的善意。

在这里,平视,不是一种理想化的行为准则,而成为出镜记者与用户之间的一种客观关系模式。

因此,移动新闻直播的报道语言以富有个性特点的即兴口语表达为主,更接近日常生活口语,少有书面语的色彩。在语义准确的前提下,记者可以根据日常口语的习惯,自身的性格特点,对语序、用词进行一定程度的调整,多用短句、简单结构句。在内容上,要根据自身性格特点、屏幕形象,以当天的现场情况为依托,发散思维、观察感悟,形成富有个性特点的口语表达。

案例 9-6

央视新闻记者孙继文在《品味新疆》系列直播中以邻家小妹活泼灵动的个性形象被广大网友认可,她在做一场《色力布亚牛羊巴扎》的移动新闻直播时,以第一人称视角,带着网友逛市场。遇到市场一种羊角曲度很独特的羊时,她说:"你看,那个羊像不像 ET(外星人)?"然后就爽朗地笑了起来。这就是符合她个性角色的表达。另一位男记者张晟形象是一位生活在东北的豪爽男生,在黄河冰封直播时,他这样形容内蒙古的冷:"可能很多南方的朋友冬天到个零度就觉得很了不地(得)了,但是内蒙古这冬天,不到零下十五度你都不好意思说冷。"带着东北方言特色的话语组织形态,就是他的个性体现。

移动新闻直播报道基于网络传播语境,记者要有意识地了解网络传播语境,掌握网络直播用户的语言系统,比如各种与日常生活口语中不同的代号、符号,能够有分寸地使用网络语言。但是,记者既要成为符合网络语言传播规律的"网红",又不能仅仅是"网红"。个性生动的口语表达并不是为了哗众取宠,而是为了将个性表达与新闻信息结合起来,产生更强的表达张力,将信息更好地传递出去。比如张晟在介绍了黄河上的低温后紧接着说:"正是因为这种低温,这种持续的低温,才可以让黄河封河,如果它不封河,像这些流凌一直流一直流,水一涨上来可能我们站的这个地方就会被淹没了。所以流凌虽然好看,但是有危害的。"而孙继文在生动介绍羊的外形特点之后,也马上介绍这些羊种来自于全国各地,当地的老百姓如何靠它致了富。信息结合现场,生动表达出新疆与内地紧密团结、大力发展牧区经济的良好态势。

在和用户互动交流的过程中,出镜记者的语态也要尽可能地适应移动直播特点,努力营造一对一聊天式的互动。

案例 9-7①

江苏法官雷霆抓老赖直播中,记者手持直播手机,身上背着 4G 背包,跟随执法人员一路小跑。过程中,有网友发出是否是真的直播的质疑,主播马上回应完全是真实的状态,同时回复网友,如此艰辛的直播就是为了呈现真实的状态,希望大家能够理解他们的努力与付出。随后网友纷纷发弹幕表示直播

---

① 李昊.新闻资讯移动视频直播的策划研究——以腾讯、网易为例[D].河北大学硕士论文,2017.

记者辛苦了。进入欠款者的房屋后,记者说,我感觉这家人的经济水平很好,二层的小楼,装修也不错,真的不明白为什么一直拖欠不还款。介绍屋主的情况就好像邻里交谈一般。随后记者还向网友提问,在二三线城镇里,盖一栋这样的小楼需要多少钱,得到了网友积极的回答。

第四节　移动新闻直播发展趋势

21世纪的前20年,随着移动互联网发展、智能设备普及、社交网络兴盛,媒体世界发生巨大变化,媒体融合大势所趋,成为当下以及未来一个时期内各大媒体机构专注发展的重点。融合,意味着新闻生产的流程、组织架构、业务规律、创作方法都在发生颠覆式的改变。在这股势不可挡的浪潮中,移动新闻直播的发展趋势逐渐明朗。

一、行业管理规范化

2016年,移动直播业务在我国大范围兴起,那一年也被称为"移动直播元年"。首先进入移动新闻直播领域的是腾讯、网易在内的大型商业视频平台,以"直播员""拍客""编辑"等身份从事泛资讯类新闻直播。2016年3月25日12点30分,腾讯新闻客户端推出直播节目"一个女孩的车站"。内容讲述的是日本北海道一个偏远的小火车站,因为一个高中女生需要上学而一直保留。那一年3月,女孩即将毕业,这一亏损线路也将在女孩毕业之时关闭。这场直播持续近2.5个小时,前方由拍客进行视频直播,后方编辑则通过微信语音不断进行协调。这样的一个温情故事,迅速引爆社交网络,人们第一次看到了移动新闻直播的巨大能量。

2016年9月1日,"央视新闻"客户端移动直播板块上线。2017年2月19日,专注移动新闻传播的"央视新闻移动网"客户端上线,建立起聚合全国37家省级和计划单列市广电机构的矩阵号平台,力求聚合全国媒体力量,形成一个基于移动端的融媒体内容聚合平台。此外,《新京报》"我们视频"、新华社、《人民日报》、澎湃新闻、上海文广"看看新闻"、成都传媒集团"红星新闻"等多个主流媒体也迅速成立起自己的移动新闻直播报道队伍,在多次重大新闻事件中成为新闻传播的有生力量。

尽管发展迅速,但目前移动新闻直播报道尚处于发展初期,行业生态还不稳定,在内容多元、丰富多彩的同时,也存在行业政策制定滞后、监管标准模糊的问题。2005年施行的《互联网新闻信息服务管理规定》无法满足现在的互联网发展需要。因此,近年来,各项法规不断抓紧制定出台,监管措施不断跟进,移动新闻直播行业正在逐步走向规范。

2016 年 12 月 1 日,《互联网直播服务管理规定》开始施行,除了对互联网直播服务平台提出技术能力、管理能力、内容导向等方面的要求之外,在第五条规定:互联网直播服务提供者提供互联网新闻信息服务的,应当依法取得互联网新闻信息服务资质,并在许可范围内开展互联网新闻信息服务。第十条规定:互联网直播发布者发布新闻信息,应当真实准确、客观公正。转载新闻信息应当完整准确,不得歪曲新闻信息内容,并在显著位置注明来源,保证新闻信息来源可追溯。[1]

2017 年 6 月 1 日,新的《互联网新闻信息服务管理规定》正式施行。明确了互联网新闻信息服务的许可、运行、监督检查、法律责任等,并将各类新媒体纳入管理范畴,其中也包括网络直播业务。规定要求,通过互联网站、应用程序、论坛、博客、微博客、公众账号、即时通信工具、网络直播等形式向社会公众提供互联网新闻信息服务,应当取得互联网新闻信息服务许可,禁止未经许可或超越许可范围开展互联网新闻信息服务活动。[2]

同一时间,《互联网新闻信息服务许可管理实施细则》开始施行,如何申领互联网新闻信息服务许可证有了明确的法律规定。在申领许可证的各项要求里,除了资金、组织、专业人员等多方面外,关键在于明确要求"申请互联网新闻信息采编发布服务许可的,应当是新闻单位(含其控股的单位)或新闻宣传部门主管的单位"。这就意味着,党的新闻宣传体系之外的商业机构,即便取得了网络直播服务资质,也不得进行互联网新闻信息采编发布服务,只能申请互联网新闻信息转载服务。移动新闻直播的采编业务,被正式纳入新闻宣传系统进行统一监管。

二、业务发展专业化

移动新闻直播报道有着和电视现场直播报道不同的传播特点,在整体编排、内容策划、表达策略等方面都有着自己的规律。然而,对于新生事物的认知需要一个过程,目前,行业内对于移动新闻直播报道的认知还存在一些误区。

有的电视媒体机构依然把移动新闻直播报道当成了电视新闻直播的"小屏版",技术条件不支持甚至回避评论互动,评论区空空荡荡,记者全程上演

---

[1]　互联网直播服务管理规定[EB/OL]. http://www.cac.gov.cn/2016-11/04/c_1119847629. htm.

[2]　互联网新闻信息服务管理规定[EB/OL]. http://www.cac.gov.cn/2017-05/02/c_1120902760.htm.

"独角戏"。有的机构将移动新闻直播定义为电视直播的"淘汰版"——上不了电视直播的,那就上移动直播——缺少针对移动新闻直播特点进行专项策划组织,传播效果自然不佳,一些中央媒体机构的移动新闻直播只有几百甚至个位数的阅读量。另一方面,从纸媒转型的媒体机构,因为缺少视频传播的业务基础,在移动新闻直播报道的画面拍摄、视听语言综合运用、出镜记者表达等方面还处于专业初级阶段。移动新闻直播报道迫切需要实现专业化的整体提升。

专业化发展,首先改革新闻机构的组织流程。以英国广播公司 BBC 为例,为了区别于传统采编队伍,BBC 专门为直播记者起了一个名字,叫 MO-JO。MOJO 是 Mobile Journalist(移动记者)的简称。MOJO 没有办公室,但配有笔记本电脑、录音笔、数字相机及录像机等一应俱全的现代化采访设备;MOJO 每天深入所负责的区域,以多媒体形式进行现场采访,以第一时间完成报道并在车里完成发稿。这种采编改革不仅存在于 BBC,新加坡最大的传媒集团新传媒私人有限公司也于 2016 年 6 月打破固定的物理空间,采编人员取消以前的固定桌椅,采用浮动工作台的制度,以适应日益移动化的局面。①

专业化发展,还对出镜记者的业务能力提出了更高的要求。从事移动新闻直播报道的出镜记者首先必须具备良好的新闻素养,能够在快速变化的现场环境里、在网络互动区里敏锐地发现具有新闻价值的信息,并作出判断处理;当突发情况出现时,记者能够快速反应,妥当处置。

其次,出镜记者需要具备直播能力,熟练掌握视听语言,同时具备较好的即兴口语表达能力,能够支撑住半小时以上的生动口语表达。

再次,记者需要提前做好大量功课,尽可能对整体报道进程有一个板块式的整体把握,在转场、事件停滞的时候,能够依靠自己的知识储备填补信息空白,避免用户流失。

此外,出于互联网传播的特点,用户还期待记者是一个富有个性的传播者。要具备以上众多条件,才可能成为一名合格的移动新闻直播出镜记者。

三、跨屏直播常态化

随着媒介融合的不断推进,电视与手机屏幕之间的技术壁垒被打破,二者开始逐渐融为一体,趋于形成一体化的新闻报道体系。

2018 年 4 月 14 日,美英法三国对叙利亚发动攻势,连续发射了 110 枚导弹。叙利亚防空部队拦截了大部分导弹。袭击发生时正值叙利亚当地时间凌晨 3 点 55 分,中央电视台驻叙利亚记者徐德智第一时间开启移动新闻直播报

---

① 刘征. 全球移动新闻直播的现状及特点分析[J]. 传媒评论,2016(8).

道,在长达近 3 个小时的直播时间里,移动端不时切入双视频窗口,将电视直播画面接入移动直播;记者也不时与电视演播室主持人进行直播连线。(如图 9-6)

图 9-6　记者在电视与移动端同时进行直播报道

此时,电视直播画面和移动直播画面同时出现在手机屏幕上,一边是记者深入叙利亚进行直播的现场,一边是北京演播室切换出的记者电视出镜画面,再加上早前的资料画面,用户可以同时看到三个不同视角的画面。

从功能上来说,大小两块屏幕起到互相补充的作用。电视上由于时长等种种原因无法播出的现场画面,通过移动新闻直播报道放送给观众,实现了电视"平行事件的伴随态播出"①。

电视信号可以进入移动直播,移动直播信号也同样可以切入电视。2016年 11 月 24 日,江西省宜春市丰城电厂三期在建项目冷却塔施工平台发生坍塌事故,造成 74 人遇难、2 人受伤。事故发生后,中央电视台及时介入展开事故报道。在这次报道中,电视端引入了移动直播画面,打破了过去电视直播必须使用高清卫星信号的惯例,让新闻时效因为移动直播的轻便快捷而再次提速。

信号的互相引入、同步直播只是突破技术壁垒之后的第一步,目前,中央电视台已经开始在实践中尝试利用移动新闻直播互动性强的特点,将电视新闻与移动新闻作为一个报道整体进行设计。

2016 年,中央电视台新闻频道特别节目《候鸟迁徙》在广州长隆野生动物

---

① 陈晨.不止摇一摇——媒体融合时代下的电视节目跨屏互动[J].影视制作,2016(11).

园设立了融媒体直播间。直播间设立专家访谈区,在新闻频道播出的电视节目中四路追鸟小分队记者分别与直播间主持人进行连线,简要介绍各路候鸟迁徙情况,同时对央视微博平台的移动视频直播进行预告。在移动视频直播中,记者可以详细介绍当地情况,并向专家提出网友疑惑的专业问题,专家在演播室实时互动解答。通过跨屏互动,移动视频直播弥补了电视屏幕的单向传播,也将内容进行了扩展。这样内容上的跨屏互动实现了"抬头看现场,低头看背景","抬头看大屏,低头看小屏","抬头看热闹,低头看门道"。抬头看的是现场的进行时,低头看到的是各种解读和背景。[①]

除此之外,媒体还可以专门搭建新媒体演播室,统筹不同现场的记者,在移动端同步或交替发起直播,让移动新闻直播具备更多可能性。

屏幕作为一种物理区隔已经被技术攻破,随着融合的进一步深入,新闻机构内部生产组织、生产流程的重新架构,屏幕之间的良性互动将呈现出明显的上升趋势。这要求出镜记者能够熟练掌握不同媒介属性、不同节目组织样式所形成的不同语境,采用不同的策略来综合调整应对。

四、多维传播复合化

移动新闻直播报道在具有明显优点的同时,也存在一些显而易见的缺陷。

从信息获取效率的角度来说,移动新闻直播报道是一种效率较低的信息传播方式。报道时间常常大大长于事件本身,报道的信息密度低,用户很容易中途离开。而对于随机进入的用户来说,又很难快速判断当前的状况,不知道自己是否已经错过了事件关键节点。此外,由于拍摄设备简易、接收屏幕小,移动视频直播的画面品质也很难与电视新闻直播相比。

弥补这些缺陷,需要充分认知并利用网络的特性。电视以线性的时间为传播载体,而网络则是一个信息的空间,它能将视频放映、文字展示和双向互动融为一体,可以同时利用文字、结构、设计、互动、音视频、图片等,鼓舞用户沿着文章出现的网页,持续翻滚更多的相关信息,[②]使报道从二维走向多维。如今,当我们点击进入移动直播页面时,会发现越来越多的机构会在一个直播页面上集成多种信息传播方式。(如图 9-7)

直播页面通常分为上下两个半屏,上半部分为出镜记者在现场进行的直播报道,下半部分则有一位不露脸的"主持人",以文字、短视频方式发布此次直播的主要内容,对直播中的突发情况进行解释说明,同时随着直播进展,将直播中的精彩画面、核心内容不断摘取出来,以时间轴为线,发布在页面上。

---

① 杨继红.打造央视新闻产品矩阵 开创融合发展新格局[J].新闻战线,2016(9).
② 李希光,孙静惟,王晶.新闻采访写作教程[M].北京:清华大学出版社,2011:784.

图 9-7　多维度信息聚合在一个直播页面上

此外,在评论板块,这位"主持人"还要维护评论区的秩序,提醒用户参与互动、提供信息、文明评论。通过这种方式,事件相关的文字、图片、短视频、直播视频、互动评论等内容都可以在一个直播页面上同步集合、实时发布。

这种多维信息立体组合的方式赋予用户极大的自主权,用户可以根据自己的需要、喜好自由选择,既可以专注收看直播,也可以同时滑动页面,翻看过往精彩信息,还可以切换到评论区参与互动。正如美国学者玛丽-劳勒·莱恩所说:"数字技术为人类创造了一个使用者可以参与和跟随的空间。而在这个虚拟维度里,时间不一定是连续和线性的,使用者可以通过按键选择先看哪一个,然后随意地挑选接下来看哪一个,就像是漫步在充满分支和小径的公园中(garden of forking path)。"①

这一切背后通常意味着一个完整的团队以及完善的编辑流程。出镜记者直播的过程中,编辑同步监看,全程录制,从中抓取精彩内容,迅速编辑成单张图

---

① ［美］玛丽-劳勒·莱恩.电脑时代的叙事学:计算机、隐喻和叙事［A］.戴卫·赫尔曼主编.马海良,译.新叙事学［C］.北京:北京大学出版社,2002:61-88.

片或者单条短视频,与文字搭配上传页面。只要用户点击进入直播页面,就可通过这些内容,清晰地了解核心信息。这种"组合拳"的方式有效地弥补了移动直播体量过大、重点不清的弱点,还可以二次使用,在平台其他路径进行复合传播。

2016 年全国两会报道中,《新京报》全程直播了全国政协第三次记者会,记者会结束后直播仍在继续,全国政协委员、卫生部原副部长黄洁夫在会场继续接受未离场的几家媒体采访。他以"自己外孙到儿童医院挂号看病,排队 4 小时急哭女儿"为例,"现身说法"谈及挂号难、看病难问题。后方团队监控到这一生动鲜活的新闻后,立刻录制下直播视频,并安排记者撰写文字即时快讯稿件,以文字报道和点播视频配合的方式播发,瞬间占据新闻门户网站的头条区,这一视频、文字组合报道,也高居新京报网两会新闻点击排行榜之首。[①]

本章小结

美国媒介理论家保罗·莱文森认为,媒介技术的发展,会越来越趋向于复制人类传播环境,复制前技术时代的平衡的环境。[②] 互联网时代的新闻传播,用户接收端从固定的电视机转为了移动收看的手机等便携式移动设备,这决定了移动新闻直播报道高度趋近于人际之间的互动交往,具有与电视新闻直播报道不同的传播特点。

相比电视直播,移动新闻直播报道的播出设备更为轻便,记者进入报道的速度更快,报道空间更广,报道时间更长。在传播过程中,互动性是决定其特征的核心要素。用户可以随时参与报道,发表评论、分享感受、提供信息,现场报道的参与感在这里直接转化为参与行动,让每一位用户都获得真实"在场"的感受。由此,出镜记者与用户都从一个模糊的符号群体转变成为一个个独立、有思考、有性格的个体。出镜记者的人格真实性、丰富性被前所未有地放大,成为移动新闻直播报道的一大看点。

基于以上特点,移动新闻直播报道的报道策略需要做出相应调整。选题上倾向于持续时间长、关注度高、话题性强的新闻事件;结构上多以"过程"为主线,抓住节点合理安排;突出互动,以互动不断推进直播进程;记者表达上注重口语化传播,少用书面语,整体更接近于日常谈话语态,强调个性色彩。

直播报道从电视"大屏"挪到了手机"小屏",并不意味着对专业要求的降低。未来随着媒体融合的进一步深化,移动新闻直播必将走向规范化、专业

---

① 全昌连.现场实时视频直播:《新京报》两会报道的媒体融合实践[J].中国记者,2016(4).

② [美]保罗·莱文森.人类历程回放:媒介进化论[M].邬建中,译.重庆:西南师范大学出版社,2017:50-51.

化,在媒介深度融合之路上,出镜记者需要不断提高专业素养,以适应新时代的报道需求。

思考题

1. 移动新闻直播报道的定义是什么?

2. 移动新闻直播报道最大的特征是什么? 为什么?

3. 移动新闻直播报道和电视新闻直播报道有什么不同? 又有什么相同?

4. 出镜记者在做移动新闻直播报道的时候需要注意哪些问题?

5. 移动新闻直播报道的出镜记者需要具备哪些素养?

练习题

1. 从传统媒体一周的播出、刊载中找出 5 个你认为适合移动新闻直播报道的选题。

2. 从以上选题中选择一个你最感兴趣的,撰写一则移动新闻直播报道策划。

3. 2～3 人为一个报道小组,围绕一个移动新闻直播报道选题,设计一组完整的直播页面编排,包括结构构成,报道节点图文、视频设计,并作为一个创作团队,设计一套直播的实际操作流程。

4. 注册一个社交直播平台账号,完成一次 20 分钟以上的移动新闻直播报道练习。

5. 完成模拟移动新闻直播报道之后,对比一下你曾经做过的模拟电视新闻直播报道,总结一下有什么相同,又有什么不同,并与报道组同学分享。

第十章　出镜记者现场报道的有声语言表达

现场报道需要记者用有声语言来介绍信息，统领叙事。因此，记者的有声语言表达能力是决定报道整体质量的关键因素。一位有声语言表达能力特别优秀的记者，能够挽救一场没有画面的报道；而一位有声语言表达能力糟糕的记者，却能够毁掉一场画面精彩的报道。强化出镜记者的有声语言表达能力，将"语言表达艺术"贯穿现场报道，是出镜记者能力训练的重点。

第一节　出镜记者有声语言的文本特性

一、有备而来的即兴口语

现场报道的有声语言表达大都属于即兴口语，它和播音员在演播室内的有稿播音有很大区别。

"即"，有"当下、目前"的意思，"即"加上兴致的"兴"，便有了带着兴致临时发挥的意思。[①] 可以说，出镜记者的有声语言表达，正是一个边想边说，将思想、意念直接转化为口语表达的过程；是由报道思维带动语言，滚动向前的动态过程。只不过出镜记者的有声语言表达是经过精心设计的，是有准备的即兴口语表达。

（一）为什么不能背稿

语境就是使用语言的环境，也叫言语环境。这一概念最早由波兰人类学家弗·马林诺夫斯基（B. Malinowski）在 1923 年提出。"语言交际总是双方在一定的场合中进行的。语言是一种社会现象，是一种社会活动，因此语言总是在大大小小的语言环境中使用着的。理解语言和使用语言，都离不开一定

---

① 金重建. 在不确定性中寻求确定性——浅探媒体即兴口语表达的能力培养[J]. 浙江师范大学学报（社会科学版），2009（2）.

的语言环境。"①作为大众传播职业语言,出镜记者在报道中使用即兴口语表达是语境的必然。

首先,新闻现场的情况随时有可能发生变化,在这样一个动态发展的环境中,出镜记者需要调动所有感官去发现、感知现场信息,将信息动态传递给受众。如果出镜记者陷入"背稿","整个系统会回到刚性的,没有弹性的,没有应付变化能力的这样一个环节当中。系统的灵活性被打消了,然后你个人的眼睛也不见了,因为你不需要看现场,现场再发生新的事情都跟你没有关系"②。

背词,意味着记者把所有的注意力都集中在强记语句上,说上一句的时候,大脑里想的是下一句的具体文本,而不是这些语句的内容意义。一旦忘词,思维就会发生断裂,无法及时组织语言,陷入表达危机。

其次,从媒体语境来说,记者进行现场报道时,就是受众在新闻现场的"眼睛""耳朵"和"大脑",与观众以类人际传播的方式进行交流。因此,出镜记者需要以更接近日常口语交流状态的表达,来带动观众进入现场环境。背稿如同一个人的自言自语,会失去和观众交流的状态。

出镜记者语言也会有一些特殊情况。一些具有很强仪式性,或者需要和特效配合、精心制作的现场报道,往往需要记者提前撰写稿件。不过,这些毕竟是特殊情况,总体来说即兴口语表达仍是出镜记者现场报道有声语言最主要的表达方式。

(二)如何撰写报道提纲

出镜记者现场报道不是日常随意的口语表达,需要在一定时间内精准、到位地传递新闻信息。提前撰写一个简单的提纲,可以有效地帮助出镜记者把控报道过程。

1. 写出关键词

和一字一句的写稿相比,更好的方法是写关键词。

具体方法是,分行分列,将各个信息点的关键词写下来,你甚至可以一行只写一个词。这同时也是一个梳理报道内容的过程。

通常来说,这些关键词可以是:

(1)信息点缩略词。

(2)体现信息之间逻辑关系的衔接词。

(3)难点词,如数字、专业术语、地名、人名等。

这些关键词,就如同即兴口语的"语结",准确、凝练、提示性强。所谓语结,意思是"在实际的语言生活中,比如一般发言,我们可能不是把所有要说的

---

① 张志公. 现代汉语[M]. 北京:人民教育出版社,1984:213.
② 张泉灵 2008 年 10 月 28 日在全国电视新闻出镜记者培训暨业务论坛上的讲课。

话逐字逐句全想好了,而是先有一个核心的想法,用简单的字、词、句来表示,又有其他想法,再用几个简单的字、词、句来表示,由此发展开去,直至形成整个语篇。这些简单的字、词、句就是语结"①。有了语结做支点,出镜记者的即兴表达就如同有了种子,能够自然生长出语言的藤蔓。

2. 提炼层次主题句

从即兴口语表达生成机制来说,通常是先有比较零散、琐碎的初始语结,然后在初始语结的基础上,发展出比较详细的、具备逻辑连贯性的详细语结,逐步得出提纲,最后扩展为语篇。② 出镜记者现场报道的提纲撰写、准备也是如此。记者需要先梳理信息点,提炼出核心语结、关键词汇,逐步形成内容层次,总结层次主题句,搭建起报道的骨架。

有一个小诀窍,就是可以用设问句的方式写层次主题句。以一次突发事件救援的现场报道为例,可以这样设计主题句:

现场救援最大的困难是什么呢? 设备力量不够。

那么,面对这样的问题,怎么解决呢? 调大型机械。

不过,大型机械要到达现场,还要克服一个重要的问题,是什么呢? 天气对路况造成的影响。

如果把一次现场报道比喻成一个充满信息的收纳盒,每个格子就是一个信息点,而主题句就是贴在格子外面的标签,提醒记者,这个格子里装的是什么。用问题带动内容,不但可以收紧主题,自然提醒报道者下一个层次的内容,还可以有效带动观众,和记者一起思考、一起发现。

3. 精心准备开头

好的开头是成功的一半。面对镜头,紧张在所难免,这可能会影响人的生理机制,出现大脑运转僵化、语流不顺畅的情况。因此,完成谋篇布局、信息点排布之后,记者还需要准备一段完整的、有设计的开场白,写在提纲最显眼的位置。这能够帮助记者快速激活思维,克服紧张情绪,让报道有一个好的开始。

张泉灵非常重视开场白,她表示,"我做任何直播的时候,都用 50% 左右的精力去准备头 10% 的内容,我从不平均分配体力,为什么? 我知道我只要把开始的部分做好了,后面是自然而然的事情。可是如果开始的部分磕磕绊绊,把自己扔在那儿,后面会不停地出现错误。"③

---

① 於春.主持人即兴口语传播[M].北京:中国传媒大学出版社,2012:63.
② 关于语结与语篇的关系,可详见於春《主持人即兴口语传播》一书。
③ 杨华.咱们电视有力量[M].北京:中央民族大学出版社,2009:13.

小知识：写提纲的时候需要注意

(1)提纲的字号可以写大一点，方便你在需要时能看清。

(2)不要写在零敲碎打的小纸片上，最合适的提纲写作的笔记本是小号硬面抄，打开后可以比 A5 再小一圈。

(3)笔记本封皮应为黑色、蓝色、褐色等较为低调的颜色。这样你既可以随时随地进行书写，也可以在出镜报道中手持，不会引人注目。

(4)如果需要在报道时手持笔记本，应放在腰部位置。这样一来不引人注意，可以将观众视线集中到你的面部；二来这个距离既能让记者看清楚提纲，又不会因为距离太近而忍不住总想看。

(5)包里可以常备两支笔，一支黑色，一支红色。一支用来写文本，一支用来圈出重点部分提示自己。

(三)即兴口语表达的练习方法

任何一种能力的训练都是循序渐进的过程。提升即兴口语表达能力，可以从基本元素训练开始，逐步增加难度，提高水平。

1. 复述训练

复述，即通过语言，把之前看过、听过的话语、文字材料等重复一遍。出镜记者需要将收集来的材料整合为新闻报道，必然涉及大量的信息复述。

复述的过程可以分为四步：

第一步，听清、看清原信息文本；

第二步，理解文本内容、结构、意图；

第三步，析出并记忆文本中的基本框架与核心信息点；

第四步，按照基本框架，将信息点转换为即兴口语表达。

适合出镜记者进行复述训练的方法主要有三种：

(1)详细复述

按照原材料的内容、结构、顺序，把事情原原本本地叙述出来。

(2)概要复述

相当于"缩写"，属于创造性复述。抓住中心、突出重点，保持原材料的基本内容、结构，删去一些无关紧要的东西。

(3)扩展复述

根据已知信息，增加一些内容，使其丰满生动，增强口语表达的感染力和亲和力。[1]

---

[1] 勾志霞，王中娟，赵玉涛.记者职业口语[M].合肥：合肥工业大学出版社，2009：52.

复述的训练材料没有限制,一则新闻、一个故事,哪怕是一则通知,都可以作为复述的基础训练材料。训练过程可以由易入难,先选择一些故事性强、情节简单的文本,之后逐渐提升训练难度,挑战逻辑性强、结构复杂、数字和术语较多的书面语文本,增强对文本信息的理解、记忆、表达综合能力。

训练过程中,可以以一则材料为基础,变化多种方法进行训练。例如以一则 500 字左右的新闻为材料,花 5~10 分钟进行准备,然后分别训练 2 分钟详细复述、1 分钟概要复述、3~5 分钟扩展复述。训练时,别忘了给自己计时。

2. 描述训练

描述,就是用生动形象的语言,对人物、事件、环境进行准确、具体的叙述,相当于书面语中的"描写"。① 描述的内容可以大致分为人物描述、物体描述、环境描述。

在出镜记者现场报道中,对新闻现场的描述经常是必不可少的部分。如何让描述在真实准确的前提下还能鲜明生动、语言优美? 可以从描述训练的四个步骤入手。

首先,描述的前提是观察,对被描述对象的外观、结构先有一个大致的了解;然后从整体结构逻辑入手,分条分块对被描述对象进行形象化的记忆;最后将这些形象思维的记忆点,转化为富有逻辑的即兴口语。描述可以更多地借鉴修辞方法,展开想象的翅膀,通过比喻、拟人、类比、夸张等多种修辞手法,把事物描绘得更加生动。

描述训练可以在生活中任何时候,利用任何材料进行。举例来说,如果你面前有一杯咖啡,那么描述可以分成咖啡杯与咖啡两个部分,分别回答:

咖啡杯是什么形状? 多大容量? 什么性能? 是店里用的白瓷杯、纸杯,还是顾客自己带的保温杯? 是什么颜色? 什么款式? 什么气质? 上面有没有什么特殊的标记? 大约价值多少? 新旧程度如何? 如果是纸杯,店员有没有做什么标记? 有没有带杯托?

咖啡是什么样的热度? 什么品种? 估计买了多久了?

根据以上信息,可以推断出什么可能性?

这些问题,其实就是一次描述的提示。训练者可以这些问题答案为基础,组织描述内容。

训练题:

(1)描述一些简单的物体,如一件家具、一个杯子、一幅画。

(2)描述一些较为复杂的系统性事物,如身边的一个人、就读的学校、工作的机构。

---

① 勾志霞,王中娟,赵玉涛.记者职业口语[M].合肥:合肥工业大学出版社,2009:3.

（3）描述一处风景、一个场景等层次较为复杂的视觉体系。如一条具有特色的街道、一处优美的风景等。

3. 述评训练

述评训练，即先叙述事件，然后进行评论。述的方式可以是复述、描述或解说，内容集中放在前面；评的内容主要是对述的对象发表的观点和意见，可以相对集中放在后面。述评训练是出镜记者有声语言表达训练的高级阶段，整体较为复杂。记者评述和主持人评述不同，通常出现在节目最后，结合采访过程，补充事实细节，然后生发出三言两语的评论，整体时长一般不会超过半分钟，因此对语言的精准度要求较高。针对这种应用需求，"述"的部分，我们可以重点练习事实复述、细节描述；然后从述的部分引申"评"的观点。

述评训练的要求主要包括：

（1）"述"要真实准确，"评"要有理有据；

（2）观点明确，论证严密；

（3）语言简洁，精要得当。

述评训练的方法，可以分成三步走：

（1）找细节说故事：讲一个故事情节，或者抓住事实中的一个富有意味的细节进行讲述。

（2）带感受做解读：以第一步的故事情节、细节为依托，讲述自己的真实感受，并将这个细节中的意味进行进一步的解读。

（3）立论点看未来：提出鲜明的论点，立足建设性的思考，提出对未来的期待与创见。

训练题：

（1）根据复述、描述训练要求，讲述一起新闻事件，然后进行 20 秒评论。

（2）根据上一段练习材料设计不同的评论观点。然后倒推回复述、描述部分，考虑如何根据不同的论点，调整复述、描述的侧重点。

4. 即兴口语表达训练中的主要问题

即兴口语表达训练中常见的问题有两个，一是"嘴跟不上脑子"，二是"脑子跟不上嘴"。

"嘴跟不上脑子"时，报道者思维已经跳跃到逻辑的下一步甚至好几步之外，但语言表达却无法顺畅跟上，语意表达逻辑断层、只蹦关键字词却无法组织出完整的语句。有时说完一层意思，回过头来又觉得自己的表达不够清楚，再进行补充，反而显得逻辑零碎、混乱。其根本在于缺乏有声语言的即兴组织能力，经常出现在一些思维活跃、逻辑清楚、文字能力强，但有声语言表达能力欠缺的新闻记者身上。对于这种情况，可以根据复述、描述到述评，逐步加量的训练方法，进行即兴口语表达练习。

这类训练者可以重点练习如何使用简述、详述、综述等不同叙述方式，不徐不疾地进行不同时长、不同结构、不同重点的表达。训练时可以录音，然后返听录音，记录下表达不够顺畅的地方，调整之后再次进行练习。通过一段时间循序渐进的练习，就会有明显的进步。

"脑子跟不上嘴"，则是嘴跑得比思维快，尽管语言流畅，但内容缺乏、废话套话多、用词不准，常常沦为"流利的废话"。这主要是由于缺乏发现、判断、选择信息的能力，同时头脑中又缺少语言库存，无法在需要的时候快速调取合适的词语。针对这种情况，要重点加强新闻素质、文学素质的积累。一方面要多看多读新闻报道，有意识地分析、拆解优秀新闻报道，加深对新闻价值的理解，培养新闻敏感；另一方面要有意识地通过阅读现代汉语经典文学名著，如老舍、钱钟书等人的著作，建立丰富的语料库。此外，应锻炼写作能力，哪怕只是写写日记，描述周围的人、事、景，都有助于培养语感。

二、严谨准确的新闻语言

出镜记者现场报道是新闻报道的一种类型，必须遵守新闻报道的基本原则。因此，出镜记者现场报道的语言，应是严谨准确的新闻语言。

（一）字音正确，语音清晰

较为标准的普通话语音、悦耳的声音条件，是出镜记者有效传播信息的基础条件。

第一，出镜记者作为在大众媒体上以有声语言传递信息的传播主体，代表着有声语言传播的标准形象。2001年起施行的《中华人民共和国国家通用语言文字法》第十二条规定："广播电台、电视台以普通话为基本播音用语。"作为在镜头前出现，以有声语言为主要方式进行新闻报道的出镜记者，同样在大众心中具有语言的示范作用，其语音、语法都必须遵守普通话的基本规范。

第二，出镜记者要让信息传达到位，必须能让观众毫不费劲地听清楚记者说的是什么，不会因为语音问题造成语义误差。

第三，出镜记者以类人际传播角色与观众进行交流。在正常的人际交往中，虽然不追求每个人的声音如播音员那样圆润优美，但有明显缺陷的嗓音、不标准的普通话会让人听着难受，本能地躲避。

目前，我国有声语言表达专业教育主要集中在播音主持艺术专业，新闻传播类专业教学相对来说更为重视文字表达、视觉表达。然而，我国地域广阔，方言众多，现代汉语可以分为七大方言，各个方言大类里还可以分为许多次方言，甚至有的地方"十里不同音"，记者的普通话水平自然参差不齐。为了提高传播效率，可以在语音和发声两方面进行一些针对性的练习，改善自己的语言表达基础条件。

1. 语音训练

汉语普通话是以北京语音为标准音,以北方话为基础方言,以典范的现代白话文著作作为语法规范的现代汉民族共同语。

普通话有声母 21 个,韵母 39 个,声韵相拼形成 400 多个音节。声调有四个,阴、阳、上、去加上儿化韵的变化也不过 1000 多个。[①]

普通话语音的系统性练习包括声母辅音、韵母元音、声调、语流音变四大部分。在出镜记者的实际应用中,由于声调和语流音变造成的语义误差情况较少,但是,在声韵母方面就比较容易受方言影响,产生较大的语义误差。因此,语音的练习重点可以放在一些相近似、却很容易出错的部分。[②]

(1)平翘舌音区分

z、c、s:舌尖前音。指舌尖平抵住或接近上齿背,气流在这一部位受到阻碍后发出的音,又叫平舌音。发音时,一定要部位准确,舌尖要遇上齿背成阻而不是舌前部整个贴在上齿背上。成阻面要小,力量要集中。

zh、ch、sh、r:舌尖后音。指舌尖后移与齿龈后部接触构成阻碍后发出的一种辅音。这组音又叫翘舌音,它发音时容易和舌尖前音混淆。发音位置偏前的要注意:舌尖要尽量后移,顶住硬颚前部,再发舌尖后音,那听起来就不那么偏前了。发音比较靠后的,容易把翘舌音发成卷舌音,要重点练习"翘"这个动作,将舌尖的位置稳定在硬腭前部。

训练材料:

两字词的比较:

z、zh:自力——智力　栽花——摘花　短暂——短站

c、ch:仓皇——猖狂　一层——一成　藏身——长生

s、sh:四十——事实　散光——闪光　三哥——山歌

绕口令训练:

湿字纸(z—zh,s—sh)

刚往窗上糊字纸,

你就隔着窗户撕字纸。

一次撕下横字纸,一次撕下竖字纸,

横竖两次撕了四十四张湿字纸!

是字纸你就撕字纸,

不是字纸,

---

① 林鸿.普通话语音与发声[M].杭州:浙江大学出版社,2014:3.

② 语音发声训练部分参照结合:王璐、吴洁茹.新编播音员主持人训练手册——语音发声[M].北京:中国传媒大学出版社,2014;林鸿.普通话语音与发声[M].杭州:浙江大学出版社,2014.

你就不要胡乱地撕一地纸。

（2）前后鼻音区分

所谓的前后鼻音，其实都是鼻韵母，都由元音加辅音 n、ng 构成。鼻韵母的发音是发音器官由元音状态向鼻音发音状态变化，最后完全变成鼻音的发音过程。

发音时，软腭抬起堵塞鼻腔通道，主要元音发全后，舌的前部或后部逐渐抬起，堵塞口腔通道，放松软腭，让气流颤动声带从鼻腔流出而成鼻音。由于跟在元音后面构成鼻音的鼻辅音在口腔的位置不同，一个在前，一个在后，所以又分为前鼻音和后鼻音。

an——ang：

an 发音时，先软腭上升堵住鼻腔通道，舌尖抵住下齿背发前 a，然后舌尖逐渐往上齿龈运动至抵住上齿龈，同时软腭迅速下降封闭口腔打开鼻腔通道，气流从鼻腔流出成音。

an 双音节词：安然　产房　翻糖　展览　勘探

ang 发音时，a 受后鼻韵母 ng 的影响，处于比较靠后的位置，口腔开度很大。然后舌根上抬与软腭成阻，同时软腭迅速下降封闭口腔，打开鼻腔通道，唇由开到微合，气流从鼻腔流出而成音。

ang 双音节词：昂扬　厂房　当场　刚强　方糖

交替练习：

an——ang：班长　盼望　南方　肝脏

ang——an：抗旱　盎然　长安　伤感

绕口令训练：

床身船身（an——ang）

床身长，船身长，

床身船身不一样长。

对河过来一只船，

这边漂去一张床，

行到河中互相撞。

不知床撞船，还是船撞床。

en——eng：

en 发音时，先是软腭上升堵住鼻腔通道，然后发 e 音，之后舌尖抵住上齿龈，同时软腭迅速下降，封闭口腔通道，打开鼻腔通道，气流从鼻腔流出成音。

en 双音节词：深沉　认真　根本　愤恨　沉闷　振奋　身份

eng 发音时，e 的舌位比单发时偏前且低，然后舌根后缩与软腭接触，此时软腭下垂,气流从鼻腔流出。

eng双音节词:风筝　丰盛　逞能　风声　鹏程　猛增

交替练习:

en—eng:奔腾　真正　神圣　人生

eng—en:登门　生根　诚恳　生辰

绕口令训练:

真冷(en——eng)

真冷,真正冷,

冷冰冰,冰冷冷,人人都说冷。

猛的一阵冷风,更冷。

in——ing:

in发音时,舌尖抵住下齿背,发出i音,然后舌尖上举顶住上齿龈,同时软腭下降,气流从鼻腔流出。实际运用中,i的开口度要适当扩大,以增加声音的圆润度。

in双音节词:亲近　拼音　信心　濒临　贫民　音信

ing发音时,舌面接近硬颚先发出i,然后舌头后缩,舌根与软腭接触,口腔关闭,气流从鼻腔流出。注意,与其他前后鼻音相比,in和ing的区分度较小,需要仔细辨别。

ing双音节词:宁静　倾听　晶莹　明星　英明　叮咛

交替练习:

in——ing:民兵　拼命　禁令　聘请

ing——in:清新　影印　行进　明信片

绕口令训练:

东洞庭　西洞庭(en——eng、in——ing)

东洞庭,西洞庭,

洞庭山上一根藤,藤条头上挂铜铃。

风吹藤动铜铃动,

风停藤定铜铃静。

(3)鼻音与边音区分

n——l区分:

n是鼻音,发音时气流从鼻腔流出。

L是边音,发音时,气流从舌头的两边流出。

如果感觉不到,可以把鼻子堵住,发音困难的就是鼻音,因为气流出不来了。相反,发音不困难的就是边音。练习发边音时,可适当地把嘴咧开一些,这样就可以帮助气流从舌头两边顺利流出。

交替练习：

n—l：尼龙　脑力　能量　暖流　年轮　努力　奶酪　女郎

l—n：烂泥　辽宁　老年　连年　老农　落难　遛鸟　岭南

绕口令练习：

牛郎和刘娘(n——l)

牛郎恋刘娘，刘娘念牛郎。

牛郎连连恋刘娘，刘娘连连恋牛郎。

郎恋娘来娘恋郎，郎念娘来娘念郎。

语音差异细微多变，以上只是一些受方言影响经常出错，且容易影响语义表达的区分项。其实，声调、轻声、儿化、词语的轻重格式都是需要注意的重要部分，会直接影响语义的表达。限于篇幅，在此不详细叙述。还有些人不是不会发音，而是受方言影响不知道哪些字应该对应哪些正确的音节，这就需要有意识地进行专项记忆。一般来说，出镜记者的普通话水平应达到一级乙等以上，至少要达到二级甲等，才不会因为语音问题导致信息偏误。如果在普通话语音方面存在一定障碍，建议可以根据普通话测试的要求，进行系统性的校正训练。

2. 发声训练

报道语境不同，对出镜记者声音的要求也不相同。比如节庆活动出镜报道，要求记者的声音明亮、圆润、优美，富有感染力；时政新闻出镜报道，要求记者声音集中、洪亮、有力；突发事件报道时，要求记者声音扎实、稳健，不至于气息肤浅，那听起来慌张，容易传递恐惧感。掌握一定发声的方法，可以帮助出镜记者在不同语境下保持清晰的语音，具备更为丰富的声音表现力。

(1)放松喉部

发声是气息冲击声带振动的结果。在高度紧张、疲劳的情况下，很多人都会觉得"嗓子发紧"，此时，可以进行一些喉部放松的训练，让声带自如地振动，发出丰富悦耳的声音。

喉部放松的训练方法主要是发气泡音和哼鸣练习。

气泡音是喉部发出的微弱的颤音，发音的时候用轻微的气息振动声带，听起来就像空气在水中起泡儿一样。发音的时候，口腔和喉部的肌肉要放松，呼吸状态要正确，气息较缓，只要能吹动声带振动就可以。气泡音练习不用太长，但一定要均匀，气泡不能时大时小、时有时无，一定要一个泡连着一个泡，否则就失去了意义。

哼鸣练习。以鼻音 m 进行哼鸣，冲击力量比气泡音更强，感觉软腭下垂，鼻腔通路打开、双唇闭，上下牙没碰到一起、双唇在发音时均衡紧张振动，在气流的作用下有麻酥感，同时口鼻联合共鸣，声音悦耳。

（2）控制气息

掌握气息运用的基本状态，在语言表达过程中持久、稳劲，灵活调节、控制，能够使声音稳定、富有弹性和色彩变化。

艺术语言工作者主要使用胸腹联合呼吸法，这是胸式呼吸和腹式呼吸的联合应用，靠肋骨和横膈膜的协同运动来共同实现的。它的特点是气息下沉、两肋张开、小腹微收。当气流吸入肺底部的时候，两肋扩张，膈肌下降，腰部感觉胀起来，小腹收紧。呼气时，小腹仍保持收缩感，像一根橡皮筋拉住膈肌，不让它迅速回弹。当气流慢慢呼出时，小腹渐渐放松，但始终不失去收住的感觉。这种控制状态下产生的气息稳健，声音饱满，并且为气息的持久性打下基础。

气息控制的要领包括：

气沉丹田。丹田，指人脐下三指的地方，加强这部分肌肉的作用，可以顶住气息的回收，增加呼气的力量。吸气时，口鼻同时进气，以口为主。有一种气息吸入丹田的意念，使气息吸得深。

腰部鼓起。吸气时，会感觉到两肋向左右展开，后腰部鼓胀，腰带渐紧，胸腔上下、左右得到充分扩张。

小腹收紧。当腰部撑胀的同时，腹壁稳健有力地微向内收，腹部肌肉向丹田处收紧。

气息控制练习的基本方法：

初学以站姿为主，人站直，全身放松，双肩不要抬起来。可以想象把花香慢慢吸进去的感觉。保持住，再缓慢均匀地呼出。

快吸慢呼练习：全身放松，快速进气，感觉两肋迅速扩张，然后缓慢呼气，重复练习以延长呼气时间，最终达到 30 秒。

发 a 音：a 是练习气息持久和稳定的基础音。口腔打开，找准自己的中声区发音，并延长到 20～30 秒。要求声音听上去不发颤，持久而稳定。

发"嘿"音或"嘿哈"，先慢后快，体会膈肌弹动的感觉。

（3）共鸣控制

共鸣器官能够把发自声带的原声在音色上进行润饰，使它变得圆润、优美。出镜在镜头前进行语言表达的时候更接近日常口语表达，因此大多以口腔共鸣为主，胸腔共鸣为基础，几乎不会用到鼻腔和头腔共鸣。

首先，我们需要调整训练时的口腔状态。双唇集中用力，下巴放松，打开牙关，喉部放松，提颧肌，在共同运动时，嘴角上提。张口吸气，或"半打哈欠"，来感觉喉部、舌根、下巴放松的状态。注意唇部收拢。

双唇用喷法，舌尖用弹法，有意识地集中一点，似子弹从嘴里喷射出，击中一个目标。声音沿上颚打到硬颚前端送出。

拼合练习：

b——a——ba   p——a——pa

ba——da——ga   pa——ta——ka

字词练习：

澎湃　冰雹　碰壁　玻璃　喷泉　批判　拍打

百炼成钢　山河伟大　波澜壮阔　翻江倒海

（二）表达准确，分寸得当

1. 遣词造句应准确

首先要注意词语基本概念准确。出镜记者的口误、失误和错误，表面上看，是对一些词语的使用不当造成的，实际上却说明他们对许多基本概念的掌握是不准确、不清楚的，甚至是混乱的。因而在运用上就不可避免地会出现错误。例如，因为天气原因造成航班大面积延误，机场滞留了大量旅客，记者在与直播室现场连线报道中说："我现在是在首都机场三号航站楼，大家可以从我身后看到，现在机场的旅客非常多，可以说是摩肩接踵、堆积如山。"这其中的"堆积如山"就是误用。因为这个词在任何情况下都不是形容活的、有生命的物体的。[①]

其次，在特殊专业用语方面，务必字字确认。在专业术语中，往往一字之差，意思已经谬以千里。2018 年 5 月，川航从成都飞往拉萨的航班发生一起事故，第一时间社交媒体上流出的信息说"飞机的玻璃破了""碎了""坏了"，飞机"返回""迫降"等等。但实际上，准确的说法应该是："前风挡发生爆裂事件，导致飞机紧急备降成都双流机场。"爆裂不等于碎裂，备降不等于迫降，意思有很大区别。

再次，表述准确需要建立在语法正确的基础上。

普通话的定义中明确"以典范的现代白话文著作为语法规范"。但是，在现场记者话语中经常出现语法成分缺失、词语搭配不当或者语序混乱等现象。例如"在这里有一个特别大家感兴趣的问题""由于条件所限，现在每个帐篷里还不可能有灯，所以现在孩子们这个也急需啊，有一条线路把疏通过来让这个灯亮起来"[②]，这样的句子属于语序混乱；"桥梁呢，在这里得到一个严重垮塌的现象"。"桥梁垮塌"，可以用"已经""完全""彻底"等来形容，但却不能用"严重""一个""得到"来形容，更不能把它们连在一起来用。[③] 这样的说法属于搭

①　高国庆.新闻现场报道中的语言运用[J].新闻与写作,2014(12).

②　赵雪,王昕.电视新闻直播节目口误成因分析[J].肇庆学院学报,2010(1).

③　高国庆.新闻现场报道中的语言运用[J].新闻与写作,2014(12).

配不当。

2. 逻辑关系应缜密

表达准确,要求出镜记者对各个信息点之间的内部逻辑关系把握准确、阐释合理,能够通过语言呈现出缜密的逻辑关系。对容易产生误解的信息,必须结合背景,重新组合上下文逻辑,进行更为具体的分析、解释。

案例 10-1

2010 年 1 月,海地发生里氏 7.3 级大地震,首都太子港及全国大部分地区受灾情况严重。中国国际救援队紧急出发援助,中央电视台军事节目部派出报道组随行。从北京出发,要绕过半个地球才能到海地。到底中国国际救援队什么时候能够到达是报道的一个关键信息。记者伍辉在采访医疗分队队长时,队长脱口而出:"这是航程最远的一次飞行,要飞 12 到 13 个小时。"于是,记者在现场出镜时援引了这位队长的说法。但是,刚脱口而出,旁边的军事节目部冀惠彦主任便纠正道:应该是 20 个小时,不是 12 到 13 个小时。那么,到底是多长时间呢?记者赶紧找到执行飞行任务的国航飞行人员,才了解到原来这次执行飞行任务的空客 A330 由于飞机航程不够,所以要到加拿大温哥华加油,中转后整个航程就是 20 个小时,如果直飞是 12 到 13 个小时。所以两个都对,但如果要具体到以落地时间来往前推算,还是应该以 20 个小时的路程时间为准。①

在这个案例中,由于算法不同,并不能绝对地说"12 到 13 个小时飞行时间"是一个错误信息,但是如果出镜记者在现场报道中没有对这一信息进行更为详细的说明,很有可能让人误以为路上只需要花 12 到 13 个小时。这样,当救援队最终到海地时,细心的观众往回一推算,就会发现时间上的逻辑漏洞。

案例 10-2

在雅安地震灾区,一位记者报道某企业捐赠了 800 平方米的组装活动板房和 8 套箱房,分别赠予某中学与县人民医院。报道开篇提及板房将送给某中学,而后记者出镜说道:

"今天启运的第一批活动板房当中,我身边的箱房可能是大家没见过的。"

这样的表述,仿佛箱房就是活动板房中的一种,把箱房与活动板房混为一谈,使观众不由得产生困惑。倘若记者在报道开始就先总述"板房送中学,箱房送医院"的安排,再分述板房、箱房的不同,在此基础上从功能差异方面说明

---

① 中央电视台新闻中心.央视新闻内刊外读[M].北京:生活·读书·新知三联书店,2015:74.

它们分别赠予中学和医院的原因,观众的困惑就不会产生。①

出镜报道为"听"而说,这要求记者表达需要特别注重线性的逻辑关系,将内容条块进行准确的分割,并通过一系列逻辑关联词,形成完整而准确的逻辑线。

3. 情感分寸应得当

表达准确还表现在情感分寸应拿捏得当。

首先,出镜记者现场报道应正确把握整体情绪。总体来说,应牢牢坚持正面宣传为主、团结稳定鼓劲。作为新闻舆论工作者,有义务正面宣传,让更多的人从新闻传播中感受到光明与温暖,感受到向上向善的力量,而不是颓废悲观、仇恨消极、充满戾气的负能量。②

其次,在具体报道语言遣词造句的过程中,要格外注意词义拿捏。汉语词汇众多,同一个意思,根据不同的情感色彩,有多种不同的表达方式。例如表达"悲伤"这一负面情绪,相近似的词有哀伤、悲痛、悲戚、悲怆、悲哀等;比"悲伤"的负面程度略浅一些的,有心酸、酸楚、伤感、难过、沮丧等。但是,具体分析起来,每个词义之间又有细微的差别。用词的情感色彩发生些微偏差,都可能引发不同的价值导向。

例如,在直播灾害发生后公布灾情统计的新闻发布会时,主持人说:"现在转到新闻发布会的现场,我们大家期待已久的因灾死亡人数终于公布了。""期待"一般用来作褒义,"期待"好事,而不会"期待"不好的事,此处用较为中性的"等待"更为得体。在报道俄罗斯一个报废卫星将要坠落地面时,主持人说"卫星伤人的可能更加渺茫"。主持人在这里原本想要表达的意思是:因为采取了多种措施,卫星残片伤及地面人员的可能性微乎其微,公众尽可放心。而一顺嘴用了"渺茫"这个词,言外之意就变成:因为坠落的卫星本来应该伤到人,现在不可能伤到人,我们感到很失望、很失落。③

出镜记者的报道用词,需要对这些差别进行精准辨析,选择最合适的词语。

案例 10-3

《岩松看日本》系列节目中,白岩松参观了日本靖国神社。走出靖国神社,他做了一个现场评论:

---

① 张萍.现场报道是"现场"与"报道"的融合——兼论雅安地震现场报道的偏误[J].青年记者,2013.24.

② 代长红.坚持正面宣传为主需澄清的几个问题[EB/OL].求是网,http://www.qstheory.cn/wp/2016-04/01/c_1118501756.htm.

③ 高国庆.新闻现场报道中的语言运用[J].新闻与写作,2014(12).

"出来了。可能是心情决定的原因,不想在里头待的时间太长。你要问我此时是什么样的一种心情,我觉得用生气或者愤怒这样的字眼儿并不能准确地概括,或许用荒唐这样的字眼儿来概括的话相对来说比较准确。因为面对历史,如果有一定差距的话还有辩论的可能,但是如果差距太大,甚至变成黑白之间的问题的时候,可能你的感受就变成了一种荒唐。"

在这段现场评论中,核心就是选择一个最为精准的形容词来表达记者参观靖国神社后的感受。白岩松先后试图用"生气""愤怒",但最终觉得,"荒唐"这个词更能够精准形容自己的感受,并且围绕这种感受展开解读与评论。

现场报道语言中情感分寸的把握,一方面体现记者对词语的综合掌握水平;另一方面也反映出记者能否敏锐感应人情世故,感知社会情绪,怀抱善意想他人所想,考验出镜记者的综合素养。

第二节 出镜记者有声语言的表达特点

一、坚持口语化

声音的传播依赖时间的线性流逝,因此,出镜记者的报道语言必须是为耳朵设计的,以日常交流的"口语"为基本语态,力求一次性让观众听清楚、听明白。

(一)少用单音字,多用双音字

比如,"现""已""但""盼""仅"等书面语在镜前采访或评述时应改为"现在""已经""但是""盼望""仅仅"等双音字。对于观众来说,这一小小的变动会更容易听清楚。[①]

(二)少用静态书面词,多用动态口语词

多用口语交流中常用的词汇,除非特别有必要,不用生僻的成语、典故,尽量少用专业术语,必须使用时需对专业术语进行解释说明。在口语词的选取上,又偏向于多用名词和动词,少用形容词。毕竟,形容词再怎么形容,也不如画面展示得好。此外,多用动词和名词,更有利于打造语言的动态节奏感,突出现场报道动态感、新鲜感强的特点。

(三)多用简单句式,避免倒装句、复杂句

口语传播中的语流呈顺时状态。因此,出镜记者可以多使用顺序表达,尽

---

① 朱羽君,雷蔚真.电视采访学[M].北京:中国人民大学出版社,1999:185.

量用短小精干的简单句,主谓宾结构清晰。句型上以肯定句多,否定句少;主动句多,被动句少。书面语中常见的倒装句、复杂结构从句等并不适合出镜记者使用。

举个例子:"中国队颜值担当刘湘 21 日在碧波池中'意外'创造的本届亚运会首个世界纪录,即女子仰泳 50 米成绩 26 秒 98,点燃了整个雅加达赛场,也成为当日中国军团高歌猛进狂掠 15 金,稳居金牌榜榜首的生动写照。"这个带有插入语的书面长句,同时还嵌入了多个书面词。如果转化为出镜报道语言,可以将其进行口语化改造,拆分为连续的一串短句:

"21 日最大的意外来自于被称为中国队颜值担当的刘湘。""她在女子仰泳 50 米比赛中取得了 26 秒 98 的成绩,成为本届亚运会首个世界纪录。""这个成绩瞬间点燃了整个雅加达赛场,似乎也带动了中国军团的夺金节奏。""这一天,中国军团强势摘下 15 块金牌,稳居金牌榜榜首。"

(四)避免谐音和歧义

书面语是"看"的语言,一般不会出现由于谐音产生的歧义。而在电视记者的口头语言中,却经常遇到这一现象。比如:记者在镜头前作评述时,出现"经过严格检验,这项工程的各项指标全部达标"的话,对于报刊读者来说,阅读起来没有问题,可是电视观众听到这样的报道就不能确认记者所说的是"全部达标",还是"全不达标"。遇到谐音、同音、容易引起误解和歧义时,记者应有意识地将语言做适当调整,比如将"全部达标"改为"全都达标"。①

二、吸收书面语

口语化并不意味着充满语言的芜杂。在实践中,有的初学者为了追求所谓的口语化和亲切感,对一些套话张口就来,比如:"我们的""话不多说""这样的一个""处于……的一个状态"等。于是在练习中曾出现"我们的柳絮确实会给大家带来很多困扰,还有可能引发我们的明火等一些隐患""我们的犯罪嫌疑人"等明显的错误使用。在语流中不加区分地加入大量"啊吧呢吗""那么""然后",也会让人觉得表达者思维不流畅,还有矫揉造作之嫌。

大众传播中的口语应是汲取了书面语长处的精粹口语,结构完整、逻辑严密、用词精确,是经过打磨、提炼、加工,相对正式的口语。在实际应用中,优秀的出镜记者有声语言表达经常以口语为主体,同时吸收书面语精华,将书面语词和口语词混合使用,形成口语和书面语结合的动态平衡。

---

① 朱羽君,雷蔚真.电视采访学[M].北京:中国人民大学出版社,1999:186.

案例 10-4①

《查干湖冬捕启幕 今冬首张大网开捕》,2015 年 12 月 26 日中央电视台
《朝闻天下》栏目播出

画面	记者出镜
查干湖冰面 作业人员 渔网近景 查干湖环境	欢迎大家来到查干湖。那查干湖在今天早上 7 点 10 分迎来了一轮日出,也迎来了查干湖一年当中最为重要的季节,冬捕的时节。从今天开始,查干湖这个捕鱼的<u>鱼把头们</u>,从前两天的小网试捕变成大网捕鱼。什么叫做大网捕鱼,大家可以看到身旁我这张网,其实就是网眼比较大。而且在当地有种说法,"<u>小网捕小鱼,大网捕大鱼</u>",大网可以让一部分的小鱼在这个网口当中溜走,但是呢,像最为大家认可的查干湖的湖鲜,胖头鱼就会在这个网中被我们捕捞上来。<u>胖头鱼的脑袋特别大</u>,一条的重量能达到十几斤。
鱼工们拖车 鱼工们编网 把网连接起来的 动作近景 查干湖远景	我们先来看一个画面。这个是我们今天早上和鱼工们一起从查干湖北岸的渔村出发的时候记录到的一些画面。那么因为我们现在捕鱼地点距离渔村的直线距离差不多 3 公里多,所以大概今天早上 5 点钟的时候,大家就都出发了。这个是在黎明时分,来到现场第一件事就是要把网做最后的一个连接的工作。我们看到大家身着的服装都非常厚重,包括我,现在鱼把头也借给了我一顶<u>当地用貉子毛做成的帽子</u>。因为当地的温度,在冰面上特别的冷。我们刚才出发的时候记录到的户外的温度大概是零下 23 摄氏度,即便现在出太阳了,但是温度也将近有零下 20 摄氏度,<u>说话的时候自己的嘴都有点不听使唤了</u>。

---

① 《查干湖冬捕启幕 今冬首张大网开捕》,2015 年 12 月 26 日中央电视台《朝闻天下》栏目播出。

续表

画面	记者出镜
扎穿水面,准备下网 出网画面 开冰画面	来我们看一下现场的情况。在距离我身后将近 10 米远的地方,在冰面上,工人们是用扳子凿出了一个面积达到 1.5 平方米的一个冰的水面。然后两张大网就会从这个地方缓缓下网,向着我身后正前方的位置,这个就是一个出网的方向。所有的网进入到水里之后将会以<u>合围之势</u>,像两只大手一样进入湖底去抓鱼。那么最终一网鱼有可能会超过 10 万斤,当然我们每一天都会有一个期待,不知道今天开始进行的首轮大网捕鱼会是一种什么样的状态。
开冰画面(钻敲打) 记者用手比划雪面深度 查干湖环境	那么现在查干湖四下望去,一片白茫茫的,再加上我这身装扮,真的是<u>林海雪原</u>的感觉。但是让大家看一下脚底下,实际上,大概就是在雪面下,也就是将近两厘米的地方就是查干湖的冰面,这个冰面通过穿凿的作业呢,大概现在查干湖的冰面厚度已经达到了 45 厘米,非常的坚硬。这也就告诉我们,一年当中查干湖最冷的季节,其实也进入到查干湖可能出产物产最为丰富的这样的一个季节。我们也希望通过这几天的直播,去向您全面展示出来查干湖捕鱼的种种的细节,和您一起记录这<u>热腾腾的冰湖腾鱼</u>,还有就是这越来越近的新年的感受。

在这段报道中,划线部分穿插了大量当地渔民生活中鲜活生动的口语,甚至是俚语、俗语;同时,"合围之势""林海雪原""冰湖腾鱼"又是书面语词汇。在报道框架结构里,口语与书面语不断穿插,形成丰富又有弹性的语言表达。

打造语言的弹性不一定需要长篇大论,即便是一两个精粹的书面词,就能起到画龙点睛的作用。

案例 10-5[①]

事件:2010 年 3 月,伊拉克进行议会选举。

【记者出镜】

"现在看来,当地媒体也好,包括普通百姓也好,普遍看好的主要是两支力量,一个是现任总理马利基领导的全国法制联盟,另外一个就是前任总理阿拉维领导在这个伊拉克名单。……(略)但是大家普遍认为,没有一个人、没有一个党派能够以绝对优势胜出。所以在选举之后,各党派之间的这种纵横捭阖,

---

① 2014 年 4 月 21 日中央电视台中文国际频道《中国新闻》栏目播出。

恐怕还是最大的看点。"

在这个案例中,记者在具体介绍伊拉克议会选举的情势之后,用"纵横捭阖"作为总结,一个词就精准地描绘出选举中各个党派之间竞争与合作并存的复杂关系。

出镜记者口语表达之所以能够产生艺术美感,很大程度上来自于不同色彩的词语、不同长短的语句、不同结构的句式来回穿插,形成差异,进而带来此起彼伏、变化多端的节奏感,给人以艺术化的享受。

三、突出交流感

出镜记者的有声语言表达不是自说自话,而是与主持人、与观众之间的一种信息交流。因此,记者自己心里要有对象感,由此产生语言的交流感,带动人际交流的活力。

中国播音学的奠基人张颂老师认为,播音是"目中无人",但要努力做到"心中有人"。播音员必须设想和感觉到对象的存在和对象的反应,必须从感觉上意识到受众的心理——要求、愿望、情绪等,并由此调动自己的思想情感,使之处于运动状态。[①] 这种对象感在出镜记者身上同样适用。报道过程中,出镜记者必须具体设想:这样的新闻选题、这样的现场,要讲给谁听? 他们在看报道的过程中会有什么反应? 什么地方可能是一个情绪波动点? 最终会产生一个什么样的印象? 这是否符合你的传播目的? 随着受众可能会产生的反馈,记者又应该采取什么样的回应? 在这些设想的引领下,记者相应做出一些内容和语言上的调整。

为了更好地唤起对象感,出镜记者可以采用一些语言手段。

(一)使用祈使句式

从言语行为角度来看,祈使句是言者希望对方以行动(做某事或不做某事)进行反馈的一种言语表达形式。报道者大量使用祈使句,目的就在于要激发受众的行为反馈,即激发受众看进而了解某个地方的情况。这种直接的"引导(观察)",使得本为独白的报道具有了一些对话的色彩。[②] 祈使句的典型用法包括:

你看,……

来,从/顺着/沿着我左边/右边/前方的……会看到……

来看看现场的具体情况。

---

① 张颂.播音创作基础[M].北京:中国传媒大学出版社,2011:77.
② 刘娅琼.电视现场报道的语体特征浅析[J].当代修辞学,2012(6).

请摄像师往前推一个特写,你会看到……

就在这个××旁边,您看,……

(二)转换表述视角

出镜记者在陈述的过程中,不仅用自我的视角,也可以用观众的视角,设想观众的视觉落点、思维落点,用引导、设问、解答等多种方式,凸显交流感。典型用法包括:

将观众和记者作为一个群体,用"我们"指代。但要注意不要滥用。

大家可以看到……

可能有人会问……

不知道您发现了没有,……

……是什么意思呢? 我给大家通俗解释一下……

(三)采用元叙事手法

新闻报道的元叙事,是报道者不仅报道他人,还报道自己对新闻报道如何进行规划、处理。[①] 在现场报道中,出镜记者解说报道行为,用适当的"自我披露"建立与观众的交流感。常见的用法如:

我们驱车×个小时,又走了×个小时的山路,终于来到了……

为什么要在这里设置一个直播点,因为……

通过布置在……的镜头,我们可以看到……

需要注意的是,这些固定短语的使用需要与语境相适配,并且避免过多使用,加重报道的"表演感"。

四、语言个性化

出镜记者现场报道以模拟人际交流的方式进行大众传播。语言的个性,是出镜记者建立人格化形象的重要手段。

语言的个性,即个人独特的语言表达习惯。这些特征一般是从声音吐字、表达习惯等语言外壳,以及言谈中的思维逻辑、语词修养里表现出来的。[②] 出镜记者的语言个性可以通过报道角度、立意、组织方式、表达方式等方面展现出来。以下三个案例,分别来自白岩松、张泉灵、蒋林。你能将他们的名字与这几个案例进行匹配吗?

---

① 欧阳明.新闻报道叙事原理研究[M].武汉:华中科技大学出版社,2016:154.

② 吴郁.当代广播电视播音主持[M].上海:复旦大学出版社,2006:108-109.

案例 10-6[①]

【记者出镜】

我今天也换上了电力工人全套的这个衣服。这样的一种鲜亮的颜色其实也是非常重要的,因为在野外作业的时候,这样的颜色会更便于找寻和定位,如果遇到了危险情况的话,这样的颜色在野外能够更好地去看到他。但是我希望今天这样的颜色只是山谷当中的一抹亮色,不要成为这个意外,当然我更希望的是我今天不要拖后腿。

大家看一下我的这个背后,为了能够在今天报道的全过程当中,我们能够把工人师傅们作业的这个画面进行一个实时的回传,所以我们把装氧气袋的这样的一个小的口袋都缝在了我的背后,还装上了微波发射器,所以我现在应该算是不折不扣的这个天线宝宝了啊!

案例 10-7[②]

【记者出镜】

在都江堰,很多生活常识在发生着改变,比如我们平时听到消防车的警报都会想:你看,出事了!然而在都江堰,有消防车和救护车驶过,人们就会想:又有生命获救了。

案例 10-8[③]

【记者出镜】

我的感受非常深的是过去隐隐约约的一些判断,在这两天不断聆听的过程中反而慢慢地更加坚定和清晰起来。我们说互联网非常快速地来到我们的生活之中,是不是它开始已经创造了一个全新的世界?我觉得这个问题要换一个角度解读,或许这样说会很简单。那就是,问题更多的还是老问题,但互联网的出现却给了新的解决方法。比如说刘强东,我非常感兴趣的是京东的下一步要在中国的农村大有作为。自己有过 18 年这样的农村生活经历,如何去让互联网也能够去帮助扶贫?比如说像贫穷呀,像企业的转型呀,如何做大呀,国际化……这都是老问题,但是物联网已经给了一种全新的解答的方案。

这三个案例,按顺序分别来自中央电视台记者蒋林、张泉灵、白岩松,他们都是具有鲜明个人风格的出镜记者。蒋林的报道更为口语化,有时略有冗余但用词组合陌生化程度高,不时会在报道中展现出调皮活泼的一面。张泉灵

---

① 《保护景区绝壁建塔 记者实地探访》,2016 年 7 月 9 日中央电视台新闻频道《新闻直播间》栏目播出。

② 张鸥.直播幕后——电视突发直播一线手记[M].北京:北京师范大学出版社,2013:59.

③ 《本台评论员专访刘强东》,2015 年 11 月 27 日中央电视台新闻频道《新闻直播间》栏目播出。

擅长使用短句、对比来呈现现场,灵动跳脱,犀利中有妥帖。白岩松更为深邃和广博,报道中多带有观察与思考。

那么,出镜记者的个性从哪里来呢?

个性是天生的,从天生禀赋中来,从养成环境中来。个性还是后天动态显现的,是和人的活动紧密联系的,是从生活中来的。[1] 个性与记者的经历、性格、知识背景、情感体验、审美追求等密切相关。其话语的组织方式和表达手段都具有独特的味道,让受众在便捷地理解话语本身信息的同时,又能分明地感觉到、直接地体味到"这一个"的作风、品行、经历、性格等方面的信息。[2] 因此,出镜记者在表达上的个性化的训练,实际上是对自我身心的整体修炼。

第三节　出镜记者有声语言的表达技巧

一、内部组织技巧

（一）制造对比

有声语言脱口而出,又转瞬即逝,要给受众留下较为深刻的印象,可以有意识地在组织语言的过程中创造富有戏剧性的反差、对比,甚至对立、冲突,不断创造意外,吸引受众的注意力。

汶川地震后,张泉灵有一场直播报道介绍武警战士们的宿营地,她没有平铺直叙地介绍营地的吃穿用,而是用一组戏剧性的对比反差,展现了武警战士们救灾的辛苦。

案例 10-9[3]

【记者出镜】

趁着天光蒙蒙亮,我先给大家介绍一下我们昨天受先期抵达的武警战士的邀请住宿的豪华别墅。你看就是这里。【用塑料布和细木头搭建起来的临时帐篷】

这些帐篷是武警战士们就地取材临时搭建起来的。其实对于徒手徒步的战士来说,想要带上帐篷,是根本不可能的,所以只能这么搭建他们的宿营地。

即便是在这样的条件下,他们也只能像沙丁鱼一样一个挨一个地挤着,而

---

① 赵俐.语言的个性:有声语言的声音是什么——论播音创作声音个性展现的理论基础[J].现代传播,2003(3).

② 吴郁.当代广播电视播音主持[M].上海:复旦大学出版社,2006:109.

③ 2008 年 5 月 17 日中央电视台《朝闻天下》栏目播出。

且救人是第一位的,由各路不同的部队开始源源不断地抵达,因此后勤开始显得有点儿跟不上了。你注意一下,他们经常是每两个人盖一床被子,而且鞋是经常顾不得脱的。

(略)

即便就是这样一个状况,相比较昨天刚刚抵达的公安消防来说已经是天堂了。因为他们没有时间和材料来搭建帐篷,只能躺在地上,互相依偎着坐了一晚。

但还是这样的状况,比较他们前两天,依然是天堂。因为前两天这些消防战士就干脆在都江堰不断地进行抢险,48小时之内居然连坐的时间都没有。现在,天还没有完全亮,让这些辛苦了好几天的战士再美美地睡上几分钟吧。

这段案例中,记者所说的"豪华别墅"和"临时帐篷"形成反差;艰苦的住宿条件和"天堂"形成反差。两对"意外"让人没想到,但在记者的解读之下,又在情理之中。

案例 10-10

1997年6月30日晚8点多,白岩松在深圳皇岗口岸做香港回归现场报道。当时,"管理线"是深港两地标志性的分界线。当20:20内地驻港先头部队第一辆车驶过那条管理线时,白岩松报道说:"管理线并不长,车速也并不快,可是跨越管理线的一小步,却是中华民族跨出的一大步,为这一步,中华民族等了一百年。"

"一小步"和"一大步"成为一组对比,平常迈出"一步"的时间和"一百年"成为一组对比。两组对比之下,显现出历史的张力。

(二)数据转换

随着大数据时代到来,数据将越来越多地进入日常生活。出镜记者需要将抽象性的数字转化为具象化的形象、场景,让观众能够有一个直观的感受。具体来说,可以分为三种方法。

第一,将数据换算为其他参照物。

通过简单的换算,出镜记者可以将数据与日常生活中常见的、熟悉的参照物联系在一起,让数据更加具体、直观。常见的如形容一块场地有"×个标准足球场那么大",某个地域面积相当于"×个北京主城区",某个高度有"×层楼那么高",某个重量相当于"×个成年人一起站上去",某个距离相当于"从月球到地球打了×个来回",等等。

案例 10-11[①]

【记者出镜】

王化永也告诉我,现在就算五六个壮小伙子下地干活也需要一天的时间才能收割出一亩稻田。那么这一亩的收成到底有多少,这一亩的收成又有多少意义呢?我们也简单测算了一下,按照一个人一天吃一斤大米来算的话,一年要吃 180 公斤大米。那么现在我们这个亩产量高达 900 公斤,我们保守一点估算打个 75 折吧,900 公斤的稻子大概是 640 多公斤的大米,足够三个人一年的口粮,也就是说一亩田可以养活三个中国人。那么像我这种吃得比较少的,加上两个能吃的,也就是加上我们摄像、导播三人绝对够吃了。

案例 10-12[②]

【记者出镜】

岛上的主体就是这些油罐,它们的体积从 5000 到 10 万立方米不等。在满库容的状态下,整个岱山岛一次性就可供全国人民用油 7 天。

第二,将数据转化为视觉。

光说不够,当数据更为复杂,或者某个数据更为重要的时候,需要出镜记者巧妙地把数据转化为具体的画面,产生更为强烈的视觉冲击力。

美国经典教材《电视现场制作与报道》中记录了这样一个案例:

如果所在的社区每年有 300 个小学生受到虐待,你可以用画外音说明这个数据,但观众很快就会忘记。但是,如果你可以把数字变成画面,相信没有多少观众会轻易遗忘。"一名记者站在空旷的学校体育场里,指出每年受到虐待的学生能占满多少排座位,随后切入一个长镜头,用以表现每五年这一个社区遭到虐待的儿童就能坐满整个体育馆。"[③]

第三种,将数据放入场景。

数据同样来自于生活,和每一位观众息息相关。只要有可能,尽量让观众体验数据,而不仅仅是展示给他们,这样能让观众真实感受到数据的力量。在这一点上,可以结合出镜记者的行为、动作,将数据融入具体的场景。

为了表现十年来某国通货膨胀给普通人的生活带来的影响,记者走进了一家菜市场。那么,要如何表现"通货膨胀"这个抽象的概念呢?

最简单的办法,记者可以站在肉摊边说,"我现在是在本地最大的一个菜

---

① 《超级稻试验田正在收割》,2014 年 9 月 14 日中央电视台新闻频道《新闻直播间》栏目播出。

② 《记者探访全球最大石油岛》,2017 年 9 月 16 日中央电视台《还看今朝·浙江篇》特别节目播出。

③ [美]弗雷德·舒克,约翰·拉森,约翰·德·塔尔西奥.电视现场制作与报道[M].5 版.雷蔚真,译.北京:中国人民大学出版社,2013:12.

市场里,如今,美元在肉类市场上的购买能力缩小到了十年前的四分之一。"有的记者或许会把三块大小不同的牛肉放成一排,说:"大家看,同样是 10 美元,十年前可以买到最大的这一块肉,足有两公斤,五年前,只能买到一半的肉,大约一公斤,而现在,大家看,最小的这一块,只有一斤而已。"但这依然是参观博物馆式的静态展示。美国全国广播公司新闻台(NBC NEWS)高级执行记者多特森是这样做的:

案例 10-13①

多特森进入了一个肉类市场,给了一个肉贩一张 10 美元的钞票,并问十年前这些钱能卖多少牛肉。肉贩亮出了相当大的一块牛肉。"现在",多特森说,"给我看看同样的 10 美元,五年前能卖多少。"肉贩握住切肉刀切去了大约一半的肉。"再给我看看现在这 10 美元又能买多少牛肉。"多特森说道。肉贩又切去了大约一半的肉,然后把剩下的一小块肉递给了多特森。

多特森的这段报道,将十年的变化浓缩在了三刀里,肉贩的每一刀剁下去,都能唤起家庭主妇们亲身经历的场景,感知到通货膨胀在市场上引起的变化。

同样的原理,为了展现京津冀一体化,出镜记者从北京坐高铁到唐山,拿着一杯咖啡走下高铁:"咖啡还温热,车已经到站了。这里是保定东站,从北京到这里,160 公里只需要 41 分钟。"②一杯温热的咖啡,引出乘车的具体场景,强化距离在这个场景中的相对概念。

(三)善用修辞

修辞是表达者为了达到特定的交际目标而应合题旨情境,对语言进行调配,以期收到尽可能好的表达效果的一种有意识的、积极的语言活动。③ 修辞的方式多达六十余种,主要的修辞手法有八种。出镜记者的有声语言表达使用修辞,主要表现在联想性上,惯常使用比喻、夸张、比拟等手法,刺激观众展开丰富的想象力,让信息更富有形象感。

1. 比喻

用某些有类似点的事物来比方想要说的某一事物,以便表达得更加生动鲜明。

---

① [美]弗雷德·舒克,约翰·拉森,约翰·德·塔尔西奥.电视现场制作与报道[M].5 版.雷蔚真,译.北京:中国人民大学出版社,2013:12.

② 《数说河北:协同发展》,2017 年 10 月 1 日中央电视台《还看今朝·河北篇》特别节目播出。

③ 吴礼权.现代汉语修辞学[M].上海:复旦大学出版社,2014:1.

案例 10-14①

【记者出镜】

你看,帕德玛大河非常的宽阔,它的宽度是武汉长江大桥的 3 倍,而且水流相当湍急。这就需要我们先把每一个 120 多米的钢桩像定海神针一般在河道里稳稳地扎下脚跟,才有可能在雨季来临的时候,去抵御住来势汹汹的洪水。

案例 10-15②

【记者出镜】

之所以叫做米堆冰川,就是因为它的样子就像是丰收的堆在谷仓里的大米一样。

2. 夸张

指为了启发观众想象力、加强所说话的力量,用夸大的词语来形容事物。

案例 10-16③

【记者出镜】

可能很多人根本想象不到,像这样一个国际顶级的原料、国际顶级的"奢侈品",居然会在贵阳这样一个小山坡上面进行生产。现在赶快给大家揭晓一下,这样一瓶征服世界、风靡全球、迷倒四海八方的宅男宅女的这个神秘辣椒酱是怎么炒制出来的。

3. 比拟

即把一个事物当作另一个事物来进行描写。既可以把人当作物来写,以人"拟物",也可以把物当作人来写,以物"拟人",也可以把甲物比作乙物来描写。作为文学修辞中的重要手法,比拟在行文中没有明确的本体、喻体结构,直接指代,因此具有较强的书面语色彩。

案例 10-17④

【记者出镜】

全世界对于这个试验场内部的情况可以说是知之甚少。这次朝鲜邀请多

---

① 《数说命运共同体:通向世界的路》,2015 年 10 月 4 日中央电视台《朝闻天下》栏目播出。

② 《记者跟随工人攀爬 体会施工艰苦》,2016 年 7 月 9 日中央电视台新闻频道《新闻直播间》栏目播出。

③ 《HOT:贵州的味道 世界的味道》,2017 年 9 月 27 日中央电视台《还看今朝·贵州篇》特别节目播出。

④ 《朝鲜废弃北部核试验场》,2018 年 5 月 25 日中央电视台《新闻 30 分》栏目播出。

国记者能够到现场来采访,可以说是这个神秘的地方第一次通过我们的镜头揭开了自己神秘面纱的一角,不过它上演的却是一场声势浩大的华丽的谢幕。

案例 10-18[①]

【记者出镜】

你看我们这么闹腾,怎么踩呀踩呀,难道对这些水稻没有影响吗? 其实我在直播之前专门跟负责人进行了讨论,他就告诉我说,这个答案肯定是否定的。因为其实我们在这种踩的过程,其实在给田地做按摩呢,越翻它的养分就会越好。

4. 仿拟

根据语言表达的需要,模仿已有的词语、词组、句子或篇章格式,临时创造,融入新的表达内容的修辞方法。[②]

案例 10-19[③]

【记者出镜】

有人说麦兜只是一只创作出来的虚拟作品,但是很难有一个现实中的演员能够像他一样这么完整地呈现出香港精神。杜莎夫人蜡像馆里的蜡像都是按照 1∶1 比例制作的,大家很难想象一只身高不到 1 米的虚拟形象,在过去二十年不仅带给观众很多"心灵猪汤",而且还创造过亿的经济价值。

记者套用"心灵鸡汤"一词,利用麦兜小猪的动画形象,套嵌成为一个新词。

案例 10-20

【记者出镜】

各位观众,这条线并不长,大家也看到了车速也并不快,但是今天驻香港部队越过管理线的这个一小步,却是中华民族的一大步。为了这一步,中华民族等了一百多年。

白岩松这段 1997 年在香港回归时的经典报道,在语言上仿拟了世界上第一位登月者阿姆斯特朗的名言:"对于一个人来说,这只是一小步;但是对于人类来说,这却是一大步。"

---

① 《改革在田间地头》,2017 年 7 月 22 日中央电视台《改革在哪里》特别节目播出。
② 胡吉成. 修辞与语言艺术[M]. 北京:中国广播电视大学出版社,2005:192.
③ 《活力香港 创意之都》,2017 年 6 月 29 日中央电视台新闻频道《共同关注》栏目播出。

二、外部表达技巧

大众传播中的口语表达,是经过加工的艺术性语言,来源于生活,又高于生活。出镜记者有声语言表达完全可以将外部表达技巧作为工具,让有声语言既能够"传情达意",又可以"声情并茂";或为画面不足带来的缺憾"雪中送炭",或为精彩现场"锦上添花",极大地丰富现场报道的表现力、感染力。

(一)停连

停连,即停顿和连接。即兴口语表达没有文本作为依据,直接将思维转化成口语。这意味着在有声语言生成的过程中,出镜记者就需要同步判断自己在哪里停顿,在哪里连接。

中央电视台播音员崔志刚、贺红梅认为,断句讲逻辑,主要强调的就是停顿要顺着稿件层次之间、段落之间、语句之间、词或次组织间的内在逻辑和思想情感走,因势利导,气随意走。[①] 简单来说,大层次之间大停顿,小层次之间小停顿,一个词组意思中间不停顿,需要强调时可停顿,不重要的信息则可以大胆连带而过。

以一段案例说明。下面这段报道中,"///"代表这一段落中最长停顿,"//"代表中等停顿,"/"代表小停顿,没有标注则代表为连读。以下是记者报道时的停连方式:

案例 10-21

【记者出镜】

"那我要给大家再看一下我手中刚刚拿到的一个东西,/那就是咱们/靖远县/防汛/抗旱/指挥部/发的//清障的/决定书。/那这个决定书呢/有这么厚厚一沓儿。///这个清障书的目的是干什么呢? 就是为了//把这些影响到咱们河道/行洪安全、/河堤安全/和河势稳定的这样一些/违章的建筑给它做一个拆除。///但是呢,很多人还是抱着侥幸的心理,/能晚撤一天就不早撤一天,所以就造成了我们看到的这么大的一个//损失。"

这段报道可以分成三个大逻辑层次。第一层说明相关部门已经下发清障通知书;第二层解释清障通知书的具体要求;第三层解说在政府已经有所行动的情况下,为什么还会损失严重。记者对三个大层次之间的停顿把握准确,报道的整体逻辑较为清晰,但是,每个层次内部的一些小停顿却出现了一些问题。

如"靖远县防汛抗旱指挥部"是一个固定名词,应该连起来说。"清障目的

---

① 崔志刚,贺红梅.好好说话[M].太原:山西教育出版社,2017:113.

是什么?"问句之后一般会略作停顿,让观众有一个思考、反应的时间。"河道行洪安全、河堤安全和河势稳定"作为一个并列短语,应该抱团更紧密一些,修饰后续的"这样一些违章建筑"。所以,"这样一些违章建筑"中间也不应该停顿。最后,由于报道的前半部分已经充分展示了损失情况的严重程度,因此"损失"并不需要再次强调,"这么大的一个损失"应该作为一个完整的短语连贯表达。

将这一段报道重新整理一下,统合之后,合适的停连方式应为:

"我要给大家再看一下我手中刚刚拿到的一个东西,/那就是/咱们靖远县防汛抗旱指挥部发的/清障决定书。/那这个决定书呢,有这么厚厚一沓儿。///这个清障书的目的是干什么呢?/就是为了把这些/影响到咱们河道/行洪安全、河堤安全和河势稳定的/这样一些违章建筑//给它做一个拆除。///但是呢/很多人还是抱着侥幸的心理/能晚撤一天就不早撤一天。/所以,就造成了我们看到的/这么大的一个损失。"

出镜记者的报道语言从思维直接转换成口语,当然不可能像这样写下来再一字一句地设计停连。因此,出镜记者的语言要停连得当、表达流畅,需要"说一句想两句"。即在说着当前这句话的同时,脑子里提前想到下两句话的基本结构,然后通过主、谓、宾、定、状、补的基础语法划分,在脱口而出之前,就把每个语法成分里的内容进行定型处理,安排好它们在句子、句群里的位置,自然也就能合理安排停连。

(二)重音

重音,即在语句中通过变化音长、音高、音强等声音元素,强调突出重点词句的表达技巧。一段话,至少会有几个句子,几十个词,上百个字,如果重音变了,意思也会发生很大变化。找准重点,用好重音,则能够有效突出核心信息点,提高信息传播效率。

举个例子:

志愿者们今天系统整理了图书馆的藏书。

志愿者们今天系统整理了图书馆的藏书。

志愿者们今天系统整理了图书馆的藏书。

这三个相同的句子,重音在"志愿者们"上,强调的是"谁"做了这件事;重音在"系统",则强调的是工作量大;重音在"图书馆",则重点说明工作的地点,暗示可能还有其他藏书地点,下一步还得接着整理。同一句话,重音不同,想要突出的信息点各不相同。

一般来说,句子理解了,重音就容易对。[1] 有人可能觉得,和播音员播读

---

[1] 张颂.播音创作基础[M].北京:中国传媒大学出版社,2011:97.

别人写的稿件不同,出镜记者说的都是自己想说的话,当然是理解意思的,怎么可能重音不清呢?但看看屏幕上,报道中重音错误的情况比比皆是。这又是为什么?

相对来说,出镜记者更容易因为思维不清、语言技能不足导致重音偏差。有的记者可能因为紧张产生思维断层、模糊,一下子没想明白自己这几句话到底要表达什么意思,重音就容易产生误差。有的记者由于缺少重音表达意识,在快速生成语言的过程中,只顾着想内容,忽视了对外在语言形态的把控。有的记者则是"心有余而力不足",受方言轻重格式不标准的影响,控制语言的能力不足,导致重音误差。

我们来看一个出镜记者语言表达的实例。重音的符号在词或词组下以圆点的方式表示。

案例 10-22

"这两个镇当时是一度处于失联的状态。经过昨天强降雨的逐渐减弱,当地也是抓紧抢修。这两个镇目前已是基本处于恢复通电和通信的这样一个状态,道路也基本恢复。"

这段报道虽短,但层次清晰,通过灾区前后状况的对比,说明目前灾后重建进展顺利。基于这个中心思想,抓取关键词,应该强调的是之前"一度失联",中间"降雨减弱",通过"抓紧抢修",现在"恢复"了"通电、通信、道路"。从记者的重音处理来看,在"态、降、渐、抓"等单字上给重音,主要是由于受方言影响,词语的轻重格式错误。同时,因为对语流、气息整体把握不稳,重音一旦给错,就很难再分配足够的气息、音强给应当重音的部分。整理之后,这段报道的重音应这样处理:

"这两个镇当时是一度处于失联的状态。经过昨天强降雨的逐渐减弱,当地也是抓紧抢修。这两个镇目前已是基本处于恢复通电和通信的这样一个状态,道路也基本恢复。"

在一个句子里,可以有主重音、次重音;一个段落中,也会有重点句、次重点句,给出的音高、音强、音长、语气、态度等都可以有不同层次的差异。

与停连处理相似,即兴口语中的重音要准确,关键是思维必须早于语言,明确自己说出的每一句话目的是什么?核心信息点在哪里?这样,在有声语言生成之前,重音其实已经包裹在流动的语意中。只要普通话基础能力过关,出镜记者语言表达中的重音就只是自然外化的过程而已。

(三)语气

语气是报道整体情感色彩的外化,它就像是声音的表情,表达着出镜记者的情绪状态,并间接传递记者和媒体对该事件的态度。在新闻事件现场,出镜记者同时面临着新闻事件本身所代表的情绪、个人情绪、大众传播所需要的情绪,需要在三种情绪状态中寻找到一个平衡点,使之既符合大众传播需要,又体现个人感受。

语气由两方面构成,一方面是记者的思想情感色彩;另一方面是具体的声音形式。张颂老师将这二者之间的关系概括为十种情况:

"爱"的感情——气徐声柔;"憎"的感情——气促声硬;

"悲"的感情——气沉声缓;"喜"的感情——气满声高;

"惧"的感情——气提声凝;"欲"的感情——气多声放;

"急"的感情——气短声促;"冷"的感情——气少声平;

"怒"的感情——气促声重;"疑"的感情——气细声黏。[①]

这十种对应关系只是概括性的状况,在出镜记者报道中,经常是多种情感因素结合在一起,根据不同句子的意思,灵活变化,综合把握。

分寸的拿捏是出镜记者掌控语气的关键。这方面常见的问题有三种:

一是冷漠型。

有的出镜记者片面追求理性、客观的态度,语气上淡然冷漠,仿佛自己和新闻现场没有什么关系,属于情绪"不到位"。

二是亢奋型。

有的记者本身充满激情,在新闻现场被现场气氛所感染,越说越激动,越说语速越快,越说嗓门越高,属于情绪"过头"。

三是严肃型。

在质疑现实问题时,有的出镜记者表情过于严厉,语气生硬,带有浓厚的媒体审判意识。也是情绪"过头"的一种表现。

在"不及"和"过头"之间找准位置,需要记者准确拿捏情感分寸,充分体会新闻现场以及新闻本身的情绪色彩;同时时刻牢记自己的职业身份、传播使命,从信息传播的社会效果出发,调控报道整体基调。

(四)节奏

不少出镜记者话说得很流畅,语速很快,但是节奏单一,听着像打机关枪,突突突的只有一种节奏。时间一长,很容易产生听觉疲劳。许多人认为,这只是语速太快的问题,放慢语速就好。实际上,语速只是构成语言节奏的要素之一。

节奏是有声语言运动的一种形式,包括抑扬顿挫、轻重缓急,是立体的声音表现形态,而不是单线的、平面的。它的核心是声音延续、语气流动中的回环往复。包括语势的起伏变化、语速的快慢变化、音高的高低变化、音强的强

---

① 张颂.播音创作基础[M].北京:中国传媒大学出版社,2011:105-106.

弱变化,都是形成语言表达节奏的方法。①

出镜记者现场报道以事实为基础,不像文艺作品朗诵那样有很剧烈的节奏变化,但是,基于信息传播的需要,也必须对报道的整体节奏进行调控。调控的关键词就是:对比和差异。具体来说,就是"欲抑先扬,欲扬先抑;欲慢先快,欲快先慢;欲重先轻,欲轻先重"②。

比如在强调重音的同时,也要敢于"轻轻带过",对于一些主要起结构性作用的词句,不占有更多有效信息的词句,可以快速一掠而过,以此形成声音形式在强弱、快慢上的对比,不但能把重音衬托出来,也会随着语意的向前推进,形成一定程度的节奏。

再比如根据信息层次不同的意思,可以设计"抑""扬"之间的变化。如案例 10-22 中,在声音的趋势上就是一个"从抑到扬"的过程。第一句:"这两个镇当时是一度处于失联的状态。"最低。第二句:"经过昨天强降雨的逐渐减弱,当地也是抓紧抢修。"开始稍稍上扬,表现出正面积极的工作场景。最后一句:"这两个镇目前已是基本处于恢复通电和通信的这样一个状态,道路也基本恢复。"声音更往上扬起,表达对重建工作成效的肯定,传递更加积极阳光的态度。

本章小结

在现场报道中,出镜记者的有声语言表达是重要的信息来源。受传播语境的要求,出镜记者有声语言表达以有备而来的即兴口语为主。记者可以借助拟定的报道提纲,为自己思维流动划定范围,引水入渠。即兴口语表达能力作为一种语言能力,无法一蹴而就,需要经由一定方法,如基础的复述、描述、述评训练,循序渐进,逐步加码,在日复一日的坚持练习中不断进步。

出于新闻报道真实准确的要求,出镜记者应当力求做到字音准确,语音清晰,普通话水平达到一级乙等以上,并掌握一定的发声方法,以适应不同语境的传播需要。在表达上,遣词造句应力求准确,逻辑缜密,情感分寸拿捏得当。

出镜记者的有声语言表达有自身的语言特点。首先,出镜记者的语言以口语为基础,同时吸收书面语的精华,形成源于日常口语,又高于日常口语的大众传播语言。其次,为提高人际交流效果,出镜记者会采用一些语言技巧来突出交流感。而最能打动观众的,还是精彩绝伦的个性化表达。

有声语言表达技巧使用得当,同样能够有效提升报道品质。从内部组织技巧入手,可以通过制造对比、转换数据、善用修辞等方法,将零碎、抽象的事

---

① 张颂.播音创作基础[M].北京:中国传媒大学出版社,2011:111.

② 张颂.播音创作基础[M].北京:中国传媒大学出版社,2011:112.

实性语言编织成富有变化、形象饱满的语言经纬。而外部表达技巧则着重解决行之于声的部分,通过停连、重音、语气、节奏,让语言的形式更加丰富,推动信息高效传递。

思考题

1. 出镜记者现场报道究竟是否需要写稿?为什么?写稿或者不写稿,判断的标准是什么?

2. 出镜记者有声语言表达特点是什么?

3. 出镜记者有声语言要做到口语化,有哪些方法?你还有什么补充?

4. 出镜记者报道语言应如何突出交流感?

5. 为什么出镜记者需要掌握标准普通话?

练习题

1. 根据本章提供的训练方法,进行复述、描述、评述训练。

2. 选择不同结构类型的现场报道,还原报道提纲。然后,用你写的提纲引导自己复述整则报道。

3. 把第二题的复述报道录音,反复回听,找出自己在口语表达中语法、用词上不够准确的地方,写下来并改正。

4. 将自己原创的现场报道转换成文字,梳理其中语法、用词上的问题,修改之后再说一遍。改正基本错误之后,再思考一下,重点部分的表达是否足够精彩?还可以用什么办法让它更为精彩?

5. 带着第四题的问题,搜寻相类似选题的现场报道,看看别人如何解决这个问题。

6. 寻找以口语化为基础,又明显吸收了书面语精粹的现场报道案例并进行分析。一来为自己收集语料,二来分析优秀的出镜记者如何利用口语和书面语的差异,形成语言的节奏感。

7. 语音训练。参加一次普通话测试,了解自己目前所处的普通话水平,然后找一位普通话语音老师,针对你的语音问题进行面对面的训练。

8. 用 a 或者 i 音从低到高发出不同音阶,寻找自己说话最舒服的音高区间,在报道中不要超过这一区间。

9. 多练笔。一个流畅的书面表达者,在口语表达中也会有很强的遣词造句能力。

10. 拿着内容对应的稿子,仔细听优秀的播音员如何播报。辨析一下,他们在什么地方重音,在什么地方停顿,如何掌控节奏,为什么要这样处理,以此提升自己对外部语言技巧的感知。

第十一章　出镜记者的非语言表达

美国著名心理学家艾伯特·梅瑞宾发现,在一条信息传递的全部过程中,只有 38% 是有声的(包括音调、变音和其他声响),有 7% 是语言(只是词),而 55% 的信号是无声的。① 这种通过无声的交际信号进行表达的行为,我们称为"非语言表达"。出镜记者现场报道中包含了大量非语言表达,既包括记者的独立行为,如姿态、表情、手势、服饰、化妆等,也包括记者利用周围环境生成动作,如利用道具、场景、环境,结合自己的行为进行表达;这些通过非语言表达生成的信息,同样是报道内容的重要组成部分,能起到语言无法替代的作用。

第一节　表情与仪态

人是真正的全媒体传播,表情、身姿,都是传递信息的重要渠道。镜头具有将一切放大的魔力,在画面里,出镜记者的表情、身姿所蕴含的信息都被放大,然后清晰地传递出来。总体来说,出镜记者在镜头前应做到面部表情控制得当,仪态端正大方、自然协调。

一、出镜记者的面部控制

(一)表情控制

人是有情感的,情感表露是人的本性。一般来说,身势动作,特别是面部表情,是人自然、本能的表现方式。② 言语可以修饰,表情流露出的情感却很难掩盖。因此,人们普遍认为,人的表情比语言更能够反映出真实的态度与情感。

出镜记者的表情控制,是指出镜记者能够根据具体报道语境的需要,有意

---

① 赵秋野.身势语的符号、认知、心理、文化机制[J].外语学刊,2005(2).
② 程同春.非语言交际与身势语[J].外语学刊,2005(6).

识地控制面部表情,使其与报道内容、思想感情相适配。一般情况下,出镜记者需要以积极的面部状态,展现出对报道内容的强烈兴趣和"不得不说"的讲述欲望。

面部状态积极不意味着一定要笑,不同的表情与积极的状态都是可以兼容的,关键技巧就在于"提颧肌"。颧肌即位于面部颧骨上的肌肉组织,提起颧肌能够带动整个面部肌肉,尤其是口腔肌肉向后上方倾斜,产生类似微笑的效果,让面部处于一种积极向上的状态,用表情传递出"新鲜感",吸引观众注意力。

在出镜报道中,经常以中景、近景作为主要景别,因此头部、面部的动作幅度必须小,不做无意义的晃动。此外,过多的小动作也会让观众分心,如挑眉、皱眉、频繁点头、撩头发、摸鼻子等。

面部表情失控,可能有两种原因。一种是由于过度紧张、兴奋等不良心理状态造成的无意识举动,如撩头发、摸鼻子、表情僵硬等。解决这些问题的根源是通过充分的准备来克服紧张情绪,自然流露情感。另一种是有挑眉、皱眉、歪嘴等面部不良习惯。美国电视行业对出镜主持人有一个训练方法:用一些透明的胶带,粘贴在前额,垂直于你的眉毛或皱纹,或者在你的两眼之间,高过鼻梁。这样,当你播报的时候,会感觉到前额的每一丝运动,并且有意识控制它。① 当然,这需要反复的练习,逐步控制面部这些微小的动作。

(二)眼神运用

1. 眼神运用技巧

眼睛是心灵的窗户。在出镜记者报道时,镜头就是观众的眼睛,正在与记者做面对面的交流。因此,出镜记者的眼神应当真诚、热情、饱满,这来自于出镜记者内心的坚定、充实与紧迫。坚定,是充分把握新闻事实的自信;充实,是对报道内容有深刻的感悟;紧迫,是内心有一种强烈的驱动力,迫切想要把内容告诉观众。应该说,眼神控制是"意"在"视"先,以"意"导"视",据"意"定"点"。②

在技巧上,眼神控制需要注意:

眼睛望向摄像机镜头下三分之一处,往镜头深处看。

不要频繁眨眼,这会让人一下子看出你很紧张。

不要死死盯着摄像机,眼神应有力而自然,富有一定的灵活性。

眼神不要左右飘,需要抬头时,动作一定要明确,不然很容易变成翻白眼。

---

① Nancy Reardon. 镜头前如何报道、主持、采访[M]. 成倍,张东岳,译. 北京:人民邮电出版社,2015:257.

② 蒋育秀. 主持人形象塑造艺术[M]. 北京:中国广播电视出版社,2003:272.

2. 眼神训练方法

眼神是可以训练的。在戏曲、武术、舞蹈等舞台艺术训练中有一些针对性的练习方法,可以借用来训练出镜时的眼神控制。

定眼训练:

在前方 2~3 米的明亮处,选一个点,点的高度与眼睛或眉基本相平,最好找一个不太显眼的标记。进行定眼训练,目光要集中,眼睛要自然睁大,但眼轮匝肌不宜收得太紧。双眼正视前方目标上的标记,目光要集中,不然就会散神。注视一定时间后可以双目微闭休息,再猛然睁开眼,立刻盯住目标,进行反复练习。[①]

转眼训练:

眼珠在眼眶里上、下、左、右来回转动。包括定向转、慢转、快转、左转、右转等。转动的时候,路线要到位。如上下转动时,尽量去看自己的额头和鼻子;左右转动时,想想自己要看到耳朵,但在每一个位置、角度上都不要停留,连续转动。练习时,不同方向、不同转动方法交叉进行,不要操之过急。

随视训练:

以某个快速移动的物体为目标,如比赛中的乒乓球、羽毛球,飞行中的鸟,袅袅上升的烟雾,飞速驶过的自行车等,尽可能让自己的视觉焦点紧紧跟上物体移动的速度。

二、出镜记者的身体姿态

(一)全身姿态

1. 站姿

镜头前站姿的基本要求是自然挺拔、头正视平、开肩立腰,下颌与小腹微微收起,除了有目的的手势,其他时候保持双臂在身体两侧自然下垂。双腿笔直但不要太过僵硬,男性可左右稍微分开一些,两脚之间的距离略窄于肩宽,女性则可以采用两腿微微前后分的站立姿势。站立时,重心应均衡,不要把重心压在某一条腿上,这样在画面中看起来身体会有明显的倾斜。整体来说,出镜记者的站姿应给人以女性亭亭玉立、男性挺拔如松的印象。

2. 蹲姿

有时候出镜记者需要蹲下,以便更贴近报道实物,展现细节。良好的蹲姿应为:一脚在前,一脚稍后,两腿靠紧同时下蹲,前腿小腿垂直于地面,后脚脚

---

① 裴红艳.舞蹈训练中的"眼神"[J].大众文艺,2014(5);李贵春.武术眼神训练法[J].中华武术,1994(4).

跟提起,脚掌着地,臀部向下,以后腿支撑身体,不能过于低头,更不能弓背。①

3. 走姿

为了调动画面动态感,出镜记者经常边走边报道。在镜头前行走时,步伐不宜太大,走动距离不宜太长。姿态上应重心稳定,肩膀放松,挺胸抬头,平视镜头。

(二)半身姿态

记者出镜通常以中景、近景为主,上半身姿态被放大。因此,出镜时,需要尤其注意这一区间的姿态。

如今,人们每天长时间使用电脑、手机,诞生了大量"低头族",加上工作中长期伏案久坐,一旦坐姿不良,就会使相关肌群疲劳痉挛,形成"圆肩驼背探颈"的不良体态。(如图 11-1)圆肩,就是肩部内旋,含胸,背部呈弧形;驼背,就是胸椎曲度增大,向后凸出。圆肩、驼背通常会同时出现,同时还伴有头往前探伸,脖子向前牵引的问题,脊柱生理曲度发生改变。有的人还会因为长期坐姿不正,出现骨盆侧倾,形成较为严重的高低肩。这些问题一旦形成习惯,在镜头前很容易自然暴露,看起来无精打采,严重影响屏幕形象。因此,出镜记者的半身姿态,需要从平时的日常习惯开始矫正。

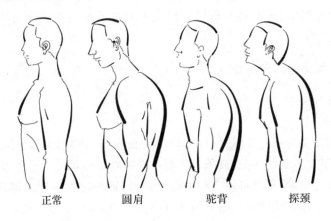

正常 　　　　 圆肩 　　　　 驼背 　　　　 探颈

图 11-1　半身姿态的主要问题

不管是站立、走动还是下蹲,出镜记者的上半身都应该做到挺胸抬头,双肩舒展,自然下垂,同时微收下颌。日常生活中可以针对自己的姿态问题做一些训练,如可以想象自己头顶有一根弦,时刻拉着自己昂扬向上,保持上半身挺立。还可以做贴墙站立练习,将头部、肩胛骨、臀部、脚后跟这 4 部分都贴紧墙壁站好,保持 15～20 分钟。每日坚持,锻炼自己的上半身仪态。

---

　①　勾志霞,王中娟,赵玉涛. 记者职业口语[M]. 合肥:合肥工业大学出版社,2009:221.

（三）手势

在现场报道中，手势可以起到指示方向、表达意义的辅助语言作用。

例如：

双手摊开向上，如同捧着一个大碗，代表坦诚相对，开放包容。

掌心向下，微微压制，代表对内容的强调。

表达方向性指向时，可以伸展手臂，前臂在手肘处形成 120°左右弯曲，五指并拢，掌心向上，指向目标。

出镜记者的手势应当干净利落，避免细碎的小动作，如来回摇摆，频繁地做出"砍瓜切菜""搬砖式"的动作，还有指指点点，戳向镜头，都是不恰当，甚至是不礼貌的行为。

没有特殊需要时，出镜记者可以一手拿着话筒，一手自然垂下，放置于裤子边侧。如果佩戴领夹式话筒，双手可以自然垂下，随着步伐前后摆动；也可以双手相叠，轻轻搭在小腹处。

第二节　服饰与妆发

服装、化妆、发型是出镜记者屏幕形象的直观表现，作为报道中的视觉元素，同样传递大量信息。

一、出镜记者屏幕形象的基本要求

（一）与职业形象相匹配

出镜记者的屏幕形象首先必须符合新闻人的职业形象。公众眼中的新闻记者，应当实事求是、客观公正、廉洁善意、勇敢迅捷、扎实深入、业务精湛。[1]因此，出镜时外形应以简洁、干练、端庄、质朴为整体基调，以休闲职业装为基本着装风格，妆容干净。不宜过度修饰，不能沾染表演色彩，不宜过多受时尚潮流影响。

（二）与传播技术相适应

出镜记者的屏幕形象还必须符合传播技术的需要。由于电视技术的局限性，屏幕上所显示出来的"光像"与人眼所看到的"光像"是有区别的：电视设备对物体层次的分辨率、对色彩的还原能力、对光纤的适应程度以及画面的清晰度远远低于人眼。过于细小、密集的花纹与线条往往导致 PAL 制画面产生环

---

[1]　高贵武.形象致胜——新闻工作者的形象管理[M].北京：北京大学出版社,2017:87-100.

形波纹的滚动,所以修饰宜采用简洁、明晰、流畅的样式和图案。[①] 色彩上,电视在还原红色、绿色、蓝色的三原色时特别夸张,衣着颜色如果太过鲜艳、纯度过高、对比色太过明显,都会让色彩失真。因此出镜记者的服装应选择色彩比较柔和、纯度比较低、反差比较小、面料明度适中的服装,这样的色彩也和我们黄种人的皮肤相适应。

(三)与报道环境相适配

报道环境首先指报道现场的物理环境。与演播室环境不同,现场报道的环境光线来源复杂,变化多端。在强光照射下,高纯度颜色、反光面料会产生呲光现象,如纯白色、柠檬黄色,都会看起来太过刺眼。而在光线比较暗的地方,只有选择比较明亮的色彩才能突出出镜记者的形象。

报道环境还指报道现场的人文环境。在不同的新闻现场,出镜记者的形象可以间接传递出与事件相关的信息。如在工地报道,出镜记者必须身着安全服,头戴安全帽(如图11-2);在交通事故现场,橙色是道路交通工作人员的标准颜色,提醒来往车辆注意避让。冬季在高寒地区,羽绒服、皮帽子,都在

图 11-2　记者在工地报道时,身着作业服、头戴安全帽

---

① 蒋育秀.主持人形象塑造艺术[M].北京:中国广播电视出版社,2003:72.

传递"冷"的信息;而在沙漠地区,记者可以用围巾包裹住头部,展现"风沙漫天"对人们生活的影响;在一些国际报道中,记者还可以穿着当地服饰,展现异域风情,营造融入当地人生活的氛围。

（四）与报道语境相应和

报道语境是指出镜记者的形象应与报道选题、具体内容的语境相应和,通过个体形象传递出特定的情感色彩。如庆典类活动,适宜穿着相对正式的服装,颜色选取暖色,女记者可适当化妆修饰,男记者可以选取红色系领带;救灾现场,则必须用中性色,如灰色、蓝色、褐色,避免显得"喜庆"的颜色;丧仪现场则必须着黑色。

色彩本身就代表着不同的情感。红色代表热情温暖,黄色代表壮丽明快,绿色代表和平宁静,蓝色代表理智深沉,白色代表纯洁明亮,黑色则是阴郁凝重。因此,特定场合,需要选择不同基底的色调塑造出镜形象,而在日常报道中,不同程度的蓝色、灰色、绿色、黄色,是最为常用的出镜服装色彩。

（五）与个人气质相吻合

出镜记者的整体形象,应与记者个人气质、年龄阶段相吻合。如成熟稳重的中年男记者,偏要穿嫩粉色、草绿色衬衫,就有刻意装嫩之嫌;年轻女记者,也不必一身灰黑色,故作成熟,青春活力反而是自身最闪亮的特质。随着年龄、阅历的变化,人的气质会产生变化,这需要记者不断调适,寻找最适合自己的形象系统。

二、出镜记者的着装标准

（一）以职业休闲为基础风格

出镜记者的衣着,应以简洁干练、干净挺拔的职业装为基础,同时加入部分休闲、创意、运动元素,形成职业休闲的基础风格,再根据不同场合进行调整。

1. 正式场合

稳重端庄的着装风格,适用于政治与公共事务、盛大庆典等正式场合。通常采用西装套装为主,女记者也可以穿着面料挺括的连衣裙。需要注意的是,有的记者为了出镜,只在上半身穿正装,下半身则休闲随意,尽管画面拍不到,但不符合社交礼仪,会给采访对象留下负面印象。

2. 日常报道

活泼干练的着装风格,适用于大多数新闻报道。一般春秋季以衬衫为主;夏天可以穿着带领子的短袖 T 恤,如 POLO 衫;冬天则以收腰、合肩的呢大衣以及羽绒服为主。不管是什么季节,出镜着装都应合体合身,不能因为追求时尚而过于肥大、窄小。

3. 特殊场景

特殊场景下的着装，以报道环境的需要而定。

(二)女记者服饰注意事项

1. 首饰

除非特殊需要，不要佩戴首饰，尤其是华丽、闪光的首饰。手镯、项链、耳环等首饰，互相碰撞会发出声响，闪光的首饰会在镜头前呲光，尤其是钻戒、手表，会严重分散观众对内容的注意力。

2. 丝巾

如果需要装饰，多种色彩的丝巾是一个不错的选择。尤其是在穿着基础色黑白灰西装的情况下，将丝巾作为点缀，能够变化出多种造型。此外，造型简洁大方、富有曲线的胸针也可以起到同样效果。

3. 指甲

出镜时记者手持话筒，因此指甲的颜色、形状格外显眼。不管什么情况，都不要涂抹指甲油，更不要做花式美甲，这会让观众的视线都在你的指甲上。即便是接近指甲原本的颜色，指甲油也可能会产生轻微反光。唯一可以接受的美甲，是把指甲修剪得干净整洁。

4. 细节

女性时装丰富多彩，女性出镜记者衣着是否得体往往表现在细节上。款式上，喇叭袖虽然时尚，但在镜头前显得拖沓；过于肥大的裤脚、过低的领口，过于宽松的腰身，都会降低职业可信度。修饰性较强的面料，同样会给人更多信息，如大面积的雷丝代表着强烈的女性柔美气质，半透明的面料显得不够庄重。在佩戴领夹式麦克风时，避免穿着真丝质地的服装，因为面料太过柔软，撑不住麦克风的重量，可能会出现垂坠现象。色彩搭配上强调简洁，视觉亮点少而精，例如选择了红色外套，内搭就尽可能选择素色，避免色彩过于杂乱。

(三)男记者着装注意事项

1. 保持干净整洁

干净、整洁的着装是社交礼仪的第一步，不仅是衣服上不能有污渍，还应尽可能保持衣料相对挺括的状态，西装、衬衫穿着前需要熨烫。尤其需要注意夏季的短袖 T 恤，洗涤多次后，如果出现衣料松垮的情况，就不要再穿着了。

2. 选择中性色彩

打造有信任感的男性形象，需要凸显出沉稳、低调的特质。因此，男性出镜记者的着装色彩应以中性单色为基础，前后浮动。如西服可选深灰色、浅灰色、藏青色、褐色等，衬衫可以选择米色、冰白色、浅蓝色等，花色上可搭配暗纹。领带避免使用高纯度的红色、蓝色，可用具有一定灰度的酒红色、藏青色、灰粉色、灰蓝色等，搭配粗条纹。但不要细条纹以及波尔卡圆点，在镜头下，它们会变成不稳定的视觉因素。同时,避免对比度过于强烈的搭配,如黑白配、红黄配等。

3. 关注面料剪裁

男士外套,尤其是风衣、西装,是常见的职业装。西装的经典款式多年来很少变化,面料、剪裁显得尤为重要。化纤面料光滑、单薄,在阳光下就会闪闪发光,不适合出镜。挑选西装时,可以选择羊毛面料、粗呢面料的西装,不反光,质感比较厚实,还能衬托出男记者的稳重。剪裁上,一定要选择挺括有型的西装,让西服显出腰线。西裤则需要显出明显的裤中线和侧线,撑起臀部空间。

三、出镜记者的化妆方法

电视会放大人的脸部特征,高清电视更是让瑕疵一览无余。因此,适度的化妆,既是对观众、对采访对象的尊重,也是增强报道效力的手段。

(一)出镜记者化妆的基本原则

1. 淡妆为主,突出轮廓

出镜记者的妆容需遵循“少即是多”的原则,以干净清透的淡妆为主。通过勾画面部线条,增加脸部轮廓感和清晰度,达到一种近似“裸妆”的效果,让人看不出来化了妆,但又能够有效改善屏幕形象。在化妆手法上,可突出眉毛、眼睛、唇部,肤色只要均匀、明亮即可。

2. 简单快捷,持妆长久

出镜记者日常化妆,遵循方便快捷的原则,步骤少,效果好,并且持妆时间较长,保持数小时而不会有明显的脱妆。

(二)化妆的基本步骤

出镜记者的妆容打造不能盲目按照演播室或日常化妆标准进行,需要进行一定程度改造。结合中央电视台主任化妆师徐晶老师的意见,将出镜记者的化妆步骤总结如下。

防晒:

科学研究表明,光照是皮肤老化的重要原因。不管是否晴天,涂抹防晒霜是妆前必须进行的工作。尤其在强烈光照刺激下,皮肤可能会发红、敏感,乃至脱皮,影响健康的同时,也会对出镜报道的形象产生负面影响。

底妆:

脸部肤色不均匀,是出镜时首要解决的问题。出于节约时间的考虑,可放弃全脸底妆,改用局部底色膏(遮瑕膏)。一般人的肤色主要在眼睛周围、鼻子周围、嘴部周围这三个地方有明显暗沉,因此只需要用手指蘸取遮瑕膏,点按这“三周”,让这部分的颜色和面部其他部分相一致即可。同时掩盖太过明显的肤色斑块、黑眼圈等。遮瑕膏比一般粉底液、霜的带妆时间更长,用手指点按,既保护皮肤,又方便操作。完成之后,再用少量粉饼、散粉定妆即可。

眼线:眼线一定要细,并且以内眼线为主,来不及可以不用。

眼影:以大地色为主,可用眉粉代替。上妆时用手指蘸取少量,从眼睛中后部开始往前后各自推进一点,形成局部的阴影色,加强眼睛的深邃感。

睫毛:可以在眼角多用一些睫毛膏,让眼睛看起来更有神。

眉毛:合适的眉毛能够衬托出眼睛的光彩。在修剪合适眉形的基础上,画眉时应两头淡中间深,上面淡下面深。从眉毛腰部入手,从下往上扫笔,往后慢慢减弱。最终使得眉腰下方成为色彩最重的位置,突出眉毛的线条感。

唇部:标准的唇峰应位于唇部宽度的三分之一处,因此出镜记者可以根据自己的唇形,用唇线笔进行校正。然后将唇线笔从唇角往中间轻轻扫画几笔,再抿开,就能形成颜色自然、线条明晰的唇部。如果涂抹口红,则宁少勿多,选择较为自然、柔和的暖色,衬托脸部肤色即可。此外,唇部皮肤只是一层脆弱的黏膜,极易受伤,因此在唇部化妆前一定要用润唇膏打底。

补妆:

出镜前一定要检查自己的妆容,及时进行校正。例如擦去沾染到牙齿上的口红,用纸巾轻轻按压面部,吸走面部油光等。

(三)男性记者妆容

男性记者妆容的要求与女性有所不同,只要符合基本社交礼仪即可。包括不留胡子,修剪鼻毛,牙齿干净,保持皮肤湿润。皮肤如果过于干燥,会出现白色的皮屑,唇部过于干燥则会起皮,影响观感。如果肤色高度不均匀,可适度用遮瑕膏、粉底进行弥补。如果眉毛过于浓密,需要进行修剪;过于稀疏,则可用眉笔适度增补。

(四)眼镜选择

出镜记者可根据自己的脸型特点选择镜框。

人的脸型有很多种,圆形、方形、申字形、国字形、由字形等。脸部比例也各不相同。其中,黄金比例被称为"三庭五眼"。(如图 11-3)三庭,指脸的长度比例。即从发际线到下颌分为上庭(发际线至眉线)、中庭(眉线至鼻底线)、下庭(鼻底线至颌底线)。五眼,指脸的宽度比例。即从正面看,脸的宽度(两耳孔之间的距离)等于五个眼睛的长度。[①]

眼镜在面部比例中占有较大面积,且主要作用于上庭部分。选对镜框,可以对记者面部轮廓进行较好的修饰。如圆脸,可选用方形镜框;方形脸,则采用边框转角较为柔和、呈弧线形的镜框,但最好不要选纯圆形镜框。上宽下

---

① 蒋育秀.主持人形象塑造艺术[M].北京:中国广播电视出版社,2003:153.

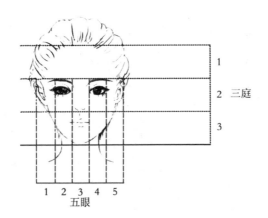

图 11-3 三庭五眼

窄的镜框,可以平衡过窄的前额。而如果记者的上庭较长而中庭、下庭较短,可用半框镜架,上半部分为实体镜架,下半部分则开放无边框,以此填充前额部分,打开脸部的中下部。

此外,有的人面部较凹,有的人面部凸出。那么凹面的人可以佩戴镜框较为明显的眼镜,填补凹面的空隙;而凸面的人则相对适合无边框或细边框眼镜,增强面部透视感。

四、出镜记者的发型选择

出镜记者发型选择的基本原则就是简单、干净、保守。

女性记者最常见的发型,就是长度在耳朵到锁骨之间的中短发,稍加打理即可同时兼顾女性特点与职业的干练气质。如果留长发,报道时最好将头发扎成中高马尾,或者至少要将头顶的头发扎起来,其他部分有控制地放在肩后。这会让你看起来更干净简洁,也可以避免一些意外情况发生。比如在报道时被大风吹乱头发、遮住面庞;在运转的机械、直升机附近报道时,长发还有被卷入的风险。如果剪短发,不要短至耳上。

男性记者的发型应为干净利落的短发,但也不宜短到能看见头皮。如果秃顶,可以适当使用假发片,但不要把整个头套戴上去,那会看起来就像套了一个锅盖。

发型的打理上,不要听理发师的天花乱坠,明确告诉他你想要的样子,或者带一张你出镜时的照片,以便理发师了解你的需求。

找到适合自己的基本发型后,日常可用发胶沿着发型的边际线进行定型。不要喷上满脑袋的发胶,也不要梳大背头、油头,或将头发高高耸起,这会让记者看起来像是一个娱乐人物,降低新闻公信力。男性普遍油脂分泌较为旺盛,

图 11-4　女性出镜记者的典型发型

需要注意保持头发清洁,扁塌的头发会让记者显得邋遢、精神萎靡。

不管男女,发色以黑色为主,如果需要染发,可以用深棕色,不宜使用过于跳脱的红色、黄色等颜色。

第三节　动作与场景

现场报道是一种视听语言的艺术,动态的视觉信息总是格外引人瞩目。善于结合场景,使用动作,能够让现场报道更加生动灵活,富有表现力与感染力。

一、将体验带入报道

（一）真实的身体反应

1. 身处现场,临场应激

出镜记者身处现场,身体必然会根据现场的情况产生相应的反应。例如面对危险情况时,身体会有应激反应。2010 年,央视记者张萌在曼谷报道泰国"红衫军"与政府军的冲突。出镜报道过程中,街头突然响起枪声,张萌吓得尖叫两声,马上趴在地上,神情紧张地听辨枪声响起的方向。（图 11-5）事后回忆,她说:"当时那种情况完全没有心理准备,我趴在地上,全身发抖;当看到鲜血从摄影记者脸上流下来时,我的汗水和泪水不自觉地流了一地!""当时可以说是没有心理准备的,所以所有的军队说趴下,然后我们就双手抱着耳朵立

图 11-5　记者听到枪声后趴在地上进行报道

马就趴下来。这两声尖叫声可以说都是没有太多的心理准备,所以我觉得是一种很正常的反应。"①

下意识的反应动作,真实地传递出现场的状况,让报道具有很强的现场感。日常报道中,也有许多真实的身体反应动作。如在大风中下意识地低头侧身躲避、高温天气下擦汗、低温下嘴不听使唤、大太阳下睁不开眼等,都是有效的现场信息。

2. 传情达意,彰显态度

通过和采访对象、周围环境的身体互动,出镜记者的身体动作还可以表达情感、彰显态度。一次主动的握手,一个友好的拥抱,自然接过对方招待的茶水,都可以传递出亲切友好的采访态度。

在全国宣传思想工作会议上,习近平总书记对新闻工作者提出要求:"不断增强脚力、眼力、脑力、笔力,努力打造一支政治过硬、本领高强、求实创新、能打胜仗的宣传思想工作队伍。""脚力",意味着记者应当将自己投入基层具体的生活之中,与群众真情实感,同步感知,真正实现"脚下沾有多少泥土,心中就沉淀多少真情"。在这一号召下,新闻媒体广泛开展走基层活动,记者深入厂矿乡村,与采访对象同吃同住同劳动,涌现出一大批生动鲜活、反映基层

①　亲历曼谷枪战女记者张萌:尖叫是正常反应[EB/OL]. http://www.cctv.com/cctvsurvey/special/08/20100518/101701.shtml.

情况的优秀代表,其中不少出镜报道都是在记者与采访对象的亲密互动中完成的。

比如在央视《走基层·最美乡村教师》报道中,记者张英和乡村小学的老师、孩子们一起做游戏,遇到一些留守儿童因为想念妈妈偷偷哭泣,记者就拉着孩子的手,一边抚摸着孩子的背,一边柔声安慰孩子。在《走基层·问暖》系列节目中,记者走进江西瑞金一户特殊人家,家中父母双亡,只留下 10 岁的女孩依萌,独自照顾着因为脑瘫残疾的 13 岁哥哥。采访过程中,兄妹俩发生了争吵,记者搂着情绪激动的小哥哥,慢慢地抚慰他的情绪,同时进行采访。(如图 11-6)

图 11-6　记者搂着伤心的孩子,一边安抚一边采访

同样是在镜头前用行为表达自己对采访对象的关心与爱护,为何会有不同的评价?究其原因,首先,如今人们越来越接受记者的个体身份,理解记者作为一个真实的人,在现场会产生真情实感,甚至适度的个性流露会让人产生更强的认同感。其次,在创作“走基层”报道时,出镜记者的行为不是单方面的“表演”,而是与采访对象有来有往的“互动”。在对小依萌的报道中,记者与两个孩子亲密共处,报道期间每天照顾他们,晚上就坐在床头陪着两个孩子睡下。孩子们也逐渐对记者产生了依恋,甚至会主动要求拥抱、亲吻记者。这一过程完整地展现在观众面前。在观众看来,记者与孩子产生了真实的情感连接,拥抱就不是镜头前的“表演”,而是真情实感的自然流露。

（二）体验式报道

体验式报道作为动态报道的一种，是指在新闻现场，出镜记者以"体验者"的身份，依靠完整、连续的"肢体动作"向观众同步解释、说明、介绍、展示出某一事物功能、表达出自我感受的现场报道形式。[①] 这种报道形态通过出镜记者的体验行为，带动观众进入新闻现场。创作体验式报道时，需要注意两个问题。

1. 明确体验目的

体验式报道中，记者体验行为即为报道主体，因此体验要有明确的目标，围绕某个主题，针对某种价值展开。比如体验工作场景，是为了体现劳动者的艰辛不易；体验高科技产品，是为了展现智慧生活的可能性；体验精巧工艺创作、惊险表演，是为了展现艺人技艺之高超。目的明确，才能在体验过程中以新闻眼去捕捉有价值的细节。

例如在进行神舟六号发射系列报道时，为了了解航天员在返回舱里的感受，揭示航天员所面临的压力与挑战，张泉灵特地申请去地面训练机体验返回舱空间。在训练机中，所有的按钮排列、大小、空间都和返回舱完全一样。她在回忆起这一段体验时说："我刚进去的时候没什么感觉，直到外面的教练说你试试看把门关掉，然后'啪'把门关掉了，我听不到外面的人说什么，你单独处在 6 立方米的空间里。在关门的一刹那我突然感觉到有一个恐惧，是你突然进入狭小空间的恐惧和突然跟外界隔绝的恐惧，我有了这样的体验。你会想到，杨利伟在神五发射的那个时候并不知道整个发射是否能够如此顺利，没有人试过，他又背负着多么大的压力和风险。那个时候他的心跳是 70（次/分钟），当这一切结束后，你才知道杨利伟多了不起。"[②]后来，在航空航天系列报道中，张泉灵还专门体验了转椅等设备，了解航天员在飞行过程中的失重感受。这些体验，都指向同一个目标。

2. 展现体验的价值

体验式报道中，出镜记者是替观众体验，因此，体验行为必须带给观众足够的信息量。在体验的过程中，记者需要带着职业视角，有意识地对体验的过程、环节进行详细的介绍，并在体验过程中，把个人感受细腻地表达出来。

例如杭州地铁推出支付宝购票，一位记者前往报道，并亲身体验购票过程。遗憾的是，记者并没有在体验中详细介绍流程，直接掏出手机就刷二维码取了票。这让人不禁要问：支付宝购票不用选择目的地吗？杭州地铁原本是分段计价，用支付宝购票是否就变成了统一票价？对于观众来说，这些真正的信息并没有得到解答，只是看到了"记者体验"这样一个行为。与此相类似的，

---

① 宋晓阳.现场报道如何进入"深水区"[J].现代传播,2010(7).

② 杨华.咱们电视有力量[M].北京:中央民族大学出版社,2008:26.

还有记者报道特技飞行表演,跟着特技飞行员上天飞了一大圈,下来后只字未提飞行过程中的感受,只是感慨飞行员实在太不容易了。对于观众来说,这样的体验式报道并没有什么有效信息。

2016 年 G20 杭州峰会召开期间,央视记者在杭州街头进行了"挑战无现金生活"的体验式报道。截取片段如下:

《不带钱包照样吃喝玩乐》,2016 年 12 月 13 日中央电视台《朝闻天下》栏目播出

案例 11-1[①]

【记者出镜】

这里是杭州市的德胜路,在这条路上我们找到了一家门脸不是很起眼的小店,这是卖烧饼的,那在这个店铺里面呢除了它的招牌之外,最显眼的那就数这个墙上张贴着的一张蓝色的张贴画,上面写着是:此处支持支付宝付款。这也就意味着在这里,可以不用拿出钱包,就能够通过网络支付的方式买到烧饼。这是一个怎样的过程,我们一起来体验一下。

【记者出镜】

老板,给我们拿两个这个小的圆的烧饼。

【记者出镜】

这是一个付款码,然后我们现在来扫一下。刚刚呢老板跟我说,两个烧饼总共应该是 5 元钱,我们来看一下,确认付款。好,在付款的同时我们还可以看到上面显示有一定的折扣,5 块钱的烧饼我们现在只要付 4 块 7 毛 5 分钱就可以了。

老板,您这儿收到我支付的消息了吗?

体验过程中,出镜记者从买饼、扫码、看价格,甚至还有折扣都一一详细解说出来,直到和老板确认收款成功。在当时,无现金支付刚刚兴起,手机界面又不容易拍摄清楚,这种详细的表达非常有必要。

展现体验中的价值,除了流程务必清晰,还需要传递记者体验的真实感受。2018 年日本推出了无人驾驶出租车。记者体验过后,从乘客的角度详细

---

① 《不带钱包照样吃喝玩乐》,2016 年 12 月 13 日中央电视台《朝闻天下》栏目播出。

描述了自己的乘坐感受。

案例 11-2^①

我结束了第一次乘坐无人驾驶汽车的体验。这个感受有点儿像是在坐新手开的车,在起步和停车的时候,都比司机要踩得更狠一些。但是在一些特殊情况下,尤其是在路况发生了和设定的路况不一样的情况下,车会有点不知道接下来要怎么处理。

传递体验,记者不一定要明确以"体验者"的身份进入,在合适的条件下,如果以"团队成员"的身份加入,与对方融为一体,直接介绍过程信息,更能够展现出很强的现场感。例如央视记者刘骁骞在秘鲁报道当地人将夜晚的浓雾转化为水资源浇灌农田时,没有以"体验者"身份出镜,而是以"工作者"身份参与其中,一边劳作,一边介绍这种神奇的取水方法。

案例 11-3^②

《取水有方,雾水采集网如何搭建》,2018 年 8 月 9 日中央电视台
《国际时讯》栏目播出

画面	配音	记者出镜
![沙漠捕水记 8月9日 星期四 取水有方 雾水采集网如何搭建]	日出后的沙漠逐渐呈现出狰狞的面貌,气温不断飙升,没有人能躲过阳光的炙烤。	

---

① 《记者体验无人驾驶出租车》,2018 年 9 月 18 日中央电视台新闻频道《新闻直播间》栏目播出。

② 《取水有方,雾水采集网如何搭建》,2018 年 8 月 9 日中央电视台新闻频道《国际时讯》栏目播出。

续表

画面	配音	记者出镜
记者挥动着铲子挖坑 		他们说至少要挖一米深,这样才会让这个柱子搭好之后,能更牢固一点。
记者和当地人一起,把扎好的采集网串联后树立起来 	烈日当头,但状况频发,各种细节上的调整,让工程进度很难加快。虽然饭点已过,但没有人喊停,因为必须赶在起风前把支架竖立起来。经过商讨后,大家决定先挂上四张采集网。	
记者扶着支架,当地人在支架下临时挖坑 		因为他们在支起来的时候发现这个洞挖得不够深,所以呢,现在需要紧急把它处理一下。

续表

画面	配音	记者出镜
	采集网投下的阴影越来越长,当天的工程已开始收尾。	
记者一边把铁丝和集水管道绑在一起,一边报道		工程师说绑铁丝其实是有诀窍的。你看只有这样的话,网捕捉到的水才能够刚好滴到这个水渠里头,不会滴到沙漠中被浪费掉。
落日下,集水网搭建完成	再过几个小时大雾将重回沙漠,然而收获的时刻才刚刚开始。	

在这个报道中,出镜记者直接将自己作为一个初入行的工人,跟着流程工作,甚至在突发状况时和工人一起解决。记者在未知视角上不断学习、发现,

把自己通过劳动了解到的技巧与心得介绍给观众,让现场充满新鲜感,也让观众产生很强的代入感。

二、用动作丰富视觉

(一)举手投足,塑造叙事动感

出镜记者的行动,同样是一种表达方式,特别是一些相对静态的新闻事件,或者当报道现场与核心时空有一定距离时,出镜记者可以用行为展开信息的动态表达,让叙事的整体节奏更加富有动感。

例如,旱情是一种持续性的状态,现场相对静态。记者为了表现土地干旱的程度,站在干裂的河床上,将干硬的土块拿起来重重地摔在地上。BBC记者在报道印度学生考试普遍性作弊时,先抛出一个问题:学生作弊会用到哪些方法? 接着,一下子把外套拉开,向观众展示满身的作弊工具。在报道地铁通行情况时,记者拿着地铁票,刷开地铁闸口,一边走一边说。此外,西方媒体的出镜记者普遍习惯先向着镜头小小地走两步,再开始报道。在一些带有体验式色彩的报道中,出镜记者更是可以用自己的举手投足,将原本显得有些静态的现场呈现出新闻报道的推进感。

案例 11-4[①]
【记者出镜】

蒙内铁路的一等车厢和国内高铁的设计十分接近,空间宽敞,有独立的小桌板(记者翻出小桌板),而且座椅上有一个小按钮,一摁,人往后一躺(记者摁按钮,随着座椅往后靠),可以很舒适地享受高铁之旅。而现在我们正好是经过察沃国家公园,运气好的话,从窗外一看(记者转向窗外张望),可以看到成群的大象和其他的野生动物。

案例 11-5[②]
【记者出镜】

美食总是令人期待的,每天早上 8 点,这家老厦门馅饼店总会排起这么长的长队。(记者走向小巷里的长队)厦门人好的就是这一口,清晨能吃上一口新鲜的刚出炉的金黄色的馅饼。而厦门人还有一个习惯,就是清晨要喝一杯茶,而这馅饼就是配茶最好的茶点了。(记者走进队伍去排队)

(二)巧用场景,丰富表达意蕴

让报道"动起来",不等于边走边说。通过记者的动态,表达出更多富有价

---

① 《记者体验蒙内铁路之旅》,2017 年 6 月 3 日中央电视台新闻频道《新闻直播间》栏目播出。
② 《厦门走透透·吃在厦门》,2015 年 8 月 31 日中央电视台新闻频道《新闻直播间》栏目播出。

值、意义的信息,才是"动起来"真正的目的。优秀的出镜记者总是善于塑造场景语境,将自身动作与场景信息融合,形成更为丰富、深邃的表达意蕴。

1962年伦敦出现了严重的空气污染,能见度极低。BBC记者兰勒·帕金从迷雾中像幽灵一样一步步走向镜头。一开始根本看不清是谁,直到兰勒走到镜头前,摘下口罩说:"10年前的毒雾事件造成伦敦4000人丧生,而现在这次空气污染已经造成21人死亡。"[①]迷雾,在这里既是一个现实背景,也是一个隐喻,空气污染到底严重到什么程度?原因到底是什么?为何再次袭来,无法解决?太多问题,就如同这迷雾一般,让人疑惑。

与兰勒的设计异曲同工。2016年,央视记者刘骁骞辗转多地,深入探访哥伦比亚武装力量营地。在结束探访报道后,他来到哥伦比亚首都,在国会大厦门前的玻利瓦尔广场上做了一段出镜报道,作为整个系列报道的结束语。他没有站立在大厦面前报道,而是背对镜头,在和平鸽的映衬下,一步步走向国会大厦(如图11-7)。

图11-7 记者背对镜头,走向哥伦比亚国会大厦

---

① 张凌寒.打造"全视角"现场呈现故事化直播[J].视听纵横,2015(6).

案例 11-6①

《哥武资金从哪儿来？和平有多远？》，2016 年 10 月 7 日中央电视台
《国际时讯》栏目播出

【配音】

在过去的 30 多年时间里，哥伦比亚政府与哥武尝试过七次谈判，1984 年双方一度签署了停火协议，哥武也因此而成为爱国联盟的政党，甚至在 1986 年的国会选举中出人意料地赢得了 14 个席位。然而爱国联盟的成员遭到仇视哥武的右翼极端组织的疯狂暗杀，超过 4000 人连续被暗杀，停火协议因此破裂。

【记者出镜】

这里是首都波哥大的玻利瓦尔广场，在我们离开哥武营地的时候，游击队员对我们说，希望有一天能在玻利瓦尔广场再次见面，这是因为这里坐落着哥伦比亚的国会。让他们能够以政党的形式参与到哥伦比亚的政治当中，一直以来都是哥武的夙愿。

【配音】

为了获得最终的和平，哥伦比亚人需要彻底卸下心防，与过去的敌人成为同事、战友，携手创造这个国家的未来。我不禁思索，离那一天的到来究竟还有多远？

动作与场景紧密相连，因为场景本身就蕴含着信息。在这个报道中，广角镜头里，高大的国会大厦宏伟肃穆，广场上的和平鸽温柔轻灵，象征着庄严的国家权力和美好的和平生活。此时，记者走向的不是某一个具体的建筑，而是一个国家的未来。在经历了数天的亲身探访之后，记者用行为动作与场景配合，表达了这个战乱中的国家对和平的真切渴望。

动作与场景结合，二者之间会产生神奇的化学反应，隐喻和象征以场景的方式呈现，记者的行为变成了使用修辞的手法。尤其在一些没有特定现场的出镜报道中，设计、选择合适的场景，能够用身体的通感打动观众。

---

① 《哥武资金从哪儿来？和平有多远？》，2016 年 10 月 7 日中央电视台新闻频道《国际时讯》栏目播出。

案例 11-7①

场景：记者进入观光电梯，按电钮关上门，电梯上升。

【记者出镜】

一个人进入青春期，就像是打开了这样一个旋钮，你会看到童年的大门就会在你身后永远地关闭，而飞速的变化就会在很短的时间内迅速开始。可你既不可能停下来，更不能完全控制自己的身体，只能够听由它的牵引，去往未知之处。而令人遗憾的是，我们当中的大多数人，就被困在这样令人眩晕的变化当中，孤独地成长。

在这个案例中，出镜记者表达的都是抽象的信息，场景就成为抽象意义的载体。记者抓住现场与新闻事实的内在关联，将行为与场景融合，最终形成一则意味深长的出镜报道。

第四节　道具与实验

一、道具使用

工具是人类器官的延伸，是拓展人类行动能力的助手。在出镜记者的动态报道中，"道具"就是出镜记者的重要工具，连接记者的理性认知与感性表达，让现场报道变化出更多可能性。

（一）将具象信息转化为抽象信息

现场报道以富有冲击力的画面给人留下深刻印象，但只有感性、具象的信息，不足以让观众全面、深入地了解新闻事件。此时，测量工具可以作为道具，帮助出镜记者将现场信息聚合为抽象数据，完成从感性向理性的认知跃升。

例如报道钱塘江大潮，摄制团队在"回头潮"必经之地立起了一根竹竿，挂着四个灯笼，分别代表不同高度。当大潮来临时，猛烈撞击堤坝，掀起滔天巨浪，只要看潮头能拍到哪个灯笼，就知道浪头的高度。竹竿和灯笼，就成为测量潮头高度的工具。高温天气，记者在公交车里用温度计测量温度；台风天，记者在海边用风速仪测量风速。这些都是将道具作为测量工具，把现场感性信息转换为人们生活中常见常用的抽象信息。

（二）将抽象信息转化为具象信息

大多数情况下，道具的使用都是为了将抽象信息转化为具体形象的信息。

---

① 《长大未成人》，2006 年 2 月 13 日中央电视台《新闻调查》栏目播出。

为了说明相对抽象的新闻信息,许多记者都会现场手绘图表,如今还可以通过手机、平板电脑等,用简单的软件创造道具。

例如在体验海南环岛高铁开通的报道中,记者乘坐高铁,环行海南岛一圈。为了更好地传递"环岛"这一时空分散的抽象概念,记者全程开启手机定位软件,每走一步都会在手机地图上留下痕迹。当环岛之旅结束时,手机地图上出现了一个完整的环岛形状。借助时下流行的"旅行打卡"概念,记者把"走完环岛"具象为手机上的动态图景。

道具在现场报道中总是起到"四两拨千斤"的作用,成为信息的重要载体。在香港回归二十周年的报道中,记者走进一家小小的陕西小吃店,用一个小小的肉夹馍做道具,说明香港和内地相互支持、关联一体的关系。

案例 11-8[①]

【记者出镜】

香港 90%的食物依赖进口,内地现在已经成为香港最主要的食品来源,比如说这个肉夹馍里最重要的一样食材猪肉,现在香港市场上 94%的新鲜猪肉都由内地来供应。现在这家店每天要卖出大概 600 份这样的肉夹馍,套餐营业额是超过了 2 万元港币。但您可千万别小看了这样一个小小的肉夹馍,它既是满足了香港食客的胃,又圆了内地青年的创业梦,还为香港的就业作出了自己小小的贡献。你知道吗?现在这里所有的员工,基本上都是香港本地人。消费者在这里的每一笔消费,有 1/4 都是作为劳务报酬,留给了香港的本地员工。

香港和内地关系紧密,这是一个抽象的理性认知。一个肉夹馍,成为这种关系的载体。从肉夹馍这个道具出发,记者解读出内地是香港重要的食品来源、美食来源,并提供大量就业,而香港为内地青年提供了创业的热土与舞台。道具在这里成为以小见大的"点睛之眼",记者轻捻慢拨之间,让观众从一个肉夹馍上看到了宏大的社会图景。

出镜记者使用的道具,大多来自于现场。在报道过程中,记者根据报道需要,从现场临时发掘一些物品,将其作为承载重要信息的道具。在庆祝国庆六十周年系列报道中,张泉灵探营群众游行服装创作团队。报道最后,她从衣架上拿起了一条牛仔裤:

---

① 《数说香港:南上北下 融通两地》,2017 年 6 月 28 日中央电视台新闻频道《新闻直播间》栏目播出。

案例 11-9[①]

很多服装有中国元素,但有意思的是,在一些服装、配饰中,我们看到下装采用了这样一条标准的牛仔裤。据说设计师们当初在设计的时候也曾经犹豫过,在新中国建国六十周年的国庆典礼上,是否要采用这样明显有西方元素的服装。但是大家集体讨论的意见是,中国开放到了今天,我们已经有足够的自信心来接受这样一条已经全球化了的牛仔裤。

牛仔裤这个道具,在这里不仅是此次国庆群众游行的服装,还成为一种象征、一个比喻,承载了发展的中国面向世界的态度与信心。这种格局与气度,光是说概念很难打动观众;若没有这一段,整个报道又会显得太过具体,缺少主题上的高度提炼。记者敏感地从现场抓取"牛仔裤"这个道具作为载体,宏大主题顿时变得可感可亲,其中设计师犹豫、辗转的过程,更让这个细节平添了真实感。

二、实验行为

实验是科学研究的基本方法之一,是为了检验某种科学理论或假设而进行某种操作或从事某种活动。[②] 在报道中做实验,主要目的是为了验证新闻事实的真实性,同时将静态的、抽象的信息转化为生动可感的动态视觉信息。此外,现场报道中的实验常常饱含着未知的可能性,让观众好奇实验结果是否能够成立,因此具有一定的趣味性。

(一)实验设计,科学合理

实验方案的设计科学与否,决定了实验的可信度。因此,务必精心设计实验方案,确保实验原理、实验方法、操作过程都符合科学性,例如在实验开始之前就应该充分考虑到,实验工具是否合适? 实验过程中是否存在一些偶然性因素? 是否存在逻辑漏洞? 这些因素又会对实验效果产生什么影响? 有必要时,记者可以借助专业人士的力量,共同协商实验方案。在符合科学性的前提下,考虑视觉表现的需要,设计出一套既具有公信力又具有表现力的实验方案。

近年来,每到杨梅上市的季节,总有网络传言称商贩给杨梅注射了明胶,以增加重量,获取更高收益。为了验证"杨梅注胶"的传说是真是假,笔者指导的学生记者专门请教了食品工程与科学专业的资深研究员,设计了一套实验方案。从杨梅的称重、注胶、到再次称重,每次都精确测量,最后得出数据:向

---

① 《泉灵探秘群众游行·近看群众游行方队服装》,2009 年 9 月 25 日中央电视台《朝闻天下》栏目播出。

② 中国社会科学院语言研究所词典编辑室. 现代汉语词典[M]. 北京:商务印书馆,2018:1186.

杨梅注射明胶,最多只能增重0.3%。但实验没有到这里结束。注射不行,泡在明胶里行不行呢?记者又将杨梅整颗浸泡在明胶中,发现杨梅表面会很快形成一层具有光泽感的薄膜,光线下非常容易辨别。而且在48小时后,杨梅表面还会形成明显的果肉塌陷。为了保险起见,记者还采用了不同产地来源的杨梅。最终得出结论:杨梅注胶不但费时费力不划算,而且还会让杨梅破相,更没人买了。记者利用实验穷尽了各种可能,充分证明"杨梅注胶"必然是一个谎言。

除了实验步骤,实验工具也要做到专业。比如测量温度时,针对不同的测量对象,需要采用不同的测量用具。测量环境温度用普通温度计,测量体温用人体测温计,测地表温度需要用专业的温度表,它内装水银或酒精,可测温度范围从-50℃到80℃,比日常用的温度计范围更大、更精确。诸如这样的细节还有很多,都需要提醒注意。

科学实验的设计相对复杂,涉及精确测量、科学描述、对比参照、控制变量等等。这些都需要记者具备科学素养,避免报道失实、误导社会公众,损害媒体公信力。

(二)实验表现,直观有趣

现场报道中的实验,目标不是出具一份科学报告,而是制作出一则生动鲜活的视觉新闻报道。因此,在实验设计时,必须考虑到最终的呈现效果。有时,实验只是一种表现手法,把持续性的一种事件状态凝结为一个具体可感的事实。

在严寒、酷暑的天气报道中,我们经常可以看到实验的身影。当气温极限超过一定范围后,视觉上已经没有明显差别。严寒天气里,零下10℃与零下40℃,都是白雪茫茫,覆盖一切;酷暑天气里,40℃和35℃,镜头里望去都是一样的阳光炽热,街上人们都一样穿着短袖打着伞。此时,如何表现极端天气的影响呢?在极端气温下,一些物体的物理属性会发生改变。利用这一原理,记者可以用实验的方式,将这种改变以视觉的方式呈现出来。

以严寒天气的实验为例,采用不同的实验方法,表现效果大相径庭。一位记者采用的是在水里加入蓝墨水,然后浇在一段花坛的栅栏立柱上。很快,带颜色的水流便在立柱上形成了冰挂。这种方法能明显看出水顺着立柱往下流,流到一半就冻住了,变成了冰。但栅栏和墨水的体积都太小,镜头推成特写,也只能看到细细的冰挂。另一位记者拿出了一张报纸,在报纸上撒上矿泉水,稍等片刻后,记者捧着报纸的最下端,把报纸像一块牌子一般立了起来,视觉冲击力很强。第三种方法,几个人同时拿起开水挥洒出去,滚烫的开水瞬间变成冰雾,在空中形成瀑布一般的绝美景观,让人不禁惊叹自然的力量。(如图11-9)

图 11-9 极寒天气下,实验者将开水挥洒入空中

同样的目的,同样的原理,因为采用不同的方法,这三个实验产生了截然不同的视觉效果,传播效果上的差距也可想而知。

要给观众留下深刻印象,实验还需要一些趣味性。炎炎酷暑中,一些地区的地表温度高达 60℃ 以上,不少民生新闻记者都会做一个"在马路上煎鸡蛋"的实验。有记者别出心裁,把"在马路上煎鸡蛋"改成了"在井盖上烤虾",用锡箔纸包着虾放在井盖上,利用金属井盖导热快的原理,通过锡箔纸封存热量,模拟低温烘烤。哪怕时间花得更长一些,虾也能烤个七成熟,然后记者把烤熟的虾掰开展示给观众。这样的实验,从老套路里变化出新鲜感,给人留下深刻印象。

不过,这样的趣味也要注意分寸,不能违背出镜记者的基本职业形象,也不能过于夸张,让人只关注到记者行为,忽略了新闻事实。一次报道中,记者为了试验高空玻璃桥的牢固程度,在桥面上抡起大锤,使劲儿猛砸桥面。几番下来,记者浑身是汗,狼狈不堪。此时,和桥的牢固程度比起来,观众倒更容易关注记者狼狈的模样。因此,记者在设计实验时,需要对自己的实验行为做一个预判,评估自己可能遇到的情况、可能呈现的实验效果,以便在报道时从容应对。

本章小结

人与人的信息传播渠道中,语言只占到一部分,在一些情况下,说得再多,也不如一个神情、一件衣着、一个不经意的小动作更能准确表达个体态度。出镜记者现场报道中,出镜记者的表情与仪态、服饰与妆发,都是报道中的视觉元素,在无声中传递信息。因此,出镜记者需要以专业态度管理好自己的出镜形象。

在视觉报道中,动态的信息总是格外引人关注,不管是自身的举手投足、形神体态,还是记者与周围环境、工具之间的互动行为,都是吸引观众注意力、高效传递信息的重要方式。出镜记者需要着意学习、思考、掌握相关报道方法,能够熟练使用体验、动作、道具、实验等多种手段,丰富表达系统,提升传播效果。

思考题

1. 出镜记者在报道中的非语言表达包含哪些部分? 它们互相之间存在哪些关联? 请在实际案例中找到相对应的内容。

2. 在记者出镜的过程中,很容易因为专注于内容而失去对表情的掌控,这种情况该如何应对? 怎么练习?

3. 记者的身姿体态可以传递什么信息? 寻找典型案例进行说明。

4. 有人认为,出镜记者的临场反应是无法控制的,那是一个人最基本的生理反应。你觉得呢?

5. 出镜记者在用身体动作表达自己的情感时,该如何掌握其中的分寸?

练习题

1. 根据前文介绍的练习方法,练习自己的表情和眼神控制,并根据自己的出镜录像,做针对性调整。

2. 整理自己的衣柜,根据不同季节、不同典型场合的需要购置合适的出镜服装。

3. 请根据自己的形象气质特点,练习在 10 分钟内完成不同环境条件下的整体形象设计,包括服饰搭配、发型及面部妆容。设定的场景包括:全国两会开幕式现场;英雄追悼会现场;地方水价调整听证会现场;高科技展会现场;去贫困山村采访一位自强不息的少年。

4. 以一档民生新闻栏目为播出平台,以"创建文明窗口"为报道主题,体验一次你所在地区的市民服务,如窗口办理身份证、护照等证件,将体验过程和感受详细描述出来。

5. 收集典型案例,观察优秀出镜记者如何在报道中将自己的身体动作与周围环境相配合,产生新的信息点。

6. 不管你的下一个选题是什么,试着让自己在报道中动起来,让你的动态行为体现更多的新闻价值。

7. 针对某个网络谣言,请教专业人士,设计一个供出镜报道使用的实验方案,对其进行证伪。

8. 假设你身处零下 40℃ 的低温,或者 40℃ 的酷暑之中,除了书中介绍的内容,你还能想出什么实验方法来展现这种极端天气状态?

第十二章　出镜记者的综合素养

什么样的人能够胜任出镜记者岗位？想要成为一名优秀的出镜记者，需要具备什么样的综合素养？

作为新闻记者的一个细分群体，因为报道形式的特殊性，出镜记者不但需要具备一般新闻记者的素养，还有诸多特殊之处。本章，我们将结合论述出镜记者需要具备的综合素养。

第一节　政治素养

一、坚持正确舆论导向

我国的新闻工作是社会主义新闻事业，社会主义新闻工作者承担着新闻舆论工作的职责与使命，是党和政府的"耳目""喉舌"，也是人民的"耳目""喉舌"，必须始终坚持党的领导，坚持党性原则。习近平总书记强调，党的新闻舆论工作坚持党性原则，最根本的是坚持党对新闻舆论工作的领导。党的新闻舆论媒体的所有工作，都要体现党的意志、反映党的主张，维护党中央权威、维护党的团结，做到爱党、护党、为党；都要增强看齐意识，在思想上、政治上、行动上同党中央保持高度一致；都要坚持党性和人民性相统一，把党的理论和路线方针政策变成人民群众的自觉行动，及时把人民群众创造的经验和面临的实际情况反映出来，丰富人民精神世界，增强人民精神力量。

当前，全党全国各族人民已经迈上全面建设社会主义现代化国家新征程，正向第二个百年奋斗目标进军。为此，中国共产党将意识形态工作放在极其重要的位置上。党的二十大报告明确提出："我们要坚持马克思主义在意识形态领域指导地位的根本制度"，"意识形态工作是为国家立心、为民族立魂的工作。"基于这一战略认知，报告提出："我们要建设具有强大凝聚力和引领力的社会主义意识形态，牢牢掌握党对意识形态工作领导权，全面落实意识形态工作责任制，巩固壮大奋进新时代的主流思想舆论，加强全媒体传播体系建设，推动形成良好网络生态。"①在这一总体战略引领下,新时代新闻工作必须以坚持正确的舆论导向为核心,遵循"团结稳定鼓劲、正面宣传为主"的基本方针,不断增强报道的吸引力和感染力。

对于每一位出镜记者而言,坚持正确的舆论导向,应当以事实为基准,"既准确报道个别事实,又从宏观上把握和反映事件或事物的全貌"②。同时,把握好舆论监督和正面宣传之间的关系,将二者统一起来,用新闻报道推动社会进步、以新闻舆论为人民服务。

二、具备较高理论水平

报道好不好,首先看内容;内容好不好,首先看思想。习近平总书记对新时代的新闻记者提出了"四力"要求:脚力、眼力、脑力、笔力。在这"四力"之中,"眼力"与"脑力",都直接考验着记者的理论水平。"眼力",既是眼光,也是视野,代表记者要有一双"火眼金睛"。在报道视野上不仅看细节,还能看全局;在报道深度上不仅看表面,更能透过现象看本质,帮助受众"在错综复杂的现象中能豁然开朗"③,进而"回答中国之问、世界之问、人民之问、时代之问,作出符合中国实际和时代要求的正确回答"④。这些都需要新闻工作具备较高的理论水平,精准研判,见解独到。

具备较高的理论水平,首先要求记者能够深入理解党在一定时期的新闻舆论工作重点,全面认知、理解我国当前发展阶段历史任务,发展过程中的方法措施、步伐节奏,能够全面、客观、理性地看待社会现象,从宏观上掌握事物的整体特征和发展趋势。

具备较高的理论水平,还表现在具体的新闻报道创作过程中。坚持导向、引领舆论,并不意味着要板起脸来照本宣科读政策,也不是居高临下地教训人。具备较高的理论水平,意味着记者掌握新闻舆论工作规律,能够准确把握报道时机、报道力度、报道节奏、报道策略,在理论的引领下不断创新报道方式,讲好中国故事。

以"扶贫"主题报道为例。当下报道"扶贫",不能按照惯性思维报道。首

---

① 习近平代表第十九届中央委员会向党的二十大作报告(全文)[EB/OL].(2022-10-20)[2023-05-01].https://www.12371.cn/2022/10/16/ARTI1665901576200482.shtml.

② 习近平在党的新闻舆论工作座谈会上强调坚持正确方向创新方法手段提高新闻舆论传播力引导力[EB/OL].(2022-10-05)[2023-05-01].https://news.12371.cn/2016/02/19/ARTI1455884864721881.shtml.

③ 李良荣.新闻学概论[M].上海:复旦大学出版社,2001:277.

④ 习近平代表第十九届中央委员会向党的二十大作报告(全文)[EB/OL].(2022-10-20)[2023-05-01].https://www.12371.cn/2022/10/16/ARTI1665901576200482.shtml.

先要弄明白我国扶贫攻坚工作的历史,在思路上、方法上曾有过什么样的探索,取得什么样的成效,还存在什么样的问题?当下的"扶贫"工作方针和过去有什么相同之处?又有什么不同?例如强调"精准扶贫",那么在深入基层采访报道时,就需要时刻把"找准症结把准脉"的理念放在选题判断标准第一位,注重观察、报道今天的扶贫工作如何利用科学方法开展高效扶贫。如此方能抓住报道重点,也显示出记者较高的理论水平。

三、遵守新闻职业道德

新闻职业道德,就是新闻传播(大众传播)业的行业道德。新闻从业人员或者大众传媒自身,遵循一般的社会公德(新闻职业道德与一般的社会公德联系较为密切)和本行业的专业准则,对其职业行为进行例行的自我约束和自我管理。[①] 在出镜记者的职业工作过程中,新闻职业道德可以分成三个内容层面来理解。

(一)维护社会公德

出镜记者在报道过程中必须遵守最普遍、最基本的社会公德,履行社会职责。

社会公德是全体公民在社会交往和公共生活中必须共同遵守的准则,是社会普遍公认的最基本的行为规范。对出镜记者而言,"你首先是人类的一份子,其次才是新闻工作者。"[②]同时,出镜记者的行为还具有社会公德的示范意义,其一言一行都代表着社会公德的标准,在潜移默化中发挥着弘扬社会公德的作用。因此,出镜记者必须遵守爱国守法、明礼诚信、团结友善、勤俭自强、敬业奉献这些公民道德基本规范。一旦出镜记者在报道中出现违背社会公德的行为,会产生更为严重的破坏作用。如出镜记者在报道中未经允许闯入私人单位,理直气壮地打断、阻碍他人正常工作,为了展现现场采用一些破坏性手段等,都属于违背社会基本公德的行为。

(二)遵循行业共识

新闻记者职业道德的第二个层次是行业共识,这也是新闻工作者道德规范最普遍存在的形式。这些共识又可以根据地区、组织的不同,进行多种划分。从世界范围来说,1954年由联合国经济及社会理事会拟定的《国际报业道德规约》、国际新闻工作者联合会第二届代表大会在1954年通过的《记者行为准则宣言》,都是比较有代表意义的全球新闻工作者道德规范。

从地区范畴来说,英国、美国、俄罗斯等多个国家都通过新闻评议会、新闻

---

① 陈力丹.新闻理论十讲[M].上海:复旦大学出版社,2018:237.
② [美]罗恩·史密斯.新闻道德评价[M].李青藜,译.北京:新华出版社,2001:340.

出版委员会、全国新闻记者联合会、全国新闻协会等机构组织,出台全国性新闻道德规范文件。

在我国,1991 年中华全国新闻工作者协会正式公布了《中国新闻工作者职业道德准则》,此后又在 1994 年、1997 年、2009 年、2019 年分别进行修订。2004 年,国家广电总局公布了《中国广播电视编辑记者职业道德准则》和《中国广播电视播音员主持人职业道德准则》,对广播电视编辑记者、播音员主持人队伍的道德、素质和工作方法提出了明确要求。

此外,一些大型主流媒体机构也都会根据自身组织定位特点,发布具体的操作手册。如《纽约时报新闻伦理》《华盛顿邮报标准和道德规范》《CNN 节目标准》《BBC 约章》等。

这些不同层级的职业道德规范共同构成了新闻记者行业自律的标准,是出镜记者在职业道德上进行自律的重要参照。

延伸阅读

《国际报业道德规约》基本内容[①]

第一,不得歪曲或隐瞒事实;

第二,不得自私、攻讦、诽谤、抄袭;不得认谣言当作事实;凡记载不确而损失名誉者必须立即更正;

第三,不得为满足读者的好奇心而涉及私人秘密;

第四,若报道一个国家的状况,必须对这个国家有充分的认识,才能达到公正的程度;

第五,道德规约应由各国报人遵守,不是由各国政府执行。

《中国新闻工作者职业道德准则》基本内容[②]

中国新闻事业是中国共产党领导的中国特色社会主义事业的重要组成部分。新闻工作者坚持以马克思列宁主义、毛泽东思想、邓小平理论、"三个代表"重要思想、科学发展观、习近平新时代中国特色社会主义思想为指导,增强"四个意识",坚定"四个自信",做到"两个维护",牢记党的新闻舆论工作职责

---

① 余家宏,等. 新闻学词典[M]. 杭州:浙江人民出版社,1988:178-179.

② 中国新闻工作者职业道德准则(全文)[EB/OL]. www. zgjx. cn/2019-12/15/c_138632458. htm.

使命,继承和发扬党的新闻舆论工作优良传统,坚持正确政治方向、舆论导向、新闻志向、工作取向,不断增强脚力、眼力、脑力、笔力,积极传播社会主义核心价值观,自觉遵守国家法律法规,恪守新闻职业道德,自觉承担社会责任,做政治坚定、引领时代、业务精湛、作风优良、党和人民信赖的新闻工作者。

第一条　全心全意为人民服务。忠于党、忠于祖国、忠于人民,把体现党的主张与反映人民心声统一起来,把坚持正确舆论导向与通达社情民意统一起来,把坚持正面宣传为主与正确开展舆论监督统一起来,发挥党和政府联系人民群众的桥梁纽带作用。

第二条　坚持正确舆论导向。坚持团结稳定鼓劲、正面宣传为主,弘扬主旋律,传播正能量,不断巩固和壮大积极健康向上的主流思想舆论。

第三条　坚持新闻真实性原则。把真实作为新闻的生命,努力到一线、到现场采访核实,坚持深入调查研究,报道做到真实、准确、全面、客观。

第四条　发扬优良作风。树立正确的世界观、人生观、价值观,加强品德修养,提高综合素质,抵制不良风气,保持一身正气,接受社会监督。

第五条　坚持改进创新。遵循新闻传播规律和新兴媒体发展规律,创新观念、内容、体裁、形式、方法、手段、业态等,做到体现时代性、把握规律性、富于创造性。

第六条　遵守法律纪律。增强法治观念,遵守宪法和法律法规,遵守党的新闻工作纪律,维护国家利益和安全,保守国家秘密。

第七条　对外展示良好形象。努力培养世界眼光和国际视野,讲好中国故事,传播好中国声音,积极搭建中国与世界交流沟通的桥梁,展现真实、立体、全面的中国。

（三）加强自我约束

媒体行业的职业道德规范,实际上以自我约束为主,即新闻道德自律。这是指新闻从业组织及人员,制订共同的道德行为规范进行自我约束,以贯彻、履行自己的社会责任。[①] 尤其对出镜记者而言,日常工作中面对大量直播报道,现场情况瞬息万变,不管是所属媒体机构还是地区行业协会,都很难在事前对报道行为进行精准规约。因此,出镜记者自身需要具备较强的自律意识,在主观上充分警醒,将社会公德与行业标准前置,自觉约束报道行为。

四、秉持纯正工作动机

你为什么做出镜记者？为什么要从事新闻工作？你的目标是什么？这些

---

① 　黄旦.新闻传播学[M].杭州:浙江大学出版社,1997:192.

问题都有关于动机。

动机是指行为的动力。人本主义心理学家马斯洛的"需要层次理论"认为,人的需求可以分为基本需要和发展需要两个部分。基本需要包括生理需要、安全和安全感、爱和归属感、尊重和自尊。而发展需要则指自我实现,这需要通过无需要来表达,如完整、完美、圆满、公正、丰富、质朴、活跃、美、善良、独特、真实、自主、人生意义。马斯洛认为,人有沿着需要层次的上升向无需要发展的倾向,如果元需要无法满足,就会出现"衰变综合征",最后陷入麻木、绝望和精神错乱。①

出镜记者报道活动的内在动力不能仅仅停留在基本需要层次上。例如一些记者为了谋取个人名利,把新闻报道当做自己的"秀场",以夸张的方式报道新闻、凸显自我。有学者将"出镜秀"分成两类:一种是以追求收视率为导向的"出镜秀";一种是以自我表现为导向的"出镜秀"②,其目的都是为了引起关注与轰动,以满足低层次的需要。

每个人都难免在自身"小我"与"大我"之间博弈、均衡,往往忘"小我",方能成就"大我"。优秀的新闻工作者都有一颗忠于党的新闻事业的心,他们经过长期艰苦的新闻事件的锻炼,已逐步将党和人民的需要视为自己的需要,并带着这种需要,自觉地坚持不懈地去捕捉那些有益于社会的目标。③ 这种价值实现,才是对个人高层次发展需要的满足。

第二节　人文素养

一、人文素养的基本含义

"人文主义"一词,英文为 humanism,原始意义是指人文学科的教育,使人的身心得到全面发展和训练。14 世纪文艺复兴以来,在近代启蒙思想家、哲学家的论述中,humanism 一词更多解释为"人道主义""人性论",认为"人道主义思想意味着人的修养、人的自我培育、自我发展丰富的人性"④。从 19世纪下半叶开始,西方哲学进入现阶段,现代哲学家在人的问题上更多地关注

---

① ［美］Dennis Coon, John O. Mitterer. 心理学导论——思想与行为的认识之路［M］. 13 版. 郑钢,等译. 北京:中国轻工业出版社,2007:404.

② 张超. 出镜报道［M］. 北京:中国人民大学出版社,2017:270.

③ 刘京林. 新闻心理学概论［M］. 5 版. 北京:中国传媒大学出版社,2014:37-38.

④ Lasilo Verenyi. Socratic Humanism［M］. New Haren,1965:1.

"现代人的处境",认为"没有任何事物比人的存在更高,更具有尊严"①。

在我国,人文主义一直存在于优秀传统文化之中。《易经》有云:"文明以止,人文也。"儒家伦理思想的核心"五德"——"仁、义、礼、智、信",将"仁"放在首位。关于"仁",孔子曰:"泛爱众,而亲仁。"(《论语·学而》)孟子曰:"仁者爱人。"(《孟子·离娄下》)"恻隐之心,仁也。"(《孟子·告子上》)总而言之,"仁"就是要教化和培养人的同情心、怜悯心以及仁爱精神,②以悲天悯人的情怀观照世间冷暖。

当工业革命、信息革命带来现代社会,也造成社会结构、生活方式的全方位转变。人与人的交往脱离农业社会时期家族、地域交际圈,越来越趋近于"原子化""陌生化",靠社会分工、契约精神来保证陌生人之间的顺利合作,实现个体在现代社会的生存。在这样的社会运转方式中,作为"人"的个体容易出现"异化"现象,在传播中被集约为一个符号、一个数据,忽略了对人的尊严、价值的维护与追求。然而,"人是精神,人之作为人的状况乃是一种精神状况。"③充分尊重人的尊严与价值,实现人的全面发展,是社会进步的重要象征,也应是社会发展的方向。

二、出镜记者的人文素养

(一)情感深沉,富于人文关怀

出镜记者的人文素养,体现为记者时刻带着仁爱之心,尊重人性、拒绝冷漠。这首先是一种悲天悯人的深沉情感,有意识地对"人的命运,人存在的意义、价值和尊严,人的自由与解放,人的发展与幸福"倾注关心,对"人的心灵、需要、渴望与梦想、直觉与灵性"④给予充分的重视,在具体的事实性信息之外,传递出更有力量的人性之光。

2008年汶川大地震中,央视记者在都江堰见证了一对母子的最后时刻。当消防官兵冒着生命危险,从一幢随时可能倒塌的危楼中接出这对母子的遗体后,记者进行了一段现场评论。

---

① 杨寿堪.人文主义:传统与现代[J].北京师范大学学报(人文社会科学版),2001(5).
② 金赓睿.浅谈儒家文化与新闻专业人文素养教育[J].科教导刊,2011(8).
③ [德]雅斯贝尔斯.时代的精神状况[M].王德峰,译.上海:上海译文出版社,1997:3.
④ 肖川.课程发展名词·术语诠释(一)[J].教育导刊.2002(1).

案例 12-1①

【记者出镜】

"上去救援的战士说,发现这对母子的时候,母亲用身体护住了她的孩子,把孩子放在了腹部的位置,现在他们一定在天堂的路上相互搀扶着,走得很稳。虽然他们遭遇了这场灾难,虽然有的人甚至连亲人都找不到,但是他们的后事有人照顾。刚才在现场所有的救援人员和居民都低头为他们默哀,这是对死者的敬意,这是对生者最大的宽慰。"

简短的报道中,没有对现场惨状进行直白而血腥的描述,没有刻意渲染悲伤,而是怀着对生命逝去的痛惜,展现母爱的伟大;同时又从救援人员的努力、居民的默哀中读取到对逝去生命的敬意,用自己的脉脉温情将这些信息编织起来。这既是对逝者家属的抚慰,也是对这场国殇中身为"幸存者"的所有中国观众的心灵抚慰。

十年后,汶川地震十周年纪念日到来之际,央视记者蒋林在震中映秀镇进行直播报道。当地震过去十年,物质上的重建早已完成,展现在镜头前的是一整片崭新的房屋社区。似乎一切都早已过去。但在看不见的镜头之外,地震给人们心理留下的影响仍然在生活中延续。出于这样一份对人性的尊重和理解,记者把报道的主题定为"重逢",重点关注灾区人们的心理与生活状态、生活方式的重建。直播一开场,记者就用一个自然现象作为载体,托出报道主题。

案例 12-2②

【记者出镜】

"在汶川地震发生后,周边的岷山山脉上留下了特别多地震创伤的伤口,山石裸露,就像是大山上也被深深划上了刀痕。而十年过去之后,我们身后的大山上,我们看到的是满眼的苍翠,植被在一点点恢复。也许我们眼中的这样一份绿色,也是我们心理上一个伤口逐渐恢复的表现。"

在之后的报道里,记者讲述了两段重逢故事。其中一个是这样的:

【记者出镜】

"接下来想请大家看到今天早上我们在这个镇子上记录到的另外一个重返的画面。一位阿姨告诉我们说,在地震发生以后,她被儿女接出了映秀镇。

---

① 转引自《灾区十日》,中央电视台《人与社会》栏目 2008 年第 157 期,原片于 2008 年 5 月 20 日中央电视台新闻频道播出。

② 《记者重返现场 再探震中》,2018 年 5 月 12 日中央电视台《东方时空》栏目播出。

"5·12"当天她决定要回映秀镇上看一看。就在重返的路上,她遇到了自己的一位老邻居,非常自然地替这位老先生整理了一下衣领,两个人的手紧紧地握在一起。我站在他们旁边,他们说的都是彼此珍重,要更好地活下去,要把日子过得更精彩。在这样一份问候之后,两个人挥手道别,消失在我们的视线当中。或许重返是十周年这个时间节点到来的时候,我们心里正在做的一件事情。"

随着时间流逝,伤痛不可能彻底抹去,但总会逐渐恢复。记者捕捉到的这个故事,将人们对生活的珍惜、情谊的交汇、生命的顽强凝结在一次重逢之中,动人心弦。十年之间时光轮转,相同的是,两位记者都用自己对人心人性的洞察、体恤,带给观众一份温情与关怀。

(二)理性思辨,直面社会万象

"人文就是为人之本。"①人文精神不等于情感的抒发,在出镜记者的工作情境里,理性的追问、思考同样富有力量。

从选题上来说,优秀的记者总是真正从促进社会发展、维护人民总体利益的高度出发,直面社会万象,用自身的智慧和勇气,及时报道那些对党和人民、对社会真正有价值的新闻。如同普利策所说:"倘若一个国家是一条航行在大海上的船,新闻记者就是船头的瞭望者。他要在一望无际的海面上观察一切,审视海上的不测风云和浅滩暗礁,及时发出警报。"

正是有了人文精神的内在驱动,新闻记者才会不惜代价,以勇气与担当对人的尊严、价值、命运进行主动的维护、追求与关切。当非典疫情蔓延时,出镜记者冒着生命危险,深入防治一线展开报道;当自然灾害发生时,出镜记者翻山越岭,冒着余震、泥石流等次生灾害随时可能带来的危险,第一时间挺进灾难现场,带来灾区消息;当伤害人民利益的人为事件发生时,出镜记者突破阻挠,进入现场,将事实公之于众;当地区冲突、恐怖事件发生时,出镜记者更是英勇无畏地带来战地消息;当庄严时刻到来时,出镜记者总是见证富有历史意义的光辉瞬间。这些工作都需要巨大的勇气、智慧以及理性的支撑。这不光是职业使命的要求,更是记者从关注人的价值出发,出于对国家、社会、人民的责任而做出的自觉选择。

在报道具体操作过程中,出镜记者对于报道的每一个专业选择,同样表现出记者的人文素养。选题角度是否为了耸动视听?有没有"标题党"故意引发曲解?话筒指向受伤害的当事人时,记者的提问是为了凸显效果,不把人逼哭不罢休,还是怀着同情婉转提问?记者表达的语气中,是带着关爱与温情,还

---

① 杨叔子.绿色教育:科学教育与人文教育的交融[J].基础教育,2004(1).

是事不关己高高挂起？拍摄过程中，有没有无视当事人实际情况的"摆拍"？面对灾难现场，有没有为了视觉刺激而故意暴露当事人隐私、展现血腥惨烈的画面？每一个具体的理性选择，都在展现着记者的人文素养，考验记者是否真正以人为对象和中心，以人的尊严、人的价值为尺度，是否真正关怀人类生存意义和价值。

第三节　专业素养

一、新闻素养

（一）熟悉新闻理论

新闻理论是构建新闻工作专业性的根基，由基础理论和应用理论两部分组成。应用理论与日常新闻创作工作密切相连，即从方法论的角度，研究采、写、编、评的基本原则和一般方法。因为"实用"，从业者以及专业学生普遍对这个部分比较重视，却很容易忽略基础理论部分。中国人民大学杨保军教授认为，新闻学的哲学就是它的理论基础，因为理论新闻学致力于新闻本质、新闻特征、新闻价值、新闻原则、新闻道德、新闻自由等基础问题的思辨与分析。对于准备或者已经从事新闻传播实践的人来说，如果能在哲学层面上认识新闻现象的风云变幻，特别是能够透彻理解所从事的事业的天职和使命、本质和特征、价值和功能等，就更有可能自觉地按照它的内在规律、基本精神从事传播活动。[①]

除了基础理论、应用理论，新闻史也是新闻学的重要组成部分。从古至今，新闻的采集与发布活动以各种不同的形态，变化着呈现在人们的生活中。了解新闻业的历史沿革、发展历程，有助于帮助我们在历史长河的变迁中抓住新闻传播的内在规律，掌握新闻传播的核心实质，吸取经验与教训，看清纷繁复杂的新闻传播活动变化，从而指导当下的新闻实践活动。

对于新闻记者来说，理论学习不是为了搭建空中楼阁，而是力求在学习的过程中，将理论的力量内化为自己的实践能力，更好地呈现富有专业性的新闻报道。

（二）掌握传播规律

新闻传播遵循传播的一般规律，[②]这就要求记者掌握一定的传播规律，以

---

① 杨保军.新闻理论教程［M］.3 版.北京:中国人民大学出版社,2014:8.
② 杨保军.新闻理论教程［M］.3 版.北京:中国人民大学出版社,2014:16.

此引领不同传播语境下的新闻实践活动。

举例来说,近年来,随着技术的不断进步,移动直播、跨屏报道、数据报道等新型出镜报道层出不穷,融合报道、复合型报道逐渐成为常态。多元的报道形态带来更为复杂的工作语境,也对出镜记者的传播学素养提出更高要求。例如充分了解大众传播与网络传播的传播规律差异,区分电视出镜报道和网络出镜报道的创作方法,有针对性地采用不同的报道策略。

应用传播规律的前提是了解。自 20 世纪三四十年代发源以来,传播学在短时间内迅速成长为人文社会学科中的重要力量,诞生了众多经典理论,并且还在持续不断地高速发展中。作为出镜记者,至少应对传播学的基本概念、原理等有较为系统性的了解,能够以传播学的视角进行思考,在各种不同传播语境下,选择最符合传播规律的报道方式。

(三)锤炼报道能力

出镜记者作为"新闻传播从业者",自然需要具备相应的专业技能,在"术"的层面不断提升自我,精益求精。出镜记者的报道能力包含了报道前期发现选题的能力,报道过程中现场突破的能力、观察的能力、采访的能力、视听语言的综合应用能力、即兴口语表达能力等,是对出镜记者职业技能的综合性要求。

锤炼报道能力,一方面需要记者主动向外学习,多听多看,有意识地积累优秀出镜报道案例,向前辈学习,请教报道经验,丰富理论储备。另一方面,出镜记者需要向内思考、总结。例如在每一次出镜报道之后,可以有意识地对自己的报道进行复盘,客观分析报道的优势与不足,对出镜所带来的"名气"保持高度警觉。两方面结合,不断提升专业技能。

二、语言素养

(一)语言的规范意识

我国 1998 年制定的《全国推广普通话宣传提纲》中明确提出:"全民普通话的学习要以大中城市为中心,以学校为基础,以党政机关为龙头,以广播电视等新闻媒体为榜样。"出镜记者的语言表达行为承担着规范语言的示范作用,在日复一日的报道中引导人们规范使用汉语。出镜记者的普通话不标准,语音、语法缺陷严重,既会影响信息传递的准确度和效率、影响媒体机构形象,又会因为这种不规范,误导社会大众的语言使用方式。因此,每一位出镜记者都应当树立起正确的语言规范意识,自觉维护语言规范。

根据普通话的定义,出镜记者的语言规范包括语音规范、用词规范和语法规范。一般来说,出镜记者的普通话水平至少应在二级甲等以上,省级以上主流媒体的出镜记者普通话水平应达到一级乙等以上。词汇、语法的使用既要符合口语亲切自然、通俗易懂的特点，又要以经典现代白话文著作为典范，符合书面语言简洁、准确、逻辑性强的要求。

目前，一些主流媒体对出镜记者进行申报考核制度，对记者的语言面貌、出镜形象、表达能力进行入门考核，通过之后才能从事出镜报道。这样的管理方式，正是基于出镜记者在语言规范方面的榜样职责所采取的相应规范措施。

（二）语言的艺术素养

出镜记者的语言艺术素养，即了解有声语言表达规律，能够从艺术语言的创作规律出发，在思维的带动下，灵活运用艺术语言表达方法，最终实现用富有艺术感染力的语言有效传递信息。

出镜记者的语言艺术素养，首先表现为有声语言的组织能力。出镜记者的有声语言组织是以思维带动语言形成的过程，通过活跃的思维、敏捷的反应，快速组织语言内容，使得语言内容在篇章结构、遣词造句方面体现出较高的艺术性。

出镜记者的语言艺术素养，还表现为有声语言的声音控制力。例如对词语有具体、鲜明的感受，还能够行之于声，通过声音高低、强弱、快慢、松紧的对比，实现有声语言的艺术性表达。

（三）语言的文化修养

语言学者认为，汉字在表意的过程中自觉地对事象进行分析，根据事象的特点和意义要素的组合，设计汉字的结构。每一个字的构形，都是造字者看待事象的一种样式，或者说是造字者对事象内在逻辑的一种理解。[1] 因此，汉语言具有很强的文化属性，作为民族文化的载体，体现出民族文化的审美意趣。

出镜记者既是报道语言的设计者，又是实施者，需要具备较高的语言文化素养，能够自觉、得体地把握语言的文化属性、文化品质、文化韵味，让语言不仅是传达信息的中介，还是传递中华优秀文化的渠道。

出镜记者的语言文化修养，集中体现在报道语言的文化品位。例如可以援引一些耳熟能详的经典文学作品、成语典故等，使整体表达具备一定文采；还可以运用一些修辞手法，展现汉语的优雅之美。

语言结构和表达方式是理解一个时代精神内核的窗口。[2] 在大众传播的舞台上，以新闻为窗口，出镜记者的语言文化品格集中展现出当下这个时代的精神风貌，也起到引领社会语言文化品位的榜样示范作用。出镜记者的语言表达简单粗俗，这个时代的文化品味不可能高雅精致；出镜记者的语言状态平

---

[1]　孟华.汉字主导的文化符号谱系[M].济南:山东教育出版社,2014:2.
[2]　周逵.网络综艺节目的社会责任和价值引领[J].新闻战线.2018(1).

淡颓丧,社会整体氛围不可能昂扬积极。提高出镜记者的语言文化修养,既是提升报道水平的现实需要,更是历史对新闻工作者的使命召唤。

三、技术素养

在信息技术发生革命性变革的今天,新闻业正在发生着翻天覆地的变化。自 2014 年国家启动媒体融合发展行动以来,一系列指导文件推动国家主流媒体全面融合发展。截至 2020 年底,我国的县级融媒体中心已经实现了全覆盖。在媒体机构内部,从新闻报道的形态、方式、理念,到编辑部结构、媒体经营方式,都发生了巨大的改变。对于记者而言,这是一个不断拥抱创新、迎接挑战的最好时代,也是随时可能被淘汰的最坏时代。不了解技术,就谈不上应用技术。提升技术素养,成为出镜记者必须面对的挑战。

为实现党的二十大报告中提出的"加强全媒体传播体系建设,推动形成良好网络生态"目标,每一位新闻工作者都需要具备相应的技术素养,"知道技术是什么,如何发挥作用,能达到什么目的以及如何经济有效地达成具体目标"①。可以从技术知识、技术能力、技术认知三方面来进行解析。

（一）了解技术知识

现代化带来社会分工的精细化,技术领域被逐渐分割为一个又一个细分领域,"隔行如隔山"成为不断被强化的现实。作为新闻从业者,出镜记者应当对技术对世界发展的驱动力作用有深刻认知;在传媒技术以及自己负责报道的专业内容领域内(如经济、工程、医学等),应当对技术知识有较为全面的了解,熟悉技术的基本概念和术语,能够把握技术变革的趋势与方向。

技术知识是技术素养的基础。近年来,新闻报道的形态在技术创新的驱动下不断创新,数据新闻、虚拟现实技术、增强现实技术在出镜报道中广泛使用。身为出镜记者,如果缺乏相关的基础知识,自然无法完成报道任务,更谈不上有效创新表现手段,增强报道传播力。而身为专注于某一个领域的专业记者,如果不了解这个行业领域内的技术革新,也不可能准确把握行业发展的趋势,及时报道行业变化。

在信息革命推动下,技术迭代速度加快,及时更新技术知识需要花费相当的时间精力。这需要记者带着对职业的责任心与使命感,对重大技术更新保持敏感,通过不间断的学习,跟上技术进步的步伐。

---

① 2003 年,美国北方中央教育实验室(NCREL)和 Metiri 集团九位专家经过两年调研,公布了《面向 21 世纪学习者的 21 世纪能力:数字时代的基本素养》,其中对技术素养进行了定义。详见盛群力、褚献华编译,21 世纪能力:数字时代的基本素养[J].开放教育研究.2004(5).

（二）掌握技术能力

出镜记者的技术能力，指在报道中灵活有效地应用各项技术的能力。它首先表现为，出镜记者能够运用技术手段丰富表现形式，推动报道形态多样化。尤其是在媒介融合趋势下，拍摄传输设备趋向轻型化，出镜记者单兵作战能力被不断强化，要求记者能够使用智能手机、移动传输设备等独立开展报道；能够使用微型灯光、鱼眼镜头、全景镜头等特殊拍摄设备，丰富画面表现力；能够和技术人员密切合作，提出既富有创新性又能够保证技术实现的报道策划。

出镜记者的技术能力还体现在能够应用技术发掘、组织报道内容。以数据新闻报道为例，其前提是记者要具备数据使用能力，能够"对数据有亲近感和直觉"，他或她徜徉在数据世界中，通过数据来触摸和感知现实。[①] 此时，记者就像是一个"数据库管理者"，能够"有效并正当地发现、评估和使用信息和数据"，在"数据获取能力、分析和理解数据的能力、运用数据进行决策的能力以及对数据作用的批评和反思精神"[②]方面都有出色的表现。

（三）超越技术思维

在了解技术知识、灵活运用技术之后，技术素养的高级阶段是能够超越狭义的技术思维，理解技术进化与创新的内在逻辑，掌握技术发展的内在规律，看清技术发展的未来走向。这看似与出镜记者的实际工作没有什么具体联系，但却能够决定一位记者是否能够成为拥有远见卓识的社会观察者、记录者、传播者。

从宏观来说，信息革命开始以来，科学技术高速发展，眼花缭乱的技术革新不断改变人们的生活，身为新闻记者，理应对这一影响社会生活的重大因素有宏观上的掌握。从微观来说，当前技术正在推动传媒行业转型，需要从业者能够从技术发展的内在逻辑出发，对行业未来的发展态势、可能出现的变革与挑战进行预判，提前行动，应对变革大潮。

---

① 金兼斌.数据媒体与数字泥巴：大数据时代的新闻素养[J].新闻与写作，2016(12).
② 金兼斌.财经记者与数据素养[J].新闻与写作，2013(10).

延伸阅读

出镜记者的门槛[①]

台湾东森电视台在招募直播出镜记者时,提出了"四不":

第一,如果你欠缺团队精神,你不适合做这行。

第二,如果你不能经常性三更半夜上下班,突发大新闻连线几天摸不着床,只想朝九晚五,你不适合做这行。

第三,如果你无法面对压力,在新闻工作以秒计算胜负的高压锅里煎熬的话,你不适合做这行。

第四,如果你手脚反应不够快,说话不够简明,表达不够清晰,你不适合做这行。

有同行总结过一份《出镜记者秘笈》,把出镜记者的门槛归纳成十条,颇为生动,我姑且称之为"十有青年":

第一,对新闻有发烧热情——你要做新闻首先要看新闻,不但要看新闻,还要喜欢追新闻;不但喜欢新闻,还要痴迷新闻;也就是所谓的"新闻发烧友"。

第二,有英雄主义气概——说白了就是强烈的个人表现欲望,有了这种欲望,就会无所畏惧、一往无前、越是艰险越向前。

第三,有乡下人似的好奇心——看着什么都新鲜,前后左右都是新闻,脚下的石头都有故事。

第四,熟悉当地事务,掌握人脉关系——记者应是公关人才。拿出一张人脉联络图,你就成功了一半。

第五,出镜形象不错——不一定要求你有西施之容潘安之貌,我们期望的是,当人们在电视上看到你,第一印象是承认你是个不错的记者。这先要看你爹妈的造化,主要却是看你自己的举止和内涵。

第六,应急反应迅速,应变能力强——最成功的律师是刑事辩护律师,最成功的记者是突发事件直播报道记者。

第七,有忧国忧民之心,无哗众取宠之意——记者有时是一种明显的符号代表,忧国忧民是正义感的基础,但遇事和表现要非常清醒和冷静。

第八,有政治敏感——虽然记者不是政治家,但新闻永远和政治相关联。

---

① 张鸥.直播幕后:电视突发直播一线手记[M].北京:北京师范大学出版社,2013:54-55.

懂政治是一个成熟的新闻工作者的标志。

第九，既要服从指挥，又能独立作战——换言之，既能独立作战，又要服从指挥。

第十，有合作精神——人人为我，我为人人，不仅为自己，也能为所有的盟员单位服务。

第四节　心理素养

一、强烈的好奇心

好奇是刺激动机的一种，是激发人们行为的一种内在驱动力因素。英国心理学家丹尼尔·伯莱因把好奇心分成了两个部分：消遣性好奇和认识性好奇。

对一切新奇事物着迷，其特征是：注意力会从一个新鲜事物转移到另一个，并且持续地寻找新的信息和感官体验。它可以让我们的视野更宽广，从而去发现新的和未知的事物，但如果总是浅尝辄止而不深究的话，那就无法得到任何领悟，一切都将变得毫无意义。所以当消遣性好奇转化为一种对知识和理解的探寻时，成为"认识性好奇"。认识性好奇并不容易拥有，它需要更深入、更有序、更努力，是消遣性好奇的进一步深入。相比消遣性好奇，满足它更难，它可以使创造性才智激增并引发创新，从而发生质的飞跃，使好奇心产生价值，最终收获也更多。[①]

记者的好奇心，往往从感官的"消遣性好奇"开始，对新鲜事物有一种直觉上的好奇，总想了解新事物是什么，怎么回事。但是，记者的好奇心不能止于此。遇到对社会公共利益有重要影响的新鲜事物，记者往往具有很强的"认知性好奇"，渴望通过采访、报道，了解事件的全貌，洞察事件背后的规律，发掘事件可能产生的影响，在这种好奇心与职业责任感的合力推动下，激发报道欲望，形成创作冲动，推动报道行为。

二、细腻的同理心

同理心是从某个人的角度来体验世界、重新创造个人观点的能力。[②]

---

① 详见伊恩·莱斯利. 好奇心[M]. 北京：中国人民大学出版社，2017.

② ［美］罗纳德·B. 阿德勒，拉塞尔·F. 普罗科特. 沟通的艺术[M]. 黄素菲，译. 北京：世界图书出版公司，2010：98-99.

首先是能够站在他人角度,理解他人的情感、观点。这一部分的同理心包含了三个面向:第一,同理心包含获得知觉——一种采用另一个人观点的尝试;第二,是同理心的情感面向,让我们更贴近地去体验别人的感受,去感受他们的恐惧、喜乐、伤心等感觉。同理心的第三个面向是真诚地关心对方的福祉,不光是和对方有一样的想法和感受,而是更进一步,真实地关心他们的福祉。[①] 在报道中,如果记者能够设身处地地理解当事人、观众的感受、情绪,了解对方的想法以及想法背后的原因,为他人利益着想,无疑将有助于记者采取正确的沟通策略,提高采访效率。

2010年6月,江西抚河发生洪水决堤事件,经过连续多天抢修,决堤口即将合龙。合龙前夜,中央电视台记者探访大堤,采访报道大堤上彻夜未眠的人们。在大堤上,她遇到了一些从当地各个学校调来临时巡堤的老师们。

案例 12-3[②]

【记者出镜】

记者:你们有过巡堤的经验吗?

巡视人员:没有,82年时我还小。你是李小萌吗?

记者:对,是我。你们没有铺点席子吗?可以休息休息。

巡视人员:有。

记者:在哪?哪个是你们的点?哦,这是你们的点。看你们都带什么东西了。这包里是什么?

巡视人员:雨衣、外套、手电筒,还带了件外套,一把雨伞,怕下雨。

记者:(转向一起巡视的武警战士)你知道他们是老师吗?

武警战士:知道。

记者:一起作伴不太闷。待多长时间了?

武警战士:早上来的,下午休息了一下。

记者:这一下要到什么时候?

武警战士:明天早上。

在这段采访中,记者展现出很强的同理心。彻夜巡视,人必然是又困又乏;没人说话,工作又很单调,但是却很重要。记者围绕着人在这种情境下可能产生的身心状态展开采访,并且及时给予一些应和:"铺点席子","可以休息休息","一起作伴不太闷",如同拉家常一般的语言,既妥帖地考虑到对方的身

---

① [美]罗纳德·B.阿德勒,拉塞尔·F.普罗科特.沟通的艺术[M].黄素菲,译.北京:世界图书出版公司,2010:98-99.

② 《合龙前夜探访唱凯堤》,2010年6月27日中央电视台《东方时空》栏目播出。

心状态,又化解了对方面对记者拍摄的紧张感,让整个交流氛围更加融洽。

情感作用是相互的,出镜记者的同理心不仅在于自身有所感受,还需要能够唤起对方的同理心,让观众对新闻事件以及当事人所处的境遇有充分的体会,产生共情。心理学研究证明,情绪与人的一些适应性行为有关,包括攻击行为、躲避行为、寻求舒适、帮助别人等。这些行为能帮助我们生存及成功地适应周围变化的环境。与此同时,情绪总是与生理状态密切联系。因此,当记者对这些行为及其相关联的生理状态进行具体描述时,往往能够比较直接地唤醒相对应的情绪状态。

案例 12-4[①]

【记者出镜】

昨天下雪之后,战士们终于有时间休息一下了。这是雪水。在地下挖了一个坑,融化的雪水,就成为战士们煮方便面的水了。这是在煮方便面。两天两夜,甚至三天,有的队伍吃不上一口饭,因为给养送上去非常困难。

这个案例中,"雪水煮方便面""两天两夜,甚至三天吃不上饭"可以直接唤起观众相对应的生理反应,引发对武警官兵的敬佩之情。准确地抓取并采用这些细节,就是记者唤起观众同理心的能力体现。

同理心的影响力不仅在报道之中,它塑造了一个人的整体沟通能力。因此,在团队工作中,它还能帮助出镜记者全面地考虑到工作伙伴的工作情况和心理诉求,从而更好地协调多方力量,共同完成报道任务。

三、灵活的应变力

应变即随机应变,意思是能随着(根据)情况的变化采取适当的应对行为。衡量应变能力的一个重要指标是"反应时",即"反应时间"。指人的反应潜伏期,即从刺激出现,到人作出明显反应之间的时间间隔。[②]

应变思维分成两类,第一类是被动应变。就是在毫无准备或者缺乏准备的条件下,面对突然发生的意外状况和困境从容反应,恰当处理。第二类是主动应变,就是在交流或个人言谈中,及时捕捉到了新的信息,在思维活动高度兴奋的状态下,随之转变,迅速地调节整合。[③]

在出镜记者工作中,这两种应变都普遍存在,互相交织。一方面,记者总是在新闻现场边观察、边采访、边报道。这个过程中,四面八方的信息不断涌

---

① 《一线官兵守火场 严防死灰复燃》,2018 年 5 月 7 日中央电视台《朝闻天下》栏目播出。
② 刘京林.新闻心理学概论[M].5 版.北京:中国传媒大学出版社.2014:130.
③ 吴郁.主持人思维与语言能力训练路径[M].北京:中国广播电视出版社,2013:110.

来,逼着记者快速应对。另一方面,报道是一个富有创造性的过程,捕捉到新的信息之后,出镜记者可以充分发挥自身的主观能动性,将这些信息纳入报道。

出镜记者的应变能力首先来自于新闻素养对思维能力的锻造。不管是被动接收信息,还是主动捕捉信息、改造报道,都需要出镜记者具备对新闻信息的高度敏感,能够在短时间内对信息的新闻价值进行准确判断,从而选择正确的应对思路,采取应对措施。

出镜记者的应变能力还来自于思维能力对语言能力的带动。当出现突发状况时,记者选择了合适的应对思路,还需要将这种思维即时转换为相应的有声语言,根据现场发生的变化,举一反三、灵活变通。

即便具备了新闻素养、语言能力,也不等于一定具备较强的应变能力。人的心理状态总是会对反应能力起到一定的制约作用。英国行为主义心理学家贝里尼提出了"唤起理论"。唤起指身体和神经系统被激活。该理论认为,人在兴奋、情绪激动或慌乱状态下唤起水平较高,日常活动时保持在中等水平,睡眠时很低,死时为零。唤起水平和作业效率密切相关,可以用一条倒 U 形曲线来描述。(如图 12-1)在唤起水平很低时,人体还没有充分发动起来,无法好好表现。随着唤起水平的增高,能力发挥水平不断提高,曲线保持上升,直至曲线中部。然后,随着人变得过于情绪化,效率开始下降。

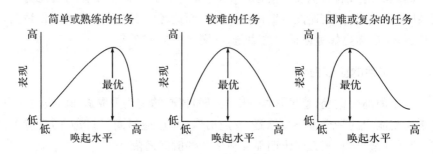

图 12-1　唤起理论的倒 U 型曲线

根据任务复杂程度不同,最佳的唤起水平不同。对于比较简单的任务,最佳唤起水平较高;但对于复杂的任务,最佳唤起水平相对较低。[①] 出镜记者所面对的任务无疑属于较为复杂的任务,因此需要记者激活自己的身体,但又不能过于兴奋,需要将其控制在一个中等范围内,即为"有控制的兴奋"。当出镜记者处于这种状态时,整个人注意力集中,自信、松弛、积极,思维敏捷,应变能

① ［美］Dennis Coon, John O. Mitterer. 心理学导论——思想与行为的认识之路［M］.13 版.郑钢,等译,北京:中国轻工业出版社,2017:398-400.

· 366 ·

力最强。

这种状态不是凭空得来。自信来自于事前充分的准备,提前做好各种功课,对事件越熟悉、广泛、深入,越了解越能应变。松弛来自于成百上千次的镜头前表达练习,充分掌握镜头前报道的技巧,报道时心里自然有底气。积极则来自于对报道目的的坚定信念,强烈的表达欲望,对观众的赤诚之心。这些都是出镜记者自身综合素养的基础。

延伸阅读

播音主持良好的创作心理状态表现为:[①]

1. 全身轻松,肌肉协调,不发紧、不颤抖。
2. 心情愉快,既兴奋又镇静。充满信心,无焦虑情绪,不担心失败,总是以积极的内心想象占据自己的头脑,相信自己的能力一定能发挥出来。
3. 具有适度而稳定的激活水平,神经中枢的兴奋性适中,既不感到过度兴奋和紧张,又不感到抑制和消沉。
4. 能积极充分地动员自己全身的力量,且不易感到疲劳。
5. 精力充沛,表情自然,食欲正常,睡眠安稳,生活规律,行为有序。
6. 能有目的地集中注意力和合理分配注意力,能排除杂念的干扰。
7. 思维敏捷,随机应变,清醒、沉着、冷静。

四、坚定的意志力

意志是个体自觉确定目的,并据此支配和调节自己的行动,克服种种困难,实现预定目的的心理过程。[②] 这是人为了特定目的,对自己情绪和行为进行有效控制的能力。新闻工作的困难大、风险高,出镜记者的工作又叠加了镜头的压力。因此,具备较强的意志力,是支持出镜记者长期工作的重要心理素养。

(一)目的明确

意志行为的第一步是确立行为目的。出镜记者的报道活动具有明确的目的性,可以分成三个层次来理解。第一是宏观目的。及时、准确地传递新闻信息,服务社会大众,维护社会秩序,促进社会共识,并在新闻传播的过程中,将党的政策方针传递到千家万户。第二,出镜记者现场报道要考虑到节目的可

---

① 祁芃.播音主持心理学[M].北京:中国传媒大学出版社,1999:21.
② 林崇德,杨治良,黄希庭.心理学大辞典[M].上海:上海教育出版社,2003:555.

看性,尽可能提高节目品质,提升收视率、点击量,扩大报道影响力。这是出镜记者的中观目的。第三,出于自身职业发展需要,在报道中突出自己的优势,实现自身职业生涯的进步。这是出镜记者报道活动的微观目的。三者综合,形成一位出镜记者的整体报道目的。

目的的形成是一个过程,在充分了解工作性质、工作内容、工作环境之后,每位出镜记者会根据自身情况,逐渐形成宏观、中观、微观三者协调一致的工作目的,产生稳定的工作内驱力。工作中,目的一旦形成,就要坚定不移地以此为行动指南,引领自己勇敢前行。可以说,目标越坚定,克服困难的勇气和力量就越强,越可能成为一名优秀的出镜记者。

(二)攻坚克难

以困难的来源为区分条件,出镜记者工作中面对的困难可以分为外部困难与内部困难。在工作中想尽办法克服困难,达成目的,是对出镜记者意志力的严峻考验。

1. 外部困难

外部困难是指由于客观条件而造成的某些不利因素。[①] 例如缺少报道需要的基本条件、社会环境不稳定、受到相关利益人的阻挠、技术设备不支持、截稿时间紧张、报道任务重等等。

1935 年 5 月,中国新闻行业的标杆人物范长江以《大公报》旅行记者的名义开始西北之行。他在 10 个月里行程 6000 余里,写下了大量的旅行通信,真实地记录了中国西北部人民生活的困苦,记载了红军长征的真实情况。1936 年 12 月,"西安事变"发生后,范长江"决心不惜一切代价,到西安去,一探中国政治之究竟"。与前辈相比,今天的战地记者依然冒着巨大的风险,面临着来自各方面的种种威胁。据联合国教科文组织统计,2006 年到 2017 年,全球共有超过 1000 名记者殉职。[②] 各类自然灾害事件中,风险同样存在。当记者赶到现场时,余震、山体滑坡、泥石流等次生灾害随时可能发生,危及记者生命安全。

即便面临如此大的困难,优秀的记者仍然没有放弃自己的职责,始终凭借着自身强大的意志力,想尽办法克服困难,完成报道目标。80 多年前,范长江动用各种关系,甚至争取到国民党地方军阀支持,帮助他进入西安,最终在西安与周恩来直接面谈,了解事件情况,并向世界发布"西安事件"真相。今天,各类突发事件频发,记者为了第一时间到达现场,不惧困难,勇敢坚毅。在汶

---

① 马玉坤,高国庆.播音主持心理学教程[M].北京:北京大学出版社,2018:122.

② 联合国教科文组织:2018 年截至目前全球 86 名记者殉职[EB/OL].新华网,http://www.xinhuanet.com/world/2018-10/26/c_1123615024.htm.

川、雅安等地震报道中，我们不止一次看到记者翻越随时可能垮塌的滑坡体，挺进震中，甚至一边行路，一边直播，第一时间给观众带来新闻现场信息。

2. 内部困难

内部困难是指基于自身情况，在身体、智力、知识、性格、心理等方面的不利因素。例如消极情绪、知识经验欠缺、性格怯懦、体能不足、能力不够等。面对这些困难，就是在面对自身的缺陷，需要极大的勇气和力量，不断挑战自己，完善自我。

内部困难中，出镜记者最难面对、处理的就是压力。对时效的极致追求、面对镜头的公开表达、日益增加的媒体竞争，都在构成记者工作中的压力。另外，还有一些更为复杂的情况，例如长期接触负面信息，引发消极情绪；或者直面触目惊心的灾难现场，经历生死离别。此时，哪怕平时坚强勇敢的人，都可能会产生心理压力，甚至患上创伤后应激障碍(PTSD)，出现精神恍惚、麻木、失眠、厌食等症状。华盛顿大学德特灾难新闻研究中心的调查研究显示，约四分之一的记者在对极端冲突或战争进行报道后出现了创伤性应激障碍。[1]2008年汶川大地震后，一些媒体在总结突发事件报道经验时发现，部分第一批进入灾区的记者回来后出现了明显的创伤后应激障碍(PTSD)症状，很长时间无法进入正常生活，最终不得不离开新闻行业。

心理学研究发现，个人身体压力反应动员时，会减低消化、生长和再生等功能，对疼痛可能感觉迟钝，但感知能力更强烈。这些反应有助于人和动物立即进入战斗或逃跑状态。短期来说，压力反应是身体对可察觉到压力或危险的反应，但如果压力过于持久，可能会对人体有害，令人疲惫、极易受疾病侵袭。对于出镜记者来说，要学会合理减压，通过运动、向亲朋好友倾诉、培养兴趣爱好等方式来释放压力、调节情绪，增强自我承受力，防止精神创伤。毕竟，对于新闻工作来说，韧性比激情更重要。

延伸阅读

报道创伤事件后处理压力的办法[2]

减压绝对是身体系统在受到伤害后试图恢复健康状态的正常行为。就像断腿一样，断骨需要时间才能愈合，精神创伤也需要细心的呵护与支持。

几周后仍然带有精神创伤症状并非是脆弱的表现。不同的人用不同的方

---

① 南香红.巨灾时代的媒体操作[M].广州：南方日报出版社,2009：153.

② 李梓新.灾难如何报道[M].广州：南方日报出版社,2009：152-153.

法与精神创伤作斗争。艰难地接受所发生的一切是需要时日的,并且要根据所发生事情的性质来决定这个时间的长短。

正确的理解、倾听和支持可以调整正在经历精神创伤事件或面临严重精神压力的人的情感。帮助一个人了解他所经历的精神创伤的前因后果,并认识到受这种影响之后去寻求并接受帮助是正常的。

如果你或你的同事已经有过精神创伤经历,下面专业人员提供的建议会给你一些帮助。

1. 应该做的事

(1)尽可能让生活正常化;

(2)倾诉你的事情和感受;

(3)做一些放松性的运动;

(4)有规律地进食和锻炼;

(5)有可能的话,回到事故发生地看一下;

(6)回到单位去工作;

(7)和医生谈一下,看有什么好建议。

2. 不该做的事

(1)自我孤立;

(2)封闭自己的情感;

(3)过量饮酒;

(4)过度疲劳;

(5)不正常进餐;

(6)休假或自行休息。

3. 同事之间也可互相支援

(1)要耐心倾听有精神创伤的同事诉说他们的遭遇;

(2)问开放性的问题,不要带着你个人的体验去打断他们的倾诉;

(3)不要忘记告诉他们,你知道他们的感受;

(4)不要轻视他们的感受,或流露出在他们需要大家齐心协力时,别人可能爱莫能助的意思。

(三)管理情绪

情绪是人的本能。人的基本情绪有八种,分别为恐惧、惊讶、悲伤、厌恶、愤怒、期待、愉悦和信任,以此为基础,再生发出多种基本情绪交集下的复杂情绪。

实现良好的情绪管理,首先需要准确地感知情绪。出镜记者的情绪感知能力可以分成三个层次。首先是感知自我情绪。对自己的性格、情绪状态有敏锐、客观的认知,能够很快认识到自己是否陷入某种情绪中,如极度的生气、抑郁、快乐。第二,记者能够准确认知观众和采访对象的情绪状态。第三是感知社会情绪,指记者能够出于对社会变动的敏感,感知社会表面下的心理涌动,进而寻找到社会心理与舆论引导的重合点、敏感区,并且把握利用。

感知,是为了更好地控制情绪。情绪控制能力,是指出镜记者能够超越自身感知,从报道需要的角度对情绪进行理性疏导,将自我、采访对象的情绪控制在合理范围内,并通过报道,正向影响社会情绪。

情绪控制能力强的出镜记者,能够控制自己在镜头前的情绪流露,"润物细无声"地将情绪包裹在信息之中,从而实现对观众的情绪感染,唤醒观众同理心。然而,自我控制不等于完全压抑自己的情绪,而是需要有意识地进行自我调适。

在汶川地震报道中,张泉灵第一时间赶赴灾区展开报道。5月20日,投入报道的第八天,她跟踪报道了前文提到的那对母子。当救援人员冒着生命危险从四层的危楼之中把母子的遗体接出来之后,张泉灵感到自己的情绪蓄积到了一个临界点:"你有看不完的悲伤,但是你得自己让自己坚强。这个坚强不是不哭,而是你要找到一个合适的方式。所以当我发现我的眼泪止不住之后,我就找了一个帐篷,我把这对母子找出来之后的状况完全在脑子里过了一遍,我就干脆痛哭了5分钟,然后哭完了之后就好了。"[①]此时的痛哭是因为情绪积累到了满溢的程度,张泉灵清晰地了解,如果没有情绪,那无异于冷漠无情,但此时如果不释放情绪,报道将无法继续。跑到帐篷痛哭,正是她出于对自身情绪的客观了解、理性认知而做出的行为控制。

本章小结

出镜记者的综合素养不是天生决定的,而是作为非智力因素在后天逐步养成的。作为党的新闻工作者,政治素养是出镜记者综合素养的首要前提,必须坚持正确政治方向、具备较高理论水平、遵守新闻职业道德、秉持纯正工作动机。人文素养是出镜记者综合素养的核心,渗透在每一则报道之中,潜移默化地影响人们的价值选择。专业素养是出镜记者综合素养的关键,通过提升新闻素养、语言素养、技术素养,能够帮助出镜记者有效实现传播。心理素养是出镜记者综合素养的重要支撑。出镜记者如果能够具备强烈的好奇心、细腻的同理心、灵活的应变力、坚定的意志力,同时掌握一些调控自身心理状态的方法,会更容易在这份高压职业中寻找到乐趣,收获更为平衡、持久的发展。

新闻学大家方汉奇先生曾说过,任何一个好记者、名记者都不是一锤子打

---

① 《灾区十日》,中央电视台《人与社会》栏目2008年第157期播出。

出来的,都需要终身学习。① 提升出镜记者的综合素养,需要由内而外的成长突破,这必然是一个长期而艰难的过程,即便一时之间难以到达,彼岸终将是前行的方向。

思考题

1. 为什么要强调出镜记者的政治素养?

2. 出镜记者的人文素养包含哪些内容?

3. 你认为在出镜记者的专业素养中,哪一项最为重要? 为什么?

4. 出镜记者的语言素养和播音员主持人的语言素养有什么异同?

5. 在融媒体报道环境下,你认为最应该加强的专业素养是哪一项? 为什么?

6. 你认为应该如何提升出镜记者的心理素养?

练习题

1. 举例说明出镜记者的政治素养体现在哪些方面。

2. 举例说明出镜记者现场报道中如果缺失人文素养,可能出现什么后果。

3. 回顾一下,在你的报道实践中,有哪些出于人文精神而产生的理性选择? 你当时的考虑是什么?

4. 根据自己的学科背景、报道经历总结思考一下,在你的专业素养结构中,哪个部分最为擅长? 哪个部分最为缺失? 又该如何改进?

5. 如果你的同事刚刚经历了一段压力很大的报道期,当他回到编辑部时,你该如何与他相处? 如果换作是你,你又会如何排解自己的压力?

---

① 方汉奇,吴晋娜.好记者不是一锤子打出来的[N].光明日报,2014-03-15.

参考文献

1. 安东尼·吉登斯. 现代性的后果[M]. 田禾, 译. 南京: 译林出版社, 2011.

2. 白岩松. 白说[M]. 武汉: 长江文艺出版社, 2015.

3. 布鲁克·诺埃尔·摩尔, 理查德·帕克. 批判性思维[M]. 朱素梅, 译. 北京: 机械工业出版社, 2015.

4. 陈醇. 陈醇播音文集[M]. 北京: 中国广播电视出版社, 2007.

5. 陈力丹. 新闻理论十讲[M]. 上海: 复旦大学出版社, 2018.

6. 陈力丹. 世界新闻传播史[M]. 上海: 上海交通大学出版社, 2016.

7. 陈力丹. 舆论学——舆论导向研究[M]. 北京: 中国广播电视出版社, 1999.

8. 崔林. 电视新闻直播报道——现场的叙事[M]. 北京: 中国传媒大学出版社, 2012.

9. 崔林. 电视新闻语言: 模式、符号、叙事[M]. 北京: 中国广播电视出版社, 2009.

10. 程前. 中国电视媒体灾害报道的话语转型——基于"央视"报道样本的比较分析[M]. 北京: 中国社会科学出版社, 2014.

11. 丁松虎. 口语文化、书面文化与电子文化——沃尔特·翁媒介思想研究[M]. 上海: 上海人民出版社, 2017.

12. 丹尼尔·戴扬, 伊莱休·卡茨. 历史的现场直播: 媒介事件[M]. 麻争旗, 译. 北京: 北京广播学院出版社, 2000.

13. 戴卫·赫尔曼. 新叙事学[M]. 马海良, 译. 北京: 北京大学出版社, 2002.

14. Dennis Coon, John O. Mitterer. 心理学导论——思想与行为的认识之路[M]. 13 版. 郑钢, 等译. 北京: 中国轻工业出版社, 2007.

15. 方毅华. 新闻叙事导论[M]. 北京: 中国广播电视出版社, 2014.

16. 弗雷德·舒克, 约翰·拉森, 约翰·德·塔尔西奥. 电视现场制作与报道[M]. 5 版. 雷蔚真, 译, 北京: 中国人民大学出版社, 2013.

17. 菲利普·迈耶.精确新闻报道:记者应掌握的社会科学研究方法[M].4版.肖明,译.北京:中国人民大学出版社,2015.

18. 戈公振.中国报学史[M].北京:生活·读书·新知三联书店,2011.

19. 郭镇之.电视传播史[M].北京:北京师范大学出版社,2000.

20. 郭庆光.传播学教程[M].北京:中国人民大学出版社,1999.

21. 高贵武.主持传播学概论[M].北京:中国传媒大学出版社,2007.

22. 高贵武.出镜记者与新闻主持[M].北京:中国传媒大学出版社,2012.

23. 勾志霞,王中娟,赵玉涛.记者职业口语[M].合肥:合肥工业大学出版社,2009.

24. 高贵武.形象致胜——新闻工作者的形象管理[M].北京:北京大学出版社,2017.

25. 黄旦.新闻传播学[M].杭州:浙江大学出版社,1997.

26. 胡正荣,段鹏,张磊.传播学总论[M].2版.北京:清华大学出版社,2008.

27. 金重建.播音主持艺术导论[M].北京:中国传媒大学出版社,2017.

28. 蒋育秀.主持人形象塑造艺术[M].北京:中国广播电视出版社,2003.

29. 杰里·施瓦茨.美联社新闻报道手册[M].曹俊,王蕊,译.北京:中央编译出版社,2014.

30. 凯利·莱特尔,朱利安·哈里斯,斯坦利·约翰逊.全能记者必备:新闻采集、写作和编辑的基本技能[M].7版.宋铁军,译.北京:中国人民大学出版社,2010.

31. 克劳斯·布鲁恩·延森.媒介融合:网络传播、大众传播和人际传播的三重维度[M].刘君,译.上海:复旦大学出版社,2016.

32. 李良荣.新闻学概论[M].上海:复旦大学出版社,2001.

33. 刘海贵,尹德刚.新闻采访写作新编[M].上海:复旦大学出版社,1997.

34. 李希光,孙静惟,王晶.新闻采访写作教程[M].北京:清华大学出版社,2011.

35. 蓝鸿文.新闻采访学[M].北京:中国人民大学出版社,2011.

36. 刘楠.新闻撞武侠[M].北京:中国人民大学出版社,2013.

37. 黎运汉.汉语风格探索[M].北京:商务印书馆,1990.

38. 林鸿.普通话语音与发声[M].杭州:浙江大学出版社,2014.

39. 鲁曙明.沟通交际学[M].北京:中国人民大学出版社,2008.

40. 刘京林.新闻心理学概论(第 5 版)[M].北京:中国传媒大学出版社,2014.

41. 李梓新.灾难如何报道[M].广州:南方日报出版社,2009.

42. 罗纳德·B.阿德勒,拉塞尔·F.普罗科特.沟通的艺术[M].黄素菲,译.北京:世界图书出版公司,2010.

43. 罗伯特·C.艾伦.重组话语频道[M].麦永雄,等译.北京:中国社会科学出版社,2000.

44. 罗杰·菲德勒.媒介形态变化——认识新媒介[M].明安香,译.北京:华夏出版社,2000.

45. 罗恩·史密斯.新闻道德评价[M].李青藜,译.北京:新华出版社,2001.

46. 苗棣.解构电视——苗棣自选集[M].北京:北京广播学院出版社,2004.

47. 孟华.汉字主导的文化符号谱系[M].济南:山东教育出版社,2016.

48. 马玉坤,高国庆.播音主持心理学教程[M].北京:北京大学出版社,2018.

49. 马克·克雷默,温迪·考尔.哈佛非虚构写作课——怎样讲好一个故事[M].王宇光,等译.北京:中国文史出版社,2015.

50. 南香红.巨灾时代的媒体操作[M].广州:南方日报出版社,2009.

51. Nancy Reardon, Tom Flynn.镜头前如何报道、主持、采访[M].成倍,张东岳,译.北京:人民邮电出版社,2016.

52. 欧阳明.新闻报道叙事原理研究[M].武汉:华中科技大学出版社,2016.

53. 奥利弗·博伊德-巴德特,克里斯·纽博尔德.媒介研究的进路[M].汪凯,刘晓红,译.北京:新华出版社,2004.

54. 欧文·戈夫曼.日常生活中的自我呈现[M].冯钢,译.北京:北京大学出版社,2008.

55. 彭兰.网络传播概论[M].4 版.北京:中国人民大学出版社,2017.

56. 祁芃.播音主持心理学[M].北京:中国传媒大学出版社,1999.

57. 饶立华,杨钢元,钟新.电子媒介新闻教程[M].北京:中国人民大学出版社,2000.

58. 饶宗颐.符号·初文与字母——汉字树[M].上海:上海书店出版社,2003.

59. 石长顺.当代电视实务教程[M].上海:复旦大学出版社,2008.

60. 宋晓阳.出镜记者现场报道[M].北京:中国广播电视出版社,2008.

61. 沈忱.中国电视新闻现场直播——导演手记[M].北京:中国广播电视出版社,2004.

62. 孙玉胜.十年——从改变电视的语态开始[M].北京:生活·读书·新知三联书店,2003.

63. 苏珊·朗格.艺术问题[M].滕守尧,等译.北京:中国社会科学出版社,1983.

64. 施拉姆等.传播学概论[M].北京:新华出版社,1984.

65. 童肇勤.即兴口语表达[M].杭州:浙江大学出版社,2017.

66. 汤姆·斯丹迪奇.从莎纸草到互联网——社交媒体2000年[M].林华,译.北京:中信出版集团,2015.

67. 吴礼权.现代汉语修辞学[M].上海:复旦大学出版社,2016.

68. 吴郁.当代广播电视播音主持[M].上海:复旦大学出版社,2006.

69. 吴郁.主持人的语言艺术[M].北京:北京广播学院出版社,1999.

70. 吴郁.主持人思维与语言能力训练路径[M].北京:中国广播电视出版社,2013.

71. 王璐,吴洁茹.新编播音员主持人训练手册——语音发声[M].北京:中国传媒大学出版社,2014.

72. 威廉·曼彻斯特.光荣与梦想:1932—1972年美国社会实录[M].北京:商务印书馆,1978.

73. 徐弘.不要因为走得太远而忘记为什么出发——陈虻我们听你讲[M].北京:中国人民大学出版社,2013.

74. 谢耘耕,曹慎慎,王婷.突发事件报道[M].上海:上海交通大学出版社,2009.

75. 西蒙·罗杰斯.数据新闻大趋势:释放可视化报道的力量[M].岳跃,译.北京:中国人民大学出版社,2015.

76. 杨保军.新闻理论教程[M].3版.北京:中国人民大学出版社,2014.

77. 杨伟光.电视新闻分类与界定[M].北京:中国广播电视出版社,1994.

78. 叶子.电视新闻:与事件同步[M].北京:北京师范大学出版社,2007.

79. 叶子.现代电视新闻学[M].北京:中国广播电视出版社,2005.

80. 朱羽君,雷蔚真.电视采访学[M].北京:中国人民大学出版社,1999.

81. 张超.出镜报道[M].北京:中国人民大学出版社.2017.

82. 张鸥.直播幕后——电视突发直播一线手记[M].北京:北京师范大学出版社,2013.

83. 杨华.咱们电视有力量[M].北京:中央民族大学出版社,2009.

84. 沃尔特·翁.口语文化与书面文化:语词的技术化[M].何道宽,译.北京:北京大学出版社,2008.

85. 沃那·塞夫林,小詹姆斯·坦卡德,等.传播理论:起源、方法与应用[M].郭镇之,等译.北京:华夏出版社,2000.

86. 雅斯贝尔斯.时代的精神状况[M].王德峰,译.上海:上海译文出版社,1997.

87. 伊恩·莱斯利.好奇心[M].马婕,译.北京:中国人民大学出版社,2017.

88. 张龙.记者型主持人角色论[M].北京:中国广播电视出版社,2009.

89. 张志公.现代汉语[M].北京:人民教育出版社,1984.

90. 张颂.播音创作基础[M].北京:中国传媒大学出版社,2011.

91. 张颂.初识主持人[M].北京:中国广播电视出版社,2003.

92. 周云.主持人即兴口语表达[M].北京:中国传媒大学出版社,2016.

93. 詹姆斯·W.凯瑞.作为文化的传播[M].丁未,译.北京:华夏出版社,2005.

图书在版编目（CIP）数据

出镜记者现场报道实战指南 / 詹晨林著. —杭州：
浙江大学出版社，2020.9（2025.6 重印）
（播音主持艺术丛书 / 杜晓红主编）
ISBN 978-7-308-20472-9

Ⅰ. ①出… Ⅱ. ①詹… Ⅲ. ①电视新闻－新闻报道－
指南 Ⅳ. ①G222.2-62

中国版本图书馆 CIP 数据核字（2020）第 149224 号

出镜记者现场报道实战指南

詹晨林　著

责任编辑	李海燕
责任校对	孙秀丽　黄　寅
封面设计	雷建军
出版发行	浙江大学出版社
	（杭州市天目山路 148 号　邮政编码 310007）
	（网址：http://www.zjupress.com）
排　　版	杭州好友排版工作室
印　　刷	杭州高腾印务有限公司
开　　本	710mm×1000mm　1/16
印　　张	24.25
字　　数	461 千
版 印 次	2020 年 9 月第 1 版　2025 年 6 月第 8 次印刷
书　　号	ISBN 978-7-308-20472-9
定　　价	59.00 元